希望看到更多留学生回归家乡。一方面带回新的学识和经验，为亲人的幸福和社会的进步做出贡献；一方面尽力促进两国人民的相互了解，携手为国与国间的和谐并进而努力。

假如没有落叶归根的念头，新移民需要深入了解美国的文化和习俗、美国人的心理和性格，把根栽入这块土地，以此为家；这样才能克服歧视，真正当家做主。

—— 吴家玮

吴家玮回忆录

美国大学首位华人校长　香港科技大学创校校长

红墨水

◎ 吴家玮 著

海天出版社（中国·深圳）

图书在版编目(CIP)数据

红墨水 / 吴家玮著. —深圳：海天出版社，
2016.9
（美国大学首位华人校长　香港科技大学
创校校长吴家玮回忆录）
ISBN 978-7-5507-1651-3

Ⅰ.①红… Ⅱ.①吴… Ⅲ.①吴家玮—自传 Ⅳ.
①K825.46

中国版本图书馆CIP数据核字(2016)第113999号

红墨水
HONGMOSHUI

出 品 人	聂雄前
责 任 编 辑	刘翠文
责 任 技 编	蔡梅琴
封 面 设 计	龙墨水文化鑫 0755-83461000

出版发行	海天出版社
地　　址	深圳市彩田南路海天综合大厦　(518033)
网　　址	www.htph.com.cn
订购电话	0755-83460202(批发)　0755-83460239(邮购)
设计制作	深圳市龙墨文化传播有限公司 (0755-83461000)
印　　刷	深圳市希望印务有限公司
开　　本	889mm×1194mm　1/32
印　　张	13
字　　数	340千
版　　次	2016年9月第1版
印　　次	2016年9月第1次
定　　价	42.00元

我17岁至28岁在美国求学。

一般人获得博士学位后，有两种出路：一是进入企业界，一是进入教育界。

所谓"进入企业界"，对念物理的人来说，适当职位不多，所指的只是就职于科技工业的研发实验所。不像现今信息科技当头，竟有物理出身者糅合物理学理论与信息科技而进入金融界，开创新的财务产品，甚至有人把2008年的金融海啸归咎于物理出身的人。我那年代，金融业及一般商业都不为理科博士生提供出路。

所谓"进入教育界"，所指的是走进各式高等院校，包括研究型大学、教学型大学、博雅学院等。如果毕业于居领先地位的物理系，绝大多数的首选必定是研究型大学。国际级的研究型大学门槛特高，几乎都要求申请教职者预先干上两年的博士后进修，以求证他有无独立的科研能力、能否一进门就担任博士生导师。

我们中国人历来尊师重教。读完博士学位的，往往想当教授。我亦不例外。老婆也以我能当上教授为荣。既然如此，去个特强的物理系从事博士后进修该是教研生涯的起步。

就这样，从28岁至41岁，当了十三年的"阳春教授"。

这名词需要解释：多年后，某些同创香港科技大学的朋友，学问高超之余，还很有点顽皮（说得好听点就是很有点幽默感），不记得哪一位促狭鬼把不担任行政职务的"纯"教授谑称为"阳春教授"。

严格来说，我的"阳春"教研生涯并不很长。1966~1968年在圣迭戈加州大学工作两年，职位是"助理物理研究员"。名义上相当于助理教授，实质上不然——只是职称比"博士后"略高的进修职位。1974~1979年，在西北大学当教授之余兼任物理系及天文学系系主任，行政任务占掉不少时间。这样算来，全职的"纯"教研生涯只有1968~1974年的六个学年：五年里从助理教授升到正教授，第六年当上系主任。

美国的研究型大学里，系主任一职经常轮换，一般来说只当几年，之后回到教授行列，全副精力恢复教研。此外，我当系主任的几年里，除了忙着把系务带上轨道，还指导过很多博士生、博士后及访问学者，一起做了大量科研，并没有耽误教研工作。考虑到这两点，勉强自称为"阳春教授"不算过分。

当教授的经常以红墨水改卷，乃名此书为《红墨水》。

目
录

目
录

第 1 章

爱丽丝梦游仙境

　　美国有多少所大专院校？有人说三四千所，有人说近5000所，甚至有人说7000所，看你怎么定义"大专院校"。最令人吃惊的是：谁都可以开办大专院校。在加利福尼亚州，你我几人就可以用商业登记方式成立一所"大学"，任意颁发学位文凭，包括硕士、博士。这几年来，国内不就发现了好些持有这类"大学文凭"的人物吗？

　　不说这些，单就一般社会认可的大专院校，也很难数得准确，因为种类实在太多。美国国家教育统计中心说：全美有2474所四年制大学和1666所两年制大学，总共有4140所院校颁授学位（两年制的"社区学院"也颁授一种称为"Associate"的学位，香港译为"副学士"）。又说在校学生共约1750万名（2005年）。美国教育部则说：全美有4861所大学及学院，在校学生1825万名（2007年）。

　　美国继承了欧洲的学术自主传统，政府不直接管辖大专院校，不干预学位的颁授，因而没有统一的标准或要求。我就曾亲身经历了两所学校，虽然不同类型，难作直接比较，但读者们很难相信两者的学术水平竟强弱悬殊到那种程度。

　　当年我家境不好，为了奖学金进了一所位处南方穷乡僻壤的小学院。孰知一年后就算本科毕业，莫名其妙地被华盛顿大学（Washington University，简称WU）录取，转入这所名校的研究生院，在不学无术又无自知之明的情况下，先苦后甜地念完了博士学位。然后来到另一所知名学府做博士后研究。

这所知名学府的创立与众不同，被称为学界的奇迹。

☑ 乔伊斯："又来了个博士！"

圣迭戈加州大学（UCSD）物理系秘书室的乔伊斯·瑟撒（Joyce Sessa）头一拧，眼睛一眨，耸耸肩膀，轻描淡写地说："又来了个博士。"秘书室的小姑娘向我招招手，让我过去填卡。这就算是报到了。

怎么着？博士身份这么不被当回事！原来有说圣迭戈加州大学开创之初，博士生比本科生还多。

乔伊斯在物理系里很有点地位，或者该说，在整所大学里很有点地位。她是创系初期最早来此的秘书小姐，很能干，也很勤奋。几年来把物理系大大小小的管理工作搞得井井有条，俨然变成没有正式名分的办公室主任。系里那群名教授没人愿干行政事务，把系主任一职推来推去，结果是轮流坐庄，每任两年。仅仅两年，对系里的行政管理和大小杂事能了解多少？于是师生一众样样都须依靠乔伊斯；久而久之，诸如排课程，派教师，安排课室、办公室，解决学生的各种疑难……物理系的事，除了聘请、升迁、教学、科研，大多事情由她作主，由她"一脚踢"。

报到后没多久，我这新剃度入门的博士被乔伊斯叫去。一头黑发，配副黑框眼镜，眼光犀利，脸带微笑，她说："新来的博士都须帮物理系带本科生的讨论班，我得分派些任务给你呢。"她说了话，谁敢怠慢？

其实当时大学开办不久，没多少本科生。相对来说，教师却很多，教学人手非常充裕，无须在新人里面"抽壮丁"。不过美国的研究型大学虽说教研并重，但一般教授愿把时间花在科研和指导博士生上，不很关注本科教育。这所起点特高的物理系更是如此：人人都是著名学者，各有大量科研经费，各带一大堆博士生和博士后，更不会花太多时间于本科教学。乔伊斯懂得大局所在，很照顾她所敬重和宠爱的教授们，于是尽量把本科生教学任务分配给新来者。

校内校外，人人看重乔伊斯。已故的剑桥学者弗雷德·霍伊尔（Fred Hoyle）既是天文学泰斗又是科幻小说作家，亦不例外。他所写的一本科幻作品，用圣迭戈加州大学为背景，许多角色以真姓实名出现，包括当时的物理系主任、我的博士后导师等等。当然缺不了这位凡事一手包办的乔伊斯·瑟撒。

多年后，在创办香港科技大学的日子里，我经常说教授是大学的灵魂和神经，职员是大学的躯干和肌肉，相辅相成，缺一不可；或许就是从观察乔伊斯所得来的灵感。可是，虽则乔伊斯从没误过大事，但一群大教授把诸多支持教研的责任如此掉以轻心地交托出去，毕竟是忽视了天职。此需引以为戒。

☑ 加州大学改变了圣迭戈市的面目

美国立国才200多年，但是3个多世纪前还没自己的政府时，却先有了大学，因而最早期的大学都属私立，并都建于开发最早的东北部。西部开发较晚，情况正好相反，高等教育以公立大学为主，甚至可说，除加利福尼亚州外没有一州拥有国际级的私立大学，连教育与文化水平不俗的华盛顿州和俄勒冈州亦不例外。

打从20世纪60年代起，加州把公立大专院校正式分为三个独立系统：研究型的加州大学、教学型的加州州立大学、以全民教育为职责的社区学院。今日三者分别由10所加州大学、23所加州州立大学、109所社区学院独立组成。

第一次世界大战之前，只有一所加州大学，1868年建于旧金山海湾之东的伯克利镇；两所私立学校——加州理工学院和斯坦福大学，都创建于1891年，当时乏人知晓，日后却执牛耳于科教界。

第一次世界大战后，美国国力遽升，人口剧增，并大幅度向西海岸移居。加州人口从1900年的140万增加到1910年的240万，1920年达340万。南部的洛杉矶市人口增长更快，每10年翻一番：1890年只有5万，1900年增至10多万，1910年增至30万，到1920年几近60万。经济诱导和政治压力双管齐下，逼使加州政府在洛杉矶建立了第二所加州大学。

之后40年里，现代工业和科技创新让加州在全美诸州里逐渐获取领先地位，高等教育亟须跟上形势。1960年，加州政府制订了《高等教育总体计划》，明文规定加州大学必须录取本州所有名列前1/8的中学毕业生。于是，除扩展位于伯克利和洛杉矶的两所大学外，还须选择人口集中的城市再兴建几所全新的研究型大学。圣迭戈加州大学应运而生。

多所加州大学合组成一个系统，名义上由统一的校董会领导。可是在西方学界传统的影响下，每所大学学术自主，行政独立；因而定位、体制、招聘等各方面，每所新建大学的发展方向和成就都因人而异。也就是说，初创者的愿景和视野决定了个别加州大学的命运。

圣迭戈加州大学的策划者和创校领导人是著名的海洋学家罗杰·热菲尔（Roger Revelle，1909~1991）。他的原意是为加州建立一所公立的、类似加州理工学院的真正尖端的研究型科技大学。因而起点非常高，一下子就吸引了几十位闻名全球的科学家。这些一流的开山始祖引来一流的青年教师，携手同创了国际学界的奇迹。

圣迭戈市位于加州的最南端。17世纪末至19世纪初（1697~1821），西班牙传教士沿太平洋海岸北上向印第安土著传教，建立了信徒集中居住的教区。不少西班牙移民与土著通婚，于是产生了墨西哥族群。继而墨西哥人独立革命成功，铲除了剩余的"纯西班牙人"殖民势力，教士们的影响力也就迅速没落，从事畜牧和贸易的权势人士取而代之。

1846年，墨美战争打响，美国分别在今日的旧金山、萨克拉曼多、洛杉矶和圣迭戈击败墨西哥。1848年，两国签订条约，美国以1825万美元购得加利福尼亚及其他一些地区，在圣迭戈境南划定两国的交界线。

圣迭戈不如旧金山和洛杉矶，没有什么天然资源，虽于1915年及1935年举办过两次世界博览会，一度还开展过海运和飞机工业，可是发展并不很快，直至20世纪50年代，还只是个海军基地。圣迭戈加州大学的来临使该市的教育、科技、文化全面崛起，直接带动经济腾飞，改变了整个地区的面目。

☑ 巨人的身影——记罗杰·热菲尔

罗杰·热菲尔身高1.93米，与人讲话时须弯腰曲背，是位满脸慈祥的巨人。他非但是海洋学界的泰斗，也是最早发出"全球变暖"警号的科学家。因广为宣传全球气候变化危机而获得诺贝尔和平奖的阿尔·戈尔（Al Gore）公开尊他为师。

这位学术界的巨人一手推动、策划、开创了圣迭戈加州大学，却没被加州大学系统的校董会委任为创校校长。

为什么？因为他是一位有良知的学者，思维上与人有分歧时每每坚持原则，拒绝低头。

⊖ 罗杰·热菲尔（Roger Revelle，1909~1991）

热菲尔与一群志同道合的创校同事们最初只想开办纯学术研究的理科，并只招收研究生。加州很需要这么一所富有前瞻性的公立大学，可是过分"精英"的定位与《高等教育总体规划》所面对的社会现实无法符合。他选定的校址也十分"精英"：圣迭戈市区北郊的拉霍亚（La Jolla），一个环境安静、素来富人聚居的海滨小镇。前者带来的是学术思维上的争论，一般来说只是内部矛盾，还能解决。后者却冲击了某些当权人士的政治和经济利益；他不肯与这些人妥协，闯下大祸。

　　当时加州大学系统的校董会主席是位石油巨子，在州里有权有势。他想把这所大学放在政治和经济势力强大的市中心。拉霍亚的地主和房东们亦不欢迎大学，他们种族观念极深，不愿犹太人在镇上购房或租屋。今天人人会觉得这种行为不可思议，即便当时，略有知识的人都知道，你要排除犹太学者，就根本别指望办成一流的研究型大学——特别是注重科技和创新的大学。热菲尔坚持在拉霍亚建造校园，还要在校园附近圈地建造教授生活区，避免受种族歧视者的管制。

　　就这么，他与地区的权威人士和大学系统的校董会主席打上了仗。后者理亏，输给了意识先进、学识渊博、思路清晰、能言善辩的热菲尔。仗虽不断打赢，但得罪的人一多便自身难保。这所原来定名为"拉霍亚加州大学"（University of California，La Jolla）的新创学府，所在地仍是拉霍亚，校名却被改为"圣迭戈加州大学"（University of California，San Diego，简称UCSD）。理应由热菲尔掌舵，却另请贤人。热菲尔黯然离开加州，去了华盛顿，继而被哈佛大学礼聘，十多年后才重返故地担任教授。

　　热菲尔与初创的同事们引进英国牛津大学和剑桥大学的学院体制，不按学术领域划分学院，而按不同的教学思维建立不同课程的本科学院。第一所学院依据热菲尔的通识教育思维，强调既重专业又求博雅。这所不久后以"热菲尔"命名的学院多年来一直是整个加州大学系统要求最高而又最难进入的学院。

1966年秋，我来到圣迭戈从事博士后研究。一时弄不明白为什么总共还只开办了一所学院的大学，地址写得那么复杂：Revelle College，University of California，San Diego，La Jolla，California。走进图书馆，又看到书上所盖的学校印章是"UCLJ"，而不是"UCSD"。原来背后有这么些不为众人所知的背景。还有呢，不懂西班牙文发音的我和别的新丁，都觉得La Jolla分明应该念成"拉教拉"，为什么被念为"拉霍亚"？

1966～1968年，我在热菲尔学院待了两年。1979年，也就是11年后，又重回UCSD当物理系教授兼热菲尔学院院长。后来那些年经常与热菲尔见面，在巨人的身影下欣受教诲。

☑ 爱丽丝初遇仙境

还在华盛顿大学时，妻子伊芳埋头为我的博士论文打字，突然抬起头来问：

"老公，这布勒克纳是何方神圣？怎么不断看到他的名字？为什么连你自己设计的微扰图都冠以其名？"

"布勒克纳是我这专业的权威，量子多粒子理论的当红明星。"

"喔，是吗？若能去跟他当博士后、学本事，该有多好！"

"别做白日梦，他哪儿会肯收我？拉霍亚又是个人人想去的仙境。即使自不量力，也得有点儿自知之明吧！"

伊芳从不信邪，叫我不妨写封信去试试。已经有了两个孩子的年轻妈妈，还总是那么天真可爱，对我抱着莫名其妙、毫无根据的信心。

在学理论物理的学生眼里，基士·布勒克纳（Keith Brueckner）早已登录"封神榜"，而拉霍亚则是王母娘娘常住的仙境。道听途说隐约传来：加州大学系统在本州最南部的圣迭戈市创办了一所十分高级的、以理科研究和研究生教育为主的全新大学；这所大学立马从全美各地学府挖走大批著名教授，声势浩大；校园所在地区风景绝美，气候终年如春。它将成为全球高等教育界的奇迹。

对科学界的学者教授和研究生来说，这所以所在小镇拉霍亚为代名词的大学好比爱丽丝梦游的仙境！我能去得成吗？

不敢推却老婆的鼓励。信是写了，可是没发出去；因为导师芬伯格在我不知情下已经主动替我寄出一批推荐信，包括一封给布勒克纳。他很快就收到布勒克纳的回信，邀我即刻去一次拉霍亚，当面会谈。那么，我自己写的信就不必发了。

来美十年有余，还是第一次坐飞机。也是平生第二次。第一次是1948年，几乎20年前，乘的是货运机改装的两螺旋小型客机，上下左右摇晃，慢条斯理地从上海颠簸到台北。这次可是喷气机了，要多稳有多稳，要多快有多快。

不足四小时到达圣迭戈机场，之后怎么去北郊的拉霍亚镇、怎么找到校园、当晚住在哪儿，回忆里竟找不到丝毫踪迹，甚至不记

⊕　1966年的UCSD校园

得在那儿待了一天还是两天。唯能记得的，一是布勒克纳40岁左右，长得英伟壮健，像个运动员，与芬伯格和别的理论物理学家相比，完全是另个样子。二是他是个大忙人，几年来物理系招兵买马大部分是他的职务和功劳，日程安排得十分紧凑。三是他竟然愿意跟我这后辈花上一整天，带我去见这人那人，包括物理系主任和几位诺贝尔奖获得者，还把物理系的来龙去脉和大好前景说给我听。四是带我在校园里到处走，到校园里最高的建筑物"尤里楼"（Urey Hall）顶层，沿着周围的阳台走了一圈，近看远眺，指手画脚，介绍这所新大学的定位、视野和三十年大计。

他说，大学运用犹如英国牛津和剑桥的独立学院制。目前还只办了一所学院，叫做热菲尔学院，正在陆续招收新生，最后将容纳近2500名学生。大学准备每三年加建一所新学院，每所将有自己的教研思维、方向、目标和制度，不按寻常的以学术领域区别。至20世纪末，全校将达12所学院、几近3万名学生。

边说边走，让我眺望四周的山地和海洋，然后轻轻一挥手臂，说道："你所看到的地域，全属这所大学。"夸张中显露霸气。1200英亩（约500公顷）的美景，在和风暖日下尽展眼前，确是气势非凡又分外浪漫，怎不令人激动、令人心醉？不是人间仙境又是什么？

当然，能否办好一所大学，重要的不在美景，而在人。布勒克纳和他的同创者在短短两三年里为物理系网罗了无数精英，包括教授、研究员、博士后、研究生。单就我最熟悉的量子多体理论、统计力学、低温物理等专业，已成名的、正在冒露头角的……林林总总的人才，多得无出其右，令我瞠目结舌。

☑ 爱丽丝初临仙境

奇怪的是，有关我的科研成绩和计划，布勒克纳跟我没谈几句，或许已经从我的两篇论文和芬伯格的介绍信里获知。他只告诉我来后大致该走什么方向，给我的印象是已经决定收我，一切不必多说。

回想当年情景，这种态度反映了他与常人不同之处。一是对自己看人的信心：认为不需多谈，就能以直觉判断对方的潜力；二是对这所新创大学的信心：不必询问对方还有什么别的选择，只要愿意招手，对方肯定会来。就这么一股牛气！说起来真有点可怕，但也正是这种信心和牛气助长了加州的鼎盛，风风火火地突出了拉霍亚的魅力。

他说："可能让你教上一两门课。"我问："是否可以少教课或不教课，尽量在这样好的环境里善用学习机会，把时间花在科研上？"对此他不置可否。

糊糊涂涂飞去，糊糊涂涂飞回，年轻的我就像初临仙境的爱丽丝，或说得更逼真：像是初次走进大观园的刘姥姥。就像做了场怪梦。回到圣路易，心神不安地静候了几天，不见消息，想打电话去问，又不敢惊动这位除了科研还需日理万机的大人物。再说，当年打个长途电话算件大事，除非有急事，不便随便挂长途。（直至搬到拉霍亚，才发现事实已非如此，只是圣路易和美国中西部的电信事业和群众心理还没跟上形势。）

一个星期过去，还是没消息。实在忍不住，于是在芬伯格鼓励下硬着头皮拨了电话给布勒克纳。这通电话不到一分钟。他说："还没收到信吗？两天前已经寄出。"果真很快就收到正式聘书，聘我为"助理物理研究员"。

芬伯格高兴，我们夫妻俩更高兴。不很清楚"助理物理研究员"是个什么东西，只听说加州大学系统的人事制度里，"助理研究员"的地位和薪酬都高于博士后。两人心想：布勒克纳给我较高的职称，分明是看得起我呢。原来以为这位导师和拉霍亚高不可攀，现在竟能去成，更欲何求？

十分满足。陪着父母、幺妹，手牵两个娃娃，出外大吃一顿庆祝。哪知其实活生生放走了一个千载难逢的机会。

怎么说呢？原来布勒克纳的原意是聘我当助理教授。听到我说想少教课或不教课，认为我婉拒了他的聘请，才转而让我当助理研究员。这件事过了两年才有人跟我说。

芬伯格是位百分之百的学者，性格内向，不食人间烟火，不谙学界行规。其实雇用博士后一般只需看到论文和推荐信后以电话接洽就行，不需会见或面试。布勒克纳特地请我老远飞去，亲自带我参观校园、拜见多位物理系的要人，与我畅谈学校的远景，分明是把我当作招聘助理教授的对象。芬伯格不明白，我自然更不明白。

也难怪。没当过博士后的人不大可能一下子就被聘为助理教授，至少这种事极少发生于一流的物理系。只有布勒克纳有此胆量，并有权这样干。

不经教授招聘委员会讨论就自行决定的做法亦非学界惯例。可是初创时期的拉霍亚一切从简。布勒克纳的成功，也就是拉霍亚的成功；反之，布勒克纳的失败，也会造成拉霍亚的失败。事实证明，布勒克纳起点高、眼光准、成事有余，贡献巨大。这分明是一场大手笔的赌局。当年加州冲劲强、资源多、赌得起。拉霍亚这场确实赌赢了，并且大赢。同一时期创建的另几所加州大学，要就没敢大赌，要就是由于手持赌注的人不是热菲尔、不是布勒克纳，输多赢少。

☑ 爱丽丝初入仙境

加州大学系统里，"助理物理研究员"（assistant research physicist）属研究员系列，理论上与"助理教授"（assistant professor）平行。高一级是"副物理研究员"（associate research physicist），算是与"副教授"（associate professor）平行。再高一级是"物理研究员"（research physicist），与"教授"（professor）平行。看来与中国科学院的编制有些相像。

只是教授系列的薪酬直接来自州政府给大学的拨款，而研究员系列的薪酬则来自教授们经过同行评议、竞争得来的科研经费。前者俗称为"硬钱"（hard money），后者俗称为"软钱"（soft money）。顾名思义，前者提供长期保障，后者较难保持稳定。"平行"之说不攻自破。

作为新入门者，不分心教课，全力投入科研，愿望没错。职位缺乏教授系列的稳定和安全，对我来说也无所谓。可是两年后，当系里要把我留下转入教授系列时，却出现了意料不到的障碍：州长罗纳德·里根（Ronald Reagan）政治思想非常保守，与政治思想相形进步的学者们格格不入，于是加州大学经费遭他大幅削减，被迫相应删减教职。物理系不能违反加州大学系统的统一政策，因而不得不在聘我的职称上加"代理"两字，变成"代理助理教授"（acting assistant professor）。这样一来，"硬钱"不硬，似是而非的硬钱隔天就可变软，缺乏保障。当时我必须养活父母、幼妹、妻子、儿女，包括自己在内的八口之家，哪敢冒此风险？于是只好在选择安全之下忍痛婉拒，离开了最理想的学术环境。

早知会被与学术无关的政治牵连，一开头就该接受布勒克纳的好意，踏入教授系列，那么直到今天还会生活于在我专业里执全球牛耳的拉霍亚，全神贯注于教研工作。一言之差断定了自己的一生和全家的命运。说得更远，这一念之别还牵连多多少少日后被我聘来香港科技大学的同事。世事一环扣一环，幸运也好，偶然也好，总这般奇奥莫测。

闲话少说。重要的是，爱丽丝终于踏入了仙境。

接受聘任，积极准备搬家。路途如此遥远，对那地区又毫无认识，万事如何处理？最迫切的莫过于为一家老少找定房子，到后能立刻安顿。可是人地生疏，从何找起？那个时代还没有私人电脑，更没有万维网，连挂个长途电话亦属奢侈之举。一切得凭写信。

不记得是谁介绍，与圣迭戈地区的一位房地产经纪取得联系，让他寄来一大沓招租资料。正巧那时圣迭戈经济不景气，空屋甚多，租金也算公道，信件来往没两次就看上了适当的房子。

1966年夏，在比拉霍亚更北的圣迭戈郊区小镇租定房子，为父母和幺妹买好机票，迁出只住了八个月的"豪宅"（与校园里那可爱的小破木屋相比而言），看着搬运公司把家具和重物搬进货柜车，然后拖着一挂车的杂物，载上怀着7个月身孕的伊芳和幼儿幼女，再度驾车西征。

☑ 另一位巨人的身影——基士·布勒克纳

⊖ 基士·布勒克纳（Keith Brueckner, 1924～2014）

被热菲尔请来的创校教授包括哈罗德·尤里（Harold Urey, 1893～1981，物理化学家，以同位素研究突破获诺贝尔奖）、大卫·邦纳（David Bonner, 1916～1964，基因学家，生物系创系主任、医学院创院院长）等，都是独当一面的高手。影响力最大的却莫过于年轻有为并在理论物理界已经出人头地的布勒克纳。

1986年出版的一篇专访里，布勒克纳回忆当年如何被热菲尔聘来。他说热菲尔的说服力和拉霍亚的魔力令人无法抵御，让他看到难以置信的大好机遇。

20世纪50年代后期，布勒克纳在宾州大学任教，年纪很轻，却已露头角。他为一则与企业有关的研究项目到过拉霍亚。1958年，在作报告时被热菲尔的两位同事看中，把他介绍给热菲尔。一轮畅谈，英雄相识，就此被聘，并被授予猎头大权。此后他周游全美主要学府和学术会议，每遇强手就当场"逮捕"。

与热菲尔一样，布勒克纳的说服力亦令人无法抗拒。这话完全可信，亲身经历过的人都可作证，在下就是其中之一。

有人笑道："创业者的说服力必须像公司的推销员。"甚至多年后，自认被我"骗"来香港科技大学的创校同事们都冲着我这么说。这话虽属笑言，却含几分真理。面对有眼光、有实力的顾客，推销员不能单靠一张嘴；他所销售的物品必定要货真价实。换句话说，大学聘请能人需以真实的理想、愿景、构思、大计来打动他，缺一不可。毕竟买你货的人所付出的将是他的梦想、前程和毕生精力。

UCSD的校史里记载得十分清楚：布勒克纳在短短几年里相继担任过物理系的创系主任（1959～1961年）、理工学院院长（1963年）、文理学院院长（1963～1965年）、研究生院院长（1965年）、纯粹与应用物理科学研究所（原称"辐射物理与空气动力研究所"）所长（1965～1970年）。不仅理科、工科，连图书馆馆长，人文、历史、心理、人类学的创系教授，都由他罗致而来。全校的学术规划由他制订。第一台大型电子计算机经他选购。早期的几所学院都由他定位——包括热菲尔学院，也就是UCSD初创时期的唯一学院，并由他兼任院长。

一步一个脚印，开天辟地的路大多由他走出。

学术界为当时暂称"拉霍亚加州大学"的初生之犊传播过不少神话。神话之一是布勒克纳的口袋里藏着一大沓聘书，见到适合大学方位的"武林名师"甚至后起之秀，就毫不犹豫递上聘书。这种完全不符合研究型大学招聘规律的传闻，难说是真是假。日后有位最早到UCSD的华裔青年教师告诉我，他自己确实就是在一个物理学会上发表论文后被这样聘来的。不由得你不信。

做梦也没想到十许年后我会步他后尘，担任热菲尔学院的院长。更没想到再几年后也需学他那样到处走访，为新创的香港科技大学招兵买马。不过我没有他手上的资源，没有那种本事，也没有那种自信和牛气，不敢见到人才就递上聘书。

第2章

刘姥姥进大观园

　　假如20世纪50年代后期苏联没让卫星上天，令生活得舒舒服服的美国人突然产生危机感，从而把天文数字的资源投入科技研发；假如20世纪60年代的加州不是那么兴旺，当时的州长和社会领袖没有那种远见，愿意把大量人力财力投向高等教育……假如天时不是如此，UCSD会从无到有地崛起吗？

　　假如加州南部没有那股新兴势力；假如那里的强势城市洛杉矶缺乏气度，发力阻止近邻圣迭戈的发展；假如圣迭戈没有庞大的海军基地和富有潜力的飞机工业；假如圣迭戈的气候不是那么终年如春；假如拉霍亚的风景不是那么优美如画……假如地利不是如此，UCSD会从无到有地崛起吗？

　　假如热菲尔和他的夫人不是来自圣迭戈地区的望族，对拉霍亚没有感情，而热菲尔又不是那么出众的科学家；假如当时美国的科学界，尤其物理界，不是那么人才济济、蓄势待发；假如布勒克纳不是当红风云人物，又或许没来拉霍亚作报告……假如人和不是如此，UCSD会从无到有地崛起吗？

　　假如，假如，假如……有人说人生经常由一连串意外事件组成，一环扣一环，幸运也好，偶然也好，总这般奇奥莫测。世事不也如此？真的，天时地利人和好像冥冥然操纵一切。

这是宿命论吗？不尽然，人生并不如此无奈。天时地利人和给我们的只是一个框架。没有适当的框架，确实万事难成；但即使框架齐备，成事还需依靠人的理想、理念和不断努力。君不见，多少国家多少城市在最优厚的环境里屡失良机，以致颓废衰退；而多少机构多少个人找到合适的框架，自拔而起，努力迈步奋进。

☑ **热菲尔的办学理念**

热菲尔就是一位充分认识天时地利人和、善于运用那种框架的能人。他身边聚集了一群同一理想的专才，特别是布勒克纳，合力创造了国际学术界的奇迹。

UCSD 最原始的办学理念来自热菲尔。

让我说清楚些：热菲尔全力以赴、终身推动的博雅教育，源自欧洲文艺复兴时代，也是早期美国东部高等院校所追随的办学理念。热菲尔并没创新。只是他深信不疑、坚定不移，甚至变本加厉地以此为 UCSD 的办校原则。他还要把 UCSD 办成与加州理工学院相提并论的一流研究型大学。试图在同一所大学里兼办完整的博雅型教育和精英的专业型教育，需要毅力和勇气；热菲尔此举在众多公立大学间独树一帜。

热菲尔对博雅教育信念之强，可从好几方面看到。

首先，博雅教育注重本科生的学习环境，很重要的一环是师生间的关系。一般研究型大学规模较大，学生多，教师也多，特别是公立大学，人与人间的关系乃相形疏远。正等于大城市里人与人的关系不像小镇上那么亲。可是，一所由全民纳税奉养的公立大学，怎能不录收大量本科生？

热菲尔与同事们的解答是"大中见小"：即使最终难免要达到近 3 万名在校学生，还是可以把大学分建为 12 所小学院，每所不多于 2500 人。每位教师隶属一所学院，在教授治学的原则下共同规定该学院的学术定位和课程。每位学生申请入学时，按照兴趣和能力自选学院。大学当然不能不设学系，可是又不该耗费资源架构重叠地为每一所学院分别创建学系。因此学系还得按照传统方式统一建立，学系和专业全校共享，而每一学院独立自主。一般来说院里学生人数不多，得以与教授保持个别和密切的师徒关系。

这样的组织结构，说是模仿英国的牛津和剑桥，其实并不尽然。牛津和剑桥虽是公立学校，但悠久的历史和特殊的地位让他们既拥有极为丰厚的经济和土地资源，又不必过于关注政治风云或民意倾向。热菲尔与同事们在新时代新环境下，找到了一个折中方法，确属难能可贵。

其次，博雅教育要求本科生知识面广、思考能力强、打好非常扎实的自学基础、不把学习单纯看作来日的就业工具。热菲尔的创校同事们坚持本科教育必须着重多方面的基本学识，学生必须"文武双全"，学会怎么做一个类似文艺复兴时代的有识之士（renaissance scholar），而毫不稀罕他们急于学会怎么把知识转向实用。

第一所学院——热菲尔学院的课程就尽情发挥了这种意识，虽则绝大部分学生主修的是理科，可是课程十分全面：不论你的专业属物理、数学，还是化学、生物，至少要读40%学分的人文和社会科学。第一年所收的181名新生里，足足151名主修理科。最让他们头痛的是被称为"人文系列"（humanities sequence）的五学季课程。不能及格通过的，不允许从热菲尔学院毕业。因此这系列被戏称为"理科生的刽子手"。

还有，热菲尔的创校同事们真的很不希望任何人在大学门内追求实用。不是说不该学以致用，而是说大学与社会理应分工：大学的责任是传播和寻求新知识，甚至突破，决不能急功近利。因此教师们的学术工作必须聚焦于纯粹寻求真理的基础研究。所获研究成果奉献给社会，自会有人或企业去开发和运用。

你问他们这信念坚强到什么程度，落实到哪个层次？就请看

UCSD的早期历史：大学只办理科，不办工科，更不用说商科了。甚至20年后还拒绝开办商学院。其实一开头就有两个系位处理科边缘，教研内容迹近工科，完全可以分别称为电机系和机械系，可是创校时偏偏把它们分别叫成电子物理系和应用力学系。瞧不起实用竟到了这个地步！

日久生变，十多年后我回UCSD当院长时，发现原有模式开始走样。接着，一位到任不久的新校长动手改变院系结构。这是后话，暂且搁下不谈。

所幸的是，一眨眼过去多少年，热菲尔学院的博雅课程坚持下来。据闻"人文系列"还在那儿继续痛宰理科学生。

☑ 中央图书馆和人文图书馆

对博雅教育来说，校园里最主要的设施应该是什么？当然是图书馆了。早期UCSD的两座图书馆——中央图书馆和人文图书馆确是最引人注目的建筑物。

1966年我刚到UCSD时中央图书馆还在计划中，1968年启动，1970年就竣工投入使用了，成为UCSD向人们递上的第一张名片。

圣迭戈市位处加州的西南角，当年进入圣迭戈有东西南北四条路。从东面来，先要穿过亚利桑那州南疆荒无人烟的沙漠，然后翻越荒山野岭，才能走进这个貌不惊人的城市。从西面来，需趁舟浮渡一望无际的太平洋，才能到达这个二次大战期间的重要海军基地。从南面来，则需手执护照和美国签证，由墨西哥荒凉的"下加利福尼亚省"①跨境而入。这样看来，只有从北面进来才有大道可行。确实如此。当时美国的第三大都会（今天的第二大都会）洛杉矶经济实力早已超越旧金山，成为西部的首要城市。圣迭戈在洛杉

---

① 1846年墨美战争爆发，两年后签订条约，战败方墨西哥把"上加利福尼亚省"划给了美国，也就是今天的加州。

⊖　中央图书馆

矶之南约200公里，对人口稠密而消费力强的洛杉矶来说，圣迭戈的天然美景、宜人气候，自成人见人爱的休闲胜地。两市之间原有的101号公路不足使唤，于是建造了毫无阻拦的5号州际高速公路。

"州际公路网"（Interstate Highway System）始建于1956年，出自艾森豪威尔总统的大手笔。计划中，九横十纵主线、无数支线、规格非常严谨的"超级公路"（superhighway）将改变美国的货运和客运面貌，开发长途旅游事业，加快地区间的沟通，影响全美人民的生活方式。

1966年，州际公路网尚处初建时期，5号州际公路断断续续自洛杉矶南下，只建到圣迭戈市区中心的北境。位于北郊的UCSD有幸被纳入修建范围，得益匪浅。那时的高速公路还不怎么宽敞，令突然出现于视线的UCSD中央图书馆显得格外宏伟。

这话怎么说？

晚上从洛杉矶驾车南游的人们，先得在5号州际公路上忍受一个多小时的旷野，接着途经长达数里的海军陆战队基地和靠基地养活的洋畔镇（Oceanside），继而掠过一连串进入附近小镇的公路出口。正当闷得想要入睡，突然见到远处山巅矗立着一座灯光闪烁的庞然大物，俨然从天而降的外星火箭。这，就是中央图书馆。

这座中央图书馆，说它"树大招风"，真是极端贴切。它的造型就像一棵高达七八层楼的大树，中间大，上下小，四周全是玻璃幕墙，灯火点亮时，像是一枚巨大无比的钻石。在荒山野岭里竖立这么个前卫建筑物，惹人注目之余，难免招人诟病——特别是在思想保守的南加州。

有人说它威风凛凛，仰天长啸，与天争霸，代表了建筑师描绘的"法西斯气势"。又有人说它玉树临风，俊而不傲，壮而不豪，凸现了摄影家眼中的加州人风格。你说呢？

人文图书馆（Humanities Library）与第一所学院同年诞生，设计充满东方色彩，四周围绕的长廊和见方冠冕的屋顶，溢流一丝古代日本建筑的意味。

为了寻找人文图书馆的照片，我上网仔细搜索UCSD校史。说也奇怪，怎找也找不到"Humanities Library"这个名字。只看见说

⊕　人文图书馆

大学初期一度把图书存放于现名Galbraith Hall（盖布雷楼）的大楼底层，后来搬去尤里楼（Urey Hall）里，又在1971年搬入新建成的中央图书馆，原址就改称为Undergraduate Library（本科图书馆）。后来又大动干戈把内部完全翻修，变成给学生自修、阅读和上网的Center for Library and Instructional Computing Services（图书与教学计算机服务中心）。后来去UCSD重游故地，走进去看看，果然如校史所说，内部完全变了样。

☑ 富有特色的热菲尔学院校园

热菲尔的"大中见小"意识，流露于大学校园的整体规划。

既然大学将分为12所教育思维各异的学院，那么每所学院应有独立的校园，包括独立的学生宿舍、食堂、课室、图书馆、行政机构、办公室……每所学院的建筑风味亦应与它的教育思维相吻合。

20世纪50年代后期，苏联卫星上天，激发了美国人急起直追的雄心。全美注目科学之际，第一所学院聚焦于科学可想而知，其本科生和研究生的专业极大部分属理科。那么，建筑物的设计不是应该追求朴素实用，无须讲究美观？可是，UCSD的创校教授们还想把学生带上博雅之路，兼顾人文和社科这些富有人性的知识。于是校园必须粗中带细，还得兼有创意、美感和韵味。

人文图书馆对面就是不大不小的热菲尔广场。广场之西是四层高的宿舍，宿舍楼下是开放型的饭厅。之北是唯一的高楼尤里楼，比较应用的学科全安置于内。说是高楼，其实也不过七层。东北是两座以开放型走廊相连的多层科学楼：北面那座深藏着实力极强的化学系和开天辟地的生物系；南面那座则供养着一群物理界的大小诸神。这群建筑物都墙面贴砖，看上去既结实又轻盈。

宿舍也好，办公室也好，实验室也好，我的记忆中它们通夜灯火不灭。读书的、做科研的、写论文的，都干劲十足，几乎可以夸张地描写成"杀气腾腾"。这就是人们在创业时期所表现的朝气和

Θ　热菲尔广场

冲劲。20多年后，香港科技大学初创年代，我有幸又一次看到那种动人的强悍景象。

　　啊，可惜可惜，广场之东美观尽去，青灰色的四层本科教学楼里全是课室和实验室，晚上9点后空无一人。更东还有一座只闻其声而不见其人的巨大楼房，日夜不停散播着沉重单调的电流声和淅沥嗦啰的流水声。这是为全校设置的中央机电厂。回想起来，或许并不那么可惜，或许建筑师的原意就是要借此显示秀美和粗俗的反差吧？

　　广场中间有个方方正正、东西艺术融合的喷水池。广场边上造了一条点缀性的矮墙，用的是浅棕色的火山石，突出一抹粗犷。或许是为了与矮墙对称，或许又是为了给人文图书馆来个反差，校园东侧错错落落建了几栋土色的很不雅观的宿舍楼。虽然由于UCSD拥有全球最著名的海洋学院，让这些宿舍楼各自以著名的古代探险船为名，却被人们十分恰当地统称为"泥棚"（Mud Huts）。泥棚边上开辟了两块平地，作为露天篮球场。学校初创时期没建体育馆。

广场东南一隅，有一堆破烂的小木屋。"一堆"两字并没用错，"破烂"两字更是贴切。想来是当初建造校园时暂用的临时房屋。为什么没被拆除，留在那儿破坏观感？原因是：学生要找个方法来表达他们的反建制思想，与社会基层共享贫穷，乃从学校当局手里把这堆烂房接收下来，开办了以古巴革命军领袖切·格瓦拉（Che Guevara）为名的"切氏餐室"（Che Café）。菜单从简，只奉上汉堡包、热狗、色拉之类。然而价廉物美，很受师生欢迎。几十年后还在。

广场南端，桉树丛里，隐藏着一座简洁而玲珑的平房，这是热菲尔学院院长办公室。院长、学生事务主任、学术辅导师、心理辅导师……一行十来人全在此上班。之所以"玲珑"，一是因为外形曲折，看上去门窗不分；一是因为全部围以玻璃墙，看进去一目了然。为什么建成这样？相信部分理由是打造行政透明的形象，部分理由是让学生感到能经常与辅导老师就近相处。

🌐　热菲尔学院院长办公室

不可能料到日后我会在那玻璃笼子里工作四年之久。

头一次在 UCSD 任职时，整个校园就只有那么大。绝大部分时间泡在物理系里。

☑ 在小小的校园里过日常生活

那是个人电脑还没出现的年代，整所大学就只一套 CDC 1604 大型计算机。写完程序上机计算也好，去理工图书馆查专业资料也好，不坐在办公室里，就向尤里楼跑。此外一星期两三次去本科教学楼执行物理系大秘书乔伊斯分派的任务：带本科生的讨论班。

人生当然难免有进口出口两事。所谓"进口"就是吃饭。一般就在办公室里享用老婆前一晚为我准备的三明治，一边吃一边工作。偶尔在同事劝说下一起跨过广场，去学生食堂或切氏餐室边吃边谈。当然谈的内容都是工作。

研究生时期养成一辈子改不了的恶习。早餐以一大杯咖啡草草了事，赶着上学校。午餐总是一边吃一边工作。多年后在香港科技大学当校长，十几年还是这样。助理苦口婆心劝我，说这样吃饭迟早会影响胃，搞坏身子。说了多次，眼看无效，也只好算了。偏是我的胃特强，至今没有胃病。反而退休之后生活稍上轨道，早餐好好吃，午餐慢慢吃，两餐合手整我，增加了我的腰围。

所谓"出口"是上洗手间。这也值得说？是。因为物理系的房屋设计上有些问题：许多办公室和实验室的门都向着露天走廊，上洗手间必须走到户外，然后兜个圈子走回另一室内通道。那么下雨的日子怎么办？别急，答案跟着就来。

大学里搞科研的人不懂得什么叫双休，周末照常上班。只是每星期六在一位华裔研究生的组织下，我们一小撮中国学生和研究员聚集在球场上，打几个小时篮球。篮球是我平生最爱好的运动，那时几乎也是我的唯一休闲活动。只要不出差，决不缺阵。球场是露天的，硬邦邦的水泥地，令我至今想起脚跟还隐隐作痛。你问：

"露天球场，怎么可能每星期六都打球？难道不下雨吗？"

答案是：果真如此，圣迭戈从来不下雨。

这话略嫌夸张，每年冬天，特别是1月份，也会稍微下几场。但年降雨量仅仅250毫米，因而人们不做防雨准备，包括下水道。极其偶然来场暴雨，市区里有些马路就会泛滥成灾。校园里也毫无避雨之处。甚至学生会因为下雨缺课，而且理直气壮。

☑ 哪儿去找这样的物理系？

1985年9月，UCSD的物理系庆祝25周年诞辰，开了一次学术会议，叫做"拉霍亚物理研讨会"；请到25年来的教授和校友，同时回顾过去，预测未来。

第一位主讲者当然是始祖布勒克纳。

介绍他上台的教授引用热菲尔于1964年对《圣迭戈杂志》（*San Diego Magazine*）记者所说的话："把基士·布勒克纳找来是我平生做得最成功的事。他把整个物理系布置了当。"

在研讨会上，布勒克纳说："当时我比今天我的儿子还年轻，一定十分自信。"话音未落，听众里传来一句："你的确如此！"跟着哄堂大笑。布勒克纳面不改色，接着说："我确实自信。很难想象自己这么年轻时的嘴脸。"又是哄堂大笑。"怎么说都好，我毫无顾忌地跑出去追求全国最优秀的人物。"

1958年还只有34岁的布勒克纳胆子也真大，没有跟什么前辈讨论，就决定物理系（大学的第一个系）应该走什么方向。

首先想到以固态、低温和等离子这三个实验物理专业为核心。其次在基本粒子、天文和太空物理专业找些能人，不过一点科研设施都未建立，所找的人只能以理论为主，并配上一个可在斯坦福或伯克利或其他国家实验所里进行科研的基本粒子实验组。此外再赌一把，在新兴的专业里找一两位。这样开头大概也就差不多了。方向既定，跟着两年他就在这些专业里到处挖人。

值得注意的是，布勒克纳成名之作来自核物理理论，可是他并没有把核物理定为重点，甚至除了诺贝尔奖获得者玛利亚·梅耶（Maria Mayer，1906～1972）之外，一位这方面的权威都没聘。他看到传统的核物理已经走到尽头，核理论界的高人正在纷纷跨越以往的研究对象（多核子体系）走向别的多粒子体系，例如液态氦和电子体系这些低温物理和固态物理的宠儿。必须称赞他的是：完全不为自己的专业打算，而以大局为重。虽没明说，不过很明显的，他知道自己的角色已非单纯的物理教授，而是全心全意为同事们创造环境的行政领导。我在他的潜移默化下获得这个意识。

布勒克纳继而迅速聘来了固态和低温实验物理的Bernd Matthias、John Wheatley，固态理论物理的Walter Kohn、Harry Suhl，等离子物理的Marshall Rosenbluth、William Thompson，分别在化学物理和核理论领域成名的Joseph Mayer与Maria Mayer夫妇，生化物理的George Feher，天文物理的Geoffrey与Margaret Burbridge夫妇，太空物理的Carl McIlwain、Laurence Peterson，基本粒子理论的Norman Kroll，基本粒子实验的Oreste Piccioni，等等。他们都是当时炙手可热的高手，任何物理系只要能聘到一位就会额手称庆，在学术界里当做活招牌广作宣传。布勒克纳把整群高手一网打尽。

热菲尔没被聘为首任校长，令布勒克纳大为失望。于是他在1961年跟着离开，以停薪留职的身份去华盛顿担任政府科技高职。幸好一年多后，他与政府委派的上司意见相左，无法相处，1963年在校长亲自出马劝服下重返UCSD。

☑ 浅说几位布勒克纳聘来的人物

上面提到的这些物理界名人，各有来头，各有性格。值得举几个例稍说几句，以帮助了解布勒克纳当时的处境，进一步认识他的能力。

首先说说最出名的两位。一位是玛利亚·梅耶（Maria Mayer，1906～1972），原姓Goeppert，出自七代教授的书香世家。幼时跟随做医学教授的父亲来到哥廷根（Goettingen），成长于这个量子物理的发源地。24岁时念完博士学位，嫁给只比她大两岁的美国化学物理学者约瑟·梅耶（Joseph Mayer，1904～1983），随迁至丈夫的祖国。

学问高超的丈夫一连在好几所名校里当教授，后来还当过全美物理学会会长、国际纯粹与应用物理联合会会长。离乡背井的她却饱受性别歧视和"反裙带关系"之苦，虽然30年来科研卓越，竟不能在研究型大学或丈夫任教的学校里找到一份固定教职。直至1960年才被不顾俗套的布勒克纳把她与丈夫一起聘到UCSD，可惜不久后就她中了风。两年后，以十多年前的原子核壳体结构理论获得诺贝尔物理学奖。

1966～1968年，我的办公室就在她隔壁，每天进出都看到。中了风的她脸色总是那么苍白憔悴，可是始终不断伏案工作。

另一位是沃尔特·科恩（Walter Kohn，1923～），生于奥地利。奥地利被纳粹德国吞并后，他在英国所主持的犹太儿童拯救计划下被送到英国，然后转送到加拿

Θ 1963年，玛利亚·梅耶（Maria Mayer，1906～1972）（前左）获诺贝尔物理学奖

⊖ 沃尔特·科恩 （Walter Kohn，1923~ ），1998年获诺贝尔化学奖

大。欧战打响后，因为算是德国公民而被扣于集中营。后来虽被多伦多大学录取，却不允许走进化学系，因而选读了物理和数学。他的父母没能及时离开祖国，死于法西斯对犹太人的残杀。

战后，科恩在哈佛大学获博士学位，然后在卡内基·梅隆大学任教多年，1960年被布勒克纳聘来UCSD。布勒克纳在回忆中说：当时科恩提出的条件是布勒克纳一定要被正式任命为物理系主任。虽然如此，两人之间日后相处得并不很好，甚至有说布勒克纳怕自己的学生在博士学位考试时被科恩刁难，因而不肯让科恩当考试委员。这当然只是研究生间传播的流言，绝不能作准。

作为被布勒克纳找来的人，我见到科恩也有几分害怕，何况他好像一直不欣赏我的多粒子理论工作，虽然多年后他曾在发表的两篇论文里运用了我参与开辟的理论，还开宗明义提到我的功劳。

科恩以阐述物质的电子性质获1998年诺贝尔奖。他的密度函数理论在固态物理领域占重要的历史地位，但获得的却不是物理奖，而是化学奖。

布勒克纳看上去威武庄严，科恩看上去谦虚和气，其实两人都有极强的个性和自信。两人的科研工作都属多粒子物理。一山能容两虎，很不容易。

再说两位大师。一位是早期高温超导的泰斗贝恩特·马提亚斯（Bernd Matthias，1918~1980），另一位是被布勒克纳请来开创基本粒子实验的奥雷斯特·皮齐欧尼（Oreste Piccioni，1915~2002）。前者最著名的话是："搞理论物理的人可用三个字来形容：慢、错、蠢。"还加上一句："从来没有预测实验结果的能力！"后者则让研究生惧怕，对科研工作不称其心者可以一路追骂到街边。当然这又是毫无证据的流言，本来不该以讹传讹，可是UCSD始终没能建立强劲的基本粒子实验组，或许正因领军者缺乏这领域所必需的团队精神。

说也奇怪，这么两位脾气倔强的大师，在世时一直是布勒克纳的挚友。

啊，请不要搞错，我所认识的著名物理学家，一般都很谦恭和善。譬如说，被布勒克纳聘来的另一位固态理论物理大师哈里·苏尔（Harry Suhl，1922～）和低温物理实验大师约翰·辉特立（John Wheatley，1927～1986）就都彬彬有礼，是百分之百的君子。两人后来都不幸遭到舟车之灾。苏尔在游艇上摔了跤，撞伤了头，好久后才康复。辉特立则在骑自行车上班时突然去世。

☑ 布勒克纳的创校贡献

布勒克纳回忆他的招聘经验，用"骨牌效应"这个词来作比喻。他说："那年我与好多人接触。每当一位大师表示出兴趣的时候，我就觉得有责任跟别人说：某某大师已经表露了兴趣。这样，他们就知道是在被UCSD聘来参加一个特别优秀的精英班子。相信这种我正与多位卓越学者同时进行讨论的消息，是他们愿意一一接受聘请的主因。"

1988年，我开始为将在三年后开学的香港科技大学广求贤才，曾有同样的经历。不过"骨牌效应"这字眼不太好，似乎在让一排人按序倒下，逐一落网。多不好听！还是用"滚雪球"来作比喻吧，可是也有种向下滚的意味，好不了多少。

布勒克纳又说："那时我口袋里装着引人入胜的资源，学校非但能造新楼，还能建立新的实验室。加州的校董会还有这么个规矩：每造一栋新楼，就自动配上大笔购置实验设备的经费。因此来此的人非但能自行设计崭新的实验室，还有钱配置仪器。"

唉，我可没他那种福气。香港科大创办之际，作为慈善事业带头者的香港赛马会为港英政府提供大量资金建造校园，可是并无提供教研设施和仪器的责任。这些还得另行准备详尽的计划书，让政府找顾问来审核，逐一批许。

布勒克纳还说："在找资深教授时，我还有一招，就是承诺他们可以把优秀的朋友和年轻同事一并带来。深信这种做法超越了学校给我的权限，可是我总能兑现承诺。"

天哪！热菲尔怎么能给他那么大的权？当然是因为完全信任他的判断能力和无私品格。香港科大创校之际，我虽是唯一的学术领导，但决不能让自己拥有这么大的权力。与布勒克纳不同之处是我们需要同时聘求多个院系的教师，不仅是物理一门；我哪有门门学科都敢自作判断的能力？更重要的是我必须从头建立持久不衰的"教授治学"人事体制。当时学校没几位教授，那就只好为每个学科聘请学问强、有心为国为港出力而一时不能回归的义务顾问，让他们代行教授委员会的招聘职务。

布勒克纳的招聘史不乏趣事。上面提及的太空物理学家劳伦斯·彼得森（Laurence Peterson）公开叙述自己被聘的过程："他来找我，叫我去一次拉霍亚，看看环境。我所在的明尼苏达州正当严冬时节，就在我启程那天，他运用魔术让老天刮起一场暴风雪。飞机勉强起飞。我外面裹着大衣皮靴，里面捆着长内衣裤，完全不应和拉霍亚的场景。布勒克纳和詹姆斯·阿诺德（James Arnold，另一位创校元老）引我在海洋学院的沙滩上坐下，让我看着浪潮不断滚来、棕榈随风摇曳，还有那些比基尼女郎……我不就来了吗！至于什么大楼、学术等等，已经完全无关痛痒。"

最值得指出的是：正在冒尖走向科学巅峰的布勒克纳愿意放下科研，甚至牺牲更崇高的学术地位，以创办一所新大学为己任。令人敬佩。试看学界里多少站上领导岗位的人，甚至当上校长，还不愿放弃学术功名。说是继续教学和科研，其实要就在课室或实验室里偶尔露面，在下属的论文里挂个虚名；要就忽视同事们的需求，轻蔑地把学校的管理工作撇开一边，摈弃责任。

　　还只30多岁的布勒克纳明辨大局，为办学大业尽心尽力。热菲尔真没看错人。

第 3 章

在圣迭戈北郊过日子

1966年的夏天，圣路易特别热、特别潮湿。屈指一算，来到美国已经11年，从来没有在中西部以外的地方住过。虽然东南西北部都曾去过，包括东北部的新罕布什尔州、东南部的乔治亚州、西南部的亚利桑那州、西北部的华盛顿州等，却都是旅行或短期访问。

第一年在肯塔基州上学，之后10年在密苏里州上学和工作。密苏里算是标准的中西部，位处美国南北战争时的交界地带，政治思想和社会风气都比较混杂，不南不北。肯塔基则被称为南部，可是这个州亦属南北交界，与"深南"（Deep South，指美国最南部的各个州）有很大差别；州里各地的政治思想、文化习俗等不很统一，也可用上个"杂"字，与密苏里倒比较像，因此也有人说它在中西部。

无论文化或经济，肯塔基和密苏里与东岸和西岸相比，该说落后不少；当年如此，今天还是如此。难怪我到什么地方都觉得自己有点儿土；在别人眼里，还不仅是一点儿土。这下子要带着一家老小远走高飞，到高科技正在起飞的加州，还是学术界视为仙境的拉霍亚，哪能不心惊肉跳？

好在圣迭戈那时还没进入全美十大都市之列。加州人一方面还把它当作纯粹的海军基地，一方面把它看成洛杉矶的后花园。除了那气势非凡却还只开办了一所小学院的 UCSD，圣迭戈的文化氛围还不如圣路易，经济上也好不了多少。

☑ 在圣迭戈北郊安家

朋友们都说我不顾家，江浙一带的话叫做"不着家"。固然是贬义，可是在我们那年代，男人只要愿意在外好好干，不着家可以接受；甚至可说是事业心强，竟还算是美德。其实我之所以能够不着家，完全是因为有幸娶了一位秀外慧中的贤妻良母好媳妇。你看，说得多迂腐！不过这是真话。我们那年代，当上贤妻良母好媳妇也真是美德。

家里大大小小、上上下下、油米柴盐、算账付账，什么事都让伊芳一肩挑。可是大事还得由我扛——不是笑话里所说的什么男人管的都是世界大事、国家大事，而是衣食住行里那件最大的大事：住。

连父母、幺妹、妻子、一儿一女，还有自己，加上伊芳肚子里那个丁点儿，总共七个半人，一到圣迭戈就得有地方住。幸好预先已经租定，否则拖儿带女为找房子到处奔走，实在不堪设想。有了房子，还得花时间安顿。到后两天里，我没去学校，没带家人观望景色，全部时间花于买这买那，尽快安家。

值得回顾的是怎么选定住哪个区域。首选当然是大学附近。校园在圣迭戈北郊的拉霍亚。看经纪寄来的资料，不消一刻就打消了这个念头。拉霍亚是有钱人度假或过退休生活的小镇——只要看镇上有些什么铺子就知道：不是有钱人经常光顾的名牌店，就是为他们理财的股票经纪行。商业中心离校园大概3公里，就只一条弯弯曲曲不时接近海岸的马路。途中有些两三层楼、很不起眼的木屋，可是毕竟在拉霍亚，又近海滩，租金非常昂贵。

西去是太平洋。南去则进入一连串住宅区，名为太平海滩（Pacific Beach）、教区海滩（Mission Beach）、教区港湾（Mission

Bay）、大洋海滩（Ocean Beach）⋯⋯不用说，这些都不是我们住得起的地方。再向南走，则离学校越来越远。在那高速公路尚属原始的年代，交通极不畅通，而美国城市除纽约外全无地铁，绝大多数亦无较为完善的公交系统。

东去倒有几个小镇，但是没有大路可走。再过去就是荒山野岭。说到"荒"，果真是荒——沙漠性的荒。怎么会呢？离海不是蛮近？怎能一下子就变成沙漠？原来美国的大西南本来就满是石漠沙漠，夏炎冬寒，昼热夜凉。加州南部也如此，仅沿海一带得益于太平洋暖流，被调节得终年如春，稍微进入内陆就变成沙漠性气候。可以说，每远离海岸3公里，气温就改变1℃：热的时候高1℃，冷的时候低1℃。譬如说：拉霍亚白天23℃晚上17℃那天，向东15公里到达埃尔卡洪（El Cajon），白天热至28℃，晚上凉至12℃；再向东15公里，白天可穿比基尼游泳，晚上需穿棉大衣上街。毫不夸张。

于是，我们租房子只能向北再向北。拉霍亚之北第一个小镇叫做德尔马（Del Mar），房价比拉霍亚低不了多少，不用谈。再向北去，每3至7公里出现个小镇，分别叫做阳光海滩（Solana Beach）、海滨的卡迪夫（Cardiff-by-the-Sea）、恩西尼塔斯（Encinitas）、卢卡迪亚（Leucadia）。这条被称为"北岸"（North Shore）的海滨走廊上那时还没建起豪宅，前两处虽然名为"阳光海滩"和"海滨的卡迪夫"，浪漫得让人吃惊，事实上却很"乡下"，该住得起。

就在1965年，圣迭戈经济上出了毛病：著名飞机制造商通用动力公司（General Dynamics）进行重组，决定把生产线全部集中到得克萨斯州，以圣迭戈为基地的下属公司康威尔公司（Convair）全面停产。这牵连到无数别的行业，特别是房地产。有家开发公司正在卡迪夫兴建一批中等价格的单独房屋，还没竣工的被立即叫停，已经建成的廉价出租。

别人的失落变成我们的幸运，本来不敢过问的房屋居然变成我们的新居。还不止一套呢！开发商说，如果我们愿意同时租上两套，可以给极为可观的优惠。于是一套两卧室的给父母和幺妹，一套三卧室的给四口半的小家庭。开发商当然不愿意为这些毛坯房添加修饰，甚至任由后园里杂草丛生。可是这一年我们住得不错，远超"蜗居"。

从圣路易出发之前，搬运公司不消片刻就把我们的全部家具搬进货柜车，包括自造的、三手的、破烂的，加上一些重物——主要是不怕丢失的部分书籍和笔记本。搬运公司说货柜车只有半满，因此还得先去别的地方载上另一个家庭的家具，才能发车。即使如此，专业司机路熟，开得快停得少，五天就能运到。

我们必须抓紧时间上路，抢在货柜车前到达新居。于是跑去U-Haul公司（"你拖"，一家最普及的连锁租车公司）租了辆小挂车，与挺着大肚子的妻子，带着幼儿幼女，拖着一车杂物，赶紧上路。不说你不信，最重的两件行李还不是我的书和宝贝笔记，而是两个塑胶桶，装着途中不断为两个娃娃换下的尿片，每人一桶。每天晚上到达公路旁的汽车客栈，把孩子送上床后，就忙着找自助洗衣机，洗涤和烘干次日需用的尿片。一次性纸尿片还未通行的年代，当父母的免不掉这番乐趣。

3000多公里路程，三天半赶到。怀着七个月身孕的爱妻，白天在车里颠簸，与儿女讲话唱歌，免得他们无聊得吵闹；晚上则照顾儿女洗澡睡觉，服侍尿片，还得准备次日的替换衣服。一句抱怨的话都没说过，还看着开了一整天车的我，怜惜地问是否太累。我前世修得好命，这样的贤妻哪儿去找！

家具没到，先去西尔斯百货公司（Sears，当年最普及的百货公司）为父母及自己家买了冰箱、灶头、洗衣机等等这些不可或缺的大件头电器。还得加上一台割草机，否则后园里的草越长越高，娃娃们在园子里玩时会被杂草淹没。还有呢，水电煤气公司、电话公司、邮局等都须一一登记，不在话下。不必逐样报告了，反正人人知道安家不是简单事，尤其是这么大的家。此外还得赶紧去物理系报到。

☑ 卡迪夫的家和北岸风光

虽然名叫"海滨的卡迪夫"，这个小镇并不全在海滨。我们的家在个小山头上，离海约2公里，勉强可以看到一点点海。上班有两条路可走。一条是前面说过的正在建的5号州际高速公路（Interstate Superhighway 5，简称I–5），看起来就在山脚，却要兜个大圈才有进口；到了学校附近又要兜个大圈才有出口。另一条是历史悠久的101号公路。说是公路，其实是条近海的马路。

101号公路上有不少交通灯，虽则嫌它们阻拦，我却特别喜欢走这条路。下得山来，直奔海边。沿海是个州级的海滩公园，略有沙滩、草坪，还有两排停车位。不时有人开着小型旅行车来此，在草坪或沙滩上露营。恩西尼塔斯和卢卡迪亚开发较早，缺乏规划，因而穿过这两个小镇的101号公路沿线较乱。来到卡迪夫，101号公路整洁得多。靠海的西边留下了树木，没有房屋；离海的东边则有些住宅和商店，我们经常光顾的超市和小商店群就在这边。镇民以中产阶层为主，住宅不见一丝豪华，却很整齐。

沿101号公路南行5公里，离开卡迪夫后，西边是海岸，东边是潟湖和荒地。三四个路口后，有盏交通灯，宣布到达"阳光海滩"。虽然靠海的西边没有多少房屋，却零零星星散布着临时性的商铺和摊子，为冲浪及潜水者提供器械出租和修理服务。这反映了两种现实：一是普罗大众在此欣赏水上运动，一是阳光海滩镇的管治比较松散。公路东边的房屋和商店似乎比卡迪夫略低一级，反映镇民的生活水平偏低。

继续向南，再过两个路口一盏交通灯，海拔渐升，两边有山。接着峰回路转，豁然开朗：东面先是县级集市博览园和季节性的赛马场，跟着是开阔的潟湖；西面是一长条细沙泳滩。接着出现的就是德尔马的中心区，与阳光海滩相距不过4公里，却情景迥异，路边的房屋和商店都呈现欧洲风味，展示高档货品，反映镇民的富有，其小学水平也就远高于其他北岸小镇。

过了德尔马，看到的又是潟湖和沙滩，然后地势骤升，走进托里针叶松公园（Torrey Pines State Park）。托里针叶松（Torrey pine）是一种稀有的松树，这个很大的州级公园是它的自然保护区。公园里除一个市级的公众高尔夫球场和一个公众滑翔场外，别无其他建设，一切听其自然。

对我来说，德尔马只是上下班的必经之地。一过托里针叶松公园就进入 UCSD 领地。今天一左一右两条大路，围绕着气势宏伟的校园；当年却需穿越大片荒废已久的部队营地，才到达那独一无二的热菲尔学院，进入位处尤里楼后门的独一无二的停车场。我的车整天停在那儿。每天晚上回家，吃完晚饭加班，再次

⊖　在卡迪夫过日子

来到学校，又把车停在那儿。周末要就是上尤里楼的计算机中心，要就是打完篮球再加班，还是把车停在那儿。唯一不同之处是，周末会带上老婆儿女，让他们在篮球场边叫爸爸加油，或者在校园里奔跑玩耍。

想到101号公路，想到从学校驾车回家，脑际就浮起两幅图景。一幅带来的是幽美的意境：三三两两爱好自然的人坐在德尔马海滨的小山头上，静候日落——他们有的是手持画笔的业余画家，有的是手牵着手依偎着的情侣，有的是双目注视水平线若有所思的老年人。另一幅却令我啼笑皆非：半夜回家，边开车边思索刚放下手的科研难题，一路无阻。过了恩西尼塔斯，再过了卢卡迪亚，看到人烟尽散时，才醒悟已经远离卡迪夫的公路出口。

不久前重游拉霍亚，驾车经过这段101号公路，想起当年回UCSD当院长时一儿三女在那附近的所作所为：17岁的儿子独自骑着摩托车在公路上驰骋，16岁的大女儿与姑娘们在沙滩上欣赏夜火野餐，15岁就上大学的二女儿背着1岁的三女儿在草坪上跳跃。还有呢，长得娇小玲珑而胆子特大的二女儿，背着毫无机动力的长翼，从公众滑翔场的悬崖飞跃海面，学习悬挂式滑翔，弹响单人飞行嗜好的前奏。也许这是胎教的结果。妈妈长途颠簸时怀的就是二女儿。从圣路易急驰到达卡迪夫，只两个月后她就呱呱落地。从小就喜欢上下跳跃，高低乱爬。还只一岁，把她举在空中，不消鼓励就会自动伸直肥肥胖胖的短臂小腿，大字形摆出腾空飞行的姿态。虽则伊芳与我都喜欢运动，但两人都不爱冒险。不过据说我的母亲幼时也那么顽皮，经常陷入险境：看来还是她给的隔代遗传呢。

长女胆子不大，却善于莫名其妙地把自己送进难关。记得次女出生不久，妈妈经常抱着喂奶，令长女感到失宠，甚不安心。于是晚上不肯好好睡觉，一度翻过栏杆爬出婴儿床，双手一放，跌落地面。把她抱起，放回床上，只半分钟就重施故伎；于是又得把她捡

从小就能"飞"得笔挺的老三，还能保护及帮助姐姐

起，放回栏内。反反复复，并不哭闹。连续12次后，终于放弃。看来她也就接受了小妹出生的命运。

当上助理研究员，收入剧增，年薪9000多美元，每月800美元。看起来应该相当宽裕，事实上却捉襟见肘。一是收入低时从来没被扣过所得税，现在突然又是联邦税，又是加州税，扣除后只剩600多。房租一套150，一套135，总共285。所余只300出头，应付不了衣食和交通。开始那几个月，因为还有些积蓄，也就顶过去了。几个月后，入不敷出，实在心慌。可怜的伊芳说："我也去打工呗！"

正好学校里冯元桢教授在找计算机程序员。冯教授是力学泰斗，离开加州理工学院来到UCSD，于1966年首创生物力学。不会写程序但是特别肯学、好学、能学的伊芳，斗胆应聘，居然申请到这个职位；很快就得心应手写出程序，让冯教授相当满意。于是我俩每天清晨把两个大的送到附近的托儿所，把还只几个月的婴儿送到一个美国人家去托管，然后牵着手一起上班。倒也浪漫。

好景不长。收入是增加了，可以应付老少八口的生活，可是发现托管婴儿的美国主妇比较马虎，总让我们的宝贝女儿与她自己的婴儿一起在后园的泥地上乱爬，捡起杂草往嘴里送。也不注意给孩子穿暖，让她们三天两头拖着鼻涕害感冒。伊芳看着实在不忍。年轻的妈妈勉强干了三个月，就替冯教授找了个好替手，自己辞职回家。

☑ **搬家的故事**

少了伊芳的收入，经济上又出了问题。

一年租期将满，房子也出了问题：兼任房东的开发商动了别的脑筋，想尽快出售整批房屋，转移投资，于是劝我们把两套房屋一并买下。我们哪儿有钱付那首期？再说，我那份工不是教职，哪敢作常住圣迭戈的打算？

软的不行用硬的。开发商说：那就加租！150的加到180；135的加到160。一下子两套的月租就从285跳到340。玩完了，搬家呗！

两套房子本来就太奢侈，当时的决定是为了让父母亲高兴。听说岳母也要来住，一家八口更将增至九口；即使如此，还是过分奢侈，不敢续租。另租一套住得下九口人的大房子吧？事实证明不行：大房子往往是盖给有钱人家住的，档次较高，可能比两套小的更贵！那么，唯有找一套不那么大而兼有地库的平房；稍加装饰的地库可以住人。

可是加州不像美国东部或中部，不兴建造地库，尤其是在土质较松、近海潮湿、造价太高的加州南部。反正绝大部分房屋都没有地库。

沿山坡的路旁有些面向山坡的房子。若前端与马路看齐，则后面就得用特别扎实的水泥柱子撑住。偶然有人在柱子周围砌墙，利用地坪和斜坡之间的空间加建居室，算是多盖了半层楼。

在卡迪夫找不到这样的房屋。或许档次较低的阳光海滩镇会有？中介说：背对101号公路，垂直上山一个街口，有条与101号公路平行、叫做"南河径"的旧路。这条路上的房屋虽然较旧，条件不太好，但是都是面对马路的平房，说不定有些背后被改造成半层地库。反正这段路不长，何不逐户去看看？

没多久，果真看到这么一家，挂着牌子出售。中介打听之后，了解一直卖不出去，房东一筹莫展，正在打算出租。我们来得合时，月租250美元搞定。

一年里搬两次家。这次不是搬来上任，大学当然不给补贴。雇不起搬运公司，家里一切东西，需打包的全自己干。所谓"自己"，辛苦的又是老婆。我忙着干科研，上班也好，回家也好，日日夜夜不敢丝毫怠慢，帮不上忙。伊芳煮饭洗衣、打扫卫生，同时照顾三个幼儿幼女，全一手包办。真不敢想象她是怎么熬过来的。再加上一句：即使这么辛苦，她还像新婚时那么青春漂亮、满脸笑容；真没法懂。

打完包，所有家当不分轻重，都从卡迪夫搬去阳光海滩。这可是粗重的工作，必须男子汉出手。当时来了三位华人同事仗义相助，连我在内，四人都是大汉——至少身高都有1.77米，虽然算得上魁梧的只有一位。三位里的一位是后来很有成就却不幸英年早逝的统计力学家马上庚。一位是当时在应用力学系当博士后的Sam Ling（山姆·林）。还有一位，真不好意思，怎么想都想不起来。应该不是冯教授的博士生殷起彭（Frank Yin），否则我不会忘记。为什么？读下去就会知道。

说到自己动手搬家，直到今天任何美国人立马想到的一定都是U-Haul——对，就是那家叫做"你拖"的车辆租赁公司。不过这次不能靠挂车，租的是专门用来搬大型电器和家具的货车。跟车来的有搬冰箱、炉灶、洗衣机、大铁箱的职业器械。四人七手八脚，对不起，应该说八手八脚，从早上干到天黑，总算大功告成。几位可怜的博士，干了一整天苦工，唯有的报酬是一顿量多而滋味勉强过关的晚餐。

请不要以为我俩特别寒酸。当年我们这些中国留学生都是这么过日子：今天你帮我，明天我帮你。家里用过的东西，小至婴儿衣服大至冰箱汽车，都一家传一家，决不浪费。

☑ **阳光海滩的家**

"南河径"上的家，虽是独立房屋，可没多大，事实上就是一层，三卧两卫。主卧让父母亲住，隔壁一间卧室让幺妹住。还有一间较小，在房屋的另一头，暂放二女的婴儿床，让她独自睡，半夜醒了哭哭啼啼的话不会吵醒爷爷奶奶。过一阵子伊芳的母亲来访，也将住那间，帮着带娃娃。

至于卫生间，父母亲那头有一间，属两老专用。虽然幺妹就睡在隔壁，但她要去另一头公用的那间。因为我母亲素有洁癖，出于无奈她不能不接受父亲，别人则免谈。这是她同意两家九人合住一个屋檐下的必要条件。

客厅全家公用。我们从没客人来访，只有父亲坐在那儿阅读书报或看电视。餐厅很小，厨房也不大，这些都归父母亲和幺妹。也就是说，除了那间岳母与婴儿同住的房间，全层归他们三人使用。那么，我俩与一儿一女住哪儿呢？

屋里有条较陡的楼梯，通地库。下得楼来，只见一条阴暗却还算宽畅的走廊。需要整天开灯，否则就看不到安装在走廊墙边的炉灶水盆和碗柜。这是屋里的第二间厨房。走廊到底有墙，墙后面隔了个小房间，安装洗手盆、马桶、淋浴各一，俨然又是个卫生间。

走廊中间开了扇门。门一打开，走进地库房。里面放一张大床、两张婴儿床，所有从圣路易搬来的衣柜、物柜、书柜、档案柜、书桌、椅子、餐桌、餐椅、冰箱、洗衣机、灯具、电视、铁箱、皮箱、小孩玩具……也就是说，除婴儿外的五口小家庭，起居工作煮烤洗刷吃喝拉撒，都在这半层地库里搞定。

三面是墙，开不了窗户。没墙的那边，两道玻璃门、两扇大窗，既采光又通风，给我们带来无限的喜悦和自由。走出门去，先是一大块水泥地，然后是荒草斜坡。水泥地虽不平坦，却大得能让孩子们骑着小三轮车，舒舒服服地前后打转兜圈；还能放些小桌小椅，让孩子们在户外吃饭玩耍。此外还有"海景"呢：站在水泥地上，踮起脚，能看到远远的一线太平洋！

圣迭戈几乎下不下雨。原来希望花些工夫割草，就能把荒草斜坡变成花园绿地，让孩子们在柔软的绿茵上尽情跳跑、呼吸新鲜空气，享受大自然的赐予。第一次推着割草机下坡，就发现美梦成空：斜坡凹凸不平，荆粗草硬，满布碎石沙砾，什么割草机都征服不了。再说，谁知道还有没有毒蛇野虫躲在那儿，静候小宝贝们的来临？

草地没了，果树却有几株。南加州盛产橘子，可是我们的"果园"里就是没有橘子。最难忘的是一丛枇杷和一棵油梨。美国人当时还不懂得吃枇杷，至少邻居们不知道这丛树是谁种下的，也不知道果实能不能吃。幸好如此，否则早已给人摘光吃尽。而我们当时还不懂得吃油果，觉得这些外壳粗硬、肉头油腻、又大又重的热带水果既不甜又缺水，吃来乏味。邻居们听我们这么一说，欢天喜地，几十几百颗地讨去，道谢不已。原来这是宝货，超市里卖得比什么水果都贵。

在华盛顿大学时，伊芳和我婚后在研究生宿舍里度过不少时日，还在那儿带一儿一女生活。所谓研究生宿舍，其实是战后为复员教师建造的一批临时房屋，原来只准备用五年就拆除。结果是教师们搬走后，校方让有家眷的研究生迁入。这些薄板木墙、漏风窗户的小屋，竟拖了十几年才拆。母亲把它们描述为"破木船"，我们却认为是十分温暖的家。

习惯了那样的条件，地库原该照样舒服。只是出现了几个预先没想到的问题：一是略嫌阴暗，二是略嫌闷热，三是炒菜时油烟弥漫。最令我俩难过的是：楼上的二女还是个娃娃，半夜有时哭醒，

⊖　在楼上爷爷奶奶家

当爸爸妈妈的睡在地库，离得太远，听不到，没能去安慰她。大的两个则与我们同睡一间房，我亮着灯工作到半夜，难免令他们睡不安稳。

黄昏时光，透过玻璃门窗可以看到日落，这倒应了"阳光海滩"的美名。

☑ 老人在阳光海滩

很多中国家庭移民到美国后发现同样问题，就是家里的老人无法适应。听见过这些话吗，"美国是小孩子的天堂、中年人的战场、老年人的坟场。"固然说得过分刻薄，不过对那些跟着儿女移居美国的老人来说，日子的确不很好过。索性儿女收入不太高的，住在城里甚至唐人街，倒还热闹；儿女收入较高的，在郊区买套独立住宅与父母同享"美国梦"，反让老人受罪。

为什么？儿女上班，孙辈上学，洋房再豪华、花园再大，家里没人。邻居语言不通，即使能通也不相往来。哪能不觉孤独？去寻亲觅友吧，家家相距太远，公交系统太差；不会开车或不敢开车的老人，就像没了腿，被困在家，活像是被软禁于郊外。

我们住在远郊是出于无奈，不是享用豪宅；父母亲却也面临同样问题。怎么打发时间？母亲有洁癖，洗洗刷刷，总要弄到半夜才上床，于是早上起得很晚。起来后又一轮洗洗刷刷，去掉大半个上午。吃顿非常简单的午餐，看三小时电视剧，不知不觉又是晚饭时分。一天也就这么舒舒服服、干干净净、很有规律地过了。

父亲则天生劳碌命，工作勤奋，"不着家"（亲戚都说我像他）。还只60岁，身体健壮、头脑清楚。在母亲不断唠叨下，奉命退休，移民来美"让儿子奉养天年"。先在圣路易住了几个月，既没有工作，又缺乏嗜好，当地的夏天既热又潮，不敢外出行走，就在家里对着风扇呆坐，精神日见衰弱。搬来风和日暖的加州，应该说是开了生路。

卡迪夫山路较陡，全无公交。父亲年轻时来美留学，在美国住过5年，能开车。可是30年没开，不敢在加州路上玩命。于是正像上面所说的老年移民，被困在家。一年后搬到阳光海滩，南河径不受山坡之扰，两个街口外就是比较热闹的马路，终于等到了解放。从此天天出门走路，去路边的小店里张望，找附近的老人家搭讪，无形中恢复了"不着家"的习惯。

邻近的老人家比他老得多。圣迭戈之北的远郊缺乏就业机会，留不住年轻人，子女早已离乡别井，剩下老父老母独守空巢。这在美国是最通常的情况。此处早期地广人稀，居民务农，各自围垦果园，种植橘树，以此为生。果园里各建一套住房，安安定定把孩子养大。年纪大了，住惯了，不想走，也走不了。无力照顾果园，就把土地分割出售，留下部分作为花园，花园里的橘树让人承包。

所谓"承包"，听上去不错：不需要管，还能收租，舒舒服服过小地主的瘾。可惜事实并非如此。美国的农业已经企业化，承包者是大公司属下的小公司。它们与一家又一家"地主"连贯性签下合同，合零为整。操作走上轨道以后，橘园容易伺候：从墨西哥雇来农民工，让他们一年里来那么一两次，该做的做，不消个把钟就撤。收成时节再来，货车挨户上门，把整箩整箩的金黄色战利品搬走。完事。

承包的年租能不能补贴退休金、安老养老？说来你不相信：租金是零。承包公司只保养果园，为地主提供"免费服务"，两相情愿。不情愿怎么办？若收成时节没人打理，那些橘子怎么处理？真有些年头，要就是收成过好，要就是市场不景，农产供过于求，存放发生问题；承包公司该出现时竟无影无踪。结局是大堆大堆橘子掉在地上，就在那儿任其腐烂。老人家们还得出钱雇人收拾。

父亲出门走路或去商店购物，碰到这些孤独的老人家，就说起话来。住得较近的几家爱请他上门聊天。每去一次就满载而归，带回一家老少永远吃不完的橘子。中国人坚持礼尚往来，于是炸春卷、包粽子，大包小包送上回礼。老爸交上了一群朋友，回家跟我们讲解他所听来的美国老年问题。

还有哪，妇女比较长寿，邻居里总有些年长的寡妇。看我老爸长得"年轻"，端正斯文，（怎么说呢？）还有了点意思。老爸能打桥牌，一次去社区活动中心看人打牌，全是女的，竟有人上来自我介绍、问长问短。吓得他回家后立刻向母亲汇报，并说从此不敢再去。母亲把这些跟全家细说，还说这些寡妇们听到老爸的夫人还健在人世，十分失望。边说边笑，不以为忤。

☑ 全家在阳光海滩

老人生活安逸，放下了心。

另一位老人是我的岳母，伊芳的母亲。她只比我母亲小一岁，出生于比较富裕的商人家庭，在家是大姐，弟弟妹妹全靠她管。婚后家境也不错，生了三女两儿，是位拥有仆从司机的上海夫人。后来移民日本，家境渐差，丈夫没了。能把儿女一一送来美国念书，靠的是孩子自己申请到的奖学金。最后她也移民来美，在阳光海滩与我们住了几个月，就转去长女定居的波士顿。她能力很强，手快脚快，端的是伊芳的好帮手，特别是在照顾小娃娃方面。

小我16岁的幺妹当时刚进初中。北郊每两三个小镇有一所公立学校，我们附近的那所学校就在卡迪夫的山脚。第一年不难应付：我上班时把她送到学校，放学后她自己走回家。1公里多路程，虽说是上坡，对那个年纪的孩子来说不成问题，尤其是气候永远不冷不热，从来不下雨。

搬到阳光海滩后，还是同一所学校，可是隔了一个镇。5公里路程，来去只有路旁不设人行道的101号公路。问题可就大了。上学时我还可以来回绕上10公里把她送去，放学时我还没下班，不能接她。

这时父亲说，家里不能不添一辆车了。我开车上班后，家里买菜、缴费、上银行邮局等，都是问题。万一老老小小有人生病要上医院，或许出个什么事故，没车怎行？再说，这辆车进厂检验或维修，那时又怎么办？买车可以分期付款，父亲说他手上还有些微积蓄，就先缴上首期，其他让我俩分36个月付清。

就这样办。可是还有个问题：车买到后谁来开？伊芳必须披甲上阵。

首先我得教她开车。不是没有驾驶学校，而是没钱交学费。人人都说夫妻之间别的可以教，就是不能教开车，一定吵架！果真如此。我这位温顺出名的老婆、我这个自认体贴的老公，就为此事吵过几次。倍感慌乱、手足无措的姑娘，有时动作快了一些，有时慢了一些，经我唠叨几句，受了委屈，竟会使小性子，说声"不学了！"就猛踏刹车，把车停在路中央。兼任教练的老公当然即刻认错，低声下气赔不是，再三把她不能不学的道理说通，才算挽回局面。

今天回想，简直像在演电视剧。年轻的读者们切记切记：夫妻间千万别教驾驶——尤其在离婚率越来越高的21世纪。

买了辆面包型的"大众汽车"（Volkswagen），与这些年来在我国蛮受欢迎的德国"大众"车同一品牌。我家人多，小车坐不下，买的是长款，比面包还面包。手动换挡，刚学驾驶的伊芳不敢开，从此就是我的车。她开1962年买的那辆自动换挡的小轿车。

有了第二辆车，作为新司机的伊芳工作量突然增加，除了接幺妹放学回家，有时还要带父亲去田里买菜，陪他散心。

说到"田里"，很有点意思。5号州际高速公路旁边离家不远处，有片农地。菜农是位华裔老人家。每天一大清早，有批发商来到田里收购农产。父亲喜欢赶在批发商前面与他交易。直接从他手里买来的白菜和萝卜，又大又肥，又香又甜。老爸说一辈子没有吃过这么好的白菜和萝卜。

南加州就是这样，看来满地沙土，一片干旱，可是只要把水从北方或东方引来灌溉，农产之美令人难以置信。不仅是农产，花卉也是这样，或许更甚。一年四季，只要及时浇水，什么缤纷灿烂的花草都能开，琳琅满目，艳不胜收。

第 4 章

拉霍亚的博士后生涯

　　"博士后"这个词来自英文"postdoc"的直译。可是在英文里"postdoc"这个词本身就很别扭：原意是让念完博士学位的人以比较独立的方式继续进行科研，干"博士学位以后的研究"（post-doctoral research）。说呀说的，逐渐形成了进修岗位，这类职位就被简称为"postdoc"。

　　20世纪80年代前的中文词典里一定查不到"博士后"这词。这个组合词刚出现时，一般人不明就里，即使在什么"80后""90后"都已成为通用名词的今天，学界以外的人还是不明白它的含义或地位。

　　难怪。大学教育本来就难设统一标准，研究生教育则更难统一衡量。即使课程设置没大分别，学生学得好不好视师资而定；中外都是如此。单就美国来说，颁发博士学位的正规大学有200多所。即使同一所学校、同一个系、同一种专业，毕业生的水平也会高低不等；甚至同一位导师所带出来的学生，强弱都可以悬殊。更何况不同学校、不同老师？

　　博士的出路之一是去大学任教。研究型大学聘请讲师或助理教授都要求博士（或相应）学历。某些学术领域或专业更要求应聘者拥有博士后的经验，以此考察应聘者曾否在相对自主的情况下做出成绩。越是基础学科（例如物理和数学）对此要求越强，因为独立科研能力是自主创新的首要武器。曾否被卓越的教授纳入门下当"博士后"，无形中变成检验科研潜力的主要判据之一。

☑ 布勒克纳重返拉霍亚

芬伯格教授对不同的博士生运用不同的教导策略。与我同班的另两个博士生他管得很严，对我却是另一套。首先通过一条试验题带我入门多粒子物理领域。跟着与我一起工作，联名发表了一篇论文。之后他就完全撒手，让我自找方向、自主发挥，甚至可以说成自生自灭。因此，之后两三年里我的科研已属完全独立，犹如当博士后。看来布勒克纳让我跳过博士后当助理研究员不无道理。

能进到布勒克纳门下，还有一则与物理毫无关系，与毫不足道的我更无关系的意外。这又牵连到这所新生大学的人事折腾。

1961年，还在筹备初期，热菲尔为 UCSD 奠定了办学基础，布勒克纳为物理系聘来了一群高手。突然间两人相继离开，几乎给学校造成致命的打击。

校董会聘来赫伯·约克（Herbert York，1921～2009）担任首任校长。

约克是位很有性格和色彩的物理学家，校董会让他当首任校长却令人费解，特别是他念完博士后就进入科研界从事行政工作，没有接受过教研经验的"洗礼"。可是假如当时聘来的不是这位既有眼光又有气度的他，这所大学的创校奇迹很可能被打上句号。

除了 UCSD 校长岗位上的短暂时光，约克一生的行政职位大部分与国防有关。说是与国防有关，人们却认为他是位和平主义者。实例之一是他一直希望能把与核能有关的操作完全集中于国际组织手里，不让任何一国独立操纵。

约克自学了多种语言，包括汉语。远在中国还没崛起的年代，他就特别注意中国，喜欢中国。在他影响下，女儿走入中国问题的研究领域，在香港居住多年，还嫁了给华人，为他生了两个有中国血缘的外孙女。

约克虽然当过高官，包括数任总统顾问，却完全没有一丝官味或傲气。多年后我回到UCSD当热菲尔学院院长时，为了到欧洲和中国参加学术会议和讲学，需要离职一段时间，请他纡尊降贵暂任代理院长，他毫不迟疑，一口答允。就是这么一位谦和平实的人。

他当首任校长时，也如此淡定。据布勒克纳说：1963年约克亲自出马，远途跑来华盛顿请他回到UCSD，重拾多方面的建校工作。UCSD的一群创校元老深信"教授治校"，样样政策都要教授委员会或小组详细讨论，反复再三，才能集体通过。这种有过之而无不及的决策程序让约克感到不胜烦恼。于是索性请回布勒克纳，把学术任务一干二净全盘交托给他。

布勒克纳天生是个一不做二不休的人。不仅理科、工科，连图书馆馆长，文学、语言、哲学、历史、心理、人类学的创系教授，都由他罗致。全校的学术规划由他制订，早期的几所学院由他定位，楼房的设计由他判断，仪器的配置由他拍板，大型电子计算机由他选购。新生大学在他的领导下重振几临低落的朝气和雄风。

两年后，约克因病辞职。新任校长顾虑到一些元老不满布勒克纳独揽大权，在布勒克纳之上安排了一位学术副校长，全面削弱他那一手包办的权力。此外还动手更改他所细心设计的校园发展规划。那位学术副校长理想很高，可是能力不强。布勒克纳哪是等闲之辈，在这种情况下自愿辞去行政任务，无牵无挂地跑回物理系当教授。就在我到拉霍亚的前一年，他建立了庞大的研究所。

假如没有这番折腾，他该名正言顺地担任副校长，迟早还会接任校长。无论如何，很难重返科研。当然我也不会有机会走入他的门下了。

☑ 布勒克纳的科研团队

布勒克纳是个拿得起放得下的人。UCSD创校初期，热菲尔需要他，他说来就来，抛开科研，一心一意聘贤办学。热菲尔在不明不白的情况下被靠边站，他也就丢下重担，只身东去。约克上台，亲自上门请他拔刀相助，他放弃官职回到UCSD，再度出马，重显身手。约克让位，继任校长自有新意和亲信，对他不复重用，他立即脱离行政，回归科研。短短几年之内二进二出，翻腾自若。

经受了创校大业的磨炼，满腔豪气的他连做物理也改变了方向和路线。他摆脱以量子场论为出发点的图像理论，进占多个领域，包括多粒子理论、低温物理、原子分子理论、等离子物理、核聚变能……建立了"纯粹与应用物理科学研究所"（Institute for Pure and Applied Physical Sciences，简称IPAPS）。这个称呼似乎有点狂：顾名思义，所有人类想得到的物理科学都被包含在内了。

⊖　IPAPS就在物理系大楼地面那层，门关得紧紧的，很不起眼。可是就凭这几扇门，进进出出过多少位当时及日后成名的物理学家

那么，怎能不网罗一大群物理学者参与其事？研究所里，在他领导下的人员粗计就有诺贝尔奖获得者1人、助理教授2人、助理研究员和博士后12人、博士生18人。带这么多博士后、博士生，还真有点夸张。难怪我来物理系报到时，那位有若办公室主任的乔伊斯·瑟撒耸耸肩膀、眨眨眼睛说：又来了个博士！

布勒克纳手下的人要想与他谈科研进展，不可能像物理系里一般师徒那样说见就见。人太多，必须提早请秘书小姐安排日程。（想来那位获诺贝尔奖的玛利亚·梅耶想见他时应该无须预约吧。）按布勒克纳的秘书说，只有两个助理研究员可以临时叩门求见：一是马上庚，另一有幸是我。不过我们两人都比较独立，看他整天忙忙碌碌，不常去打搅。

一伙人里流传一则可以当真的笑话。布勒克纳每年一次在他那西班牙式的半山别墅里开派对，把手下一众请去吃喝，表示鼓励。那年他在派对里照常手持酒杯，在人群中走来走去，这儿说两句，那儿说两句，加强师生情谊。走到一位年轻人前面，他笑吟吟地问："不很面熟，来多久？"年轻人回答："嗯，我是您的博士生，跟您学习已经一年多了。"

哎呀，这样一说，令我想起在香港创校那几年，顿时脸红，因为自己碰到过同样难堪的场面。在校园里见到一位年轻人，像是刚来不久的助理教授。走上去自我介绍，表示欢迎。他说："我认识你。上星期刚在你家吃过饭。"

天啊，怎么回事？原来我和伊芳经常在校长宿舍里宴请新到同事，以示感谢。每年好多次，每次邀到10人左右，有时还包括家属。我不善认脸，记性又差，于是出了这样的纰漏。除了赶紧道歉，唯有的借口是那些年里平均每月增聘10位教师，还同时增聘多位职员，实在难认难记。同事们能原谅我吗？

一旦"高升"，会议和活动、演讲和报告、应酬和社交都越来越多，终年不断在校内校外抛头露面，见到的人越来越多，认人的本事再大，也没法记住这么多仅仅见过一两次的人。那些争取选票的政治人物却能做到，不晓得怀有什么秘诀。

回过头来想想，作为博导，对自己团队里的科研人员和学生负有很大责任。不仅是专业上的启发、带动、切磋，还需熟悉他们的志向、能力、潜力、品格，以便帮助他们建立最适当的专业前途。世无完人，才华横溢的布勒克纳这方面略有欠缺。

☑ 纯粹与应用物理科学研究所（IPAPS）

布勒克纳的纯粹与应用物理科学研究所是个庞大的机构。

或许我不该用"机构"这字眼，因为事实上它的组织很松散。研究所的科研领域横跨好多个物理专业，是什么"胶水"把这些专业拉拢在一块？答案之一是布勒克纳的科研领导能力：这些专业他都懂，还都有一套想法。答案之二是经费：布勒克纳在这个名义下从联邦政府申请到大量拨款，养得起科研人员，买得起设备。

我到香港后才知道美国与英国在很多方面有制度上的差别。暂且不要说得太远，就拿科研经费的调度来举例。香港沿用英国制度，每个院系都按专业的需要和师生人头分配一定数量的教研资源，包括对研究生的资助和技术后勤人员的薪酬、设备和仪器的购置和运作费用。此外亦有教师们申请得来的科研资助，可是为数不多。而在美国的大学里，院系只负责教学所需的人员和设施，绝大部分科研资源需由教师们自己去筹集。筹集的对象绝大部分是联邦政府的几个科研资助机构。也就是说，教师们靠自己的本事去申请，资助机构按"同行评议"制度拨款。

申请到的科研经费用来支付博士生的"助研金"、博士后的薪酬、技术员工的薪酬、仪器的购置和运作费用。大学教师的收入按学年计，而学年不包括暑假，因而学校每年只付9个月的薪水（一般分成12期支付）；教师申请到的科研经费，部分可以用来支付给自己作为2～3个月的暑期工作报酬。此外，学校还要抽头，拿走经费总额的三成左右，作为行政费用的补偿。

　　搞理论研究不需要贵重的精密仪器，不过有些还是需要计算设备。在那没有个人电脑的时代，需花不少钱向学校租用大型计算机的上机时间。有时需要雇佣一两个程序员。当然，搞理论也好，搞实验也好，总要有人干秘书工作（包括当年不可缺少的打字员），这些钱都来自科研经费。总结一句，申请不到科研经费，养不起辅助人员和科研设备，很难在研究型大学里生存。

　　布勒克纳的研究所拥有那么多经费，供养那么大的团队，在UCSD的影响力可想而知。上节所说的30多人绝大部分被安置在研究所的名下。那两位助理教授的科研专业是布勒克纳自己不直接关注的原子分子理论：一位是华裔，在物理系；另一位为研究所打点很多行政任务，据说科研水平平平，因而不为物理系接受，于是职位只好挂在当年不受重视的应用电子物理系。

　　相信也有部分助理研究员和博士后不属物理系。12人里，在物理系出入的有八九位。传说中的18个博士生则散居不同地点的

　　⊖　当年UCSD的物理系大楼。这群人中最后一排左起第二人是伊芳，低着头的第四人是我，我前面那位是殷起彭

研究生办公室里。除了一位布勒克纳叫我为他"带"的，几乎见不到面。

物理楼多年后被命名为梅耶楼（Mayer Hall），地点最接近热菲尔学院广场，是这个研究所的大本营所在。楼面相对广阔，内有布勒克纳的办公室及与其相连的秘书室，里面端坐着为他挡驾的秘书小姐。还有个大厅，一长条以玻璃墙隔开、可以上锁的杂物房。大厅里有桌有椅，坐着几位职员和秘书小姐。杂物房里则有整排的文件柜、工作台和当时很先进的大型复印机。

走出这研究所的行政中枢，右转沿墙开了两道小门，门后有短廊各一。每条短廊一边是墙，另一边是两小间研究室，末端是间较大的办公室。我与一位加拿大籍的博士后合用第一条短廊里的研究室，左手邻居是继居里夫人后有史以来第二位女诺贝尔奖获得者玛丽亚·梅耶（Maria Mayer），右手那间则三人合用，包括那位华裔助理教授和一位阿根廷籍的博士后。第二条短廊里也有三间房，坐着除我以外的另一位助理研究员马上庚和五位博士后。

纯粹与应用物理科学研究所的核心团队日日夜夜在这儿埋头苦干。

☑ 来自五洲四海的纯粹与应用物理科学研究所成员

纯粹与应用物理科学研究所行政中枢的那个杂物房好像甚有来头，否则为何要上锁？里面的大型复印机人人可用，因此人进人出，络绎不绝。可是一年里总有那么一天突然变成禁区，不准我们"闲人"入内。小道消息是国防部门那天有保密人员来查。

谁晓得是真是假！反正大家知道布勒克纳的科研经费部分来自国防机构，或许有些项目还属于保密范围。那么，杂物房里几个上了锁的文件柜藏些什么，可想而知。若真是如此，则按理来说平日也不该让人进出。事实上，整个团队里似乎没人在干保密性的研究，一年一度的禁区之说被众人引为笑谈。

团队里有种独特风气，就是个人的独立性极强，各做各的课题，各忙各的科研，极少合作。除了三三两两一起去吃午饭，不常来往。我见得最多的是两位多粒子理论的同事。一位是同室的博士后，原籍加拿大，为人平和多礼，我们合用一台当时最先进、噪声最低而速度最快的"Monroe"机动计算器，自认相当奢侈。另一位是马上庚，来自台湾名门，是国民党最高级文人马星野的嫡嗣，也是伯克利加州大学的明星博士，一位百分之百的温和谦恭的学者，我们在一项课题上合作过，联名发表了两篇论文。

邻室那位原籍阿根廷的博士后，科研领域比较偏，与我们几人专业各异，因此平时没有多少交谈互动。可是两条短廊里的人都记得他，理由与物理无关。1968年4月，圣迭戈地区发生6.8级地震，大楼摇动得厉害。这位很有地震经验的阿根廷人高声呼叫，让大家撤离大楼奔向广场。奔出门来，只见门前那条长廊的地面竟在上下波动。虽然校园破坏很轻微，次日传媒报道远郊地面裂缝长达30余公里，最宽处近4米。

另外几位人人记得的，都搞理论物理，却不是布勒克纳的博士后。两位来自法国，是对夫妇。男的好像是沃尔特·科恩（Walter Kohn）的博士后，女的好像是布勒克纳的访问学者。都只来一年，不过以往也来过。令人记得的理由，一是夫妻档毕竟不那么寻常，二是两人经常坐在户外草地上畅谈物理。

还有一位博士后，叫做约翰讷斯·茨塔兹（Jahannes Zittartz，一般都叫他Hans），来自德国。他令人记得的理由是常与我们谈二次大战中的儿时经历：德国战败前夕，城市不断遭美国军机轰炸；一次他与同伴们在科隆的街上游玩，竟有美国军机向这群儿童俯冲扫射。虽是很不人道的事，他讲来却不见仇意；德国人往往对"二战"抱歉疚心态，充满强烈的和平主义思想。十多年后我去德国讲学时见过他一次，他已是成名的物理学家，在科隆大学当教授。

布勒克纳对待被称为助理研究员的马上庚和我与对待其他博士后不同，似乎特别信任，有时让我们替他执行一些任务。一是让我们两人替他评审博士后人选。我感到不可思议：自己还未站稳，就去评估别的申请者？另一是各帮他指导一名博士生。给我的那个来自卢森堡，叫做罗伯特·布赫勒尔（Robert Buchler）。卢森堡是个小国，位处争战必经之地，人种和语言比较复杂。布勒克纳按德文发音把"Buchler"念成"布赫勒尔"，他本人却告诉我应该按法文发音念成"比余虚雷"。看来一辈子都被人念错。我带他做的课题是怎么把我的相关基函数理论与传统的场论图像理论连结。谁知这题目太难，把他吓走，转了去干天文物理，后来一辈子在佛罗里达大学当教授。

还有一位是在布勒克纳来拉霍亚前当过他的博士后的以色列人卢本·提贝格（Reuben Thieberger），20世纪60年代不时回到布勒克纳身边访问一段时间。这位捷克背景的犹太人为人友善谦和，与我结成朋友。数年后曾被我请来西北大学，在我研究组里当访问学者。又数年后我去以色列开会和讲学，与伊芳专程去他执教的本—古里安大学（Ben Gurion University）访问，在附近的沙漠里和死海边花了两整天。

读者到此无疑发觉：这群为各位随意道来的博士来自五洲四海。说也奇怪，这么多博士，难道没有一个是土生的美国人？写到这里，我放下稿子站起来走了几圈，仔细回忆，竟真是想不到一位！物理之国际化、美国学界之国际化，可见一斑。

还有，这些只是在UCSD跟随个别名师从事凝聚态理论物理研究的一小撮人。真要把全系人马一一道来，恐怕世上大多数研究型大学无以匹敌。

☑ 大将阵营里首见战役

拉霍亚不是哥廷根，并没有出现像后者那样惊天动地的突破。

时代毕竟不同了：时隔三四十年，先进国家——大动干戈地搞科技，优秀人才分布全球，夜以继日发挥智慧、开创新猷、累积知识。不像二十世纪二三十年代那样，什么物理天才都集中到哥廷根去，你一手、我一脚，鬼哭神嚎地在短短几年里建立了现代科技的基础——量子物理学。

几十年来，UCSD 产生了大量新学问，校史无疑会一一记载。我的知识面太窄，这本书里也不该过分吹嘘 UCSD 的丰功伟绩，只简单说一些自己的科研工作，反映一个良好的知识汇聚环境怎么为初出茅庐的人开窍。

写到这儿，几乎不知道如何继续写下去。理论物理从来就不是科普的好题材，因为它的工具和语言是数学，而科普书籍无法要求一般读者有足够的数学基础。我刚出道时曾经写过一本书，叫做《氦与多体物理》，作为"中华科学丛书"的一种，1971 年在台湾出版，好像后来在内地也发行过。说是科普，亦用到高级微积分，难以适应一般读者。可是既然要讲自己的科研工作，又不能一点都不写，是吗？

最后的选择是：三言两语提及每一课题的主题，然后讲个切身经历的小故事，让读者们借此与我感受拉霍亚"仙境"里的学术气氛。

一个课题如下。

刚到拉霍亚没多久，布勒克纳告诉我芬伯格夏天来过，与他谈起有关带电玻色气体（charged bose gas）的理论争端。带电玻色气体是个纯假设性的多粒子体系，由无数顺从玻色统计的电子组成。它的特点是：为它的性质做理论计算时，一方面要面对长距库伦作用体系所不能避免的麻烦，一方面要面对"玻色—爱因斯坦凝结"所引致的困难；通常的量子微扰论完全失效。席拉都（M. Girardeau）用图像微扰法做基态计算，芬伯格用相关基函数做同样的计算，两人所得的结果出现显著差别。那是图像场论走红的年代，偏偏芬伯格又是位谦和寡言的君子，理论物理界的人几乎全部倒向席拉都。

布勒克纳最喜欢解决难题，碰到这类争端，决不后人，于是立即插手，加入战局。布勒克纳让我当个有名无实的参谋，不断把进展以函件或电话向芬伯格通报，成为两位大将间的传讯小卒。没多久，布勒克纳发现了席拉都的错误：微扰计算中漏掉了两个重要的图像；一旦补上，所得的结果与芬伯格完全一样！消息传出，几天后席拉都来电认输，让布勒克纳高兴了一整天。作为芬伯格徒弟的我，当然跟着高兴。令我初次开眼：原来理论物理界也能有这么有趣的战役，还能几乎兵不血刃就决定胜负。

布勒克纳让马上庚和我加紧乘胜追击，把他所完成的基态计算加以系统化并推广。马上庚用的是从图像场论发展出来的"格林函数"技巧，而我用的是相关基函数加上"危险图像补救法"。两条形式完全不同的路，所得的结果却完全一致。不单是基态的展开项，连激发态的能谱都完全相同。特别有趣的是，我们不能逐项比较激发态，只能用数字方法比较所得的曲线；两人各自走出计算机机房，发现所得的曲线完全重叠，当时心情之兴奋至今还能回味。

这儿带出两段插曲。一是明摆着芬伯格学派的相关基函数拔了头筹，可是计算结果的重叠反而让习惯性偏爱图像场论的大众更进一步倒向格林函数技巧。二是图像场论与相关基函数所得结果竟能如此一致，绝不会是巧合；事实指出两者间必定存在理论形式上的联系。两段插曲后来都影响了我的科研生涯。

☑ 从大将阵营里走出来

再说一个课题。

现实世界里看到的、让生物得以存在的，亦是长距库伦作用体系。不过这种体系所顺从的不是玻色统计，而是费密统计：以库伦力为相互作用的电子体系。

通常所见的物质，电子所带的负电荷与离子所带的正电荷相等。离子排成点阵，电子围绕着正离子运动。在外围条件的影响下，电子可以脱离正离子到点阵里去游动。最简明动人的原始模型，是把正离子假设为均匀的连续介质（正电浆），让电子群在里面自由流动，称之为"电子气"（electron gas）或"电子液"（electron liquid）。

20世纪50年代，还在当研究生的大卫·派因士（David Pines）与量子力学的前辈戴维·玻姆（David Bohm）指出正电浆的存在带来屏蔽效应，截短了难以处理的长距库伦作用。被屏蔽的电子得以在正电浆里自由活动，彼此凭短距力互动，还产生集体性的纵波，行为俨然与日常所见的气体相似。用物理学者的语言来说，这个模型十分"美丽"。它为物质结构理论带来微观根据，奠定了现代金属物理学的基础。

不久后，年轻的布勒克纳与莫雷·盖尔曼（Murray Gell-Mann）联手，用系统化的图像微扰法为玻姆—派因士模型建立了形式理论。由于金属物理与人类的物质生活息息相关，与实验物理同步发展的电子液理论顺理成章变成多粒子理论的宠儿。当然，金属里的正离子点阵密度一点也不均匀，绝非连续介质；如何让它接近现实，乃成为多粒子工作者所需面对的巨大挑战，令无数英雄折腰，令这科研课题历久不衰。

1967年，物理大师约翰·斯雷特（John Slater）的同事们为他举行退休庆典，布勒克纳赶去参加。回到拉霍亚后，又把马上庚和我叫进办公室，说自己晚了5分钟才到会场，令正在演讲中的斯雷特中断片刻，斯雷特声称："我平生最讨厌两种人，一种是做电子气课题而不讲密度变化的多粒子理论者，一种是开会迟到的人。"说罢全场大笑！会后布勒克纳走上去接受斯雷特的挑战，说六个月后一定会对密度变化奉上交代。

布勒克纳又对我们说："我当众接下了战书。既然你们两个的带电玻色气体课题已告脱手，为啥不帮我打赢这场硬仗？"我们俩素知这个课题极为棘手，实在不想接下。马上庚是个老实孩子，被他一手逮住，套上了桎梏。我则面对强敌，弃甲而遁。

这儿又带出两段插曲。一是马上庚能力特强，与布勒克纳的科研兴趣越走越近，半年后被提早提升为助理教授，逃过了里根州长大幅削减加州大学经费之灾。二是平心而论，我虽然对这难题感到心寒，却不是无胆匪类，并没临阵逃脱。只是当时已经自行开发了三个新的课题，情愿走自己找到的路。这两段插曲后来又都影响了我的科研生涯：一是我不识时务，因而丧失在"仙境"里按部就班终身从事科研的又一次机会（多年后还有第三次呢）；二是让我义无反顾走上独立自主的学术路线，为多粒子理论界献上一个主流外的学派（却助长了我思维出格的习惯）。

☑ **独特的科研氛围**

"二战"之后，美国东北部和加州的研究型大学积极争取联邦政府经费，令科研文化脱胎换骨。华盛顿大学虽是很有地位的研究型大学，或许因为中西部的风气比较保守，坚持政学分离的学界传统。我在博士生后期花了些日子游学东岸，去不少大学拜访同行前辈，初次尝到新文化所产生的科研氛围和滋味。

真正来到加州，所看到的 UCSD 又是另一番光景。后来才知道，UCSD 与加州最负盛名的几所研究型大学很不一样。伯克利加州大学、洛杉矶加州大学、加州理工学院与东岸的哈佛、哥伦比亚、麻省理工等相像。斯坦福大学则创造了全新模式，走出象牙塔，与科技工业挂上紧钩。UCSD 有它的独特之处：原则性地聚焦纯学术研究，甚至蔑视实用技术，却又通过学术研究的突破无意中开辟了日久见效的应用科技，例如生物科技、超导物理、电脑音乐、认知科学。

或许这正是一所特出的研究型大学所该走的道路?

当时我完全不懂这番道理,只知道 UCSD 的科研氛围非常个人化。凝聚态物理的领域里,上上下下聚集了这么多良将精兵,各做各的,无人跟风。譬如说,马上庚和我算是布勒克纳的"近卫",却没有从他那儿接受过任何直接指导。除了让我们知道什么课题正令他兴奋、希望跟我们共享刺激之外,根本不干预我们的研究工作,也不给我们什么指点。在这种情况下,我"被逼"学习独立自主,为自己寻找科研方向和路子。

自己寻找的路子之一是"准晶体"。多粒子体系大体有三类:氦体系、库伦体系、核体系。其中氦体系最清纯漂亮。它的粒子是最轻的单原子氦分子,凸现量子零点运动。它有两种同位素——氦四(玻色子)和氦三(费密子),凸现量子统计法的效应。粒子间的相互作用非常简单,因而理论模型计算出来的结果得以与实验数据直接相比。

由于激烈的零点运动,无论温度多低,液态氦不能自动凝固;只有在强大的外加压力下才会凝结成固态氦。如此勉强成形的固体,难免性质与一般固体有异。既然液态氦被称为"量子液体"(quantum liquid),固态氦被人顺势称为"量子晶体"(quantum crystal)。

其实这个名称很不合适。固态氦的分子分布于点阵,交换对称并不重要,因而并不凸现量子统计法的效应。由于零点运动大,毗邻的分子侵入彼此的强拒力范围,凸现强劲的"动力相关"(dynamic correlation)。进行理论计算时,最需处理的是近距的动力相关;相关波函数方法善于处理近距相关,不少人就用这方法计算固态氦的基态能。可是多粒子积分太难应付,计算时需对固态氦的结构作出不同假设,继而运用各种不同的近似法。有些近似法莫名其妙。

我说:既然关键在每对毗邻分子之间的动力相关,何不在处理两粒子相关时，视所有其他粒子为一片汪洋。这样，我们就可以借用做液态氦计算时所求得的积分技巧。这种近似法建立于把远处点阵看成液态介质，应该是个合情合理的模型，我乃称之为"准晶体"（quasi-crystal）（多年后物理界以同样名词称呼另一类体系，与我的"准晶体"无关）。

自己寻找的路子之二是"稀释氦三氦四溶液"。路子之三是"相关基函数的图像分析"。前者是我早期科研工作里最突出的，也是最受同行注意的。后者则建立了我所属学派与主流学派间的桥梁，是我认为最美妙和最令自己满足的。两个课题都开创于博士后的第二年。

假如我当博士后的地方不是UCSD，假如UCSD的科研氛围不那么独特的话，很可能我就像一般新出道的博士，在个传统的物理系里规规矩矩跟位教授，勤勤奋奋向他学艺，亦步亦趋进入他的学派。当然这也不坏，至少没那么辛苦。

在UCSD这么个池子里，周围全是活生生的巨鲸大鳄、虾兵蟹将，作为小鱼的，想要自己游出些路子来，过的日子确实紧张，但也确实亢奋。

第 5 章

困难时期寻找教职

　　前面说布勒克纳从斯雷特手上接下战书，回来后问马上庚和我能不能帮他打赢这场硬仗。我因为当时已经有了三个新课题，更愿意走自己开拓出来的路，于是弃甲而遁。

　　那三条自己开拓的路，其中两条与氦的凝聚态有关。我想把相关基函数方法广义化，应用到新体系上，然后把计算出来的数字与实验相比。胆子很大：一是广义化的方程分析很复杂——不过这方面我很自信；二是我所用的方法不属主流，做出来后须与主流人马争锋——初生之犊的我，这方面也不怕；三是数字计算量十分大，连那台走在计算机前沿的CDC1604都应付不了。

　　华盛顿大学时代的同学沃尔特·梅西（Walter Massey）正在芝加哥西郊的阿贡国家实验所（Argonne National Laboratory）做博士后。通信中告诉我阿贡拨出巨款购置了最新一代的IBM360-50巨型计算机，正待测试。假如我自愿当试验品，不妨通过他申请上机，不花分文用上200个小时。

　　这种好机会哪里去找？于是向布勒克纳提出要求：那年的一个月假期，让我去遥远的阿贡工作，承诺一定带回成果。虽然令他少了一个与斯雷特打仗的兵，但他喜欢这种过河卒子的拼搏精神，顿时点头答允。

⊖ 阿贡国家实验所的
"校园"甚大，除
多栋科研大楼外，
还有照顾来访人员
食宿休闲的设施和
公园。我们的三个
孩子非常欣赏那个
公园，流连忘返

　　苦的是我那嫁鸡随鸡、嫁狗随狗、可怜可爱的老婆，带着三个
娃娃与我再次驾车长途跋涉，马不停蹄赶向3000公里外的芝加哥。
至少这次肚里没怀上胎儿。

　　哪知去时匆匆，回时更匆匆！正当工作取得成果告一段落，阳
光海滩的家里来了电话，母亲气急败坏地说父亲进了医院。花了只
半天时间捆扎行李，把在阿贡宿舍公园里玩得兴高采烈的三个娃娃
哄上汽车，赶回圣迭戈。这次可真是马不停蹄了，创下一口气开
1700公里的个人纪录。回到家门，知道父亲没生大病，只需动个
不碍事的小手术，并已从医院回家。

　　一场虚惊之后，不再乱跑。进入第二个年头深秋，开始寻觅教
职。

☑ 政治气候影响了加州大学

我把UCSD描绘成仙境。其实，这儿没有琼楼，没有瑶池，更没有豪华建筑；新校园没多大，毫无多余的空间。学校没有瑰丽的大礼堂，校长没有宽敞的会客室，好几年后才建造起室内运动场。教授的标准办公室是3米见方，连我隔邻获诺贝尔奖的女物理学家的办公室也只3米见方。大多楼房是典型的20世纪60年代的建筑，实用、响亮，不堂皇、不奢侈。

设计上犯过错误，没能避免时代病。我最记得的是，教学楼和科研楼都被密封，安装了中央空调。那时的建筑业标榜"气候控制"（climate control），没考虑到能源短缺，也没考虑到环境保护。说也奇怪，热菲尔还是最早发出"全球变暖"警号的科学家呢，怎么会让建筑师交上如此的设计方案？

十多年后我回到UCSD，发现开始老化的中央空调系统已不那么管用，效率低，噪声烦人。我想：上帝已经为拉霍亚创造了最美妙的天然空调，何需凡人多此一举？

然而，在初入行的年轻物理学者眼里，UCSD确是仙境：且不说拉霍亚令人心旷神怡的风景和气候，单是那些年纪并不很大的"前辈"整天在周围忽隐忽现，个个锋芒毕露、意气风发，正是一群科学界的"天神"。还只来了一年多的我，怎么舍得离开？

由不得我。

20世纪60年代中期似乎是全球的多事之秋。美国和西欧也卷入了一场文化革命。以美国来说，导火线之一是国内黑人争取民权，之二是从法国手上接过来的越南战争。这些历史上的大波大浪与我找工作有什么关系？且听我道来。

久受压迫的黑人终于忍无可忍，爆发了采取和平手段的民权运动。跟着，美国在后殖民时代陷入师出无名的越南战争，引发了群众游行示威的反战运动。伯克利加州大学的学生先是在校园内筹款，支持南部诸州的民权运动；他们遭遇保守政治势力的阻挡和惩罚，亦得不到一般州民的同情。继而由于越战所需的兵员来自强迫兵役，年轻人被此阴影笼罩，产生抗争情绪，于是采取逐步升级、日益强烈的反战行动。从此加州大学变成反建制运动的温床。

共和党保守派的里根在"净化伯克利"的口号下当上了加州州长，立即命令校董会免了压制学生运动不力的总校校长，同时全面削减加州大学的经费。虽然他的假想敌是伯克利，与一群创建未久的学校无关，却令所有加州大学同时遭殃。南加州人素来思想保守，UCSD则还没有多少学生，校园里本来就十分平静，无从"净化"。可是以蔑视学者起家的里根毫不稀罕被全球学界视为奇迹的UCSD，让它中止聘请教师。

布勒克纳看得起我。低温实验物理泰斗约翰·辉特立（John Wheatley）正在埋头进攻氦三氦四溶液，愿意有我这么个搞液态氦理论的在旁打气。物理系里有这两位大师支持，令我对留在UCSD转任助理教授一事蛮有信心，应该不忙去他处寻找教职。不过我的家庭状况与人不同，上有老下有小，背上扛着一家八口的生活担子，焉能不患得患失？这时，里根造成的政治气候影响了我对留任的信心，替我做了决定。

年轻人的心理往往很奇怪。我一方面希望安安逸逸在仙境里扎根，另一方面却又抵挡不住那种"拜别师傅，下山闯天下"的诱惑。心想，即使单枪匹马出走，只要他日炼成真功夫，不怕打完一轮天下后回不了山。

☑ **开始寻找教职**

美国的中小学绝大部分在9月头开学，因为9月的第一个双休加上星期一是"劳动节周末"，放三天长假。一般大学跟着在9月开学，新教师同时就职。（为什么美国不把劳动节定在5月1日？因为5月1日所悼念的是1886年芝加哥大罢工时十余工人被警方枪杀的惨剧，对美国来说这是段不光彩的历史——虽然工会最终成功争取到8小时工作日。因此，在美国，劳动节也叫劳工节，是每年9月的第一个星期一，是夏天最后一个长周末大假的一部分，全国民众连续休息三天。）

教师是学校的灵魂，因此选聘教师必须严谨审慎。大学的选聘过程在开学前大半年就得启动，大致有这么一个周期：10月至12月系里接受推荐和申请，由教授组成的遴选委员会开始评审，并向校外同行征求对每一人选的评价。11月至次年3月邀某些候聘者来学校作学术报告，亦是变相的面试。然后经过遴选委员会反复讨论，把结论呈报给教授会议，让教授们再度讨论后投票作出决定。2月至4月系里发出第一轮聘请信。一般来说受聘者该在两至三个星期内决定接不接受。接受的话，大学高层领导发出正式聘书。不接受的话，系里向其他人选发出第二轮甚至第三轮聘请信。

大学5月底前就放假，暑期很长，或许是为了让学生们有机会打足三个月的工，赚取工资应付下学年的学费和生活费。暑假开始后，在校教授有休假的，有外出参加学术会议的，有关在实验室里或去他处进行科研的：反正不可能积极参与新教师人选的评估。因此，候聘者若5月底还收不到大学的来信，就知道那所大学对他已关上了门。

凭良心说，开始找工作时我很有点心慌。听说那年头的物理"市场"极差。怎么会呢？原因很简单：在20世纪50年代末60年代初，美国被苏联卫星抢先上天吓破了胆，于是积极动员并全力支持科教和研发；各大学的物理系争相扩展，教职漫天飞。那是个黄金时代。可惜矫枉过正，一时博士产量过大。到了60年代中期，人才过剩，教职枯涸。传闻有哥伦比亚大学出身的物理学博士在纽约以开出租车维生。

在这"困难时期"寻找教职，需与各路英雄好汉较量。环视周围，好手大有人在，都是竞争对手。单是纯粹与应用物理科学研究所团队里的人，出身都比我强：斯坦福、哈佛、哥伦比亚、普林斯顿……个个神采奕奕、自信爆棚，满口说着我听不懂的名词。初到仙境时自己觉得很土，几乎像十年前从乔治镇来到圣路易时那样。眼见历史又在重演，来了一年多，还是自觉很土。尤其当周围那些大小神佛甚至狐仙听说我来自华盛顿大学，总会问上一句："哪个华盛顿大学？"好像对我引以为傲的母校不甚尊重。难怪，别的大学的物理系每年增聘好多位教授，经济状况不很好的华盛顿大学全物理系只有十几位教授——虽则好几位是美国科学院院士。

还有一个令我胆怯的因素，我的拿手本事是相关基函数理论，虽有纯正的量子力学基础，却非以场论为出发点的格林函数，形式上不那么"漂亮"，因而不为主流人物赏识。虽则管用，却上不了台面。说得难听些，好像连我的看家本事都"土"字当头。

胆怯归胆怯，要求却挺高。当初刚交上博士论文，尚未离开华盛顿大学那阵子，一天在家看书，突然来了个电话。对方自我介绍说是伦斯勒理工学院的物理系主任。他没有接到过我的申请、没有征求过同行评价（至少我没听闻），也没有要我去面谈，一面未见就在电话上聘我当助理教授。伦斯勒理工学院（Rensselaer Polytechnic Institute，简称RPI）是一所相当不错的理工学院，亦是美国最早创办的工科大学。可是我一心一意想先做两年博士后研究，乃当即婉拒。再说，就这么去个不属公认真正一流的物理系，心里有所不甘。

这就为我寻找教职划定了下限：两年博士后不能白当，不是人人认为一流的物理系不在考虑之中。

☑ 申请教职的常规

当年没有个人电脑，更不用说万维网了，寻找教职的第一步通常是看专业杂志里的招聘广告。我们这行所看的是物理学会的会员月刊《今日物理》（*Physics Today*，不属专业学报），大学、研究所或公司都会在上面登载简短的分类广告，描述需要哪个专业哪个级别的人才，应征者自己去信。

此外就是去物理学会的会员大会。每年总有两次最全面最重要的年会，举行地点很有规律：1月在纽约，4月在华盛顿。会场在市中心分占好几间大酒店；于其中之一辟出大型展览厅，安放多排桌椅，作为招聘者和应聘者的面谈地点。按招聘周期来说，4月已属晚期，尚存的招聘应聘两方经常都已不很"吃香"。固态物理（凝聚态物理）领域里则还多一次机会：在3月里另有一次大规模的年会，举行地点每年改变，亦为招聘和应聘者提供面谈地点。

层次较高的大学和层次较高的人选不依靠上述方法取得联系。申请者从各方各路听闻哪儿教职出缺，去信自我介绍，列陈履历、过去成绩、科研取向、愿意为他提供评价的前辈的姓名地址，之后静坐等候回音。偶尔有些前辈会主动写上推荐信。后者很起作用，因为学校对申请者可以不理不睬，但若收到前辈来信，总不能连招呼都不打一个。那就舒舒服服地联系上了。当然，也就因为这种做法等于前辈向对方贴上了脸皮，若非真正看重他所推荐的人，不愿意如是主动。

伦斯勒理工学院来聘时，没有按照上述的常规。我既没申请，也没前辈去信推荐。不知道他们从哪儿听到过我，认为适合他们的需求。或许是在哪一次物理学会的年会上听到我的科研报告？

到UCSD后另外还有一所大学来聘，也没按照常规。这所却是很有来头的杜克大学。

美国南方有两所最负盛名的研究型大学：一所是北卡罗来纳州的杜克大学（Duke University），号称"南方哈佛"；一所是乔治亚州的乔治亚理工学院（Georgia Institute of Technology，俗称Georgia Tech），号称"南方麻省理工学院"。正如哈佛，杜克大学传统强、地位高，早年是贵族学校，影响力很大。我国宋氏姐妹的父亲宋嘉树在此留学，与新中国打开僵局的美国总统尼克松毕业于此校的法学院。

我没有考虑过到南方任教。主要原因是南方的科学教研气氛远逊于东北部、中西部和西部，水平特高的大学不多，并且分得很散，缺乏适于学术交流的聚集性。因此我没有申请杜克。好像当时有位杜克的低温物理学前辈正在做固态氦和氦三氦四溶液的实验，在什么场合上听过我的理论报告，认为可以与他的研究组配合，于是邀请我从西岸飞到东岸，暂以应聘者身份访问杜克。

杜克的自然环境和校园实在不错，整个味道与我熟悉的华盛顿大学很像。那位前辈霍斯特·迈尔（Horst Meyer）来自欧洲，为人亲和诚挚，很有些像我的博士生导师芬伯格。物理系里没有人干多粒子和低温理论，可以让我独当一面，自由发展。所在地是个不大不小的城镇，适合双亲养老，也适合带大儿女。我作学术报告的时候，全系教师都来听；讲完以后，有问有答。可见系里已经建立了相当不错的互动风气。当天他们以南方著称的礼遇传统和待客情谊招待我，过后立即向我致聘。

这般说来，不是应该对我有很强的吸引力吗？啊，缘分不在，事与愿违。

一是聘请来得太早，我还没有正式开始找工作，不清楚别的选择会是什么样子。可见凡事都需"合时"，晚了不行，早了也不行。假如杜克大学晚来几个月，让我有充分机会与其他选择比较，情况又会如何？谁知道。

二是一则回头想来十分轻微的意外事件。物理系招待我与十来位同事一起吃午饭。三位干高能物理实验的助理教授高谈阔论最近在费米国立加速器实验室里上机的经验。很不幸，言辞中对同时也在那儿上机的华盛顿大学高能物理实验组露出轻蔑之意。对我母校不敬的话让我听了心头不是滋味——虽然我也知道华大的拿手好戏不在高能实验。我的气量并没那么小，大可听完就算，可是这种趾高气扬的态度令我顿时对杜克的学术文化产生怀疑。一叶知秋。

其实这样就产生怀疑，难免过分。这三个青年教师怎能代表杜克大学？谁知道他们这种态度所反映的是不是自身的不安全感，我怎能为了这一点点风吹草动就留下绝不客观的印象？真是莫名其妙。啊，归之于命运的摆布吧，就算是缘分。

反正，短暂访问后回到拉霍亚，很快就收到杜克的聘请信。随即写了一封充满感激的信，婉拒了迈尔前辈的好意。

☑ 东北部的首要选择

选择向哪些大学去信"待聘"（"求职"两字不很好听，"求聘"也不自然），确需花些脑筋。

首先考虑的是哪一类型的学校。在拉霍亚做两年博士后研究，当然只会考虑研究型大学，并且是很有地位的研究型大学。那么，可选地区立刻从全国缩小到东北部、中西部和西岸。

先说东北部。最著名的是"常春藤联盟"的八所，包括沿海地带由北向南的达特茅斯学院、布朗大学、哈佛大学、耶鲁大学、

⊖　早年的贝尔实验室

哥伦比亚大学、宾州大学、普林斯顿大学及内陆的康奈尔大学。还有麻省理工学院、卡耐基—梅隆大学、纽约州立大学，及其他没予考虑的几所。此外必须考虑20世纪煊赫一时的非大学工业研究所：贝尔实验室（Bell Labs）和沃森实验室（IBM Watson Lab）。

所谓"常春藤联盟"（Ivy League），根本不是什么学术联盟，而是体育联合会。八所19世纪南北战争前就创建的老牌大学，组织美式足球、篮球等联赛；学术上并没什么特别来往，更不用说合作了。八所学校都推崇博雅教育，也就是专业强而知识面广的本科生教育，水平都很高。同时又注重学术研究和研究生的培养，可是性质和趋向不全相同，因此成就也有差别。

譬如说，达特茅斯学院理工方面较为单薄，布朗大学则比不上我的母校华盛顿大学，两者不该考虑。其他六所的物理系都很强，可是耶鲁大学、普林斯顿大学和宾州大学倾向高能物理、天文物理和核物理，缺少多粒子物理的强手；而康奈尔大学所在的小镇则过于寒冷和孤立，不适合老父老母居住。剩下的哈佛大学和哥伦比亚大学猛将如云，科研兴趣却与我相距甚远，没道理聘我。不过人向高处跑，这两扇学术殿堂的最高门户，哪能不去一叩？

其实麻省理工学院、卡耐基—梅隆大学、石溪纽约州立大学、水牛城纽约州立大学都缺乏干多粒子理论的人——要就是还没赶上时髦，要就是赶过了头去追求高能物理。可是总不能都把它们放弃，特别是水牛城纽约州立大学：它不属我想去之列，却是大有发展前途的学校，也是很好的安全网。

贝尔实验室是历史上最伟大的工业研究所，没有它就没有现代化的电子科技。它原是美国电话电报公司（AT&T）的宝贝和宠物。美国电话电报公司创建于1877年，垄断全美电讯业长达一个世纪，其间利润丰厚，拨款支撑了这间聚焦于远景、不为公司追求近利的实验所，养了一大批科研人才，包括无数院士。贝尔实验室创造了一次又一次的突破，前后在7个专题上产生了13位诺贝尔奖获得者。美国电话电报公司于1984年被政府运用反托拉斯法强制拆散为八间独立公司，终结了垄断，同时也十分可惜地终结了贝尔实验室的辉煌年华。

沃森实验室与贝尔实验室相比略逊一筹，但是在电子和计算机科技上展示过长时期的光芒。国际商业机器公司（IBM）创建于1911年，一直是全球最大的信息技术公司，大半个世纪以来在该行业里占有垄断地位。正如美国电话电报公司，国际商业机器公司以其丰厚利润的一小部分支撑了沃森实验室，养了一大批科技人才，包括无数院士。沃森实验室在物理和经济领域培养了四位诺贝尔奖获得者。其中一位是江崎玲于奈（Leo Esaki），后来为我在香港科技大学贡献过力量；另一位五料院士张立纲是我挚友，离开沃森实验室到香港科技大学协助创校，历任理学院院长和学术副校长，不幸因病提早退休，英年早逝。

这两处都不适合我的科研工作。但是当年学物理的人对这两处（怎么说呢？）总抱些向往之情，甚至憧憬。总不能过其门而不入吧，试叩无妨。

☑ 中西部和西岸的首要选择

中西部有"十大联盟"和"八大联盟"。"十大联盟"的10所学校中有9所州立的综合性"巨无霸"：伊利诺伊大学、印第安纳大学、爱荷华大学、密歇根大学、密歇根州立大学、明尼苏达大学、俄亥俄州立大学、普渡大学、威斯康星大学，以及唯一的私立研究型大学西北大学。我没考虑"八大联盟"的另8所州立"巨无霸"：科罗拉多大学、爱荷华州立大学、堪萨斯大学、堪萨斯州立大学、密苏里大学、内布拉斯加大学、俄克拉荷马大学、俄克拉荷马州立大学，因为他们不以科研见称，虽然科罗拉多大学和爱荷华州立大学在某些领域并不差于"十大联盟"。此外还有私立的凯斯西储大学、芝加哥大学、圣母大学，和我的母校华盛顿大学等。

正如"常春藤联盟","十大联盟"也是个体育联合会（多年后东部内陆的宾州州立大学加盟，名称不变，却有了11个会员）。10所大学都很不错。历来名气最大的是伊利诺伊大学、密歇根大学和威斯康星大学，早在20世纪初期就接受过不少我国公派的留学生。它们的教研领域极广，水平一流。俄亥俄州立大学学生最多，当时有5万余，今日达6万余。普渡大学以工科著称。作为联盟中唯一的私立学校，西北大学最小，录取最严格，当然学费也最昂贵，被视为与"常春藤联盟"相类的贵族学校。

　　凯斯西储大学有段独特的历史：由学术力量不弱的凯斯理工学院（Case Institute of Technology）和西储大学（Western Reserve University）合并而成。芝加哥大学与西北大学同处美国第二大都会芝加哥（今日是在洛杉矶后面的第三位），素来是美国最强的研究型大学之一，与哈佛平起平坐。圣母大学则是天主教会创办的大学，一直以来是天主教会在美国的旗舰。而我的母校华盛顿大学则有"中西部哈佛"之称。

　　这十几所大学都是很好的去处，但是只有伊利诺伊大学真正切合我的科研范围：三个经常交错融合的专业（多粒子理论、凝聚态物理、低温物理）都强，非但强，还与UCSD和康奈尔大学并列全美三大。芝加哥大学有如耶鲁大学和宾州大学，科研兴趣与我不合，不予考虑。不愿申请母校华盛顿大学，则正因为它是母校。这方面，美国学术界的传统与我国正好相反：美国不主张，甚至非常反对学术界的人在母校的圈子里打滚，评之为"近亲繁殖"，认为要切断裙带关系，不同学派才能在校内争艳，思维才能拓广，新猷才能萌芽。很有道理。

　　考虑良久后，认真选择了4所中西部的大学："十大联盟"里的威斯康星大学和西北大学、私立的凯斯西储大学和圣母大学。选择后者纯粹是为了好奇和保险。

　　西岸有9所州立的加州大学、华盛顿州的一所州立大学、俄勒冈州的一所州立大学，还有几所私立大学——加州理工学院、斯坦福大学和南加州大学。加州大学里，愿意认真考虑的只有3所：伯克利加大、洛杉矶加大、圣迭戈加大。可是它们都正在里根州政府的淫威下颤抖，没甚希望。再者，反正UCSD一定会考虑我，不必着意申请。

至于华盛顿州和俄勒冈州，虽有那两所性质和水平都与"十大联盟"相像的大学，但是与学术中心地带离得太远，怕孤立，没有置于申请之列。

私立大学呢？加州理工学院有如芝加哥大学，志不同道不合，不必考虑。斯坦福大学和南加州大学则很自然地列入名单。

☑ 布勒克纳的神来之笔

名单准备好，大批同样的信按照名单上的物理系地址一一发出，静候回音。说来简单，事实上查地址和打字都要花不少时间，都需个别处理，不像今天什么繁复东西都有因特网帮你搜索，有个人电脑和打印机替你代劳。

太多年过去了，往事没法记得清楚。上两节列的名单可能不很齐全，可是应该相差不远。可以说，即使今天要写张名单，相信也不会有太大差别。此外至少还有两所大学很想我去，愿意给非常优厚的条件，可是水平较差，很快就婉拒了。

很快各地来了回信。美国人在这方面很有礼貌，来信必回，并且回得相当客气。不过只是让你知道来信收到，切勿把客气话过分当真。即使信上有系主任或遴选委员会主任的署名，给你回信的也只是物理系的秘书，内容是标准版本。

向布勒克纳汇报了申请的初步进展，他说还是让他给每个地方加封推荐信吧。太好了，申请者的信一般被秘书存进档案，总要累积到一大沓才会送呈遴选委员会，让委员会里的教授们过目。然后略经讨论，就封存大部分，挑选一小部分正式纳入遴选程序。被封存的从此不见天日；蒙挑选的，系里会按申请者所列的评价人姓名地址去讨"评价信"（reference letter）。

这儿需要打个岔。"评价"与"推荐"是两码事。我把"reference letter"译为"评价信"。译得很不妥善，但是一般译成"介绍信"或"参考信"更不恰当。真不知道怎么说才对。西方对评价一事看得极重，评价信绝对保密，永远不让当事人看到，唯有如此才能保证它的真实。虽然申请者自己建议的评价人该是器重他的，至少对他有正面看法，可是并不尽然：即使正面的信，也可能带上几句不那样客气的客观评论。评价人预料申请者的科研前景，会写得特别中肯，未必有利。重复一句：评价与推荐是两码事。近年来有些变化：某些国家的法律为了保护当事人的权益，允许当事人索阅评价信。这样一来，评价信的真实度难免打折扣。

布勒克纳是我在申请信里所提供的评价人之一，学校的遴选委员会迟早会向他索取评价信。不过他跳出这个框框，自动提前去信推荐。这种做法必定吸引遴选委员会的额外注意——尤其推荐来自一位当红明星。

果真如此。他的信寄出没多久，我就陆陆续续收到很多学校的邀请信，要我飞去作学术报告，也就是面试。

斯坦福大学和哥伦比亚大学是两个例外。斯坦福大学的回信是客客气气的官样文章，说是欢迎申请，并已把我的资料与其他申请博士后职位的信放在一起，来日物理系遴选委员会开会讨论后将给我回应。我说：不太对嘛，是否秘书搞错了？立马去信解释，说明我已经当过博士后，正在申请的是助理教授的职位，不是博士后，请予纠正。哪知回信更快，这次由系主任署名，说："我们这里把助理教授与博士后一并处理。"也罢，这样说话的学校分明不很看重助理教授，去了也没意思。只是他们连布勒克纳的信也不直接回复，没给面子。这种事发生在布勒克纳身上可说是绝无仅有，不知道是否为人率直爽快的他得罪过哪位值班教授。

哥伦比亚大学的回信很简单。并非不感兴趣，后来我才知道为什么。

布勒克纳之举是神来之笔。另外两位我所建议的评价人都来自母校：一是博导芬伯格，一是师兄兼老师的约翰·克拉克（John Clark）。他们一定说得好，不在话下。

咦，刚才不是说过美国学术界反对近亲繁殖吗？克拉克是芬伯格的博士生，早我几年毕业，做的是原子核物质的多粒子理论，毕业后去了普林斯顿大学，在诺贝尔奖获得者尤金·维格纳（Eugene Wigner，1902 ~ 1995）手下当博士后，继而被华盛顿大学请回来任教。不折不扣的近亲繁殖！你看，刚讲完就在眼前出现例外。

由此可见，话总不该讲得太死。

第6章

告别仙境走向杏坛

　　布勒克纳所能为我做的做了。华盛顿大学的老师们能为我做的也做了。一连串大门已经打开，此后进不进得了门、入不入得了屋、杏坛上有无立足之地、科研上有无贡献之隔，必须凭自己的本事和拼搏。

　　我在博士阶段接近尾声时曾有两次"游学"：第一次是驾车从中西部到东北部，又回到中西部，兜了个大圈子，访问了不少物理系，是真正的游学；第二次是到挚友吴仙标所在的科罗拉多州，住上一个月，冲出自己所建的围栅，换个地方理清思路，把它说成"游学"不很切实。

　　第一次东游长了见识，壮了胆，这次接受了多所大学和科研机构的邀请，决定再次东游。拉霍亚位于美国西南角落，飞到东北岸需足足5个小时，到中西部也需4个小时左右，路程遥远，哪能驾车？大部分行程坐飞机。机票昂贵，虽然邀请单位负担全部旅行食宿费用，我却不愿让他们过分破费。同时自己的科研工作进展顺利，分秒必须珍惜。于是决定只跑那么一遭，把东北部和中西部的几个去处一网打尽，既节省他们的经费，也节省自己的时间。

　　仔细研究了地图和航班，安排好旅程。

　　第一站是位于新泽西州穆瑞山（Murray Hill）的贝尔实验室。

临近没有大机场，只好飞到纽约市，租借汽车，向西开约50公里。第二站：开车回到纽约，去市中心的沃森实验室和哥伦比亚大学。接着从纽约飞波士顿，到第三站的哈佛大学。然后西行，飞至纽约州最西端的水牛城，访问第四站的水牛城纽约州立大学。从水牛城飞去俄亥俄州的克里夫兰，航程很短，进入位于中西部的第五站凯斯西储大学。继续西行，第六站是印第安纳州小镇南本德（South Bend）的圣母大学。从圣母大学去芝加哥北郊埃文斯顿（Evanston）的西北大学不到200公里，是第七站。从芝加哥去第八站的威斯康星州的麦迪逊（Madison）不到300公里，大可驾车；可是威斯康星大学觉得我一路奔波过于劳顿，要求我搭飞机。

八站路，九个去处，总共不到两星期，除加州外果真一网打尽。反正加州只有两处：一是近在咫尺的南加州大学，一是每天上班的圣迭戈加州大学。不急。

☑ 应聘经历：工业实验所

贝尔实验室的所在地是个小镇，出入不太方便，又不热闹。有人说，这是好处，让你安安心心关在办公室或实验室里工作，不生他念。那就只要能力过关，还怕不出成绩？事实证明，贝尔实验室确是不断产生突破。只是不知道我那来自香港的老父老母能不能习惯这种小镇生活。

很快就证明无须担心。

对刚出道的人来说，寻找教研工作的过程中会碰到意想不到的要素，就是招聘单位里有没有个为你撑腰的关键人物——英文称之为"champion"，意为你的积极支持者、拥护者，在遴选委员会里替你出力、替你讲话的。

原来以为代表贝尔实验室给布勒克纳热烈回信的那位皮埃尔·霍恩贝格（Pierre Hohenberg）会是我的"champion"。霍恩贝格生在法国巴黎西郊的小镇纳伊（Neuilly，萨科奇总统的发迹地，今日凑巧也是我大女儿的家），比我大不了几岁，聪明过人，能言善道，在贝尔实验室里虽然还只是级别并不突出的科研人员，却已极具影响力。

我到访时，他要我以最近发表的"带电玻色气体"为题作学术报告。从听众的反应来看，报告还算顺利。可是他的个人兴趣完全在马上庚所用的"格林函数"方法上，对我自认为分外巧妙的"相关基函数加上危险图像补救法"无动于衷。很明显，他不会当我的撑腰人物。这个全球敬重的科研基地与我无缘。

第一站不很顺利，第二站也不很顺利。

不对，话说重了。从纽约到穆瑞山来回一遭，下个目标是沃森实验室，跟着是哥伦比亚大学。这两处需要连在一起说。哥伦比亚大学的物理系没有空缺，至少没有适合我的科研兴趣的空缺；邻近的与哥伦比亚大学关系密切的沃森实验室却有。

沃森实验室里确实有我的"champion"，就是生长于瑞士的量子物理学家马丁·古茨维勒（Martin Gutzwiller）。不晓得他怎么会想到招聘我。或许他的成名之作运用了变分波函数方法来处理强作用电子体系，因而认识到相关基函数理论的潜力？或许经布勒克纳和芬伯格两位大师一推一赞，认为我来沃森实验室的话应能与他配合？他与我在科研组的办公室里谈得很愉快，当时就决定聘我。

可是我跟他提了个难题：接受沃森实验室的条件是要同时在哥伦比亚大学兼任助理教授。为什么提这个呢？因为多年来一直跟妻子伊芳说终生会当教授，这是她对我的期望。（还不是因为我俩都是尊重教育的中国人！）贝尔实验室的许多物理研究工作者都在"镀金"后转去大学教书，因此可以接受；沃森实验室则并没有建立这样的传统。

哥伦比亚大学与沃森实验室素来合作密切，一处没有全职空缺时，两处可以考虑合聘。古茨维勒很愿意我从IBM提取全薪而同时在两处兼职。看来他与哥大讨论过我的情况，知道哥大没有异议。

可是哥大的物理系里有位天皇巨星李政道，即使系主任和资深教授们同意，还需李政道说了才算。而李政道每年这段时期在地中海附近生活，一时无法与他商量，因此不能对我的要求作出最后决定。我说："这种事不能勉强，那就算了。"于是沃森实验室与哥伦比亚大学同时告吹。正所谓脚踏两条船始终不是办法，吹了毫不后悔。

后来沃森实验室搬到了约克城高地（Yorktown Heights），规模越做越大，科研成绩卓越。科技与信息界的人以约克城高地作为沃森实验室的代名字，正等于拉霍亚是UCSD的代名字。

已故挚友兼同事张立纲在沃森实验室工作多年，有甚多出众的建树。那天突然想起，假如当时我不在乎哥伦比亚，就去古茨维勒那儿，跟着一起搬去约克城高地，会不会老早就与张立纲结交，联手科研，不必等上20来年才到香港科技大学一起合作办学？

☑ 应聘经历：哈佛与纽约州立大学

"哈佛召，人必到！"学界历来有这么句话。下一站是哈佛，看它召也不召？不该抱有任何把握，但是我的感觉是它已经在召我，因为幕后有保罗·马丁（Paul Martin）撑腰。

马丁的来头很大，在哈佛的地位虽然比不上布勒克纳在拉霍亚，但是哈佛的物理系与UCSD有一点相像，就是满天神佛，各做各的，科研兴趣不同的人互不干扰。聘请新人时，当然教授会议还得开，可是哈佛干凝聚态理论的强人不像UCSD那么多，只要马丁周围打一轮招呼，几乎可以说了算。

走进物理系，嗅不到拉霍亚那种热烘烘的人气。可能是因为楼房太旧，内部又切割成块，给人一种不自然的冷冰冰的印象。也可能是哈佛比较像传统的欧洲大学，不那么讲究人与人间的互动交流：每位老学究统领一个小组，坐镇中央，周围几个终生跟随的小助理绕着团团转。格局和习惯都与加州不同。

⊖　哈佛大学的物理系大楼

　　马丁兴高采烈带我去他的办公室，然后走到隔邻，摸着一张黑色的木质办公椅，一片好意地指着那间蛮大的房间，说："你来后这就是你的办公室，有窗呢！"确实有扇窗，看出去不乏树木。房间很长，并不太窄，几乎比 UCSD 的教授办公室大一倍。那张木椅不加坐垫，背上低调而自傲地油着哈佛的传统徽标。

　　人道哈佛就是哈佛，不需任何修饰。

　　那一天没见多少人，只是中午时刻马丁带我去著名的哈佛教师俱乐部与几位教授见面，各自点菜，共进午餐。看了菜单，赫然见到"马排"两字。没说错，牛排羊排之外，还有马排。一辈子没吃过马肉的我，好奇心来了，立刻就点了马排。马丁说："这马排还有点来头呢！纽约市里原来有家馆子，马排是它的拿手好菜。馆子关了，哈佛教师俱乐部不忍见到传统旁落，就把那祖传的烹饪秘诀接了过来。"

　　这餐吃了一个小时。我这人本来就吃得慢，经常被朋友们拿来说笑。这次可不能怪我，嚼了又嚼，能咽就咽，卡不死就拼命吞；就这样还只处理了三分之一。难怪那家纽约馆子会倒闭。

愉快地度过一天，分手时互道不久后相见。心里却觉得有丝别扭，不很自然。

从波士顿飞到水牛城，顿时另一番光景。剑桥镇的传统建筑和书香气味消失了，出现在眼前的是个不大不小的标准美国城市。水牛城有两个人人知道的特点：一是最接近美国与加拿大交界处的尼亚加拉大瀑布，一是冬天剧寒多雪。

纽约州自1844年起就建立了州立高校，但直到在"二战"后的1948年才成立州立大学系统（State University of New York，简称SUNY）。今有64个校区，其中4个被称为"大学中心"，是研究型大学。杨振宁执教多年的石溪纽约州立大学（SUNY at Stony Brook）是系统的旗舰。水牛城纽约州立大学（SUNY at Buffalo，简称SUNY–B）的历史最悠久，科研经费与石溪不分伯仲，曾任我国教育部部长的周济1984年在此获得工程学博士学位。

我会去水牛城纽约州立大学应聘，主要是因为我国历史上最受尊敬的物理学师长吴大猷当时在此当物理系主任，而两位在他系里执教的朋友向他作了推荐。相信这是个同事间关系融洽的物理系。拜见吴大猷后，在物理系里花上大半天，发现果真一片瑞和之气。可是担心水牛城纽约州立大学缺乏兴趣相近的物理同行，周围又没有别的大学或研究所，专业上会完全孤立。

另外一个大问题是气候实在太冷，传说一年里会有半年积雪，那么老父老母经常关在家

⊖　我国物理学界的老前辈、人人敬爱的吴大猷教授

里，怎受得了？气候是否真像传说的那么差？查了一下气温记录，果真不妥：每年有6个月最低气温在0℃或以下，只有4个月在10℃以上。

离开水牛城时，知道不会来此任职，不过不知道怎么禀告这位忠厚热情的老前辈才是，害得他过后要找系里同事来信询问。

吴大猷于1978年退休，回归祖国，长期留居台湾，1983～1994年出任"中央研究院"院长。1998年我在香港主持霍英东奖金（中国地区）的评选委员会，委员一致通过将第一届的杰出奖献给他。一代名师于2000年病逝。

☑ 应聘经历：中西部的几所大学

出了水牛城，下一站是位于俄亥俄州克里夫兰市（Cleveland）的凯斯西储大学（Case Western Reserve University，简称CWRU）。这所合并不久的大学，水平相当不错，物理系熙熙攘攘，有好几位仅次于明星级的人物。我作学术报告时，厅里坐满，也来了不少学生，气氛甚好。克里夫兰远非人见人爱的城市，但是与圣路易相像，给我一丝回到娘家的感觉。

虽然凯斯西储大学不会是我的首选之一，跟着所发生的事情却非常有趣。一般访问过后，系里很快寄来礼节性的短信，表示感谢，并按收据以支票寄回开支。凯斯西储大学非但没有来信，连机票费用也没补还。时过境迁，我也就忘了。哪知几年后，该系的一位名教授来到我就任的大学讲学，在当晚的招待会里见到我，立刻向正好站在一旁的系主任表示祝贺，笑道："原来吴家玮被你们抢去了，怪不得没来凯斯西储。"

至此我想起前事，不能不向他说明当时凯斯西储大学并没有给我发聘书，甚至访问后无声无息（当然没提开支的区区小事，免得让他难堪）。他一脸惊讶，连说："怎么会这样？怎么会这样！聘请你的事还是我亲自定的呢！"几天后，他从克里夫兰来信，说已调查清楚：原来凯斯理工和西储大学两校文化上的差异使合并后的凯斯西储大学内部分歧很大，多年来难以磨合。而当时物理系里两派不和，系主任与他不同派系，连全系通过的事都会阳奉阴违。我的案子就在这种情况下被"暗杀"了。

你说大学里没有人事上的政治斗争？

按地图来看，应该先到印第安纳州的南本德再去芝加哥。可是南本德是个小镇，航班不多，还是先飞芝加哥，访问北郊埃文斯顿的西北大学，然后再驾车往返不到200公里的圣母大学吧。

西北大学的物理系气氛十分热烈。"二战"之后，西北大学走错两步棋。一是担心政府拨款会影响学术自由，所以很长一段时期拒绝接受联邦政府的科研经费。水平与西北大学不相上下的斯坦福大学偏偏走了反方向，积极争取政府支持，科研进展在短短十年里出现了跨越式的上升。二是20世纪50年代末苏联卫星上天后，联邦政府大量增加科技教研拨款，研究型大学的物理系都在竭力扩展之时，西北大学又走慢了一步。

走错第二步棋，丧失了争夺人才的机会，却错有错着：在博士产量过剩、充斥于市，而别的大学都已吃得太饱、无以为继时，西北大学刚好迎头赶上，择肥而噬（不太好听，还是说"择优选用"吧）。当时西北大学从麻省理工请来了一位极为进取的物理系主任亚瑟·弗里曼（Arthur Freeman），让他每年增聘三至五位教师，特别是潜力强的助理教授。我来得合时。

这儿只写一段难以忘怀的趣事。

学术报告开始，教授们排排坐。资深教授照例坐在第一排。我讲了几句开场白后，只见一位资深教授不断与邻座讲话。暂不为意，继续上黑板作我的报告。两分钟后，他还在那儿讲个不停，竟还大声说笑。年轻气盛的我忍无可忍，把粉笔稳稳放在桌上，跟着一言不发。约莫30秒钟过去，系主任弗里曼一脸愕然，问我出了什么问题（What's wrong？）。我轻轻答道："没事，正在等人把闲话说完。"说闲话的那位呆了一呆，也就闭上了嘴。

过后我问周围教授们讲闲话的人是谁。一位年轻人扮个鬼脸，说："正是那个丝毫不能得罪的某某人呢。"（后文里还会不甚恭维地说到他；厚道些，固隐其名。）当晚茶点会上与我个别谈话时，弗里曼告诉我这人在物理界颇有盛名，连续当过16年的系主任，连院长都怕他，泼辣起来校长也怕他三分。我说："那么西北大学就没我份了。"弗里曼答道："别理他，你刚才的做法替不少人出了口气。"

次日离开埃文斯顿，睡够后驾车去南本德。正如一系列天主教会所办的学校，圣母大学是所很好的教学型大学，也从事学术研究，但不注重理工学科。不巧我的学术报告被安排在一个极大的演讲厅里，更显得听众寥寥无几。音响效果又差，讲话时听到自己的回声。讲完了没人提问。明显的结论是，我绝对不会来此执教。

行程最后一站是中西部的名校威斯康星大学。毕竟是名校，校园井井有条，教授气度不凡；物理系里人人彬彬有礼，安静工作。科研兴趣能与我配合的人很少。正因如此，系里准备开创以多粒子物理为基础的凝聚态领域。华盛顿大学的老同学严懋勋已经来此开创了固态实验组，干得扎扎实实、神采奕奕；他一心一意想把我拉来，共创"大业"。

威斯康星是个农业州，尤以乳业见称。麦迪逊是州政府所在地，虽只20多万人口，却是州内第二大城市，也是以大学为核心的文化城市。市内的曼多塔湖（Lake Mendota）风景优美，不亚于我国的西湖。麦迪逊不止一次被媒体评为全美最宜人居住的城市之一。老父老母会不会愿意来此养老？

☑ 应聘经历：西岸的两所大学

兜完一大圈，飞回西岸。

南加州大学（University of Southern California，简称USC）与加

州大学一点关系都没有，是纯粹的私立大学，工科很强，尤其在电子方面。可是美国人一提起南加州大学，首先想到的不是学术，而是它的美式足球队；其次想到的是美丽的女学生。后者是因为南加州大学位于洛杉矶市区，与好莱坞相距不远；好莱坞全盛时期，全国各地都有漂亮的女孩子（或自以为是漂亮的女孩子）前来碰运气。南加州大学的戏剧学院很出名，一时圆不了明星梦的美女常会来此蹲点，苦候良机。我的学术报告与两者都无关。

物理系反应很好，看来很希望我去。要说的是另一件趣事。

虽然圣迭戈距洛杉矶很近，驾车只需两小时，南加州大学却让我乘飞机来回。回去前，两位资深教授（包括一位院长级的）与一位助理教授请我在洛杉矶国际机场的圆塔餐厅吃饭。资深教授喝了点酒，神态越来越松弛，争相讲黄色笑话。那位年轻的助理教授窘得满面通红。我回圣迭戈后立即收到他来信，替两位前辈道歉。

这位年轻人叫做约翰·马伯格（John Marburger），后来当上了物理系主任，继而担任文理学院院长。1980年离开南加州大学，到石溪纽约州立大学当了14年校长。2001~2008年，这位曾一度脸红的物理学家在白宫里为布什总统当了7年科学顾问——全美最有影响力的科技政策总管。

⊕　多年后在白宫当了七年总统科学顾问的约翰·马伯格（John Marburger）

另一所我应聘的加州学校当然就是UCSD。情况如何，容后禀告。这儿再为这所我心爱的学校吹上几句。

1964年入学的第一批181名本科生就在那年毕业。毕业典礼在物理楼和化学楼之间的下沉广场举行。所谓"下沉广场"，

⊝　　1968年，UCSD为第一批本科生举行毕业典礼

其实是两边露天楼梯脚下不大不小的平台，能坐一些观礼者。两栋大楼之间，每层都有露天走廊相连；站在走廊上可以俯视平台上的一切活动。半年多前，学生们举行过一次业余时装表演，用的正是这个露天"礼堂"。

那时的UCSD校园简单实用，不仅没有正式礼堂，连能代用的体育馆也没建，全校确实没有可用的会场，钱都花于实验室和仪器，用在刀口上。我不知道当时全校科研经费有多少，只知道多年后回香港创办科技大学时，告诉港英政府，UCSD单就一个物理系每年的科研经费是800万美元，相当于当年香港全部大学加在一起的32倍（当时康奈尔大学的物理系科研经费是300多万美元，在美国排第二）。刚才从网上查到：2013年UCSD的全校科研经费超过10亿美元。

没有室内体育馆倒好，让我在篮球场上出过一次风头。中国留学生（都是研究生和博士后）所组织的篮球队与谁比赛时，最后一分钟打成平手。队友在我方篮底拿到篮板球，传了给我。场外有人大叫："还剩4秒钟！"已经没有时间再传，更没时间带过中场，于是我用尽吃奶的力气，甩了个冲天炮；篮球竟然进筐，赢得两分（那时还没有三分球的规矩）。哪知道不是4秒，而是14秒，这样一来，给了对方8秒钟的反攻机会。反攻结果如何，这儿就不说了。

赛后，队长殷起彭过来拍拍我肩膀，没说话。殷起彭出生于美国，在麻省理工学院念本科时是美国大学篮球校队里绝无仅有的华人球员（像是那个年头的林书豪）。当时他在UCSD进修博士学位，后来成为著名的生物工程教授，为我母校华盛顿大学成功创办了生物工程系，还经常来华讲学。他的父母亲与圣路易的侨领陶光业夫妇是老朋友，几乎可以说是陶氏夫妇的干儿子。我与伊芳在圣路易结婚时，父母亲因路途遥远没法参加，由陶氏夫妇代替双方家长为我俩主礼。这是无巧不成书呢，还是研究型大学的圈子毕竟不大，在里面当行者的，转来转去跳不出如来佛的手掌？

☑ **求职有成的主要因素**

虽然不敢说得心应手，我的求职经历应当说是非常顺利，应聘的大学，除上文所说凯斯西储那儿出了个意外纰漏，其他访问和面试的物理系都很快来了聘请信。在那物理教研界的"困难时期"，布勒克纳手下一群博士后几乎全都失业，我居然获得这么多名校青睐，运道实在不错。

那群找不到职位的，都不是等闲之辈，个个来头比我大。他们的博士学位来自斯坦福、伯克利、麻省理工、哈佛、哥伦比亚之类，导师都是响当当的人物，都经常在最高层的专业圈子里打转，很能凭学术网络为爱徒们推荐优秀职位（不像我那位百分之百学者风格、不愿抛头露面的芬伯格教授）。他们的物理语言又全属主流，说起话来往往高深得令我摸不着头脑，让我一度惊慌得几乎"重温"刚从穷乡僻壤来到华盛顿大学时的失落感。

同办公室那位斯文和蔼的博士后终于收到一封聘请信。虽然远在加拿大东北角一个人丁稀落的小镇，地理、气候、科研前景都与拉霍亚站在对角线的两个极端，但是毕竟在他祖国，毕竟是份扎实稳定的大学教职，我俩同时松了口气。那些出身比他还强的同事们此时不再趾高气扬，甚至垂头丧气，重新寻求一份博士后的进修职位。我这头收到来信后赶快静悄悄收藏起来，不敢声张，免得影响他们的情绪。

为什么求职的经历会如此不同？难道我真比他们强那么多？我想绝对不是。当时没多考虑，事后分析，感到主因有三：

第一，导师的推荐和评价。毫无疑问，布勒克纳不请而来的推荐信替我打开了一扇又一扇的大门，而芬伯格的评价信更在后面推上一把，让我被请进了厅房。在我国，名人的推荐固然也有同样的甚至更显著的作用，可是性质不同。美国人的推荐，原则上出自独立公正的判断，不讲人情，不论关系，甚至为自己的学生作评价时可能毁誉参半。

再者，在我国，收到推荐信的人会暗里寻思："哼，这么好的学生，你为什么不给自己留下？"这方面，美国学界又有完全相反的文化和传统：基本上不近亲繁殖。因此不会产生此类怀疑。

多年后，有位看过推荐信的同事告诉我：布勒克纳对我的评价非常之高。信很短，只一两段，但是斩钉截铁地说我在多粒子理论领域的同辈里无疑属全球前十。这种话出自布勒克纳之口，谁不开门？当然，是否真的这样说过，我永远不会知道。

第二，工作成绩和潜力。大门打开了，你走进去了，主人并不需要把你留下。再说，推荐信和评价信再强也好，系里总有人不信、不买账，特别是专业与你不同的教授们。还有呢，假如系里只出了一个空缺而几个专业同时要人，应聘者又都有强人的推荐，那场争夺战就无从避免。一旦开打，就得比较实力。也就是说，要看真功夫：你的工作成绩和潜力。

应聘者一般毕业还只一年多，当过较短时期的博士后，发表过一两篇论义。怎么看得出他的成绩和潜力呢？先是遴选委员会，跟着在全系的教授会议上，所询问的、追求的、争论的，是这位应聘者的论文是否扎实、是否独立、有无新意，科研方向和范围够不够广。

是否扎实不难断定，从论文里看得出。是否独立也不难断定，论文里、推荐信里、评价信里都看得出。有无新意就比较难说了。系里的教授们不一定跟得上自己专业以外的最新发展。即使是同一专业的教授，有时也避免不了被主观心理及学派歧见左右。此外，系里总还有与学问无关而客观存在的人事较量和权力斗争。求职者需要选择与自己科研兴趣至少部分重合的系。

至于科研方向和范围够不够广，是为了借此判断应聘者能否灵活应变、有无创新的潜力。我不附庸风雅、不追求时尚、不融入主流，并同时独立开展了几个不同体系的课题；相信这方面比别人有利。

第三，表达能力。面试应聘者的人都是教授，能讲能听，习于以这种标准来判断应聘者的能力。再者，任职后要为学生讲课，与学生讨论，当教师的人不能不善于表达。因此，大学聘用教师前一定会让应聘者在大庭广众中作一次学术报告，与听众有问有答地交流。最后成败在此一举。语言、措辞、句法、结构，这些是表达的基本工具。母语不是英文的人，在美国求职自然面对一定的困难，这是个无法避免的不利因素。但是决不能以此为借口，更不能因此而畏缩。据了解，美国科技界里一半以上的博士是留学生或新移民，见怪不怪。话带口音、词汇短缺、文法错误，都在所难免；除非实在难懂，听者一般能够体谅。很多与应聘者会面的教授，当年来美时英文更差。

所不能包涵的是欠缺逻辑。语无伦次、前后不符，固然令人心烦；理不直、意不达，也是我们这行的致命大忌。我国的传统教育有几个很大的毛病，其中之一是不鼓励学生发言，因而年轻人欠缺表达能力。我17岁来到美国，刚来时一句完整的英文也讲不好，更从来没有当众发言的经验。唯一的补救方法就是死练。经常练习，久而久之自然习惯。一次，在物理学会上作了短短7分钟的学术报告。下到台来，一位比我资格老很多的老美同事说："怎么你讲起来这么轻松自若？我就不行，每次上台总是紧张得要命。"我答道："一篇这么简短的报告，你猜我昨天在镜前自个儿练习了多少遍？26遍。"

☑ 应聘经历：最终决定何去何从？

没有选择固然令人担忧，太多选择也很头痛。说这话不是不识好歹。

一连串的聘请信，有些没收到前已决定婉拒。南加州大学起初还在考虑之列，几度反复。想起东北岸和中西部的冬季风雪，就不愿意离开加州。可是洛杉矶市区不是最安全的地段，南加州大学周围环境名声不好。聘请信里所说的薪金是每学年13500美元，远高于一般大学的助理教授待遇；可是我俩并不追求优厚的薪金，因为早就知道想要高薪就别当教授。当然，一家八口就靠我一人的收入，总不能永远让妻子老少过那捉襟见肘的日子吧？

去向布勒克纳请教。他在学界见闻广，人头熟，兼有好几年的实地招聘经验，情况了如指掌。虽然南加州大学也是他所推荐之一，却一看到聘请信就说："不要去。"我问为什么？他答道："南加州大学的行政当局商业头脑太重，初聘时对你特别好，进去后又是另外一套。"听完这话，少了一个选择。（读者们，那可是20世纪60年代的说法，也只是他一个人的意见；今天请勿当真，不要让那学校以诽谤之名把我告上法庭。)

接着需要淘汰两个选择。相信吗？首先淘汰的是哈佛。

马丁的来信非常诚恳，几乎让我立刻就想接受聘请。可惜待遇实在太低，每学年只8200美元，养不活八口之家。同时，职位叫做"讲师"，听上去太不顺耳。他来电话解释：哈佛的待遇很两极化，给青年教师的薪金素来很低，而成了名的教授薪金特高。他

❸ 我假如去了哈佛大学执教，马丁——这位理论物理界的权威将是我的"champion"。当年英俊挺拔的中年学者，岁月不饶人

说讲师的起薪原来是7900美元，他已经说服学校为我加了一级。（后来听说，已经很有学术地位的他，当时还没被选上院士，年薪也只有17000多美元。）他又说，职称不成问题："讲师"之称是承继了英国传统，秋季开学时就会立即改为"助理教授"。（至今英国大学还用"讲师"这个职称，我国不少大学也是如此。）

我懂。他没办法改变学校的人事政策。可是波士顿的生活指数远比别的城市高，特别是住房。待遇太低的话，我们一家八口怎么生活？令我想起外祖父的经历：他曾是复旦大学的第三任校长，可是只当了两年。问母亲这是怎么回事？她说：外祖父家里人丁兴旺，需要照顾一大群，而当年复旦的待遇实在太低，养不活一家老少，于是只好放弃。隔了两代，犹如历史重演。

更重要的却是学术自主。怎么说呢？哈佛的物理系不看重多粒子理论，亦不看重凝聚态理论。即使马丁看得起我的工作，毕竟独木难支，几年后升级留任时会不会出现障碍？听说每三个助理教授

只留一个，那一个会是我吗？再者，马丁本人的科研方向是量子流体力学，与我很不一样；我若选择走自己的路子，一定会得到他的长期支持吗？干科研的哪能在自主上妥协？

终于在又一次电话上，婉辞了哈佛的聘请。马丁表示失望，轻轻一声叹息后说："时代不同了。'哈佛召，人必到'的日子已成过去。"

可是哈佛之召在学界里另有一番魔力。物理界小道消息畅通，哈佛将会聘我这句话传将出去，别的大学立即格外注目。说不定那一连串的聘请信是由此而来的呢。连在拉霍亚也引起了注意。原来UCSD说要留我，但是里根州政府冻结了整个加州大学系统的教职编制，于是聘我之事被拖了又拖。哈佛的聘请信一到，物理系的动作变得特快，立刻想到用"代理助理教授"的职称绕过冻结政策，给我发了聘请信。

留任UCSD的愿望可说是达到了，可是职称加上"代理"两字，实在很不牢靠。那时加州的政治氛围日趋保守，里根的"星"正不断上升，看来加州大学的日子会很不好过。"代理"两字将会保留到哪一年？假如再来一次政治地震，教职编制可能从冻结变为砍杀；那时戴着"代理"这顶软帽子的，难免会领先下岗。一家八口的生活安全凭何保证？

不敢不继婉拒哈佛之后，淘汰心爱的UCSD，告别仙境。

威斯康星大学和西北大学各有优点。曼多塔湖畔的麦迪逊该是老父老母最舒适的养老环境。可是附近没有大城市，一辈子在上海和香港生活的他们，会不会感到过分冷清和无聊？西北大学所在的埃文斯顿虽是小镇，却与芝加哥相连，安静和热闹任凭选择。对老人来说，应该比较容易适应。

也就这么定了。

第7章

进军西北初执教鞭

"教鞭"这个词实在不好听,太不现代化了。要就本来并不是这么个意思,只是我才疏学浅,不知道它出自什么典故。

"西北"两字似乎更是误导。翻开美国地图,芝加哥明明在美国中部,甚至可说在东部,怎么大学叫做"西北"呢?这个道理我倒懂。

美国早期只有东部沿海13个州,之后加了周边的5个州,跟着又从英国挖到北部大湖之南的6个州,从西班牙和英国取得南部墨西哥湾沿岸地带:至此囊括了密西西比河东的全部陆地。若看19世纪上叶的美国地图,1803年与拿破仑签订《路易斯安娜购买条约》,从法国购得密西西比河以西的土地,虽有200多万平方公里,却尚属蛮荒。1818年建州的伊利诺伊和1833年立市的芝加哥被称为"西北领土"(Northwest Territory)不无道理。

西北大学是所私立大学,创于1851年,是伊利诺伊州首所政府特许的正规大学。创办人包括九位基督教卫理公会的牧师和教徒,可是办学理念与东部的一些私立大学不同,从头就不属教会,而以服务西北领土的全民为宗旨。带头人叫约翰·埃文斯(John Evans),校园所在的芝加哥北郊小镇以他的名字命名为埃文斯顿(Evanston)。

☑ 再次远途看房，准备安家

不到三年，在圣路易、卡迪夫、阳光海滩，前后住过三处。又要搬家了，还是3500公里的长途搬迁！

西北大学的教职是个所谓"终身职轨道"（tenure track）的岗位。望文生义，也就是说，一旦走上轨道，只要工作干得出色，迟早可望升任终身职，学校不会任意解聘。

既然如此，打定主意接受聘书后，也就该结束流浪生活，准备购屋久居。

西北大学让我飞到芝加哥，花几天时间熟悉物理系，同时寻找房屋。哪知这段时期芝加哥地区的房地产格外兴旺，整个北郊在我购买力范围之内的只有四套房子，而其中三套已经被人看中，放下定金。

这事有好几个因素和曲折。

西北大学给我的年薪是12000美元，相当不错。只要付得起首期，该能买到老少八口同住的大房子；可是我们毫无存款，不可能为这么大的房子交付首期。为此四个成人开了家庭会议，一致决定父母幺妹三人先租一套公寓，同时尽可能凑钱为我们夫妇俩和三个孩子的五口小家庭买下一套房屋。

这样做还有个背景：对"不动产"的看法，两代人的思想有很大出入。父母亲那代原来有点不动产，可惜在大时代的动荡中全部消失。父亲1932年留学归来，进入国民政府铁道部工作五年，在南京买了一套小房子。1937年南京沦陷，房子被伪政府无偿占用。八年抗战"惨胜"，国民政府还都南京，声称被汉奸占用过的房子都是"敌产"，应予"接收"。于是父母亲赶紧三文不值两文地把房子出让给一位"劫收"大员。杭州另有的一套祖产，则于新中国成立初期让两位思想进步的姑母献给了国家。请看：父母亲终生不赞成购买不动产，事出有因。

而我们夫妇这代受了美国人的影响，认为有了安定的职业就该买下住房，否则年复一年付出租金，多不划算？美国政府鼓励居者有其屋，在计算个人所得税时，贷款按揭所付利息可以从收入里扣除。而租房居住的人得不到这种激励。

非但如此。一般理财的说法是应该尽量购买能力所及范围内最高价的房屋。理由是按揭贷款的利率可以长至30年不变，每月交付款项也不变，而人的收入总会逐年递升——至少按通胀率上升，因此购房开支所占收入的百分比必将逐年递减。此外，由于人口增长，房屋往往供不应求，长期来说总会升值，至少应与通胀同步。因而只要拥有房产，个人资产必将逐年增加。于是一般的结论是：为家庭的未来安全打算，住房不能不买。

还有一点是，两代人的需求亦不同。父母亲不开车，住的地方必须方便走动。譬如说，出门去买点小东西、闲着没事周围逛逛等。而我们则要为三个孩子上学打算，最好住得近学校，万一出点事可以即刻赶到照顾；再说，让他们参加各种不同时间的课外活动，接送方便。

那个年头还不兴分户式产权公寓（condo），也就是像我国城市里那种高层商品楼、一套套出售的独立单元，否则或许可以在同一小区里租一套买一套，两户分居，住得不太远。当时的现实情况是要买就得买单独房屋。

这次找房子，老婆忙着在阳光海滩照顾三个孩子和老父老母，没与我同来。就我一人接连两天跟着中介跑，所见情况只能用四个字表达："大势不妙"。

埃文斯顿和周围几个小镇里，较小的旧房屋其实不少，可是供不应求——尤其是价格低廉到我们能力所及的。

最气人的是埃文斯顿当时还歧视包括华人在内的有色人种，虽然华裔学者在美国学界已经争得一定程度的声誉。有些房子明明报上还登着广告，走去打门要求看房时却说："对不起，已经卖掉

Θ 典型的美
国中西部
城市——
埃文斯顿
的市中心

了。"一次两次还不以为意，次次这样，用意就明白摆在眼前，不由得你不信了。应该见怪不怪吧？拉霍亚不还歧视著名的犹太科学家吗？虽然如此，碰上这种事还是令人火气直冒。

最后确定只有四套能买的房子，而三套已经名花有主。生怕那第四套也抢先被人买走，赶紧与老婆打电话，作了口头描述。我这老婆十分贤惠，一切让我作主。火烧眉毛，不让我作主也没办法。

次日就把房子定了下来。

☑ 再次长途搬迁，重返中部

房子以32500美元买下。首期付15%，不到5000美元，由父亲从他所积蓄的退休金里借出。所在的小镇叫做维尔梅特（Wilmette），在埃文斯顿北邻，离大学校园6.5公里，车程15分钟。后门出来，走到孩子的学校只一个街口，无须穿马路。可是为父母幺妹所租的公寓却在另一小镇。为了达到母亲对住房的要求，不得不让他们住得很远，离维尔梅特30～40分钟车程。此后只逢周末、节日及重要事端才去探望；好在他们也乐得安静：三个孩子虽然很乖，偶然总会纠缠争吵。

⊖　三个娃娃都抢着坐妈妈的车

正如两年前，我俩找了搬运公司搬运家具杂物，安排好父母幺妹的航班，然后驾车长征。不同之处是此行旅程更远，还多了一辆车，多了一个娃娃。当时儿子4岁半，长女3岁，次女1岁半。做妈妈的还只28岁，生了三个孩子，长得还像个小姑娘。

前后一大一小两辆汽车：大的是手动换挡的，由我开；小的是自动换挡的小轿车，由伊芳开。

面包车较为震动，不过容积大，坐得还算舒服；孩子们当然该坐大车。不然，个个抢着坐小车，因为可爱的妈妈开的是小车。那么，总得有人陪爸爸吧？于是三个小孩只好勉勉强强按次轮换。到此才知道我这个爸爸真没当好。

其实爸爸开车经验丰富得多，刚满20岁，就为了方便与孩子们来日的妈妈约会，学会了怎么开车，还是一辆又笨又重极难驾驭的老爷车。十年来从没出过事。而妈妈呢，假如不是上帝特别保佑，早已闯下大祸。只因至今全家还异口同声说妈妈开得比爸爸稳，我不得不把以下的故事向读者们诉说，多少挣回点面子。

妈妈在阳光海滩学会了开车。一天，不知为了送最小的娃娃去哪儿，把婴儿座绑在驾驶员右手的前排座位。那个时代的安全措施没有今天这么进步，婴儿座没法绑紧。正当车子开到高速公路的入口通道准备进入公路，婴儿座突然向前倾斜。反应奇快的妈妈即时放下驾驶盘，扑过去抓住娃娃。车子滑上通道边的小山坡。小山坡边每隔3米有条钢柱；失去控制的汽车从钢柱间的空当穿了过去，又奇迹般地在下一个空当穿了回来。说时慢，动时快，已把娃娃稳住的妈妈双手回到驾驶盘，若无其事走回通道，轻轻盈盈进入公路。

假如不是老天恩宠，妈妈和娃娃不同时报销才怪！

日后还出过两次事，你说是吉人天相也好，好人好报也好，两次都没闯下大祸。暂且卖个关子，以后慢慢道来。

圣迭戈到芝加哥的路上车速极高，两辆车一前一后，彼此间怎么照应？（说得好听，其实当然是男子汉照应小姑娘。）让老婆在前开，怕她不识路；让她在后开，又怕她掉队。总得想个办法前后呼应吧。那时还没手提电话，只好依靠一对效率甚低的对讲机，俗称"walkie-talkie"（边走边讲）。此外就利用车头灯施发信号，互表安全：白天的信号是连闪三次，天黑后则长短灯连换三次。若想表示有事商量，则让信号连续发个不停，尽快寻找安全之处，在路旁暂停。

一路无话，五天后进入芝加哥市区时已近黄昏时刻。找个快餐店，匆忙打发了晚餐，在天黑前赶到"新居"。挡风玻璃满布昆虫残骸的两辆车子，终于拐离大道，让车轮扑落扑落地滚动在老式的鹅卵石子路上。此时我俩兴奋地向似懂非懂的娃娃们宣布："到家了！"

左手牵着儿子，右手牵着女儿，伊芳抱着眼睛睁得滚圆的娃娃，缓步拾级而上。打开纱门，穿过阳台，转动大门钥匙，悄悄走进第一个真正属于自己的家。

☑ 西北大学的物理系

美国不少大学为就医的病人提供方便，把医学院和附属医院放在市中心。也有些为了兼读学生的方便，把法学院、商学院等专业研究生院一并放在市中心。西北大学的主校区在芝加哥北郊；市中心还有另一校区，内置医学院（包括极大的医院群）和法学院。

正如全球不少大城市傍水而生，芝加哥的起源和今天的市中心也在湖边。于是这个校区亦在密歇根湖畔。

北郊湖畔的校区风景本来就很优美，还在20世纪60年代填了三十几公顷地，围了个潟湖，让部分校园凸入湖中。后来在这片人造的土地上建了图书馆、大学中心、音乐厅和商学院。

潟湖正北当时是大停车场。大停车场西南的潟湖边上，那"之"字形的白顶房屋当时就是著名的凯洛格管理学院（Kellogg School of Management）。大停车场西面、管理学院西北方有一大片面积与停车场相仿的灰色建筑物，叫做"技术研究院"（Technology Institute，简称Tech）。那就是物理系所在。

不仅是物理系，这大片楼群里深藏着一切理科和工科的院系。首次见到如此布局觉得很不习惯，因为去过的所有研究型大学物理系都有自己的大楼，跟别的院系"混在一起"似乎失去独立身份，怪不自然。久而久之，发现混在一起自有优点：与其他理工院系的同事们交流切磋特别方便。干实验的同事们还说：便于共用某些特别昂贵的大型科研设施和精密仪器。多年后，香港科技大学因受地形牵制，把教研大楼建成相连的一片，也看到这些优点。

⊕　西北大学主校区鸟瞰图

有些新兴的高等教育理论者主张尽量淡化院系之分，着重跨学科教研。他们一定更支持这样的校园设计，甚至把西北大学和香港科技大学的做法赞为"远见"。我个人对这理论不无保留。特别是在本科教育上，若不先让学生在一门学科上打好基础就鼓励他追求跨学科学习，恐怕会本末倒置。打个比喻：在两个无知的基石间建立桥梁，跨不了多久就会崩溃。

扯远了。回头看技术研究院。物理系的核心在技术研究院的南翼，包括绝大部分的课室、实验室、教师办公室、行政部门，共占南翼的三层地面、一层地下。远在技术研究院的东北角，还有一套数间的教师办公室；东南角又有一套办公室和一大间实验室。怎么搞的？原来在跨学科研究作为新兴学科被烧得火热的20世纪60年代，学校在技术研究院的东北和东南两翼加建了大楼，赏给特别能争取联邦政府科研经费的"材料科学中心"（Materials Science Center，简称MRC）。既然说是跨学科，当然有关院系都可参与，人人有份享受战果；物理系决不后人，也分到一份，包括东北角和东南角的少量教研空间、设施仪器、运作经费和科研基金。

描述得如此仔细，就是因为我这新丁被分派到最前线——东北角的办公室。隔邻是位新到的老将、蛮有点名气的理论固态物理学家。附近还有一位理论固态物理的华裔同事。我们三人各从材料科学中心争取到能养一名博士生的经费，在此占领一些空间该是天经地义。

远离物理系的核心地带有好有坏。坏处之一是上课开会都不方便，之二是系里发生的事经常不很清楚。而好处之一是多走楼梯走廊增加运动量，有益身心；之二是杂事不听不闻耳根清净，有益工作。

话里有话，好像系里没有想象中那么干净。的确如此。人说：任何机构最清闲的时候是不进不退的饱和状态。清闲既可能来自僵化，也可能导致僵化，两者皆不值得庆贺；可是无利可争之时，凡事自然平静。最不清闲的时候，一是正在衰退，一是正在迈进：前者士气低落，人心惶惶，担心下岗；后者士气高涨，资源在前，你争我夺。两种情况都平静不了。

我到西北大学时，正逢物理系的盛季；否则不会选择来此。志在千里的物理系主任弗里曼，在大学高层领导的支持下，准备同时增聘好多位教师。系里原来较强的两个领域，一是高能实验，一是凝聚态物理，至此开始争夺教席。前者说，正好是加强高能理论、求取平衡发展的机会；后者说，正好一鼓作气，强上加强。两者都有道理，被牺牲的正是平静。

☑ 物理系的造型

前文说过，我来西北大学作学术报告时，得罪了一位物理系的强人——那位当过16年系主任的资深教授。他是高能实验物理的前辈，因此系里高能实验的教授特多，并非凑巧。高能理论的教授原来只有一位，一度有些名气，后来却不再发表论文。还是弗里曼接手当了系主任，才一口气聘了四位：一位当时已经建立了地位的年轻正教授、三位像我这样刚当完博士后的助理教授。

一般物理系若主攻高能物理，实验组都很大，在世界各地的加速器实验所里合力争取上机时间。可是西北大学的物理系，眼前放着好些高能实验强手，却各走各路，分头在别的大学里寻找合作对象。他们不合伙也就罢了，竟还彼此抬杠。

那四位新来的高能理论家，来头都不小，冲劲都很强。正如很多搞高能理论的，他们亦各做各的，很少与别的同事讨论。

系里有两位搞核物理实验的。20世纪60年代后期，核物理已不吃香，系里当然不会另增新血。两位原来已很孤立，竟还彼此轻视对方，说起话来很不投机。

凝聚态物理一度较强。干实验的只有三位：两位已经放弃科研，专门负责本科生的实验课程；弗里曼聘来一位助理教授，正在建自己的实验室。干理论的包括弗里曼本人在内本来就有四位，接着又添聘了两个新人：一个是与他关系密切的助理教授，另一个就是我。阵容很强，不过除了弗里曼与那位新来的助理教授之外，也都各做各的，兴趣和课题相距很远。

全系二十五六位教师，大致分为两类：一半来自弗里曼之前，很多已不搞科研；一半来自弗里曼之后，个个积极求进。八成以上的专业论文出自后者。很明显，那位久居高位的系主任16年来无所事事，由得物理系在他手里步入低潮。学校高层领导终于注意到情况，乃把弗里曼请来进行全面整顿。

连作为新丁的我，都能由此观察到几个管理原则。首先是，任何机构里，领导人久居高位迟早会出问题。权力过大会引致滥用，这且不去说它。即使领导人一心一意干好工作，效率也可能逐渐衰减：一则由于干得精疲力尽，一则由于跟不上时代。再说，久居高位者所培养的班底，无形中自成一伙；而领导人更换后所聘来的新人，很可能另成一伙。新旧两派不和，不足为奇。

弗里曼的管理方法与老系主任很不一样，可说相当民主，许多事情都让教授们一起开会决定。这种做法遵从"教授治校"的规律，一点没错。可是在新旧不和的情况下，讨论往往变成争论，甚至无理取闹。旧派人物里有位善用心计的，偶尔耍出新招，挑拨离间。我那时年轻，视恶如仇、路见不平、胆上生毛地点将出来，令新同事们为我捏把冷汗。回到家里，一五一十向爱妻招供。她说："唉，你这么不懂事，会影响来日的升级，甚至生存呢。"

另外观察到的一点是：各做各的科研对物理系来说并非好事。这句话必定引来争议。一是"最强的物理系里，都是各做各的，有什么不好？"这话没错，不过我想，除非像拉霍亚那样满天神佛、经费充沛，一般来说人才和资源都不那么宽裕，若专业过多，力量分散，很难获得出人头地的成绩。二是"学术自由必须维护，教师们有权凭个人的兴趣和判断选择各自的科研方向和课题，系里不该也不能干预。"这话亦没错，不过我想，可以做的是尽可能在系里求取共识，共同定下发展蓝图，于招聘教师时聚焦某些专业范围。西北大学的物理系倒是考虑到这点，可是焦点定得不很细致，也没能好好培养系里的团队精神。

各做各的对物理系不一定好，可是对我个人却再好也没有了。怎么说呢？既然系里如此分散，别人对我为自己选择的课题都不很懂，也就无法支持或反对。凝聚态理论的老将们即使有所偏爱，也无从令我就范。那么，我的成绩只好凭论文的优劣来定，让校外的同行前辈作客观评估。系里的人事争执与我无关。

☑ **普通物理课的学生水平**

自己上了这么多年课，终于要走上讲台给别人讲课了。

倒不是以前没上过讲台，但那是当助教，为有职称的教授带讨论组。助教的责任是为一小组学生讲解教授留给他们的作业，帮他们理解试题的含义，或测验他们对课上所听到的懂不懂。这次自己有了职称，才正式独立为学生讲课。

教什么课由系主任安排。首次任教，被安排的是普通物理，教一群特别聪明的大一学生。这儿有两个背景值得一谈。

一是为什么系主任让新到的青年教师教普通物理？是不是担心刚入行的教师经验不足，让他们教比较浅易的课程？

不，不是这么回事。事实是：对主修理科和工科的学生来说，普通物理是必修课，正如数学系的微积分。来自别系的学生也有。美国大学崇尚通识教育，不赞成本科生念得太专，因此不论学生主修什么，都一定要求他花至少四分之一课时选修与主修学科无关的通识课程。还分门别类，要求这些通识课程包含多少学分的数理、人文、社会科学，等等。虽然物理难读，很不吃香，总还有部分学生会主动选修。因此一般大一的普通物理课，学生人数特多。

普通物理课通常分为两种：一种以微积分打底，提供给主修理工或数理基础较强的学生；另一种不用微积分，最多只要求代数和三角，提供给数理基础较差的学生。甚至还可加多一种，只以描述为主，简直一点数学都不用，被戏称为"婴儿物理"（baby physics）。不用微积分的每班人数极大，少则八九十，多则一两百甚至三四百，把最大的讲堂塞得满满的。这样大的班，上课和改卷特别劳力密集，外加学生水平悬殊，因而教授们都不喜欢教。

有些大学里，越是难教的课、越是重要的启蒙课程，就越让资深教授负责，甚至让最出名的教授去教。但若系主任认为谁教都一样，又怕得罪资深教授，这些"苦差"难免落到新丁头上。

二是本科生是怎么录取的？为什么水平参差不齐？

先从教育原则说起。美国大学传统来自西欧，特别注重学术自主。譬如：联邦政府的教育部完全不管治大学教育，州政府也只能在经费上做文章，绝对不干预教学政策。联邦政府也好，州政府也好，市政府也好，都没有强制的统一入学考试。每所学校各自制订录取学生的准则。一些通行的全国性测验（例如SAT），中学毕业生是否报名应考、大学是否把成绩拿来作为参考，至少原则上都属自愿。

公立大学如此，私立大学亦如此。唯一的分别是：州政府为了满足社会的需求和州民的愿望，不能不定下一些宏观规范。以加州为例，高等院校分为三类：研究型的多所加州大学，必须为前八分之一（12.5%）的中学毕业生提供学额；教学型的多所加州州立大学，必须为前四分之一（25%）的中学毕业生提供学额；此外，人人有权进入数量超过100所的社区学院。

"必须"是什么意思？并不是说你要进哪所就可以进哪所。伯克利加州大学收不收你、圣迭戈加州大学收不收你，全由它们自己决定。但是假如你毕业时在自己的中学里名列前八分之一，就总得有一所加州大学收你。以此类推。

不有些自相矛盾吗？假如所有的加州大学都拒绝收你，州政府怎么办？答案是：这事不会发生，因为州政府每年为整个加州大学系统所拨发的经费足够培养全州中学毕业人数的八分之一；而钱到了系统手里，"总校"（统筹机构）会按人头向每所加州大学分发经费。收不足学生的，经费上肯定吃亏，还遭社会群众谴责，因而不会不收。

这样的政策对全州人民都有了交代，可是问题也就出在这里：不同中学的教学水平和学生水平有极大差别，某所中学里名列前茅的毕业生，与另一所的学生相比，水平可能不过尔尔，甚至可能差得无法毕业。因而公立大学的大班上，学生水平可以有天地之别，怎么教都难。

私立大学原则上想录取谁就录取谁，不受这种政策影响。西北大学是私立大学，学生的水平一般较好；可是班上人数太多的话，仍难免出现差别。

我很幸运，被分配教一个小班普通物理课，还是班特别聪明的学生。

☑ 特别优秀的大学生

西北大学的医学院相当强，但要争取最优秀的学生，手头还得有几招。其中最成功的一招是保证学生进得了医学院，同时尽可能缩短在校学习时间。学校在这原则下设计了一个六年制的"荣誉医学博士课程"（Honors Medical Doctoral Program，简称 Honors Med）。

前面不是说过美国崇尚通识教育吗？医学、法律、工商管理、建筑等这些专业学科都不从本科读起，而是研究生学位课程。大学毕业生，无论本科主修什么，都可自行申请，因而申请者极多。同时，由于医学院都兼办教学型医院，成本极高，因此医学院为数不多。学额有限，僧多粥少，竞争十分激烈，尤其是那些历史悠久、声誉较高的医学院。

Θ 密歇根湖畔的西北大学芝加哥校区，医学院周围都是摩天大楼

既然医学院的成本那么高，学费自然也高。四年本科、四年医学博士课程，苦读八年，毕业时难免欠上一身债。然而医生这行供不应求，执业后收入远远超越其他职业；社会地位也高，备受群众崇敬。难怪即使辛苦，学生还是趋之若鹜。

西北大学的医学院与文理学院联手创建了一种直通列车，把八年课程压缩成六年，以"荣誉医学博士课程"的名义向最优秀的高中毕业生招手。被录取的学生在文理学院先念两年特别高压的本科课程；只要能够通过，就被直接保送入医学院，无须申请。跟着那四年里，与别的医科研究生不分彼此，一起攻读医学博士学位。

"荣誉医学博士课程"既提供入读医学院的保障，又为学生省却两年光阴；一箭双雕，当真是个高效的辣招。每年限收30人，果真从全国引来了最优秀的学生。我很幸运，刚到西北大学就遇到这么一班学生。大概因为教得不错，系主任让我教了三次才把这机会让给别的教授。

这群学生非但聪明灵活，大部分还相当用功。西北大学的医学院也因荣誉医学博士课程为美国的医科教育建了一功。

文理学院对这班学生并没完全撒手。与医学院谈妥的协议里还包含另一条件，就是万一学生对理科特感兴趣，念完两年本科后不必立刻转去医学院，而让两所学院合力为他设计一套总共八年的课程，同时攻读医科和理科的"荣誉双博士学位"，让他日后投入生命科学研究。当然这样的学生为数不多，我前后只见过几个。这几个却真是特别出色，可惜没机会好好跟踪他们的前程。

多年后，我在香港科技大学当校长时，香港科大与北京大学签了好几项合作协议，其中之一是"医科与理科双博士学位"课程。学生首先在北大医学院念五年的医科硕士课程，然后来香港科大念三年，攻取理学博士学位；之后再回北大攻读两年，获取医科博士学位。前后总共十年。他们在北大医学院学的是今天的医学：以生化医药和临床治疗为基础的知识和本事；在香港科大学的是明天的医学：以生物科技和基因工程为基础的学问和技术。双博士的专业前景是当医科教授、专科主任医师，或生命科学研究专家。

能进入北大医学院的本来就是一流学生，绝不差于西北大学的荣誉双博士学生。可是同样叫做医科和理科的"双博士"，为什么要比西北大学读多两年？对北大来说，其学制有所规定，不容短缺。对我来说，或许因为当年看到过西北大学的学习情况，生怕为了省却两年时间而让"优秀"沦为"一般"。当然，学习是一辈子的事情，并非在校时间越久就一定学得越好。学医的人，毕业后还得实习多年，总不能让他在学校的"牢笼"里待上半辈子。如何取得适当的平衡，值得深思和讨论。

☑ 西北大学的本科生

西北大学素来有贵族学校之称。作为私立大学，还是学费很高的私立大学，学生与公立的加州大学比确有不同：水平比较一致、比较高。有些固然来自管教严格、要求特高的私立中学，有些却也来自公立中学。那么，后者与加州大学的学生有什么分别？答案在教育经费政策。

美国的公立基础教育由城镇自理，很大部分经费来自房地产税收。比较富裕的城镇，房地产价格高，税收也高，于是学区的教育经费充裕，老师待遇和教学设施都较好；孩子的学习水平随而上升。人们看到这种情况，为了让孩子接受较好的教育，争相在这样的学区里购屋居住；于是城镇房价跟着上涨，房地产的税收也跟着增加。形成良性循环。

咬紧牙关在特别好的学区里购置高价住房的家长，一般来说对孩子的教育真是无微不至。他们在学校里与老师们合作，在家里督促孩子用功。这又从另一角度造成良性循环。

都是公立学校，不同城镇不同学区的教育水平差别很大。

从另一方面来说，富家子弟不乏被惯坏的。离乡背井来到远地的大学，突然间松了绑，懒散逃课的在所难免，甚至酗酒、滥交、吸毒的亦非偶见。系主任让我教的那班学生倒很优秀，没有过分离谱的例子。当然总有一两个特别高傲的，要就不听我说，也不写笔记，坐在那儿瞪着眼，像是在表示："学费交了，你是老师，等你教呗！"要就坐在那儿跷起二郎腿，左看右盼，像是在问："你这老师有多大能耐，教得了我什么？"

插上一段无关紧要的话：西北大学的女生以漂亮著称，诺贝尔物理奖获得者穆雷·盖尔曼（Murray Gell-Mann）年轻时在芝加哥大学读书，手头拮据，据说每逢周末买张车票乘公交到北郊，坐在街头看西北大学的女生，以此为乐。

我那班上女生极少。美国虽然推崇女权，社会习俗并没跟上。照说女孩子成熟较早，高中里女生成绩一般比男生高；那么，优秀的女生应该比男生多。可是社会风气主张妇女应该留在家里相夫教子，因此女孩子不以优秀成绩为傲，甚至担心学问太好将来嫁不出去。学校录取新生时，对女孩子也不很公道。今天不兴这么说，事实上多多少少还保存着这种落后思想。

有人说私立大学比较注重教学，因为家长付了昂贵的学费，有权要求老师教得尽责。与加州大学相比，西北大学似乎确实把教学看得较重，让学生和家长比较满意。我教上这班优秀学生，更不敢掉以轻心。

第 8 章

初为人师的教研生涯

大学有多种类型。教学型和研究型是最常见的两种。

顾名思义，教学型大学的重点是教学。教师们也需做学术研究，不过研究的主要目的是加强自身的学术水平，使教学内容更丰富、更深入、更跟得上时代。教师们的升迁去留并不以研究成就为重要指标。

那么，研究型大学正好相反？不，不该如此。"大学"那两个字说明教学还是个主要目标，不过教师们除了传授学识，还需通过研究来发现知识、创造知识。必须兼顾教和研，在两者间取得适当的平衡。

可西方学界里有句话是"publish or perish"。译得斯文，可说成"要就著作，要就消失"；译得粗鲁，就变成"不发表（论文），就完蛋"。也就是说，在研究型大学里任教，若不在专业学报里刊登论文，就没有前途可言。明显缺了个"教"字。

著名大学几乎都是研究型大学。它们在评核教师成绩时，确实不很关注教学水平。不能说是完全不考虑教学，可是对教学表现一般只求过关；而关卡定得较低：往往只要不缺课、学生所给的评估过得去，也就不"过分苛求"。聘请新教师时，不怎么考虑他能不能把学生教好。到任之后，升迁去留几乎只以研究成果为判据。

私立大学理应对教学看得比较认真。毕竟家长们缴付了很高的学费，会要求合理的回报，也就是说让子女在四年里获得一定程度的真才实学。

啊，其实甚至连家长都不见得坚持这点。君不见：家长们对大学的排名看得比什么都重？即使明知最著名的都是研究型大学，而它们的排名与教学水平没甚关联，还是想尽办法让子女进入名列前茅的学校。这种选择所反映的是名牌效应：只要从名牌大学拿到文凭，就算大功告成，心满意足了。

西北大学是私立大学，亦正是研究型大学；作为助理教授，来到正在奋发图强的物理系，不能不把大部分精力置诸科研。

☑ 研究型大学如何评核教师的成绩？

研究型大学里，教学和研究两者之间怎样取得"适当的平衡"？一般说法是五五分，最极端的说法也不过是四六分。这说明研究型大学并不否认教学的重要性——不论心里真是这么想，还是口头说说而已。那么，评核教师工作成绩时以五五或四六作为比重不是理所当然？

假如真的如此，"publish or perish"的说法就不会出现了。事实上，众所周知，研究型大学考虑教师升迁去留时，所运用的评核标准绝不是五五分或四六分，教学所占的比重简直微不足道。这种十分明显的矛盾，历来令人感到困扰。不是不想克服，而是确实存在难以解决的实际问题。

其一，当学生的对教师的教学水平很难作出公正评核。有人说严格的老师往往不容易讨好学生，能逗学生欢心的又未必是好老师。这话并不错。我个人的记忆里，就有这么一位特别严谨的老师，背后经常被学生抱怨；可是他的治学态度及所传授的知识，至今历历在目。另有一位，说话抑扬顿挫、诙谐幽默，又特别能讲故事，课室里总是轻松融洽；可是从他那儿学到什么，早已忘得一干二净。不是说当老师的不该让学生听得高兴、学得开心，而是说不能以学生的评核为绝对标准。可是，撇开学生的评核，还能运用什么判据呢？

其二，课堂上给学生们讲课、课外与学生们讨论，都只是教学工作的一部分。研究型大学的主要任务之一是培养研究生，硕士生导师、博士生导师除为本科生上课外，还须为自己所带的研究生提供一对一的辅导，这是脑力和体力非常密集的教学工作。此外，美国的研究型大学里大部分博士生兼任"助研"，由校方负责提供经济资助，虽然他们所"助"的"研"也就是自己的研究课题。这笔"校方资助"的研究经费其实来自导师；就是说，需要导师凭科研项目和成果向资助机构争取。教学仍不能脱离研究，其成绩当然也不能与研究成果分别评核。

其三，教师们的研究成果发表于专业学报或专业会议，须公开接受同行的审核和评议。对个别教授来说，这种"行规"为他的工作成绩提供了最客观、最公平的评判；对整所大学来说，教授们长期累积的研究成就有目共睹，构成大学声誉的基础和载体。那么，教学成绩是否也能这样衡量，也有行规？并非完全不能，特别是专业教育。例如评估商学院所用的判据之一是MBA（工商管理硕士）入学前与毕业后的薪酬差别。可是整体来说这类指标不多，大学难以凭此提高声望；而且所评估的也只是整个MBA课程的优劣，不是教授的个别成绩。

于是，新入行的助理教授一眼就看出校方很难以教学水平来评核他的工作成绩，断定他的事业前景。这是研究型大学界的不争事实，也是不成文的规律。我到多所大学去面试时，与多位资深教授分别会谈，竟无一人问过我对教学有什么看法，也没人关注过我的教学经验。所有讨论完全集中于科研课题和心得。公立大学也好，私立大学也好，无一例外。西北大学亦然。初为人师，进得门来先把教学内容排好，大纲写好，循规蹈矩到课室讲课，然后全神贯注地开展科研。不能否认科研是我的兴趣所在，也是选择西北大学的主因。一拍两合。

这方面教学型大学与研究型大学有所不同。不过公立的教学型大学往往学生过多，经费短缺，师生比例低，力不从心，很难把学生照顾周全。最注重教学的是一种美国独有的私立高等院校，译称"通识学院"或"博雅学院"（liberal arts colleges）。这些学校规模小，师生关系密切，教师集中精力培养本科生，同时注意学术水平和教学能力。较优秀的博雅学院确实能在教学和研究两者间取得比较适当的平衡。

☑ 开拓科研项目的种子经费

从拉霍亚来到西北大学的物理系，心理上有点矛盾。一方面好像从王母娘娘的瑶池掉了下来，让我瞻仰许久的神啊佛啊一下子都失去了踪迹；另一方面好像终于跳出如来佛的手掌，透了口气，敢自作主张施拳舒腿了——好比汪洋里的小鱼来到池子，终于找到了自我的天地。

话并不很公平。拉霍亚虽然满天神佛，其实没人管我，只是久闻他们大名，天天见到仙容，不免心惊肉跳。不仅是他们，连在神佛身边打转的仙童仙女念起经来都令我退避三舍。最后才知道，困境来临时仙童仙女竟会纷纷跌落尘埃——找不到出路。

西北大学的物理系并非一般的池子，里面不乏大鱼，只是他们的腮帮子上没有贴金，各自身边又没有虾兵蟹将，自然少了一番威势。很快就发现池子为我提供绰绰有余的练武空间，任凭几个自创的科研课题上下翻腾，游得十分舒畅。果真选对了地方。

科研需要经费。干理论的人，日子比干实验的好过，不需呱呱落地就忙着购买仪器、改造水电气液诸多管道、建立实验室，不过还是需要筹钱支付博士生和博士后的薪酬、聘用秘书为论文打字画图、购买大型计算机上机时间、发表论文和参加专业会议的经费。

物理系招聘和吸引优秀教师，能否提供足够的"种子经费"（seed money）也是成败的主因，其关键性绝不亚于优厚的待遇。

1957年苏联卫星上天，霹雳般震惊了美国朝野。那时美国国力财力俱强，政府立即投入巨大资源，急起直追。1960年起，通过刚成立的"高级研究计划局"（Advanced Research Projects Agency，简称ARPA）在多所大学创建综合多种应用学科的"材料研究实验所"（Materials Research Laboratories，简称MRL）。三年内建立了12个，其后1973~1974年另建了4个，1982年又加建了最后一个。最早的三所材料研究实验所分别选址于康奈尔大学、宾州大学和我所去的西北大学。

大学拔了头筹，物理系亦有所得益：只要与"材料"两字沾得上边，就能向"材料研究中心"（Materials Research Center，简称MRC）伸手讨钱。"教授治校"原则当头下，每所大学的材料研究实验所都成立由教授主导的委员会，按期审核各系送呈的项目建议书，决定如何分发高级研究计划局颁授的大笔经费。为了公平，委员会的成员"理所当然"极其平均地来自各系；于是陈平如何分肉，可想而知。

物理系主任弗里曼为了说服我接受聘书，早就赌上一手，承诺给我一笔不错的种子经费。聘书签毕，立即让我以液态氦和固态氦为研究课题写一份项目建议书，从拉霍亚寄给他。我当初不明其理，反正他怎么说我就怎么做。上任不久，收到材料研究中心的通知，种子经费到手。坦白地说，至今我还不理解只有在绝对零度左右才呈现特性的液态氦和固态氦与高级研究计划局所感兴趣的应用材料有多大关系。

还有好笑的事在后：一连很多年我从材料研究中心拿到科研经费。起初是为了液态氦、固态氦、表面氦，后来转向液晶相变。我做的是液晶结构的分子理论，与应用相去较远，但至少比氦走近了一步。更后来，开始做金属表面理论，终于与应用走得更近。反而那年正好材料研究中心的总经费被高级研究计划局削减，令材料研究中心主任不得不扼杀一批项目，包括我的。为了这事，我去找他讲理。大概因为一个个都去找他吵架，他竟发起脾气，说是要向大学领导辞职，不再干这吃力不讨好的劳什子主任。我好歹劝阻了他。毕竟莫名其妙拿了人家这么多年好处，不能忘恩负义。

话归原题。弗里曼赌赢了，材料研究中心替他提供给我的科研开支，竟还足够养个博士后。既然如此，他总不好意思让物理系一毛不拔，于是又从系里拨出款项，让我养一两名博士生。刚进门来的助理教授得到了种子经费，衣食不愁。

☑ 初尝激烈的科研竞争滋味

弗里曼很有办法，待我也实在不错，可还是留了一手。

1955年起，斯隆基金会（Alfred P. Sloan Foundation）为了激励青年教师，每年度在化学、数学和物理这三个领域颁发几十个斯隆研究奖金（Sloan Research Fellowships）作为科研的种子经费。起初只给22个，每个约是1万美元，连给两年。邀请各大学选择上任未久的助理教授向基金会提名。弗里曼在吸引我来西北大学时，声称会为我提名，让我尽早获得更多科研经费。

当年的一万美元相当于现在的六七万美元，至少可以养三个博士生。斯隆研究奖金还为获得者和他的大学和学系带来不少光彩。

那年西北大学物理系来了几个助理教授，其中一位是弗里曼自己请来的，在他的研究组里帮他带博士生。理所当然，他把向斯隆基金会的提名给了这位青年同事。后来物理系内部传来小道消息，说是虽然他可以同时也为我提名，但是担心一年度里难获两个斯隆奖金，于是决定把我押后，免得让竞争力远强的我占掉名额。系里有这么个喜欢说是道非的同事，小道新闻谁知道是否属实？不过弗里曼在这件事上食言却是事实。

学术研究原本是很清高的业务，目标是发掘真理，也就是所谓

alistic Hamiltonian describing a system of bare He^3 and He^4 atoms. A quantum-mechanical calculation is then carried out without the benefit of empirical information.

In Sec. II, we formulate the theoretical problem and define a correlated representation. In Sec. III we compute the matrix elements, and Sec. IV deals with the orthogonalization of the basis and the second quantization of the Hamiltonian. In Sec. V, the phonons are renormalized. In Sec. VI, we compute the effective mass and the effective interaction of the He^3 quasiparticles. And finally, in Sec. VII, some numerical results are presented.

II. CORRELATED REPRESENTATION

Our system consists of N_3 He^3 and N_4 He^4 atoms, $N = N_3 + N_4$, confined to a volume Ω. The partial densities are $\rho_3 = N_3/\Omega$ and $\rho_4 = N_4/\Omega$, and the He^3 concentration is $X = N_3/N = \rho_3/\rho$, $\rho = N/\Omega$. The Hamiltonian of the system is given by

$$H = -\frac{\hbar^2}{2m_3} \sum_{i=1}^{N_3} \nabla_i^2 - \frac{\hbar^2}{2m_4} \sum_{j=N_3+1}^{N} \nabla_j^2 + \sum_{k<l=1}^{N} v(r_{kl}), \tag{1}$$

where m_3 and m_4 are, respectively, the bare masses of He^3 and He^4. The interactions between different isotopes are treated as identical.

Quantum-mechanical calculations begin with the selection of a set of basis functions. The criterion for an optimum choice of the basis is that it must account for the dominant physical features of the system under consideration. In the case of He^3-He^4 solutions, we impose the following requirements: (i) The basis functions should take into account the pairwise dynamical correlations which result from the repulsive core in the potential $v(r)$. (ii) It should have the appropriate exchange symmetry: symmetric with respect to the interchange of two He^4 atoms and antisymmetric with respect to the interchange of two He^3 atoms. (iii) It should reflect the two branches of elementary excitations present at low temperatures.

As discovered by Feenberg and his co-workers, [5] condition (i) can be satisfied by employing a correlated representation. A dynamical correlation factor is included in each basis function to ensure the convergence of the matrix elements and consequently the validity of a low-order perturbation theory. In the present problem, we are guided by our experience[6] with pure liquid He^3 to choose as a correlation factor the "boson" ground-state solution ψ_0^B of the Hamiltonian exhibited in Eq. (1); thus,

$$H\psi_0^B = E_0^B \psi_0^B. \tag{2}$$

$\psi_0^B(1, 2, \ldots, N_3; N_3 + 1, \ldots, N)$ is symmetrical in the first N_3 coordinates and in the last N_4 coordinates. It, thus, describes the ground state of a binary mixture of N_3 mass-3 bosons and N_4 He^4 atoms. A complete characterization of ψ_0^B is impossible and unnecessary. The information we need concerns three types of pair distribution functions, defined by

$$\rho_\alpha \rho_\beta g^{(\alpha, \beta)}(\vec{r}_{i_\alpha}, \vec{r}_{i_\beta}) = N_\alpha (N_\beta - \delta_{\alpha\beta}) \int |\psi_0^B|^2 dv_{(i_\alpha, i_\beta)}, \tag{3}$$

and functions related to their Fourier transforms

$$S^{(\alpha, \beta)}(k) = 1 + (\rho_\alpha \rho_\beta)^{1/2} \int [g^{(\alpha, \beta)}(r) - 1] e^{i\vec{k}\cdot\vec{r}} dv. \tag{4}$$

The subscript (i_α, i_β) denotes $1, 2, \ldots, N$ with i_α and i_β omitted. α and β can be either 3 or 4, and $\int |\psi_0^B|^2 dv_{1, 2, \ldots, N} = 1$. By distinguishing the three types of correlations, we are rewarded in two ways: (i) More information is contained in the dynamical correlation factor ψ_0^B, thus improving the convergence of the perturbation theory, and (ii) the evaluation of the matrix elements is expedited. One could obtain $g^{(\alpha, \beta)}(r)$ by one of several methods: variational, perturbative, Monte Carlo, etc. We shall report on a variational calculation of $g^{(\alpha, \beta)}(r)$ in a separate paper.[7]

To satisfy the other two requirements, the set of correlated basis functions are constructed as follows:

$$|\vec{p}_1^{m_1}, \vec{p}_2^{m_2}, \ldots; \vec{k}_1 \sigma_1, \ldots, \vec{k}_{N_3} \sigma_{N_3}\rangle = \Pi_l \left(\frac{\rho_{\vec{p}_l}}{[N_4^{m_1} |S^{4,4}(p_l)|]^{1/2}}\right)^{m_l} \psi_0^B \phi \langle \vec{k}_1 \sigma_1, \ldots, \vec{k}_{N_3} \sigma_{N_3} | 1, \ldots, N_3\rangle, \tag{5}$$

Θ 发表于《物理评论》的论文《稀释氦三氦四溶液理论》之一页。算是我的早期科研代表作

"为学问而学问"（knowledge for knowledge's sake）——学者关起门来寻求新知识，以兴趣为导向，不问所发现的知识有没有应用价值。可是20世纪以来，万事发生变化。一则人们看到科学知识能够迅速提高物质生活水平和经济水平，乃开始向学界提出要求，甚至选择性地支持和激励某些短期里可能促进经济发展的科研。一则两次世界大战、持续多年的冷战和几次地区性战争，都明显指出科技与军事力量之间有密切关系，令多个国家的政府不惜斥巨资支持和激励应用科技。

学者原可以不理会这些外来因素。事实上确实大部分教授全力从事纯粹的学术研究，极大部分更拒绝接受与武器有关的科研经费。可是当科研的观察对象益趋微观地进入分子原子核子，缺乏精细仪器和巨型设施就无法进行实验之时，学者们的研究工作越来越需要经济资源，提供经费的行政领导们也越来越依靠政府和工商界的支持。两者都难免与外界作出妥协。

学者们的妥协包括：科研课题项目的热门选择、专业论文的抢先发表、学术会议上的辩论和争锋。这些对初入门的教师有没有影响？有。读者们不是念物理的，我不敢拿出研究项目为各位作深入分析。暂且在亲历经验的基础上为上述三种妥协各举一例。

我带来西北大学的科研课题有四：一是固态氦的微观结构，二是稀释氦三氦四溶液的热动力性质，三是相关基函数的图像分析，四是带电玻色气体的激态。第一和第二个课题当时十分热门。第三个课题只有我会做，做得好的话或许能影响主流的多粒子图像场论。第四个课题的体系相当抽象，关键问题虽已被马上庚与我用两种不同方法解决，有关其激态的问题还需延续才能收尾。我选择课题时注意到"热门"两字，带上点功利主义。

专业论文抢先发表自有悠久历史。学术界的惯例是，同一课题的竞争者里，若一人率先发表，则别人前功尽弃。只是历来各做各的，重叠较少。过去半个世纪以来，科研人数剧增，碰撞机会渐多；所幸是信息畅通，识时务者见败急退，得以避免损失。令人奇怪的是，一位已经建立很高地位的物理学家，竟重复了我早几年在《物理评论》（*Physical Review*）里已经发表过的工作，还在同一学报里刊出，连所用字眼都诸多相同。他并没抄袭，只是急于发表，连文献都不好好检查。

学术会议上的辩论和争锋层出不穷。在某一低温物理会议上，名物理学家约翰·巴丁（John Bardeen）由同事戈顿·贝姆（Gordon Baym）为代表，花了45分钟讲述他们与大卫·派因士（David Pines）合作的稀释氦三氦四溶液半现象理论。跟着大会让我讲同一体系的微观分子理论。可是初出道者没有地位，大会只给了我10分钟时间，令我讲得赶死赶活。会上没有辩论，但多少有些争锋，还各自幽默了几句，引致听众的阵阵欢笑。虽然我算是吃了亏，但讲述和讨论的内容引起这几位物理学家的注意。

☑ 本科生教学点滴

一连好多年，我全心全意全力全时投入教研。

系主任弗里曼很照顾青年教师，知道初为人师的助理教授教学经验不足，同时又需赶紧建立科研基础；因而每学期只给新上任者分配一门课，并且是比较容易准备的课——要就是大一的普通物理，要就是助理教授自己那门专业的研究生课程。前文已经说过，分配给我的普通物理班与众不同，值得在此说多几句。

美国有130多所医学院，绝大部分从属于研究型大学。医学教育全属博士课程，极多本科毕业生想进医学院，竞争激烈。医学院为了争取最优秀的学生，彼此间的竞争也非常激烈。于是各自出招。西北大学首创了六年制"荣誉医学博士课程"，并由此演变出来医学兼哲学双博士学位，即"医学教育荣誉项目"（Honors Program in Medical Education，简称HPME）。

六年制的荣誉医学博士课程每年在全国招收30名高中毕业

生，让他们加速修读本科课程，之后不经任何考核，保送本校的医学院。与一般入读医学院的学生来比，节省了两年的光阴和学费，何等划算！对医学院来说，如此招收的无疑是全国最优秀的青年，又不怕他们中途转校，何乐不为？

弗里曼分配给我的就是这班学生。人人来自特别强的中学，高中毕业时不是班上的第一名就是第二名。聪明、灵活、自信，是他们的优点；懒散、调皮、骄傲，是他们的缺点。让他们尽量发挥优点并非难事，要他们在缺点上有所改善却不容易。

那时代华裔科学工作者在美国还没建立威信，虽然我的英文讲得很流利，毕竟生就一张中国脸，让几个自命不凡的小青年以为我好欺，晚到早退，上课说话，不好好学习。一星期后，一次小测验里，三分之一学生拿到平生第一个不及格分数，锐气大挫，才知道大学物理不是他们想象的那么简单，从此乖了不少。

有两个不"乖"的例子。一个是考试全军覆灭、几乎交白卷的男生。他一肚子气找地方发泄，乃在考卷的最后一页写道："该死的日本鬼子，又来偷袭，又叫我们这些真正美国人吃亏了！"我改卷时才想到，考试那天是12月7日，正是美国遭日本偷袭珍珠港的国耻日（国际日期变更线之西的12月8日）。于是我把他请来办公室，和和气气给他上一堂历史课，同时也上一堂文明课。告诉他：黄脸的并不全是日本人。美国是个移民国家，真正的美国人应该是作为原住民的印第安土著。"国耻日"那天，中美两国站在同一条战线上。还不到20岁的青年，没为美国做过任何贡献，能吃什么亏？自己不好好学习还说被人偷袭，这样不愿自责，将来怎么做医生？

他点头道歉，不过这些话有没有起作用，很难说。

另一个是来自夏威夷的女学生：上课早到晚退，聚精会神，测验考试几乎次次满分。说话不多，总是彬彬有礼。碰到不明白的，就会在课后来我办公室叩门求教，一说就懂。这样的学生在我国一定属于"三好"，人人欢迎。一天中午她跑来打门，手上拿着包三明治，却没提物理问题，说："以后我每天中午来你办公室与你一起吃饭，行吗？"我吓了一大跳，相信脸都青了，立刻跟她说：学校有学校的规矩，师生间除学习外必须保持一定距离。她点点头，走了。日后继续考满分，可是不再叩门。这样的学生算乖还是不乖呢？

回到家里，立刻向老婆大人汇报。她浅浅一笑，没任何反应。几年后，老婆在辍学多年后考入医学院，碰到一些难题时常去找一位"老"学生求教。这位被博士班选为班长的女学生很关心新同学，总很愿意帮助。你猜她是谁？

荣誉医学博士课程开办多年后，医学院组织了个委员会进行评估。曾经教过三班这些学生的我亦被邀参与。委员大多是医学院的教授，意见相当一致，认为六年制所培养的医学博士成绩不差于一般正规八年制的，因此这套课程十分成功。我听了不以为然，问道："对学生和家长来说，省下两年的确是好事，可是在长达40年的行医生涯里这只不过是5%。一群群入学那年最为优秀的青年，就为省却这区区5%，被培养成'不差于一般'的医学博士，能不觉得可惜吗？这样说来，能算'十分成功'吗？"

不用说，委员会的报告书里，我的话没被记录。

☑ 研究生教学点滴

既然从拉霍亚带来几条已经启动的课题，手上又有了种子经费，胸有成竹，除自己急攻科研外，还一下子连续培养一个博士后和三个博士生。

第一个收的是博士后。华盛顿大学的师弟陈宏达向我推荐了他在新加坡念书时的老同学沈福基。沈福基在圣母大学跟一位很不错的教授读完博士学位，可是专业是粒子理论——出路最少而竞争最强的物理专业。这门专业的人往往数学基础很强，正好是我想为

"相关基函数的图像分析"课题所找的博士后对象。沈福基一到西北大学我就让他进入相关基函数的图像分析，果然按部就班，一丝不苟地与我按照已定思路把分析带上轨道，接连发表了几篇我认为较有分量的论文。

美国较强的研究型大学聚焦培养的对象是博士生，尤其是理科。学生进入研究生院，头一两年既要上课，又要通过博士资格考试；然后选择博导，投入科研。过不了博士资格考试这关的，以硕士学位收场。这是行规，姑且不论这种方式的优劣和得失。

学生通过博士资格考试后，如何选择博导？一般有几方面的考虑：兴趣、课题、经费、出路。兴趣理应是首要考虑：以物理来说，理论物理和实验物理壁垒分明，各自又分多种专业。课题也是主要考虑：有些博导领域较广，课题较多；有些博导思维集中，课题专一；也有些教授相形落后，拿不出有趣味的课题。经费属实际考虑：博士学位要念好几年，学费和生活费用需有着落。博导拿手上的科研经费聘请"助研"，为博士生提供"给养"，缺乏科研经费的教授自然收不到学生。出路也属实际考虑：学抽象深奥理论的，出路几乎限于学界；学粒子实验物理的，绝大多数将来要参加庞大的高能实验团队；学固态实验物理的，则在学界和工业界都有前途……人各有志，学生自有打算。

我最初带的三个博士生，分别来自新加坡、美国和印度。前面所说两个热门课题固态氦和氦溶液没敢让他们做。固态氦的基态结构已经做得接近尾声，不如自己把它做完。其实跟上去深入研究这种"准晶体"的特异性质很有意思，可是主流多粒子理论界的图像场论发不出功，对此失去了兴趣，我也就不敢让学生去做，免得影响他们来日的出路。氦溶液的微观理论计算则过于复杂，也不敢让初入门的博士生去做。

回想当年自己的导师芬伯格如何为博士生启蒙，觉得很有道理，那就学他那样，首先给每位学生出一条试验性的课题。给其中一位的试题是有关量子液体里的声子——液态氦的激发谱，很快就发现不适合这位学生的理论基础。正好那时低温物理界发现被吸附在某些固体表面的氦单层会呈现前所未见的两维体系性质，要了解这些性质必须获取它的波函数和结构；而极低密度的"亚单层"更能显示吸附氦粒子间的相互作用。部分所需的计算工具已建立于我过去的工作，于是为这位学生定下了合适的课题。

收第二位博士生时，已经有了些经验，知道给学生的课题需要配合他的个性和心态。这位学生性格既柔和又执着，怎么说呢？他写得一手好字，却连写数学方程也坚持使用早已过时的钢尖墨水笔，工整过人。计算时，他逐行再三揣摩，绝无错失，可是速度极慢。思索时，他逐点反复权衡，仔细谨慎，从不大胆假设。给他的试题和博士论文课题，一是氦单层的稳重部分，一是中子星的模型计算。前者让他步步为营，分外安全；后者略为新鲜，逼他出格。

第三位是女生，博士资格考试成绩特佳，原本没理由选择我这个入门未久的青年博导。可是她同年考上的丈夫也读理论物理，选择了系内的资深教授。夫妇俩跟上同一位博导，不合传统；那位资深教授又养不起两个助研。于是这位女生乃退而求其次跟上了我。面对这位聪慧过人的姑娘，我毫不犹豫地给了她第三第四那两条难题：试题是用两种方法比较带电玻色气体的激态计算，论文是以此为基础继续沈福基的相关基函数图像分析。她的工作非常扎实，可惜两则课题都不属热门，没能让她获得主流物理学界的注意。

沈福基和两位博士生日后都当上物理学教授。那位女生随丈夫回了印度，科研转了方向，却甚有成就。

☑ 多事之秋的大学校园

20世纪60年代的两位美国总统，就形象来说，约翰·肯尼迪（John Kennedy）比较正面：或许因为他思路敏捷，学识较广，出口成章；或许因为他长得英俊倜傥，夫妇俩郎才女貌，好比从银幕上走下来进入白宫；更或许因为那短暂的英雄美人故事突告终结，他尚未连任就遭暗杀，令人同情。继任的林登·约翰逊（Lyndon Johnson）则长得如西部牛仔，作风粗犷，豪爽有余而修养略嫌不足。

其实两人在政治上的成败不相上下。内政上他们支持平权运动，坚决废除南方多州的民族隔离政策，维护黑人的应有权利，甚至动用军队保护黑人学生进入白人专用的公立学校。外交上继续冷战，抵制"骨牌效应"。在古巴，猪湾一役虽告失败，阻止导弹基地之举却取得成功，遏制了苏联势力进入拉丁美洲的趋势。在越南，从法国手上接过战争，以此进一步围堵新中国。越战的节节失利动摇了民众对固有政策的信心，导致反建制运动，接着带来前所未见的文化转型。

早在1964年已有反战游行。约翰逊不断向越南增兵，反战运动亦相应加强，可是多数美国民众还是支持政府的军事行

⊖　1970年5月，西北大学学生参加反战运动，设立路障，封锁了校园前的大路（《芝加哥论坛报》，1970年5月8日）

动。之后士兵伤亡的激增和强制入役的政策开始打击民心。1967年10月，反越战组织号召到10万人在华盛顿游行，随后3万人到五角大楼（美国国防部）示威，声势浩大，与军警发生冲突。美国建国以来，如此激愤的反战行动尚属首次，其后一发不可收拾。

1968年4月，黑人运动领袖马丁·路德·金（Martin Luther King）在一场演说前夕被枪手暗杀。两个月后，肯尼迪的弟弟罗伯特·肯尼迪（Robert Kennedy）又在总统竞选活动中被枪手刺杀。事件发生时我在拉霍亚的圣迭戈加州大学。马丁·路德遇刺的那个黄昏我在办公室工作，听到楼上有人惊叫，说那位民权运动领袖遭到枪击，不治身亡。罗伯特·肯尼迪遇刺的那晚我已入睡，只听见父亲急急忙忙下楼打门，说刚在电视上看到这位民主党候选人遇刺身亡的消息。几十年了，这些景象尚历历在目。当时虽云两个刺客都精神失常，未必与平权运动或反战运动有直接关联，可是难免风声鹤唳，传说纷纷。连串"偶发"事件使民间暴力和反抗情绪与日俱增。

西北大学是所学费昂贵的私立学校，大部分学生家境富裕，甚至可说娇生惯养。他们对社会的不平现象和政府的对外作为，虽非漠不关心，与州立大学的学生相比毕竟有些后知后觉。1967年，西北大学曾经出现过一次小型学生运动，提出对某些教学问题和经济资助的不满，继而表达了反战意见。1968年8月，民主党在芝加哥举行全国大会之际，反战运动进入高潮，民情汹涌，导致冲突，市政府动用了2.3万名军警以武力控制场面，被称为"警察暴动"。西北大学主校园离市中心甚远，又正逢暑假，校里没多少学生，一切平静。

1969年，共和党的尼克松接任总统，声称会在任内结束越战，民众乃以观望态度静候其变，没想到翌年他反而把战事延至柬埔寨。1970年4月底，俄亥俄州的肯特州立大学（Kent State

University）暴发大规模反战游行，政府实施镇压，四名学生被军人枪杀。一周后10万人在华盛顿举行示威。这时西北大学的学生终于卷入行动。

学校当局为了表示支持学生，或许也为了避免出现长时期的罢课，允许在全国反战罢课期间适度停课。部分教师包括我在内向学生宣布休课一天，但是声明反战与学习该是两回事，所缺的课日后还得补上。

休课那天来到，不少学生坐在校园草地上聆听社会人士和学生代表的反战演说，一位学生领袖还获电视网邀请向全国观众慷慨激昂诉述观点。可是也有两三个我班上的学生，穿着运动服，拿着球拍大摇大摆去打网球。看来他们是学生间为数很少的支持越战的"鹰派"。

一群特别激动的学生冲进科技大楼，到处寻找"武器科研"设施作为打击目标。物理系主任弗里曼下令锁上所有实验室以保护精密仪器，还派我组织几位助教助研日夜巡逻。我说："不行，千万不能锁上实验室"，特别是不少门上贴有辐射警示国际标志的实验室，否则被一些不明事理的学生真以为里面在进行武器研究，不砸才怪。终于实验室大门全被打开，我带头欢迎参观，解除了怀疑。一伙人着实忙了两晚。

平权运动和反战运动在当年中国留学生脑际留下深刻印象，对接踵而来的"钓鱼台运动"不无影响。

第 **9** 章

芝加哥、西雅图、艾斯本

　　说是在芝加哥安了家，这话有三个漏洞。一是学校和家分别在芝加哥北郊的两个小镇上，离市中心好几十公里，除了每过一段日子去次唐人街，从来不进城，说不上安家于芝加哥。二是一周七天除了星期日拿出半天时间去更北的小镇看望父母幺妹，或偶尔与孩子们一起锻炼，几乎从早到晚都在学校里工作："安"倒是"安"了，可就不在"家"。三是到西北大学之后，三年里为了工作跑过许多地方，搬过三次家，住过七所房子，五口的小家庭简直像一群流浪者，一点也不安宁。

　　为了工作这么跑？真有这样的需要吗？

　　积极从事科研的人，旅行是少不了的。美国的物理学会一年开三次大会，分别在1月、3月和4月。1月份的那次包罗所有的物理专业，总在全美最大的城市纽约举行，被称为"纽约会议"。4月份的那次也包罗所有的物理专业，则在首都举行，被称为"华盛顿会议"。3月份的那次主要专业是凝聚态物理，亦包含一些原子、分子、等离子物理，每年选择不同城市举行。这三次大会我至少会去两次。此外还有不少单项的专业会议，例如多粒子理论、低温、液态、表面、液晶、中子星等。我所做的理论领域比较广，需参加的会议也就多了。

这些都只是一个人跑，不算在举家流浪之列。只有走两三个月以上时才会全家出动。三年里干吗要搬这么多次？可以说，先是为了趁暑期之便去他处与同行合作，后是为了回国讲学和带动科研，最后是应邀去拉霍亚之外的另一个理论物理"仙境"。但最坦白的答案是：年轻时光冲劲特强，好动好胜，样样挑战都感兴趣，样样机会都不放弃。

怎么经得起这样大动干戈？最忠诚的答案是：身边那位贤妻良母什么劳苦都能担当，什么困难都能克服。对我来说，只要怀着一脑子的想法和两纸箱的书本笔记，就能拔起腿来带着家人到处跑，什么都不用管。而她呢？家务财务、行李用品、大大小小的衣食住行、几个孩子的学业健康……什么都由她拖男带女一手包办。还只是个20多岁的小姑娘呢，回头想想，既心疼又惭愧。

☑ 芝加哥北郊的埃文斯顿和维尔梅特

那个年头，芝加哥是美国的第二大城市（洛杉矶的人口还没追上）。城市东面是五大湖之一的密歇根湖，其他三面相连着一圈又一圈的小镇。这些小镇里居住着很多在市内上班的人和他们的家属，被统称为"大芝加哥"（Greater Chicago）的"卧室社区"（bedroom communities）。北郊沿湖一带景色甚美，是大芝加哥的高尚住宅区，第一个小镇叫做埃文斯顿（Evanston），第二个小镇叫做维尔梅特（Wilmette）。

1830年前，名为"Potawatomi"的印第安部落在这一带选择略高的地段居住。最早进入的欧洲移民来自法属加拿大，与土著进行购买兽皮的交易。一位名叫安东·维尔梅特（Antoine Ouilmette）的皮货商人娶了部落酋长的女儿，说服部落与美国政府签订条约，获得5平方公里多的土地。这就是维尔梅特镇的起源（Wilmette是法文Ouilmette的英文拼音）。后来这块土地被卖给了19世纪40年代移居于此的德国农民。

今日从芝加哥驾车北驶进入埃文斯顿，一栋栋带有大花园的豪宅相继出现。说也奇怪，首先看到的是个高级坟场。无疑早期的富户看中了这片既清静又方便的地段，拿来让他们的亲人在此永远安息。埃文斯顿没有山，西方人也不讲究风水，否则可能会多走十来公里，找些丘坡，让祖先终日背山面水。在那还依靠马车代步的年代，北郊嫌远，最早在此为活人建立的不是住宅区，而是大学。

1851年聚居于此的欧洲移民还只几百。一群由埃文斯带头的企业家在此购置百余公顷的沿湖丛林，创建两所高等院校，其中之一便是西北大学（另一所是神学院）。数年后，围绕大学建立的小镇乃以他之名命名为埃文斯顿。

1854～1869年，由芝加哥出发的铁路不断向北延伸，工商业跟随铁路北上，北郊日益兴旺。1872年，维尔梅特镇正式立案。

今日的埃文斯顿土地面积约20平方公里，人口7.5万，其中白人占65%，黑人占23%，亚裔与西班牙裔各占6%，印第安人已无踪迹。除西北大学外，最具影响力的是在此扎根的一些非营利组织，包括全球扶轮社、国家成就奖学金、一些全国性的联谊会，以及妇女基督教禁酒联合会（Women's Christian Temperance Union，简称WCTU）。

妇女基督教禁酒联合会成立于1874年，属最早的妇女活动组织，富有历史价值。其目标不仅是禁酒，还包括多种社会改革，例如劳工、娼妓、保健、卫生，甚至世界和平；并由这些问题认识到妇女所代表的道德力量，积极推动当时未被接受的妇女选举权。这个很先进的组织其实也很保守。譬如说，早期不接受天主教徒、犹太人、黑人和移民为会员，对推行自己的信仰趋于极端。

在整个埃文斯顿都可看到先进思想和保守思想间的矛盾。就拿禁酒这件事为例，反对酗酒是先进思想，全面禁酒则过于保守，而埃文斯顿到1972年才开始取消酒禁。政治上亦然。直至20世纪70年代保守的共和党势力还控制全镇；80年代后逐渐被较为先进的

民主党势力取代。进入21世纪,最近两次总统选举,选民几乎一面倒地投向民主党;所反映的或许是富裕镇民与大学师生之争。

维尔梅特土地面积约14平方公里,社会结构简单,今日人口近2.8万,其中白人占了90%,亚裔占8%,西班牙裔和非裔只占2%。一看就知道是个上层社区。我们这类刚刚进入中产阶级的家庭在维尔梅特算是基层。

进入维尔梅特,一眼看到巴哈伊教堂(Baha'i House of Worship)。巴哈伊教创建于19世纪中叶的伊朗,曾为清华大学校长的曹云祥认为其社会主张与中国传统儒家思想的"世界大同"理想相通,将其译为"大同教"。巴哈伊教不甚普及,全球约只600万信徒和7座教堂。这座建于维尔梅特既宏伟又精致的教堂已成旅游胜地,是参观芝加哥北郊者必到之处。

☑ 维尔梅特的家

过了巴哈伊教堂,出现在眼前的是湖畔的公园和游艇,以及一座座带有大花园的红砖洋房。真正豪贵的豪宅,不转弯抹角去找的话,没法看到。即使找到也只能路过其围墙和铁门,因为据说有些保护得特别周密的豪宅当年属于黑手党的首领,非但有自己的守卫，连警察都会在周围巡逻，不让凡人靠近。

维尔梅特只有一条大路，叫做"湖道"（Lake Avenue）。东西走向，长约7公里。东面近湖地段，大树参天，尽是些红砖洋房和花园豪宅。越向西走，树阴越稀，花园越小，红砖渐渐被白色的灰泥取代，可还是一座座价格不菲的洋房。跳过中段继续西行，走向小镇的西端，又见如东段的洋房。只是中间那段相对逊色。

就在中段的中央，向右拐进一条小街，然后左转拐进另一条小街。路面突然换成建镇初期铺的适合马车行走的鹅卵石。路左面人行道上有个邮箱，写着"Forest Avenue 1721"（树林路1721号），一栋以木和灰泥建造、半白带绿的房屋；那就是敝舍。

前来敝舍叩门，首先要踏五个石级，跨入有顶的平台——并非气派，只是实用。五大湖畔冬天以积雪和厉风著称，石级的功用是把房子抬高，免得积雪时出不了门；平台的功用是进屋前脱掉雨衣大衣雨鞋靴子时，暂避风雪。平台周围安装着活动窗：冬天是防风的玻璃窗，夏天换上防蚊的纱窗。

进得屋来，楼下是相连的客厅和餐厅、厨房和储藏室，还有半个卫生间。客厅也就是一家大小的生活空间。饭厅按老婆规定，只有请客才用。厨房中间放了一张自制的板桌，一家大小围此用餐。储藏室里放一张书桌，兼做我的书房。楼上两大一小共三间卧房，另加一个卫生间。主卧房里另放一张书桌，兼做老婆的书房。屋底有个地库，它的功用可多呢：洗衣房、水电煤气控制房、孩子的运动室、储藏室、无数杂物的堆积空间，正中间还能放一张乒乓球桌。最有趣的是间早已废弃的煤炭室，有道一米见方直通户外的铁闸，早年每至冬季来临有车按时运煤来此，打开闸门把煤球直灌地库。

100多平方米的家，让不辞辛劳、笑口常开的老婆一手安排得井井有条。伊芳同时带着四个"孩子"（儿子、长女、二女，以及我这个除晚饭时刻回家半小时外从早到晚在学校工作的大孩子），担当管家兼厨子兼司机兼保姆兼家庭教师兼修理工匠……还不时要为在远郊居住的公婆小姑操劳操心。这样的好老婆哪儿去找？

还敢请客呢！

上任不久，系里的几位前辈分别请客，表示对后辈的欢迎。来而不往非礼也，伊芳说必须尽早回请。美国人经常一次请一家，吃得很简单：一道沙拉、一道正菜，加上甜点咖啡，也就了事。伊芳说分别回请不好搞，不如一次过，同时请来四对夫妇。着实忙足三天。开饭前先把孩子喂饱，关到楼上；然后主宾入座，挤得水泄不通。上完两道菜，客人吃得津津有味，预备起立道谢，没想到中

⊖　这栋两层楼就是我们的寒舍，前面停着我们的宝贝大众面包车。那年不冷，这点雪算不了"寒"

国人请客就是筵席，大菜逐一捧上。冷盆热炒、清蒸红烧、油鸡烤鸭、大鱼大肉，居然被她搞出九种花样，连做丈夫的都大快朵颐，惊叹不已。

从此伊芳的烹饪技能在同事里出了名。

只有一件家务没让她干，就是在后园割草。我们那台手推割草机笨重得很，后院的地又很不平坦，草丛里还隐藏着小石子，飞溅出来可以伤人。机器又调理不当，发动时汽油味很重，吸进肺里影响健康。这事不能让她做，可是自己又懒，拖了又拖。两三个月没割，草长得又密又长，足足一尺多高。邻居虽没说话，自己感到惭愧，给中国人丢脸。于是只好用尽气力，像推土那样逐寸去割。

既然不能不干，总得搞出点名堂。于是别出心裁，在蛮荒似的草丛里推出了个图样，让伊芳上楼从后窗观赏。图样是一大颗爱心，以此献给吃苦耐劳可爱可敬的老婆。

☑ 学习方面怎么教养孩子？

不久前，耶鲁大学法学院的华裔女教授蔡美儿写了一本书，叫做《虎妈战歌》（*Battle Hymn of a Tiger Mother*），凭亲身经验讲述她这么一位华人母亲是怎么教养孩子的——最简单的说法就是以严为主。美国人看了这本书，联想到今日中国的崛起，开始讨论中国父母管教孩子的方式是否大有道理。当然，反对"虎妈主义"的人也不在少数，中美两国都有。

我俩在维尔梅特带大了三个孩子。说是"我俩"，其实我这做爸爸的只是提供一些理论，没做什么贡献，实际工作全由做妈妈的一手包办。当时并没研究过什么基本原则，只是紧紧抓住几个大前提，或许值得举例说说，不让虎妈专美。

大前提之一是孩子们必须用中文名字，并以中文为母语。孩子接二连三出生，起的都是中文名字，以汉语拼音（其实是很像汉语拼音的耶鲁拼音法）译成英文。上学之前只讲中文。当时伊芳还不会讲普通话，就让孩子们学上海话。老大是儿子，第一天去幼儿园上学，老师指着桌子说："This color is brown."儿子完全不懂英文，好不容易才发现老师在教小朋友分辨颜色。于是拼命摇头，坚持桌子是"咖啡色"。老师听了莫名其妙。

我们这招被朋友们看成难以理解的新鲜事物。要知道，二十世纪六七十年代的中国，经济落后、政治混乱，绝大多数留学生来自台湾和香港，毫无落叶归根的念头，一般家里不讲中文，尽可能让下一代全面美国化。（看来没人料到改革开放后的中国会如此飞跃！）那么，我俩的做法是逆水行舟，害了孩子，何苦？我自幼喜欢历史小说和经典文学，基础教育又全属中文，难免被灌了一脑子的民族思想和传统文化。伊芳则在上海念了法国小学，然后去东京念了美国中学，中文水平很差，史地更一无所知，可是不知怎的，民族意识极强。除此之外，确实讲不出什么道理来。

大前提之二是孩子们必须好好学习，打好自力更生的基础。这是我们中国人素有的共识，也是虎妈坚持的见解。伊芳原来就是位读书用功的好姑娘，当了妈妈更劳苦功高。老大还没开始讲话就被妈妈抱在怀里学习汉字，妈妈的中文水平虽差，单字却认得不少，于是一天教上10个单字。儿子很快就学了好几百字，听到发音就用小手去指，可惜不会把单字串连成词成句。学习成了习惯，上学后英文学得很快，立刻就能看书。竟还带动了两个妹妹，让她们坐在一旁抓住书本，聚精会神装模作样地看——虽然经常倒着看。

家里打好基础，儿子上学比别的孩子早了一年。大妹跟着也早了一年。二妹3岁上幼儿园，很快被老师要求跳级，于是4岁就上了一年级，后来又跳过一级，15岁就上大学，比同学们小了3岁。二妹尽管书念得不错，可是不够成熟，不谙人际关系。是好是坏，实在很难说。我不劝别的父母让孩子提早入学。

至于自力更生，倒是美国传统，不属我国的思想体系。老话说："在家靠父母，出外靠朋友。"这个"靠"字影响力太大，至今娇生惯养的孩子还在啃老，社会上过分看重关系。我们要孩子自力更生，是因为自己在国内历经战乱，到国外无亲无故，生怕下一代在无依无靠的情况下难以生存。无意中在这方面融入了美国的思想体系。

其实学习方面也接受了部分美国观点，就是要学得活、学得广。老大有音乐天赋，3岁时听到歌曲，就能在玩具琴上奏出旋律；4岁多就在钢琴上演奏贝多芬的《致爱丽丝》（*Für Elise*），并不教自通地在琴谱上创作。我俩怕他过早进入音乐不能自拔，令学习范围太窄，于是等到7岁才给他找钢琴老师。之前他把时间花在阅读各种书籍，还自己发展了"观鸟"（bird watching）的嗜好。两个妹妹都跟着看不同种类的书籍。此外大妹喜欢画图，二妹喜欢运动，妈妈分别鼓励，让她们下课后参加不同的课余活动。兼任司机的伊芳乃忙上加忙。

正如虎妈所为，今天美国的华人家庭都坚持让孩子参加多种课余活动，不过动机往往是增加孩子被著名大学录取的机会。我俩没这念头，只是想拓广孩子们的知识面和兴趣，比他们更美国化。

大前提之三是家里减少竞争，以和为贵。或许因为三个孩子书都念得很好，无须鼓励竞争。也或许因为我俩血液里流着儒家思想，不愿他们染上你争我夺的美国个人主义。当然，三个年龄相差不大的孩子闲来总会争吵。我俩不让告状，鼓励他们用和平方式自己解决问题。记忆中好像他们不常口角，也从来不动手打架。

不过想运用团队精神来增加家庭和谐却以失败收场。怎么着？请听我道来。

带着三个孩子打乒乓球，每边两人，算是双打。为了培养团队精神，双方不求战胜，只求持久；就是说，一人一拍，看能连续多久。不足4岁的二女长得还没球桌高，远远看到球来，就伸手去捞，能够捞到几个就算不错了。可是每次失误，总被哥哥姐姐高声埋怨。和谐不了。幸好她毫不气馁，再接再厉，不断进步。爱好运

Θ 妈妈的教导下相处
和谐的三个孩子

动的爸爸看在眼里，说孺子可教。往后果真没错，娇小玲珑的她，
上天下地什么运动都有一手。

☑ **适应社会方面怎么教养孩子？**

今天的维尔梅特，居民8%是亚裔。亚裔特多专业人士，收入
较高，愈来愈多选择迁至大城市周边，进入学校好、治安好，因而
房价较高的郊区。

二十世纪六七十年代，维尔梅特镇上只见到白人，十分难得才
碰到个把亚裔居民。我们一家是名副其实的少数民族。

教养孩子们的大前提之四是作为少数民族，尤其来自一个世纪
以来饱受欺凌的中国，我们必须自信自傲，昂着头走路，挺着胸生
活，维护民族的尊严。也就是说，从小要学会怎么在社会中自立和
自卫。

孩子的社会比较简单，围绕着学校。学校里最重要的是功课，
书读得好有出息，受老师注意和喜欢，就能自立于人群。我家三个
孩子书都读得好，不愁自立。自卫却困难得多。虽以身高来说，我
们夫妇俩略胜于一般美国人，孩子不矮；但是中国人的骨架生来比

西方人小，孩子们入学又较早，年龄小于同班学生，体格上吃了大亏。特别是老三。

老三比班上同学小了2岁。6岁与4岁，体型差别特别显著。老三长得玲珑可爱，圆圆的脸蛋、大眼睛、小嘴巴，活像个玩具娃娃。在家无聊，跟着哥哥姐姐学算术，入学时已达二年级程度，乃被老师任为"助教"，在班里走来走去，为比她高个把头的同学们解决问题。本来就是个与众不同的黄种人，还被老师重用，不难想象多令人不齿！天真的她对这"社会现象"一窍不通。

那时代美国治安甚好，儿童自己走路上学回家，不怕被人拐走。一天，妈妈在厨房里干家务，下课时分，开着后门等待孩子们放学回家。只见老三飞奔而来，挥舞着书包保护自己，后面跟着三个高大的男孩，一边追赶一边向她丢石子。幸好这个天性好动的短小姑娘，腿虽不长，步子特快，那些男孩竟追她不上，铩羽而归。

怎么回事？原来那些男孩骚扰姐姐，老三看不顺眼，上前挥舞书包保护姐姐，令他们转移了攻击目标。

事关孩子安全，更涉及民族尊严，我俩不能放过。问清楚三个男孩的姓名，在学生名单里查到各人地址，当晚就怀着兴师问罪的心理牵着老三逐一上门拜访。家长们开得门来，听闻此事，个个干净利落，把孩子叫出来道歉赔礼，保证永不再犯。果真从此再也没人骚扰老三，还对她产生了一分尊敬。我们对维尔梅特镇民的知书达理也添了一层认识。

老大是儿子，生性温和，照想在学校里一定被人欺负。不过男孩子不兴回家诉苦，我俩也没多问。只是几年后某次带了伤回家，令我们决定让他去学跆拳道，虽然派不上大用，至少增加一点自信。老二这女孩子却另有一招，天生会交朋友，罕被人欺。

教养孩子的大前提之五是让他们自幼学习在一人一票的西方民主制度下保护自己的权益。跟幼儿园至二年级的孩子讲理论没用，需以实践为教育工具。实践的题材当然不外是衣食住行。星期天下午开车去看爷爷奶奶，有时先在途中吃顿快餐。让孩子们一人一票民主决定：吃麦当劳之类的西餐，还是（那年头）不伦不类的中餐。老大总是选择中餐，老三则多半选择西餐，于是苦了老二：她既不愿意得罪哥哥，又不愿意得罪妹妹，发现民主原来并不那么简单！

晚饭往往请爷爷奶奶和我的幺妹一起上馆子。有老人在，当然吃中餐。这事只有专政，不讲民主。

吃完要拉。孩子们对此事的兴趣没那么浓，总是拖到最后一刻。家里有一个半卫生间，共两个马桶，五个人谁先谁后？当爸爸妈妈的当然礼让，剩下三人你争我夺。于是制定规矩：回家的路上各人预先挂号，先到先得。这种事无法投票，只好在大家认为公平透明的制度下实施法治。

教养孩子的大前提之六是家有家法，有些事爸爸妈妈做主，绝对专政。家法之一是妈妈煮的饭、爸爸夹的菜，到了孩子碗里必须吃完。这既是儒家思想下的家庭教育：食物来之不易，粒粒皆辛苦；又是大同思想下的社会教育：世间不乏饥馑，怎敢浪费？

另一家法也是吃的规矩。偶然买来异国饭菜，虽然味道奇怪，必须照吃。这也是个世界大同的观念：食物反映不同国家的文化，必须全都尊重。说来这个规矩似乎不很重要，事实上却起了很好的作用：孩子们长大后什么国家的东西都能吃，都喜欢吃，连带着日常生活也都国际化，对任何国家民族不具丝毫歧视。

最为坚持而最难实行的家法是孩子在家彼此之间必须讲中文。整天泡在没有别的华人的学校里，回到家里不讲英文的确很难。每次忘记，立刻接到警告。接着再犯，就罚跪成一排，面壁思过。连华人朋友都说我们过分严厉，今天回头想想，确实不妥。可是同代的朋友里似乎只有我家孩子长大后中文讲得比较流利，还不止一种方言。当时的专政是否有错？是否过分？虎妈，您说呢？

☑ **三访西雅图**

两年里去了三次西雅图。

第一次是被邀请去华盛顿大学作学术报告。这所华盛顿大学全名是University of Washington，简称UW，位于美国大陆最西北的华盛顿州，并非我俩在圣路易攻读的那所全名 Washington University（简称WU）的母校华盛顿大学。华盛顿是美国的开国元首，许多地方和学校以其名命名，正如我国的"中山"。

华盛顿大学有位知名的低温物理学家，叫做格里戈·戴许（Greg Dash），在氦吸附单层的实验方面甚有建树，甚至可以说独执牛耳。氦原子被吸附在固态氩表面，垂直运动大受限制，因此由一群氦原子所组合的吸附单层会构成像模像样的二维体系。统计力学素来对二维模型情有所钟，苦于缺乏实际体系，无法为计算到的特性提供实验对证。此外，氦原子在极低温时突出零点运动，氦三与氦四又各自遵守不同的量子统计法，两种特性都在单层里露脸。于是氦吸附单层俨然现身为二维量子凝聚体，独步大自然。

负责吸附作用的固态氩是个晶体，自身具有周期结构，所提供的吸附表面并不完全光滑，因而氦原子的运动并不那么"二维"。物理界所喜爱的现象理论不会处理这样既非二维又非三维的体系，只能给氦原子假设一种"有效质量"，给氦原子间假设某些"有效作用"，硬着头皮虚晃一招，把氦单层说成二维。

我的那套微观理论适合处理这种体系：在单粒子积里放进氦原子的三维波函数，又在双粒子相关积里放进二维因子。虽然计算起来相当繁复，可是真枪实弹，完全没有虚招。来到西北大学的第一年，我与正在美国东岸东北大学（Northeastern University）任教的师兄伍法岳和自己的博士生合作，写了一系列后来发表于《低温物理学报》（*Journal of Low Temperature Physics*）的论文，引起低温物理界某些人士的注意和戴许的赏识。就这样，与比我大近20岁的戴许交上了朋友，被他请去讲学。

第二次去西雅图亦是戴许安排的，时于1969年夏季，也就是到西北大学上任后仅九个月。美国学界惯用的学年制，9月初开学，5月底放假，暑期有足足三个月。虽则教师的年薪分十二期派发，夏天那三个月属你自己，任你自由打发。注重研究工作的，会积极利用暑期，把全部时间投入科研。愿意旅游的，一般也会干两个月的科研，然后带家小出门轻松一月。工作期间的两三个月，手上有科研经费的人可以从中额外支薪。

得到材料科学中心（MRC）给的暑期月薪和戴许从他自己的科研经费里拨出的顾问费，带了老婆孩子驾车急驰四天，横贯大西北，远征西雅图，去华盛顿大学待一个月。那一个月里，从戴许那里学到很多有关氦吸附单层的实验方法和数据。物理毕竟是门实验科学，即使干微观理论，也得明白所研究的体系在实际测量下呈现什么性质。

这次访问西雅图，有三件与物理无关而印象特深的事。

一是刚到不久就在电视上目睹人类首次登陆月球的现场转播。人造卫星闯入月球最早发生于1959年，功归苏联。美国急起直追，在1969年7月把太空人送到月球，成功登陆。（之后几年里又去过五次，然后在代价过高风险太大的压力下终止了这系列项目，至今仍未恢复。）

二是开车过境去加拿大买国货。这事需要解释。那是冷战时代，资本主义和社会主义两大阵营正在对峙；美国带头封锁中国，实施全面禁运。美国境内买不到任何中国制造的东西。西雅图位处美加边境，去加拿大的温哥华车程不需一小时。于是我们一家开了那辆大众面包车，专程到温哥华的唐人街去买国货；当天来回，满载而归。一只嘀嗒声不停、每晚需要上链的台钟，和一只精致可爱的藤编孩童座椅，40多年后犹在，已经被六个孙辈坐过。

最讽刺的是，今天在美国境内，若不买中国制造的东西，根本

Θ　艾斯本：外边夏日景色再美，
　　室内依旧埋头苦研

没法过日常生活。我们这代小人物在大时代的变迁下，经历过多少
不可思议的事！

　　三是回途中在科罗拉多州的艾斯本（Aspen）停留了四个星
期。艾斯本是落基山里的一个小镇，冬季的滑雪胜地。那时夏天
还没什么人去，就被一群爱好大自然的物理学家占领，租下一连串
的度假木屋，安排一些最简陋的桌椅，办了个夏令营，号称为"艾
斯本物理中心"（Aspen Center of Physics）。他们鼓励年轻学者申
请去那儿自由选题工作一段时期。我申请成功，分派到一间小木屋
作为办公室。当天就结识了隔邻小木屋里逛进逛出的大卫·派因士
（David Pines），带出下章的故事。

　　第三次去西雅图是次年夏季。那个月里租到一位外出度假的华
盛顿大学教授的房子。房子在山上，客厅里有幅极大的玻璃窗，遥
望华盛顿湖（Lake Washington）的美景；但是除此之外只见云雾，
不明白为什么要幅偌大的玻璃窗。两星期后，一天清早起身，走到

厅里，惊呼老婆，请她赶紧从卧室里出来观赏；原来窗外云雾一清，远远看到"富士山"悬挂正空。当然，这儿不是日本，所见的是与富士山同样清丽而壮观的热尼尔山（Mount Ranier）。叹为观止。真相大白。

☑ 头两年的科研工作

凝聚态理论物理有三个重要基地，都是多粒子理论的胜地或"仙境"：加州拉霍亚的圣迭戈加州大学、伊利诺伊州香槟－厄巴纳（Champaign–Urbana）的伊利诺伊大学、纽约州伊萨卡（Ithaca）的康奈尔大学。两年前刚从拉霍亚的仙境走出来，一下子又走进了另一仙境——香槟－厄巴纳。怎么回事？

最直截了当的说法是那两年里所做的科研引起了伊利诺伊大学三位物理学家的注意。这三位就是巴丁、贝姆和派因士，一老一中一少。巴丁前后为半导体和超导体理论拿过两次诺贝尔奖，是唯一拿过两次物理诺奖的人，理论做得传统而扎实，不一头钻进时髦的图像场论。派因士是早期就运用图像场论处理多粒子体系的主将之一。贝姆则传统的时髦的都能运用自如。三人经常在一起讨论，甚至合作无间，有意无意组成极强的团队。这与拉霍亚那种个个单枪匹马自成学派的作风完全相反。科研风气各有天地，只要人才济济，难说哪种较胜。

我所做的固态氦和氦单层并没引起这三人的注意，无疑是因为厄巴纳的低温实验物理家没把精神花在这两种体系上。初次注意到我的工作的该是贝姆。他们三人研究氦三氦四溶液的半现象理论，于1967年发表了一篇很有影响的论文。我紧跟在后，发表了一篇微观理论论文，运用相关基函数方法，在不需假设模型的情况下直接获得与实验结果相近的"极稀释"溶液性质。贝姆在学术会议上听到我的报告。

氦三氦四溶液的妙处是氦三在液态氦四里的溶解度有个约6%

的上限。如能正确考虑氦三原子与氦四溶质的虚拟作用，让它形成准粒子，那么由这些准粒子所组成的体系就能被看成低密度的费米体系——大自然没肯直接给我们提供的费米气体。这种体系的密度可以低至零（极稀释），也可以高至液态氦四的6%，任由实验者选择。

做完极稀释溶液的题目后，就要进一步把它广化到高密度溶液。首先需要计算虚拟玻色氦三氦四溶液的波函数。计算量很大，却没有理论上的困难。把这结果运用到真正的氦三氦四溶液时，困难重重，需要像剥洋葱那样逐层解决。那时我在圣路易华盛顿大学的师弟陈宏达已经在芬伯格的指导下获得博士学位，去了明尼苏达大学（University of Minnesota）当博士后。我把"洋葱"的层层结构在他面前解剖，引起了他对这课题的兴趣。我们合作了几个月，在毫不需要放进任何现象参数的情况下，计算出与实验相符的氦三准粒子有效质量及有效相互作用，为巴丁、贝姆、派因士的半现象理论奠定了第一原则的微观基础。相信他们看到了我们的预印本。相继发表的三篇论文无疑得到了他们的赞许。

同一段日子里，我与博士后沈福基致力于另一课题：相关基函数的图像分析。第4章里曾说布勒克纳派来个博士生，叫我带他做科研论文。这个学生很强，令我毫不犹豫给了他这个难题；谁知没多久就把他吓走了。前文有两次提到这个课题，只是不敢细说，因为实在没法以科普的语言解释。现在不能不多说几句了，读者们大可跳过不看。

多粒子体系的量子微扰计算有两种处理方法。一是以单粒子函数的积为多粒子基函数，以此为出发点来计算各种矩阵元和微扰展开。这种方法计算中会出现各种发散项，需分别以图像代表，然后借用场论手段，选择性地以部分加法让发散图像互相抵消。这种处理方法是主流。另一是以相关因子来改造单粒子积，以此为多粒子基函数来计算各种矩阵元和微扰展开。这种方法计算十分复杂，同时也会出现发散项，需逐项证明它们互相抵消。这是我大力推动的相关基函数处理方法。

派因士早年以图像场论对付弱作用玻色气体，为这处理方法成为主流做出极大贡献。于是我与沈福基拿同样的体系开刀，以纯数学推导证明：最原始的相关基函数方法就能令大批派因士的发散图像抵消；而进一步运用相关基函数做微扰计算，应能解决剩余的发散图像。虽然当时只用了两粒子相关因子，却已指出两种处理方法之间完全可以构搭桥梁。

这系列工作的三篇论文亦相继发表，伊利诺伊大学的三位主将也看到了预印本。作为多粒子场论的一位始作俑者，相信派因士赞赏这几篇论文。而更为派因士赞赏的看来却不是这个课题，而是与他在艾斯本合作的一篇短文。这篇短文为我埋下客访伊利诺伊大学的伏笔。

第 10 章

客访伊利诺伊大学

专业学报和杂志种类很多，水平有高有低。有些刊物不坚持请专家评审稿子，这些刊物不看也罢。坚持专家评审的，也要看评审者是谁、严不严格。还有些刊物要求作者缴付高额费用，有些靠刊登广告收费，一般来说多数摆不上台面，在这类刊物里发表文章，非但不受注意，还让同行轻视。

美国物理界最有地位的专业学报叫做《物理评论》（*Physical Review*，简称PR）。若作者认为稿子内容比较重要、值得把重点写成短文抢先公布，则可投向它的附属刊物《物理评论通讯》（*Physical Review Letters*，简称PRL）。《物理评论通讯》篇幅非常有限，编辑对稿子的要求极高，因而发表的论文一般被认为具有很高水平的科研意义（其实名气过于膨胀，正如今天国内对待《自然》〔*Nature*〕和《科学》〔*Science*〕那样）。

《物理评论》所邀请的评审者都是物理界内较有地位或名望的专家，至少是已在很强的大学或研究所里立足的年轻人。由于这类人数量有限，评审进度很慢。当年计算机还不发达，每篇评审后被接受的稿子都得人工排版；而理论稿子特多数学公式，实验稿子特多图像照片，排版需要很专业的技工。在这些因素的影响之下，队排得很长，投稿日期与登载日期相距很远，4~6个月不足为奇。

这样更提高了两个月里就能出笼的《物理评论通讯》的地位。

出版如此之慢，对一些竞争特强的专业范围来说，误时误事。因此出现了另一种发表方式：作者自行印就一批"预印本"（preprints），选择性地向同行寄发。这些没有经过专家评审的稿子，在学报刊登前当然不获学术地位；然而也蛮有意义：读者总希望尽早看到好论文。于是寄发预印本在物理界蔚然成风。

据说寄发预印本还能克服某种偶发事件，就是稿子被学报送到竞争对手那儿去评审，遭对手故意拖延。寄发预印本让作者公开"挂号"，起到捷足先登作用，令拖延无益。

除《物理评论通讯》《物理评论》，不乏专业范围比较狭窄的刊物，各自以其范围之内的科研人员为主要读者对象。我专业范围之一的《低温物理学报》（Journal of Low Temperature Physics，简称 JLTP）就是一份这样的刊物，地位仅次于《物理评论》系列。

☑ 来自伊利诺伊大学的邀请

上章所说的两组论文发表于《物理评论》和《物理评论通讯》。除此之外，那两年里还发表了两篇有关固态氦和三篇有关液态氦的论文。这么短的时间里，连续在《物理评论通讯》发表五篇、在《物理评论》发表九篇论文，内容都还有点分量，应说成绩不错。然而我猜真正让派因士邀请我去伊利诺伊大学的却是另一个与上列无关的课题。这个课题是在艾斯本那几个星期里与他所合作的，用求和规则（sum rule）来分析液态氦的声子色散（phonon dispersion）。他很欣赏这工作，与我联名在《物理评论通讯》上发表了一篇文章。虽然主要作者不是他，我却按英文字母次序把他的名字放在前面。

1970年春，派因士与同事们商议后，取得物理泰斗巴丁的支持，问我愿不愿意以客座副教授（访问副教授）的名义去伊利诺伊大学工作一年。

约翰·巴丁（John Bardeen，1908～1991），伊利诺伊大学的主将，两度获得诺贝尔奖的理论物理学泰斗，不同国家曾为他发行纪念邮票

大卫·派因士（David Pines），伊利诺伊大学的又一主将，与诺贝尔奖失之交臂。在87岁高龄时仍孜孜不休，曾在中国科学院理论物理研究所作学术报告

暂且打个大岔，说说学界一个不成文的规矩。

看专业论文的人，最关注的是刊物的学术地位。跟着就是题目和作者。然后看摘要。有时候会注意一下投稿的日期和经费的来源。

题目和摘要需能吸引读者的注意，但必须实事求是不事夸张，因为大部分读者以此决定是否愿意花时间细读全文。

作者的排名居然会引起风波，这是我理应而没有预料到的。物理界一般的不成文规矩是把主要的作者排名于先，其他作者论贡献多少按次排列于后。假如难分先后，则可按姓氏的字母顺序排列。对论文的研究工作曾有过帮助而没做实质贡献的，则不列名为作者，仅于论文篇末致谢即可。

不幸我不愿意按照行规，每每以学生的名字带头，跟上研究人员（博士后或访问学者）的名字，然后自己殿后。理由是：学生最需要获得注意，有利他们日后谋职。在我团队里，只有极少几篇论文由于科研构思、理论结构和主要内容都确实来自自己，才让自己列名于先。还有，我每次都把有过一点帮助的人列为作者，虽则排名于后。

这种做法确实对一些同事的前途起了推动作用，特别是老同学梅西。另外，那位被图像分析课题吓走的博士生，当时已经在圣迭戈加州大学念完天文物理的博士学位，转去加州理工学院当博士后。突然接到我的来信，附上即将投去《物理评论通讯》和《物理评论》的两篇稿子，把他并列为作者，征求他的同意。他喜出望外，立即回信道谢，并说天下没有过这样的好事。相信对他接着受聘于佛罗里达大学任教很有些帮助。

那么，为什么说是"不幸"呢？竞争激烈的科研界里大概有个"求和规则"——有人赢就有人输：论文的作者名单加多了一人，无形中减少了其他人的贡献。此外，学生的名字排列于先，无形中降低了排名于后的研究人员的地位。这点看来特别重要，因为论文被引用时，经常只出现第一个作者的名字。譬如，我早期所写的一系列论文，尽管梅西的贡献不大，总把他的名字放进去，还按英文字母次序把他放在前面；一次，竟有位资深同行问我是否是梅西的学生，弄得我莫名其妙。（据说"李杨之争"也牵涉到这一点。）

一辈子把团队精神置于首位，以为这样做虽然略为对不起一些研究人员，却能减少同事间的争执。谁知反而产生了不公和不平。一时淡化了外表的争执，却不能驱除内心的不满，人性原是如此。日后在别的岗位上我还犯过同样错误，包括当校长的年代。

回过头来，讲被邀客访伊利诺伊大学的情况。

春天时接受了伊利诺伊大学的邀请，立即向系主任弗里曼汇报，并申请停薪留职一年。他的反应正如所料，一惊一喜，表情愕然。喜的是自认慧眼识英雄，两年前没找错人。惊的是伊大这么快就来邀请，莫非是想挖人？愕然的是，怎么这么强的伊大物理系会运用破格升级的手段来邀请我。起初我对这点也不明白，后来的猜测是西北大学给我的起薪原来就高于伊大同级别的薪金，而两年来还给我扎扎实实加了薪，于是与伊大的薪酬标准相比，已经进入副教授级别。那么，好意邀请我去总不能叫我减薪吧。不论怎样，以校际关系来说，这种做法确是破了学界惯例，令弗里曼很不高兴。

虽则如此，他不能不向校方支持我停薪留职的申请。

1970年暑假到来之前，通过学校的中介服务出租房子。从西雅图回来后，打点一切，然后迁出，把房屋让给租客。

☑　**又一次搬家，还不止一次**

一家两户三代，共八口人，每次搬家，最头痛的是找房子。在厄巴纳虽只住一年，却找了两次房子。

美国学界有个惯例，就是教授们每六年可以带薪休假一年。这儿说的休假并非真的休息，更非去旅游，而是"学术休假"（sabbatical leave）：让你放下平日的教研重任，自由自在地干一年学术工作。可以原地不动，把全部时间花在科研上；也可以访问另一所大学或研究机构，与那里的同行交流或合作。干实验的很难离开实验室，常会选择前者。干理论的容易走动，常会选择后者，甚至一年里跑几个地方。有些学校不要求你等足六年，每到三年就给你半年的学术休假。

选择去他处的教授们需要把自己的房子租出。一方面得些收入，以便应付每个月的按揭；一方面房子里有人住着比较安全。教授家的装修家具往往比较朴实，书架上还堆满书籍，自有一种韵味。他们选择的居住区不求豪华，所关注的是孩子的校区和生活环境。短期出租很不容易，若是正好碰到来访的教授在找房子，自然一拍两合，皆大欢喜。大学管理部门了解这些，会为外出及来访的教授们提供介绍。我们在维尔梅特的房子就是这样子租出去的。

伊利诺伊大学规模庞大，教授多，不断有人外出及来访。可惜我们动作太慢，找房子时只剩下三个选择。第一个选择应该是最适合的，哪知"房东"是我在华盛顿大学念硕士学位时的导师！他一度想收我为博士生，结果自己被伊利诺伊大学聘走，没带学生。他的房子较大，我们一家两户都能住下，但是八口人全搬进去，在美国人眼里过分拥挤嘈杂，有点尴尬；于是否决了这个选择。

所余的两个选择都只能住一户，并且每处只能租半年：一处是上半年，一处是下半年。父亲说没问题，他当年从清华毕业后保送留美，头三年就在伊利诺伊大学，因此熟悉厄巴纳；他那户三人可以另租房子居住。最重要的是要在中学附近，让我念高中的幺妹上学方便。

父亲在厄巴纳的三年是 1928～1931 年。40 多年来，美国从经济大萧条里走出来，历经二次大战、朝鲜战争、热战、冷战、各种科技突破、登陆月球，变成了超级强国。作为强大的学府，无论教育人才、研究创新、服务社会，伊利诺伊大学都作出过极大贡献，

⊖　厄巴纳市区一景。父亲在1970年时说：1928就是这个模样
　　（2008年，丹尼尔·许温摄）

被公认为学界的胜地之一，而所在的厄巴纳竟没有发生多大变化，说来不是有趣？

或许不难理解：知识工作者不追求时髦，他们的财富增长隐藏于脑际；以大学为核心的知识型社区不讲究奢华，在乱世中尚能保持安宁。大学所在的小镇往往这样以不变应万变，满足地浸淫在文化气息和生活韵味中。

相比之下，我们这家子的知识工作者可真不安宁！三年里为了工作搬过三次家（维尔梅特到厄巴纳、半年后在厄巴纳搬家、又半年后搬回维尔梅特），住过六个地方（维尔梅特一处、西雅图前后两处、艾斯本一处、厄巴纳两处）。两个小家庭共八口人过得像群流浪者，一点也不安宁。一切搬家事务都落在可爱可怜的老婆身上，不知当时为什么不觉得心疼！

说实在的，搬去厄巴纳没有以前那么困难。原因是在维尔梅特终于有了自己的屋子，连带家具和用具整套一起出租；在厄巴纳租用别人的房子也是整套；最重、最麻烦的东西都无须搬动。此外，只跑开一年而已，不常用的东西不必带去厄巴纳，统统放在地库里。不想租客碰的，放进储藏室；其他就找个角落，任意堆积。再者，我们与租客预先说好，万一不慎留下什么，需用时让我们回家进地库去取，反正厄巴纳离维尔梅特不过三小时车程，大不了走它一遭。事实上，老婆做什么事情都十分仔细，搬家更不必说，那一年里从来没有回去过的需要。

蛮力的事当然由我做。需要搬走的大小行李杂物全部放进租来的自助挂车，再把两辆汽车塞满。之后我开着大众面包车，伊芳开着已有八年车龄的白色轿车，一前一后"浩浩荡荡"出发南行。父母幺妹跟我，三个孩子按惯例跟妈妈，免得为了争夺亲爱的妈妈而吵架。下午到达厄巴纳，先把父母幺妹送到他们的新"家"安顿妥当，然后安安心心开到自己所租的屋子，赶在天黑前搬妥一切。

☑ 在厄巴纳的家庭生活

第一栋在厄巴纳所租的房子给我们留下很深刻的印象。它的外貌比较现代化，却又非常文雅。平房，面积不大，家具轻盈简洁，所有装置都属当年尚不流行的北欧口味。

进到屋里，还没打开行李，老婆就叫孩子们不要乱跑，从个纸箱里拿出一沓不知道什么时候塞进去的旧报纸，又拿出一沓棕色的超市购物纸袋（那个年代都使用纸袋，犯上环保大忌却又超量使用的塑料袋还没被"发明"）、一卷透明胶带。首先在餐桌和柜子上铺好旧报纸，接着小心翼翼地剪开购物纸袋铺在旧报纸上，然后用胶带把它们粘稳在桌面和柜面，跟着宣布行李里的东西可以拿出来放在桌面和柜面上整理。

我还以为只是暂时如此，哪知半年里一直这样！家具确实好好保护住了，可是我们所喜爱的北欧情调荡然无存。她说：必须尽全力保护人家的家具，将来自己家里可以随便。其实来日家里的家具虽不铺上一层层的纸，可是谁敢不好好保护？这还只是表面。所有家具包括厨房里的柜子，只要有抽屉或空格的，都先予吸尘或抹净，铺垫纸张，然后才准使用。这倒不是为了保护家具，而是习惯所致。不要以为她浪费纸张：远在还没人提倡环保之时，她已经把购物所得或人家送礼来的包装纸细心拆开，用手压平，然后折叠收藏，以便重用。至今如此。

屋子前面有个小花园，后边有个大花园。与其说大花园，还不如说是片草地。欧美人家的花园简单，不像我们的富贵人家或高尚小区在花园里搞上很多景观，甚至亭台楼阁、假山鱼池。他们则愿意留出空间让孩子们嬉笑奔跑，让成人就地仰卧或野餐。两种文化对大自然好像有很不同的看法。当然还有商业角度的考虑：国内的房地产发展商认为景观有利于销售，至于怎么让业主的孩子们善用空间、有益身心，则与他们无关。这话或许说得不很公平。我俩十几岁就来到西方，受西方影响至深，情愿少搞景观，让孩子使用草地。此外还有个理由：三个孩子在户外游玩，不会把家里弄脏，可以减少年轻妈妈的家庭劳务。

草地一边有一米多高、木条稀疏的篱笆，篱笆后面就是看不尽的田地，种满了玉蜀黍！厄巴纳这个大学镇位处伊利诺伊州的农业地带，一出城就是一望无际的农田。施肥的时候，飘来阵阵"异香"。收获的时候，大型收割机震耳欲聋，几乎开进我们后园。农人端坐收割机头，高高在上，向孩子们摇手打招呼。好一幅既粗犷又文明的田园图！

最有意思的是，3万多学生的大学，校园中间还留着一小块农田。倒不是校方要保持当地的农业传统，也不是为了示范或实验，而是因为那家农人说什么也不肯搬迁，成了我国常见的"钉子户"。据说后来终于搬走，多年后重访大学时确实找不到了。

这种事不仅发生于校园或镇上。从维尔梅特驾车到厄巴纳，好好的公路不时要转些大弯，原因就是一些大农场不肯让路。虽然政府为了公益事业有权征地，但是议价不成，还是敬避为上。法律就是法律，司法独立的制度约束政府的行政权。

屋子离物理系约7公里。我买了一辆自行车，除非下雨下雪，每天骑车上下班，算是锻炼。十几年没骑，上得车来难免摇晃。但是童心未泯，30多岁开始练习双脱手；摔上几次，不在话下。最可怕的是，曾有一次把三个孩子一前一中一后全载车上，在家门前骑行，向老婆卖弄。不慎来个马仰人翻，摔得七荤八素。技没献成，丑倒献上，把年轻妈妈吓得脸青。人没受伤，车却扭坏了脖子，幸好还在保修期内。

☑ **在厄巴纳搬家**

伊利诺伊大学的原址在厄巴纳。厄巴纳附近另有一镇，叫做香槟。正如全球很多地方，小镇的人口与日俱增，面积各自不断扩大，终于连在一起，边界完全消失。今天伊利诺伊大学的校址已经变成"香槟—厄巴纳"（Champaign-Urbana），有些学院学系和研究所在厄巴纳，有些在香槟。我与从西北大学带来的三个博士生的办公室都被安排在物理系和材料研究所，这些单位和我们经常进出的计算机中心连在一起，都在厄巴纳。

据说厄巴纳的小学和中学都比香槟好，特别是伊大所办的"实验小学"，因此我们找房子时只考虑厄巴纳。父母亲和幺妹不愿住独立房屋，因为照料花园过于麻烦；反正家里没有喜欢在户外跳跳蹦蹦的娃娃，因此一开头找的就是可以长期租用的公寓单元。这样，一整年不用搬家。他们还有另一个念头：幺妹已经在念高二，索性在厄巴纳住上整整两年，让她高中毕业，然后进入伊大，留校寄宿；到时两位老人搬回维尔梅特跟儿子过。

我那五口的小家没法不搬。半年后，按照计划搬出平房，改住另一位离校去度学术假期的教授的房屋。这栋独立房屋也在厄巴纳，非常大，共两层，还加地下室。实在太大了。伊芳规定这间房不准用，那间房不准用，省得被孩子（包括我这个大孩子）弄脏。还是一切照旧，所有家具都铺上两层纸。房子很传统，采光较差、家具稳重，除此没给我们留下什么印象。

从平房搬走的经历有点古怪，难以忘怀。趁房东还没回到厄巴纳，伊芳连着三个下午跑回去整顿清洗。她说：我们是中国人，到哪儿去都代表中国，因此必须显露中国人的公德和品格，表现出最好的一面，绝不能被人看低。几天后，平房的主人回到家里，特地跑过来找我们，说他们的家从来没有干净到这个程度！

在厄巴纳请过两次客，上学期在平房里请了一次，请的是三位年轻教授。之前我刚到过日本开会，顺便去了我国台湾几天，带回一大堆"文艺产品"，晚饭过后拿出来向美国朋友献宝。合法的宝是流行歌曲唱片，不合法的宝是盗版的物理书籍——特别是销量很少因而价格特贵的专业讲义。

他们听了几张唱片，对我这种"文化人"怎会爱上哼哼唧唧的流行歌曲表示无法理解。他们不知道我们夫妇俩生长在小调风行一时的战后上海，而20世纪70年代初的台湾流行歌曲就是那种味道，怎能不挑起我俩怀旧和思乡情绪？当然，这种心情无法引起"洋人"的共鸣。

倒是那几本盗版书籍引起他们的强烈兴趣，特别是贝姆。专业性特强的讲义，本来就没多少人买，更无稿费，著者往往不把盗版当回事。贝姆看到有人愿意盗版，觉得既好奇又自傲，赶紧问我有没有办法托人替他在台湾买来一本，让他"供"在办公室的书架上招摇一番。

下学期在楼房里又请了一次客。这次仅请了巴丁夫妇，因为众所周知巴丁不善于交谈，不喜欢应酬。不瞒你说，伊芳的烹饪水平越来越高，有几个菜做得很拿手——至少我认为如此。巴丁吃多了，饭后坐在客厅的沙发上，没说几句话，就这么睡着了。他的夫人跟他百分之一百相反，整晚有声有色，说个不停。啊，或许夫妇间就是这样，夫人说多了，令巴丁更趋于沉默。

其实这样理解对巴丁夫人很不公平。事实是巴丁真的不爱说话。即使谈的是物理，也会突然沉默，好几分钟一言不发，令人猜测大师究竟是在动脑筋还是睡着了。厄巴纳有这么一个传说：每当此时此景，唯有贝姆知道他是在思考还是真的睡着了。

我自己就遇到过这么一次。做理论计算时，突然来了个怪念头，就跑去找他，把念头写在他办公室的黑板上，问他有没有违反量子物理的假设。他盯着黑板看，好久一声不响。我暗自思量："糟了，这可让他给睡着了！"正想蹑手蹑脚走出去，他开口了，可是说得好像牛头不对马嘴。也可能很有道理，只是我听不懂。

"大智若愚"大概就是这个意思。

☑ 在厄巴纳的教研工作

厄巴纳的确是凝聚态物理的仙境，正如拉霍亚，满天神佛。可是我在这个仙境并没学到什么。两个原因：一是教研任务太重，二是多了些别的活动。主要是前者。

来伊利诺伊大学的身份不是学术休假，而是客座副教授，因此需要教一门课。物理系让我教统计力学。班里三四十个学生，一部分是大四本科生，一部分是研究生。

当时风行两种教科书，一种过于传统陈旧，一种过于偏重形式，我都不太喜欢，因此决定自己写讲义。过分低估了每周按时写发三次讲义所需的时间和精力。难怪一般教授都情愿用现成的教科书，除非把讲义当作初稿，准备自己出书。我并没有这个打算。

除教课外，需要照顾从西北大学带来的三个学生。博士后沈福基原只干两年，没跟我去厄巴纳；他回到新加坡，后来任教于国立新加坡大学。另外三人是博士生，不忍把他们丢下一年，于是全带到伊利诺伊大学，照常每天各见一次。第一个博士生继续做吸附氢单层的理论项目，成绩还不错；下半年让他开始起草论文，次年回西北大学后完成论文，通过口试，获得博士学位；其后也去了新加坡，任教于南洋大学。

第二个博士生是美国人，天性细致。让他兵分两路，同时做两条题目。一条也是吸附氢单层，不过分别处理两种很不同的吸附面（所谓"衬底"，substrate）：一种是具有明显周期结构的固态氩，另一种是相对十分平滑的石墨。被它们所吸附的氢单层，呈现很不同的热力学性质。另一条题目有关多粒子理论物理冒出的奇兵——中子星物质（neutron star matter），研究它的状态方程（equation of state）和微观计算。兵分两路之举扩大了他在物理界的接触面，可是也付出代价，就是博士论文的内容比较分散，减弱了两年后求职时的冲击力。结果倒还算如意，他去了华盛顿州立大学（Washington State University），执教至今。这所学校规模很大，不能算是研究型大学，却很适合他的个性。

第三个博士生是位很聪明的印度姑娘，还刚入门。我立刻给了她一些难题。不久前刚与沈福基做完相关基函数的图像分析，十分兴奋地把我的学派与主流相接，跟着产生了不少想法：其一是把图像分析应用于弱作用玻色气体和带电玻色气体的激态计算，其二是运用图像分析的结果进一步设计更精密的相关基函数。于是把前者给她作为博士论文课题，后者则留给自己。原因是后者的工作量十分繁重，并且缺乏成功的把握，不敢让学生冒这么大的险。

就这样，虽然暂时离开了原来岗位，但伊大的教研生活却无异于西北大学。

对我来说，无益无损。对派因士来说，相信是令他失望了。那些年头他在物理界的名望极高，公众任务很重，单就为物理学会的重头月刊《现代物理总评》（Review of Modern Physics）担任总编辑这一项工作，就得献上极大精力。此外还有各种难以避免的学界和社会活动。因此他很需要在身边培养一些年轻的科研伙伴。伊大物理系虽有好几位贝姆那样的年轻理论学者，可是兴趣各异，正在自露头角，与他分庭抗礼。或许在艾斯本合手完成的课题让他觉得我们两人该有很多合作空间，认为我是一个适当的伙伴人选。可是我生来喜欢系统化的理论工作和实际项目，对散漫和零星的分析提不起兴致，因而没有为他做出贡献。否则他很可能真会把我从西北大学挖去。

讲个与科研只有间接关系的小插曲。

伯克利加州大学的年轻翘楚沈元壤来伊大访问几天，然后与我一起去康奈尔大学参加物理研讨会。康奈尔大学位于纽约州北部的小镇伊萨卡，从也是小镇的厄巴纳乘飞机过去，必须在芝加哥转机。厄巴纳与芝加哥间的航线属于欧萨克公司（Ozark），伊萨卡与芝加哥间的航线属于阿勒给尼公司（Allegheny）；两间都办得不很成功，常会误点或取消航班。那次转机就令我们在芝加哥机场上逗留了整整八个小时。也好，就谈了整整八个小时的物理，让我听到不少有关实验物理的学问和故事。

☑ 在厄巴纳的非教研活动

上节里所说的"别的活动"包括些什么？主要有两样：一是被誉为留学生五四运动的"钓鱼台运动"，一是科普活动。

很多书刊详尽描述过"钓运"，大可不必在此多写。可是这场留学生运动带来各种余波，全面改变了部分留学生的人生观，甚至一生事业——包括多位香港科技大学的创校人物。

厄巴纳很偏僻，虽然中国留学生为数不少，可是毕竟只有一所大学，缺乏校际串联激发热潮的条件，因而"钓运"在伊利诺伊大学起步较晚——至少以我所在的那年来说。让我卷进的反而是与"钓运"发生密切关系的《科学月刊》和与教研生活相关的科普写作，及在"钓运"激发下学习如何从天真的民族文化意识出发，以行动为祖国的发展略作贡献。

在厄巴纳的华人圈子里，认识了几位年纪相仿的朋友，都是早期的台湾留学生。

来往较多的是在篮球场上认识的三位刘氏兄弟，特别是刘兆汉。他是电机系的后起之秀，学问和人品都极优秀，日后成为电子工程学界的权威。香港科技大学筹备初期我曾积极邀请他来港共事，可惜没能如愿；不久后听闻他回台湾当了"中央大学"校长。多年后为推动科技创新陆续有些来往的却是他那当过台湾"清华大

◑ 《科学月刊》为"保钓"煽风点火，在留学生运动中起了极大作用。图为创刊号

学"校长的五弟刘兆玄（马英九的战友兼其当政初期的"行政院"院长）。

众多与"钓运"有关的刊物里，影响最大的是在台湾出版的《科学月刊》。这份科普杂志于1969年2月筹备，9月试刊，次年1月创刊。主编是芝加哥大学物理系研究生林孝信。我们一群青年教师和研究生在不同学校里组织了联络点，负责组稿和编辑，并到处筹款予以经济支持。在"钓运"信息缺乏传播载体的时刻，林孝信细心征求意见后，同意让《科学月刊》的联络网担任"保钓"的渠道。

连续三期，《科学月刊》运用"讨论号"的名义，经《科学月刊·工作通报》把从各地收集到的保钓文章，连带由普林斯顿大学研究生沈平和李德怡缮写的《钓鱼岛须知》，传发到所有《科学月刊》读者手上。

作为发起人之一的我，把联络点从西北大学带到厄巴纳，就地建立小组，在各地留学生圈子里寻求更多订户，然后把收集到的订费送到芝加哥总部，并为订户摆平订阅中经常发生的后勤枝节。

一年后，离开厄巴纳之际，把联络点的工作托付给刘兆汉。一转眼40多年，竟与后来回到台湾的刘兆汉失去联络，没再见过一面。林孝信不辞辛劳的精神和每周一期密密麻麻亲笔手写的通讯，今犹历历在目。

另一位相识的物理系同事是张绍进，高能理论物理的后起之秀。香港科技大学规模不大，物理系需把资源集中于应用性较强的凝聚态专业，因而没去叩他的门。他的女儿是英年早逝的作家张纯如，以揭露日军在华暴行的《南京大屠杀》一书闻名于世。

在厄巴纳的一年，工作和活动非常忙碌。除此之外，生活算得平淡。

第 11 章

钓运、科普、重返埃文斯顿

　　曾经有人把20世纪70年代的"钓鱼台运动"说成中国留学生的五四运动。这个比喻不十分恰当。被简称为"钓运"的"钓鱼台运动"确实是学生自发的爱国运动，确实为了保卫国土，确实风起云涌，这些方面与五四运动相像。不过当时国家并没面临灭亡，学生无须面对枪杆，与五四运动相比，没那么轰轰烈烈。可是对一群群身处他乡心怀故国的青年们来说，抛开书本，投入运动，直接关心国难，深入研究国事，却属首次。影响深远。

　　整件事起源于1951年美国与日本签订《旧金山和约》，把琉球和钓鱼台群岛的管治权划给日本。台湾当局声明不同意此举。1969年5月，日本政府在钓鱼台群岛的主岛上竖立标柱，公然占领。中国留学生在伯克利加州大学和芝加哥大学集会讨论和抗议。1970年，日本无视联合国的报告，正式立法声明拥有群岛的主权，并在台湾当局"善告"之后两度驱逐台湾渔船。留美学生、香港学生和台湾学生纷纷在港台报刊上发表言论，催促台湾当局采取行动，行使主权。12月19日，中国留学生在普林斯顿大学召开座谈会，决定启动游行示威。三日后，纽约市及周边的留学生举行大会，成立"保卫中国领土钓鱼台行动委员会"，至此"钓运"大面积展开。

①留美学生抗议美国把钓鱼岛的管治权划给日本

②1971年4月10日，由来自台湾的留学生带头的华盛顿"保钓"大游行

③洛杉矶华人的"保钓"示威

④来自台湾的留美学生从"保钓"走向认识新中国

"钓运"的部分中坚人物——钱致榕、沈平、陈介中、余珍珠、彭思梅、张立纲、张东才、张信刚、周敏民、李素琴、郭宇权、项武义、黄玉山、谢定裕、聂华桐、郑绍远、张昭庆、葛时俊、练乙铮等，日后都来了香港科技大学。（任意记起，排名不分先后。这些位全都是"钓运"中坚人物，该没记错。这儿只写了辞去国外职位长期来港的；是否还有几位没被列入，不敢确定。若有错误或遗漏，敬请原谅。）

香港报刊曾说"钓运"的大将半数去了内地，半数去了香港科大。这当然是夸张，尤其因为蛮大一部分留在美国发展，蛮大一部分回归台湾学界。不过"钓鱼台运动"当年确实影响了不少港台留美学生，让他们反思和深思，一反过去那代的移民意愿，选择回到祖国服务。这话该没说错。

☑ 从"钓运"到《科学月刊》到科普写作

1970年底，2000多位留学生与华侨签名向蒋介石致送由美东同学起草的请愿书，没有获得回音。60多所大学的留美学生纷纷在各大城市组织"保卫中国领土钓鱼台行动委员会"的分会（"保钓分会"），展开行动。1971年1月29日至30日，留学生和华侨们在美国东部的纽约和华盛顿，中部的芝加哥，西部的旧金山、洛杉矶和西雅图等市游行，向日本驻美外交机构示威抗议。4月10日，2000余华人在留学生的组织下于华盛顿举行游行示威。"钓运"自此进入高潮。

多种由"钓运"积极分子写稿和编辑的周期刊物（所谓"手抄报"）在留学生里传阅。在台湾出版的《科学月刊》原本是份与"钓运"无关的科普杂志，于1969年2月筹备，9月试刊，次年1月创刊，读者对象是高中生和大学生，其《工作通报》在"保钓"运动中成为传播信息和发动串连的首要载体。

正如前文所说，许多青年教师和研究生在不同地方组织了联络点，负责组稿、编辑和筹款。在"钓运"信息缺乏传播载体的时刻，《科学月刊》的联络网担当了"保钓"渠道的角色。主编林孝信其后回归台湾；几十年后在香港重逢，难能可贵的是他对科普、教育事业和"保卫钓鱼台"竟还那样积极和热心。

我国内地在1949年后基本上与西方国家断绝了来往，朝鲜战争之后继续遭受西方国家围堵，1966年后又自陷"文革"困境。20世纪70年代的中国留美学生大部分来自台湾，小部分来自香港和东南亚等地的华裔家庭。创办《科学月刊》的，为它写稿、选稿和负责编辑工作的，几乎全来自台湾。他们有感于科学对台湾社会、经济、文化发展的重要性，创办了这份至今已有40多年历史的刊物。

我这个来自香港的老留学生属于这群人里的极少数，对那年代的台湾缺乏认识。参与《科学月刊》的工作让我逐渐了解当时台湾

⊖ "老保钓"林孝信、刘源俊：两位先后回到台湾，林孝信投入了科普和教育事业，刘源俊从教授当到东吴大学校长，40多年后都还继续为"保钓"出力

青年的处境和思维，并在他们的文化感染下加强了民族意识。他们的朝气鼓励我以自己的物理专业为基础，大胆运用只有中学程度的中文写一些科普文章，甚至科普读物。

其实这项工作萌芽于"钓运"之前。1965年，一群留学生为台湾"中华书局"组织了"编辑委员会"，动手编译科普著作，出版"中华科学丛书"。最初这群人包括我在圣路易华盛顿大学的师兄伍法岳，活跃于伯克利加州大学留学生运动的吴锦铉（吴仙标的哥哥）、沈庆春、浦大邦，以及日后于西北大学的同事刘鎏、香港科技大学的同事钱致榕、"钓运"中与我辈唱对台戏的沈君山等，共14人。后来老前辈赵曾珏等三位又加入。1966年10月，我国物理界的老前辈吴大猷先生为丛书写序，一下子就出版了16种。

我刚考完博士毕业考试。钱致榕带了妻儿路经圣路易去洛杉矶加州大学当博士后。我们谈起该为丛书多做点实事，乃决定合作翻译一本叫做《绝对零点之探究》的科普著作。很快我也带了家眷西走加州，在圣迭戈加州大学当博士后，我们得以就近合作。那时美国物理博士生产过剩，一职难求，两人都不敢怠慢，投身科研工作，冲锋陷阵，于是翻译工作变得断断续续，进度缓慢；加上对该书又有不尽满意之处，我们决定不照译全文，而根据自己的想法改写部分。翻译一旦变成"译述"，难免又耽误不少时日。终于在1971年末才告完工，以《低温物理》的书名出版。

改写该书之际，往往嫌它的内容过分偏重实验，缺乏理论基础，让我这个搞理论的感到不痛不痒，很不舒畅。于是一边译述，一边另起炉灶动笔补写液态氦的理论。当然不能不从氦原子和气态氦写起，又不能不提及多种与液态氦相似的量子体系。需写的范围一再扩充，弄得章节支离破碎，目不忍睹。稿子就这么被晾了许久，终于在来到厄巴纳的那年里，鼓足勇气提笔从头写起。一本相当完整（以科普来说过分完整）的书《氦与多体物理》，在1971

年末回到西北大学后完成，翌年作为"中华科学丛书"的第19种在我国台湾发行。

由于是科普，故意写得极为浅白，有时还幽它一默，轻松几句。特别是第一章，叫做"氢是最简单的元素，有什么大学问可做？"开头那段话说："《西游记》开宗明义用了两句诗：混沌未分天地乱，茫茫渺渺无人见。接着就用了三四百字把那天地万物的来龙去脉交代了当。我们读科学的人，幻想能力没有小说家丰富，胆子也没有那么大，对万物的因果只能慢慢细心揣摩，不敢胡猜。"末了又说："欲知今日科学茫茫渺渺之一斑，读者们只需见诸本丛书中的《天文漫谈》与《基本粒子》二种。"这些话里藏着很孩子气的一段故事，留到下节再说。

☑ 浅谈"钓运"中的几位性格明星

1971年1月和4月间，留美华人学生的游行示威把"钓运"推入高潮，公开表露了民族情感。至于如何进行这场运动，难免有不同看法。部分来自台湾的学生还没放弃对台湾当局的期望，不愿过分冲击后者；同时他们也得顾及在台家属的安全。来自香港的学生则没有那种顾忌，并且有些受了"文革"初期香港反抗殖民统治的影响，思想和行动都比较激进。兼顾双方的"保钓"委员会经过积极讨论后达成共识，决定游行的针对目标是日本政府，同时争取美国舆论的支持，而不涉及中国政治。

原来应该是一场团结华人的运动。可是台湾当局没有意识到高昂的群众情绪，只怕事情闹大，触怒了日本政府甚至美国政府这两个靠山。因此除表现软弱外，还通过驻美官员用不同手法向留学生示意，要他们降低热度。以如此萎缩的政策和态度来应付外侮，令来自台湾的留学生开始反思，并由从小被灌输的思想牢笼里一跃而出，讨论是否海峡对岸的"共匪"会较有骨气，更能代表国家民族。于是，"钓运"无意中吹响了认识新中国的前奏曲，为一代留外青年开启了新方向。

　　当然，任何运动脱离不了天时地利人和。对新中国而言，那几年里，内外均属多事之秋，情况有好也有坏。好的是：1970年末尼克松在公开讲话中首次用上"中华人民共和国"的称呼，次年7月宣布即将访华；联合国里以新中国取代台湾的呼声逐渐加强；1972年2月，尼克松访华一周。这些都让留学生看清了大局的趋势，更为积极地追求对祖国大陆的认识。坏的是：1966年发起的"文化大革命"，带来前所未有的动乱，拖累了发展，造成历时十载的浩劫。这让留学生难以明白祖国的走向，更难捉摸前景。

　　这些留在后面说，"钓运"的历史也不再多谈，只讲几个文献和纪录里较少见到而很有趣的性格明星，作为大事里的小插曲。

　　香港科技大学校园里，会看到一位当过物理系主任的名教授，亦是一位举止斯文的纯学者，名叫沈平。读者若去网上查阅一篇叫做《春雷怒吼钓鱼岛》的述评，将会看到这段话："普林斯顿大学留学生社团'大风社'每月例行聚会，传阅讨论有关钓鱼岛的相关文章……大家主要建议不外乎一人一心、联名上书等。……香港留学生沈平却说：只是写文章发表意见太慢了，要嘛，就要上街就要抗议！"真难相信这两个沈平是同一人。

　　《春雷怒吼钓鱼岛》接着又说："普林斯顿大学台湾留学生李德怡、沈平两位优秀的'书呆子'作了不少功课，把钓鱼岛的历史背景、地理环境……有系统地做了资料整理……完成了系统介绍钓鱼岛的资料——《钓鱼岛须知》。"啊，这才像今天的沈平了。当年他究竟是香港留学生还是台湾留学生，说得前后矛盾。据我所知，两种都不能算：他14岁就随父母来到美国，是个"小留学生"，本科就读及毕业于加州理工学院。

　　香港科大校园里经常还看到一位工业家，多年来为大学当义务顾问，贡献很大。这位早年就在香港创业的高科技专家叫做廖约克。他倒是位名正言顺的香港留学生，毕业于培正中学，"钓运"

时期是哈佛大学的博士生。看上去举止也是那么斯文，可是当年在游行示威时却是位领导人，在群众面前站出来大声疾呼，情态慷慨激昂，激起一呼百应的高潮。

还有一位培正中学毕业的香港留学生，20世纪90年代几乎被聘回香港担任香港大学校长。这位在高一那年就与我结为挚友的吴仙标，当时是德拉维尔大学的青年教授、积极的"钓运"领袖。他的首要贡献是与后来参加香港科大的钱致榕一起找上杨振宁，到华盛顿的议会作证，运用美国政界的游说方式，成功地让美国政府公开表示：虽然把钓鱼岛交给日本管治，却没承认钓鱼岛是琉球群岛的一部分，也就是说没把钓鱼岛的主权交给日本。

请勿以为台湾留学生全部站在"钓运"阵线。当时任教于普渡大学的优秀天文学者沈君山就不主张冲击台湾当局，竟能熟练地背诵"毛语录"，与左倾的"钓运"健将们针锋相对地激辩。沈君山是位名副其实的才子：是否琴棋书画样样拿手，我不敢说，但至少是公认的围棋和桥牌"国手"。这位风流倜傥的青年教授，日后与当红女明星逛台北西门町的"沈公子"，俨然一夫当关，敢与"钓运"群众大唱对台戏。

沈君山博学多才，他所写的科普《天文漫谈》以《易经》开宗明义。上节说的我那本科普借用《西游记》名句开宗明义，其实就是为了与他抬杠。我最后那章叫做"量子液体众生录"，讲到核体系、中子星物质、波霎和黑洞。乃说："第一章开端时说……治学之道，不在致玄求虚、观茫察渺。谁知十万字后，自打嘴巴，最后谈到的正是虚玄渺茫无以过之的宇宙终点！惊叹天网恢恢之余，就此打住。"请看，从与他抬杠转为与自己抬杠。全书以自嘲结尾。

多年后，沈君山担任台湾"清华大学"校长，又在"阿扁"时代多次进出内地，被称为"统派"。我们在高等教育的事业上、霍英东奖金的评选委员会上共事，成为志同道合的好朋友。世事如是反复，如是难料！

写到这儿突然发现，这节里提到的每一位竟都是念物理的！我们这些念物理的果真特别作怪。

☑ 从"夹缝"里看"两岸三地"

留学生们开始注目大局的趋势，一方面积极追求对祖国大陆的了解，一方面据理推想台湾在新时局下的走向。

我到美国已15年，伊芳也来了13年。我俩在学生时期就与吴仙标夫妇联手为华侨子弟办过中文班，积极推动过留美学生会的社交活动，参与和组织过华人的运动队伍，甚至插手黑人同学的少数民族平权运动。照说多多少少已经怀有点民族意识，可是只此而已。"钓鱼台运动"拨动了另一种节奏、风云和浪潮，让我们即使处身于平静的厄巴纳，仍不免浸入反思，打动了回乡的念头。

"乡"在何方？我来自20世纪50年代殖民气味仍浓厚的香港，不以之为乡。伊芳来自同文同宗、在50年代还敌友难分的日本，更不以之为乡。遍顾华人天下，能嗅到乡情的只有大洋彼岸的"两岸三地"：祖国大陆、台湾、华人管治下的新加坡。我们早已获得美国的永久居民权，却从来没有入美国籍的打算，就这么把自己放在两大洲的"夹缝"里。

曾经考虑过移居陌生的新加坡。

四对分别居住于马萨诸塞州、德拉维尔州、明尼苏达州和伊利诺伊州的夫妇——伍法岳和张青芝、吴仙标和吴凯仪、陈宏达和刘木森，加上我俩——决定去打听新加坡愿不愿意接受我们联袂移居。新加坡在芝加哥没有领事馆，却有个经贸方面的代表处。大伙让我去上门拜访。于是驱车前往，见到了一位官员。看来他无法理解为什么四个物理学博士教授会心血来潮，考虑放弃人人向往的黄金国度，搬去一个被迫独立未久、经济还很落后的岛国。于是摆出一脸无奈的样子，敷衍一番，把我打发出门。

有趣的是，20多年后，新加坡政府邀请我从香港去访，安排与李光耀私下谈了个把钟头。我不以为忤地说到这件往事。他很严肃地问我这位官员是谁。我哪会记得？再说，即使记得也当然不会告诉他。就赶快支开话题。

"两岸三地"迅速落得个"两岸两地"。接着我们决定结伴去次台湾。其实我刚去过不久。那是在1970年夏季，我们刚搬到厄巴纳，我去参加在日本京都举行的国际低温物理学会议。15年来首次回亚洲，决定顺便看看台湾。那时"钓运"尚未启动，我们也还未兴回乡之念，短短几天，并没看到什么。若要观察台湾，还需去较长时间。那么，总不能不带上妻子儿女，尤其是那次去亚洲虽只十来天，素来情绪稳定的老婆说，别离期间她竟想念得哭了几次。

来自台湾的师兄伍法岳还有家人在台，也想回家探亲。于是自告奋勇，为我们安排来年暑假联袂到"清华大学"讲学两个月。可惜那时吴仙标已卷入"钓运"；德拉维尔州毗邻首府华盛顿，他接下与美国政界打交道的任务，无法脱身。陈宏达的博士后工作接近尾声，正在为下一轮的教职访问多所大学，进入面试阶段，也跑不开。剩下伍、吴两家。这段经历留在下章报告。这儿预先把在台观察的结果奉上："两岸两地"落得个"两岸一地"。

而祖国大陆那"一地"又不让去看，直到五年后打倒"四人帮"才得以成行。详情有点曲折奥妙，左右了阖家命运。

☑ 重回维尔梅特的小窝

厄巴纳的一年就这么过去了。暑期来到，总结了教研事务，把《科学月刊》的义务工作妥善地交托给刘兆汉。然后再次整理行李杂物，租了一辆自助挂车，打道回府。这次搬家少了三人：父母决定暂时留在厄巴纳让幺妹把高中念完。

父母与幺妹三人1966年从香港迁来美国，确实费尽周折。当年极难拿到移民签证，我这做儿子的虽然持有绿卡（永久居留证），却非美国公民，没有资格为父母申请来美团聚。倒是我姐夫是美国人，姐姐自动成为美国公民，由她出面申请；理由是退休的父母亲和未成年的妹妹需要照顾，理应跟随她过日子。可是西点军校毕业的姐夫是位军官，当时调驻在德国的慕尼黑，因此父母亲和幺妹首先得迁往慕尼黑，在军官宿舍里与姐姐同住。半年过去，身份已定，移民局不再干预他们在哪儿生活，乃得辗转搬来美国。

我刚念完博士，还没离开华盛顿大学，于是他们的第一个落脚点是圣路易。半年后与我们一起搬到圣迭戈，两年后又搬到芝加哥，再是两年后搬到厄巴纳。你看，16岁的幺妹，从香港到慕尼黑、圣路易、圣迭戈、芝加哥、厄巴纳，竟读了六所中学，可不可怜？

即使在这种情况下，她还是异常坚强，从来没有抱怨或自怜。在厄巴纳念高三时，天还没亮就起身，先到汽车旅馆去当清洁工，为一间间客房更换被单毛巾，打扫干净，然后上学，以此挣取些微零用钱。那一年里，我这做哥哥的已经离开厄巴纳，竟然全不知情，父母亲也没告诉我，大概是怕让这养八口之家的儿子增加心理负担。

一年后，妹妹高中毕业，以优良的成绩进入伊利诺伊大学，单独一人留在厄巴纳。幸好伊大是州立大学，不收什么学费，宿舍收费也还低廉；她除家里所给的些微补贴，就靠勤工俭学念上这所著名的大学。谁知念了两年就谈上恋爱，急急忙忙嫁给了一位比她高两班出生于芝加哥的华裔同学。小两口一同回到芝加哥，各自外出打工，妹妹放弃了学业。这事让特别疼她的爸爸很不高兴。我这当哥哥的没尽责任，常为违背了"书香世家"的优秀传统而自谴。幸好他们早已染上美国人的自立精神，小两口自打天下；半工半读多年后，终于念完工商管理硕士学位，继而建立了稳定的事业和幸福的家庭。

迁回芝加哥郊外的小镇维尔梅特，老远看到久别的"小窝"，心里暖乎乎的，知道这次可以安安稳稳住上几年了。

走上台阶，进到自己屋里，那股暖呼呼的感觉顿时烟消云散：虽然家具用具很旧，却一直被伊芳收拾得干干净净；好好一个家，租客住了仅仅一年，归还给我们的只能以"肮脏不堪"四字形容，甚至还留下一股臭味。孩子们不觉得怎样，我俩却气得话也说不出口。租客没有文化吗？不会，还是大学介绍的访问教授呢！最难受的是，为了替租客的孩子着想，伊芳为他们留下不少玩具；哪知脏的脏、破的破，竟没有一件保持原形。

几天后，我下班回家，看到伊芳把餐桌翻了个身，桌面向下，自己趴在地上，拿着把小刀刮呀刮的。我说：你在干吗？她轻轻回答："租客的孩子们爱嚼口香糖，嚼完以后，不把渣丢进垃圾桶，就顺手粘在餐桌底下；时间一久，逐渐变干，都像橡胶那样一小块一小块粘得死死的，必须逐块用刀刮下。"清早让孩子上学后，她整天趴在那儿就干这苦差，手臂手指无一不酸痛。

以此类推，别的家具用具也都这样。这种租客缺不缺德？不说也罢。

高兴的是，次年父母亲搬回芝加哥后决定与我们住得越近越好，让老小多些照顾。运气也真不差，正巧我们对街有楼招租。上下两层的屋子，房东母女住在楼下，看来都是寡妇；至少那位年老的妈妈是寡妇，而中年的女儿或许只是离了婚的。（这种私事美国人不兴打听。）两人为人和气，租金合理，双方一谈就拢。最有意思的是，那位女儿在维尔梅特的警局当文员，有位像是当警察的男朋友不时来看望。住她楼上，你说多么安全！

☑ 重睹西北大学物理系

回到西北大学的物理系，一眼看到不大不小三个变化：一是办公室变了个地方，二是系主任变了个人，三是职位变了个级别。

先说办公室。位处技术研究院（Tech）东北角落、接近湖边的那间小办公室，在我离开那年派给新来的同事，于是我就被安置到物理系核心走廊上的一间大办公室里。

这么点小事值得说吗？背后有个故事。这间办公室原属系里最有地位的老将——统计力学前辈阿诺·西格特（Arnold Siegert）。我来西北大学的第二年，系里为他举办了一次统计力学学术会议，与会者不乏响当当的人物，来自全球各地，这次会议成为物理界为这位功成名就的学者退休前夕举行的欢送盛事。西格特的办公室象征他所特有的传统地位，其实房间既旧又暗：灰色的书桌书架、半旧的皮椅，不像是羡慕的对象。正如我前文说过哈佛当时准备给我的那间办公室。学界不讲究这套。

远离物理系的核心地带有好有坏。坏处是系里发生的事经常不很清楚，好处是杂事不听不闻耳根清净。不是说"话里有话"吗？大学里待过的人会告诉你：象牙塔里也有各种纠纷，并不像外界所想的那么超然。我这间办公室的走廊对面，就是一排三间的系主任和行政事务办公室，自然而然成为物理系的"权力中枢"。西格特老先生坐在那里，四平八稳；人不犯他，他不犯人。他一退休，几位喜欢走近权力中枢多管闲事的同事就巴不得立刻接下这间空房。我猜在相持不下的情况下，系主任索性让我这小伙子搬进去，以示中立。他可说我的科研最接近统计力学，换入此房名正言顺。

打个岔，说一样系里的内部工作，特别是与那西格特学术会议有关的经验。

先是系主任弗里曼在我来后第二年把件没人愿做的任务派了给我：操办每周一次的全系学术讨论会（colloquium）。要向全国物理界邀请名人来作学术报告，联系工作之繁重可想而知。而系里不同专业的同事们有不同兴趣，提出不同建议，必须逐一邀请，轮流摆平。还有为讲者准备交通和住宿、公布简历和报告摘要、安排报告完毕后的酒会和晚宴、写发感谢信、索取收据以便报销，等等，都必须照顾周全。当然开支不能超越全年预算。这些事，烦虽烦，倒也让我得到一些行政经验，包括理解不同专业的内容和特色、组织学术报告论坛、有效应付繁琐杂事、系统化地建立学术网络等。

既然一系列的全系学术讨论会让我来管，西格特学术会议也就算在我分上了。美国大学里职员很少，整个物理系只有三位秘书，轮不到我来请她们帮手。150多位物理学家来自全球各地，单是与他们通信（那时还没有电子邮件）就花上大量时间。节目、场地、交通、食物、酒店……所有安排都要我一手包办。这些都不说了，就讲一个小故事，让你知道有些著名学者多难伺候。

埃文斯顿是个小镇，只有一间像样的酒店——奥林登酒店（Orrington Hotel），所有与会者都被安排在这酒店里住。有人说我做事举轻若重，倒也是事实。学术会议开幕前一天，与会者逐一来到；我不放心酒店的工作效率，乃整天从早到晚站在酒店的接待台前，看住每位客人登记入住。晚上11点钟，到了一位远道而来的大教授。我在名单上点完这最后一人，就站在一旁让他登记。哪知他与酒店人员大发脾气，说是让他上了当。怎么回事？原来他来得最晚，标准房已经住满，酒店让他入住最豪华的套房，只收他标准单人房的租金。他不干，大叫大闹。最后只好打电话在附近另一小镇找了个酒店，叫了出租车，把他送走。你说，这样的怪事是常人所能预料的吗？

有关办公室的变化说完，接着说系主任。物理系的造型，也就是专业的分布，以教授来说分成两大主块：一是高能物理，一是凝聚态物理。两者又各分理论和实验，彼此间来往不多。搞高能物理的不时与搞凝聚态理论物理的系主任在系务上发生争执。虽然几个高能实验物理组在科研上不愿合作，可是面对弗里曼却敌忾同仇，枪口一致，不肯罢休。斗争益趋火热，弗里曼终于双手一摊，让他们自己去干。

所谓"他们"，也就是那几个高能实验物理组的带头人——几位互不信任的大教授。看来他们私下商讨后进行妥协，从外面找来一位学问和信誉双强的好好先生当弗里曼的接班人。这位好好先生叫做当纳·米勒（Donald Miller），来自伯克利加州大学——当然是位高能实验物理学家。

☑ 生活终于获得了安全

回到西北大学的第三个变化是职位上取得了新的级别，为一家八口带来生活上的安全。

我在伊利诺伊大学的第二学期，作为系主任的弗里曼办了两件对我影响蛮大的事：一是破格地把我升为副教授，一是终于按照最初的承诺为我向斯隆基金会提名。

美国大学袭承英国传统，学术自主。300多年来，学界里自然而然形成整套体制，所有正规大学亦都接受了这套不成文法的体制作为办校准则。教育事业以人为本，教师无疑是大学的灵魂，教师的聘免升迁理应处于办校准则的核心。而聘免升迁的规章里，最关键的莫过于"终身职制度"。

"终身职"（tenure）的起源是为了保障教师们的学术自由，并非赋予教师们终身的就业安全。

进入美国大学任职，起点是助理教授（有些大学原来称为讲师）。研究型大学都要求博士学位（某些专业性特强的学科以该专业的硕士学位为深造的终点，那就未必要求博士学位，例如法律、建筑、艺术、音乐等），理科和某些工科，特别在真正一流的研究型大学里，还会要求两年博士后的资历。

所谓"终身职轨道"（tenure-track）的助理教授职位，任职时不签合同，每年自动连任。公立大学一般依据助理教授的薪级系统，按期自动上升一级。私立大学一般由系主任按照某些程序作出评估，向院里建议加薪。系里的资深教授组成委员会，评核助理教授的教研成绩，然后让系主任不时与他个别会谈，传递鼓励、建议或警惕的信息。过程不超过六年。也就是说，除非严重失职，六年

⊖ 小家庭庆祝我的
33岁生日，顺
便庆祝升任副教
授。那张桌子就
是可怜的伊芳需
要把它翻过身来
刮去橡皮糖渣的
二手餐桌

里不会叫人下岗。

　　六年却是个大限。成绩好的，到时由系里向上推举；若能通过
院级审议，则升任为副教授，同时获得终身职。成绩不好的，系里
拒绝推举；校方会向他发出信件，仅留任一年，让他结束手头的教
研项目，同时给他时间另觅职位。至于成绩怎么评核与断定，越强
的大学越是严谨。系里必须在助理教授的专业范围内寻找一群校外
的资深专家，去信要求真实客观地进行评估，并且必须获取书面回
信。没有他们的正面评核，即使系里推举，仍然不可能通过院里那
关。而西方大学的教授们把自己的学术信誉看得极重，一般不会为
了关系或情面写出违心的评核信。

　　上面说的是常规。常规之外，成绩优秀的助理教授可望提早
升职。一小部分可能在五年后提早获升为副教授。四年后就被升
职的十分稀罕。我在西北大学任职两年后去了伊利诺伊大学，留
职停薪那年照规矩算是冻结；那么，即使教研成绩较好，回校后
至少还得等两至四年才会被考虑提升。可是还没回到西北大学，
就接到校方来信，说是"恭喜，你已在物理系和文理学院的一致
推举下被升任拥有终身职的副教授"。看来一则是因为伊大所给
的职位是"客座副教授"，总不能让我降职；一则是因为那两三

年间我确实发表了不少质量较高的论文，在专业圈子里引起注意，令西北大学担心别的大学会来挖人。多年后才听说，系里去信给校外资深专家时，所得的回信都特强，竟有一位说无须拖延，应该立即把我跃升为正教授。据小道新闻所说，这位就是两次获得诺贝尔物理学奖的巴丁。

一家八口靠我的收入生活。虽说有点自信，毕竟世事难测，不受自己掌握。自从17岁只身来到美国，经历多少年的学习上的波折和工作上的拼搏，这下子养家一事终于足以安心。最可贵的是，父母亲一生颠簸于战乱，辛辛苦苦把三个儿女养大，终于儿子有了"出息"，今后可过安宁生活了。

这头松了口气，那头天真可爱的老婆说："本来就该如此，不懂得你为什么担心！"

第 12 章
较为安宁的教研生活

　　物理系的同事，一半以上不怎么喜欢弗里曼。

　　首先是那群"遗老"。这也难怪，西北大学把弗里曼找来，就是要他重建物理系——把舒服安静却暮气沉沉的单位改造成卫星上天之后那种牛气冲天的物理系。校方在系里投入不少资源，自然抱有很高的期望。弗里曼运用那些资源——特别是大量扩展的人员编制，聘来一群年轻人。新老两群间的文化差异很大，不时在系政上出现争执。

　　其次是高能物理与凝聚态物理间的学术文化差异，对物理系该如何发展持不同看法。再就是高能实验需要大量人员和经费，几个不肯合作的实验组为了争取资源（也为了脸面）经常彼此抬杠；弗里曼挤在中间，难予摆平。

　　某些同事与弗里曼之间怀有心病。麻省理工学院被称为科技界的"麦加"，来自麻省理工的弗里曼讲话一不小心就被一些人说成趾高气扬。说实话，他自己的研究课题创新性较低，被认为只要愿意花钱招来较多科研技术人员，并购置极大量的大型计算机上机时间，就能不断产出成果；因此，虽然他论文发表率和引用率很高，令学校高层侧目而视，却没能赢得同事们的一致赞赏。还有一点：他能说善道，交游甚广，在物理界的某些圈子里很吃得开——这种无伤大雅的事，在反对者的眼里却被看成不务正业。

总的来说，重建后的物理系朝气蓬勃，欣欣向荣。弗里曼委实为学校建下了大功。

我在这当儿回到西北大学，感觉良好。跟着几年里教研工作非常积极，也非常顺利。虽然物理系在我回来前刻换了主任，对我来说，必须感谢弗里曼所建立的基础和气候。

安定下来之前，去了次台湾，得到的是一正一负两种感觉，给我一家留下了长远影响。

☑ 台湾"清华大学"

1970年夏季，第12届国际低温物理学会在日本京都举行。我去参加了一个星期。之后应邀去东京工业大学作了学术报告，在东京待了几天。与1955年坐船到美国时途经的东京相比，不由得惊叹日本重建之快、复兴之猛。同时点燃了回国观察的心情。

当时中美关系全面僵化，祖国大陆又正蒙"文革"之灾，不容回去。但是台湾也属我国，何不趁机去走一遭？怀着这种心情，在离开香港15年后重新踏上祖国的土地。整天到处听到久别的"国语"，倍感亲切。街头铺子里传出来的旋律，一如幼时在上海听到的周璇、姚莉的流行歌曲。虽是短短几天，去乡多年，很是感触。

也带来不少反思。就举一例。台北与美国城市最不同的街景是，晚上10点钟后竟还有妇女在街头独行，分明不担心人身安全。美国人崇尚个人自由，经常凭此批评他人；当时讲到台湾，就说蒋氏如何专制独裁，剥夺个人自由。事实的确如此，这方面并没说错：公开鼓吹不同政见的人当年在台湾确实经受白色恐怖。可是"个人自由"的定义应该拓广到日常生活的每一角落。假如妇女在天黑之后必须留在屋里、不敢单独上街，不也是丧失了个人自由？这样说来，美国不也有另类的恐怖？

文化遺違 新理叢生
研究具審 陶游性情
樂道耽藝 騰蔵菶英
最武諸子 永保令名

梅姑琦題

Θ 梅贻琦与台湾新竹"清华大学"

师兄伍法岳来自台湾，多年来因故不能回家。问题终于得到解决，于是准备暑假回台省亲，并到"清华大学"讲学两个月。我和伊芳决定全家跟他同行。1971年暑期，先把家搬回维尔梅特，再次开着那辆大众面包车，带着老婆儿女长途跋涉，来到加州旧金山湾区的伯克利，把车安顿在朋友沈元壤家后院，然后搭乘留学生常乘坐的折扣包机，一家五口飞去台北与法岳的一家四口会合。

新竹在台湾中部，离台北只50公里。当时台湾的经济还相对落后，交通不很方便。对我们来说，这倒是件好事，因为同去"清华"的还有别人，大家预先约定：除了由法岳安排去中部的日月潭和南部的垦丁公园旅游几天，两个月里必须一心向学，尽可能在科研上为"清华"的物理系做点贡献，决不外出应酬或游玩。

这点说得肯定，做得坚

决，却没有百分之百成功。台湾高层领导严家淦原来是位学者，想见见暑假由美来台的十来位教授，乃在台北设宴邀请，派了小巴来接。诚意难拒。就这么去了一次台北。严家淦的恭谦和风度给我们留下很好的印象，不过人人清楚他只是个过渡人物，不掌实权。

清华是我父亲的母校。1948年北京易手前夕，校长梅贻琦正在南京，之后出国照顾清华在国外的基金。1955年应邀到台湾，为清华在新竹"复校"。翌年继续担任校长，直至1962年去世。他是一位在台海两岸都备受尊敬的学界领袖。

校园设计得不错，那时代算得很现代化。1970年已建立物理研究所，并有个中小型的计算机中心。当时台湾社会士气低落，人人忙着出国，最难能可贵的是有几位能人回来参加建设，包括校长徐贤修、物理研究所所长李怡严，及我在华盛顿大学时的优秀同学陈蔡镜堂。（沈君山1993年回台湾在"清华"任教，兼任理学院院长，更被"民选"为校长。）

那两个月里经常与法岳讨论物理，向他学习。陈蔡镜堂的老家在台北，暑期暂住台北，不易见面。就在去台北那次，他夫妇俩请我们这两对老同学吃饭，特别从餐馆订来一席正宗福州菜。席上九成是海鲜，哪知事前没说：法岳不吃海鲜。原来他年轻时在台湾念的是海军学校，经常出海；伙食餐餐有鱼，却总是十分不新鲜的鱼，从此以后看到海鲜就反胃。面对镜堂夫妇的盛情款待，他很尴尬，我们却吃得津津有味。

在物理研究所结识了后来结为夫妇的一对同学林留玉仁和刘仙，及第一位从"清华大学"毕业的博士生石育民和他的夫人硕士生黄幸美。这四位先后都来西北大学留学或访问。林留是我一辈子里最为杰出的博士生，石育民是我一辈子里最杰出的博士后。

我们受到大学的厚待，分别住在为教授们新建成的独立宿舍，条件绝不比维尔梅特差。走出不远就是小湖畔的师生餐厅，一日三餐吃餐厅外卖。最令我们兴奋的是，每天早上买到久违的豆浆油条大饼，吃得饱饱才去物理所上班。

通过学校介绍，请来一位阿姨。首次有人为我们照料家务，让伊芳度过婚后多少年来唯一的轻松日子。阿姨的大女儿是中学生，受聘为我们三个孩子当中文补习老师。阿姨的小女儿是小学生，每天下午与我们的孩子一起玩耍。就这样立马交上了一家本地朋友。唯一美中不足的是，屋里算是装了空调，可是设计不善、电力不足，多半时间无法使用。台湾夏天炎热潮湿，孩子只穿背心短裤，还是汗流浃背。

发生过一宗怪事。宿舍群的外围有片小竹林，低低的篱笆后面不知哪家养了一条大狗，经常摆着冲出来咬人的姿态。一次果真冲了出来，还在儿子肩上咬了一口。幸好儿子见狗拔腿就走，咬得很浅；更幸好不是疯狗。一场虚惊，无法忘怀。

☑ 台湾之游留下的印象

宿舍里有台电视，每天黄昏播出古装连续剧。我们借此让孩子们感受一些中国的传统文化——假如能把这些比较原始的电视剧称为文化。有那一两部电视剧，主题曲的旋律带有古味，蛮好听的，孩子们摇头摆尾跟着唱，让我俩觉得确定回到了家乡。

电视画面出现一位十六七岁的小姑娘，唱得十分活泼，跳跳蹦蹦，很讨人喜欢。阿姨说她的名字叫做邓丽君：美丽的丽，君王的君。哪想到没多少年后她会大红特红，成为全球华人社会最爱戴的歌星，20世纪80年代还风靡了改革开放后的中国内地。可惜佳人短寿，1995年伊芳和我偶然重游温哥华，就在20多年前初次购买国货的那条唐人街上，隔着橱窗看到电视广播，说邓丽君突然谢世。

据我了解，台北的西门町、台中的日月潭、台南的垦丁公园至今还是旅游热点，日月潭更是"陆客"的必游之地。我们一家三处都去了，可是时间很短，没能好好欣赏。幸好各处有一二趣事给我们留下印象，否则事隔这么多年一定无从追忆。

哪些趣事？西门町的那宗特别简单：不记得伊芳跟哪位熟悉台湾的夫人去了一次台北，特别赞赏西门町一间小馆子里的"极小碗的"担仔面，回到新竹给我仔细描述，说我必须去尝尝。于是去台北那次就带我去找，可是怎么也找不着。谁知道，很可能根本不在西门町！还有呢，虽然担仔面确是台湾美食，各处台式馆子都有，但是像她所说的那种"极小碗的"，却始终没再露面。

日月潭的趣事与日月潭本身无关。正如任何旅游胜地，总有小贩上来兜售纪念品。伊芳与法岳的夫人张青芝都特别喜欢小玩意儿。看中了几条木珠项链，听人漫天讨价，就蛮有经验似的落地还价。可惜两人都不懂讲价艺术，最狠的一招就是微笑着说："再便宜一点，好不好？"边走边闹，相持许久，倒是给她们买成了。两位当了几个孩子妈妈的小姑娘非常得意地跑过来告诉丈夫："10块钱的东西，7块钱就买到了！"大伙继续前行，一段路后又有小贩上来兜售，卖的是完全同样的木珠项链，开口讨价5块钱。伊芳和青芝当场愣住，而法岳与我笑得弯腰曲背。

❸　与师兄伍法岳一家在台湾。左一和右二是他们家的女儿

真正无趣的与这些完全无关，而是那个年代社会上的崇外心态。满街都挂上英文或日文招牌。招待客人一定要捧上可口可乐，不好意思用土产的黑松汽水。大学毕业若不出国留学，连家人都觉得没有面子。在国外完成学业后必须想尽办法留下；若选择回国服务，就被普遍认为书没念好、在国外无法立足。当局呢？对内管制严厉，对外软弱求全。难怪留学生中的有志之士会在这阶段发动钓鱼台运动。

我俩不是在台湾长大，看在眼里，觉得不是滋味而已。两个月后，离开台湾那天，却直接受到崇外心态的冲击。

怎么回事？原来我俩早年出国之际，一个住香港、一个住日本；作为中国人，申请留美时所持的必须是台湾"护照"，入境签证一律盖在"中华民国护照"上。我俩虽然已在美国住了十几年，却一直不愿加入美国籍，于是三个孩子都依法加签于母亲的"中华民国护照"上。

肥水不流他人田，来回都选择搭乘（台湾的）中华航空公司飞机。焉知回程时出了问题。中华航空公司的柜台小姐说："孩子们生在美国，没有美国护照不准登机，否则到了美国会不让入境。"我俩坦然向她解释："离美之前已经仔细问过移民局，说只要随身带好孩子的出生证明，入境没有问题。"她不信。她的上司也不信。辩论良久，直至机舱关门前刻才终于放行。那时所有旅客都已坐定，我们五人被划给仅剩的零星空位，分得很散。还只4岁的二女儿孤零零地坐在远处。幸好她是个个性很强的娃娃，全程乏人照顾毫不在乎。

一场误会，原本无事。无趣的是，正当机舱关门那刻，空中小姐撇了撇嘴，说："孩子明明生在美国，不拿美国护照，真是活该。"此刻我俩突然醒悟：给我们喝奶水长大的中华民国，在自己土地上都已淡出，令我们坚持多年的意识随而破灭。回美不久后申请美籍，放弃了那两本"护照"。

☑ 建立自己的科研组

来到西北大学任教，最初两年里收了一个博士后和三个博士生。第三年客访伊利诺伊大学时，那位博士后已结业他去，只带上三个博士生。回西北大学后，三者之二相继完成学业，各奔前程。打从那时开始，我建立了真正的科研组。科研项目也变得多元化。

前文说过，除纯粹的理论模型外，多粒子物理的研究对象只有几种：库伦体系、核体系、氦体系。库伦体系由带电粒子构成，粒子间呈现最简单的弱长距库伦作用；广被研究的体系包括虚拟带电玻色气体及金属里的电子液。核体系由核子构成，粒子间呈现复杂的强短距核作用；广被研究的体系包括虚拟的核物质及在波霎（pulsar，指天文学里的强磁化旋转中子星）被发现后突然走红的中子星物质。氦体系由氦原子构成，粒子间所呈现的是很简单的强短距相拒、弱长距相吸的作用；广被研究的体系包括遵守玻色统计法的液态氦四及遵守费米统计法的液态氦三。

氦体系是低温实验物理的宠儿，不少性质可以用实验手法直接测量，继而与理论计算所得的结果对照。搞多粒子理论的人，除以实验数据来印证自己的计算结果，还预测性质，建议给实验者去测量。有来有往，不亦乐乎。此外，老天所赐予的两种氦原子，除量子统计法（和不碍事的质量）外，毫无区别；由它们分别构成的两种液态氦乃成为展现量子统计力学威力的最佳对象。

还有呢。液态氦并不孤立，值得研究的氦体系很多：从气态氦——最原始的理想气体，到固态氦——高压下才出现的量子晶体；从性质迥然不同的两种液态氦，到实验可控程度很高的氦三氦四溶液；从常见的三维液体，到吸附于固体表面的二维氦体系；从吸附于光滑的石墨表面的逼真的二维氦流体，到吸附于周期性强的固态氙表面的"赝"二维氦流体。种种有趣的氦体系，可说层出不穷。能够系统化应付所有这些氦体系的理论，不瞒你说，只我一家。同时我们又把自家的多粒子理论与主流的量子场论图像理论挂上了钩。这样说来，手上的科研课题原来已很多元化；也就是为什么三四年里就能在《物理评论通讯》《物理评论》《低温物理学报》上发表多篇论文，在多粒子物理界扎下了根。

说什么也好，氦总还是氦；虽然覆盖面很广，有些人愿吃它一辈子，我则开始觉得有些闷。在拉霍亚那年，做过一些带电玻色气体的计算；来到埃文斯顿后，带印度女博士生做了它的激态理论分析。两个课题都蛮有趣。在厄巴纳那年，为中子星模型做了个计算。虽然内涵并不很深，理论物理界只是在为波霎刮风，凑热闹；不过课题本身倒还新鲜。终于回到西北大学，站稳坐定，眼前放着好几年的安宁科研生活，为甚不在继续攻克氦家族的外围体系同时，瞄准多粒子部落里的新家族，攻占一些新阵地？

打仗需要军队，军队需要弹药粮饷。缺乏弹药粮饷就无法为精兵良将提供给养。初到西北大学时学校所给的科研种子经费很快用罄。幸好开头就学会了如何在同行评议制度下向校内的材料研究中心争取研究经费、向联邦政府的科研基金机构申请项目经费。由于发表了许多论文，某些论文还很快取得界内认可，每次申请得心应手，解决了人员给养问题，得以开始建立自己的科研组。

明明一到西北大学就收了一个博士后和三个博士生，为什么说三年后还才"开始"建立自己的科研组？或许是因为资源到手太快。新将上阵，还没打出鲜明的旗帜，就取得粮草，动手招兵买马，所聚集的难免是散兵游勇。问题不出在军士的水平，而在我这带兵的没有筹划好整套战略，更没学好怎么用兵，怎么成军。幸好战斗力还行，获得一些战绩。

☑　如何筹集科研经费

第一批粮草来自大学所给的启动经费。第二批粮草可要自己去争取。翻阅那时期所发表的论文，发现注脚里经常出现一个叫做"GP-11054"的字样。啊，这个"番号"给我带来无限回忆。直至1972年初，所有论文除声明西北大学材料研究中心的资助外，都带上另一句话："经费来自国家科学基金会的项目，编号GP-11054"。养活一位博士后和三个带上"研究助理"职称的博士生，靠的就是这两笔资助。

攻占新阵地需要能力较高的将佐：更多博士后研究人员，或经验更高一层的访问学者。他们的待遇相应高出不少。因此，若要建立强盛的科研组，除战略外还需要更多粮草。跟着那三年，项目编号变成国家科学基金会GP-29130和GP-39127，经费大幅度增加。资助来源还有斯隆基金会甚至海军研究处。

简单说说美国的科研资助体制。

学术研究经费的极大部分，甚至可说几乎全部来自联邦政府。国内经常有人说美国的企业十分愿意为大学提供学术科研资助，这是误解。一般来说，企业的资助限于合同制的应用研究；对"为学问而学问"的纯学术研究只是偶尔捐助，从百分比来看，作用很小。州政府、市政府等基本上不承担科研项目。

民办的基金会为数不少。有些愿意资助人文、艺术、音乐这些没有明显经济回报的学术项目，也就是政治上难以吸引纳税人支持的项目。有些蓄意挑选特有潜力的年轻学者，给他们一笔经费，任由他们在学术境界里自由发挥。从百分比来看，后者不成气候；但是正因为不求回报，它们犹如奖金，象征性强，社会地位高。

当年的数字说来没用，不如看看近年的情况。

2010年，美国联邦政府所颁的研发经费高达1440亿美元。以领域来分，国防领域占一半以上，约860亿美元；非国防领域约580亿美元，其中卫生科研310亿美元、一般科研93亿美元、航天科研66亿美元、自然资源和环境23亿美元、能源21亿美元、交通运输14亿美元、其他50多亿美元。以性质来分，基础研究和应用研究（即具开发潜力的研究）各占290亿美元、技术开发约占820亿美元、研发设施约占40亿美元。

以管理机构来分，国防领域的自然由国防部主宰，只有不到5%由能源部经手。非国防领域的，由多个联邦政府的科研资助机构分头管理。其中最庞大的是国立卫生研究院（National Institutes of Health，简称NIH），负责分配约300亿美元，几乎一手包办了所有卫生科研经费；其次是国家科学基金会（National Science Foundation，简称NSF），负责分配约50亿美元；再次是能源部（Department of Energy，简称DOE）的科学司（Office of Science）和能源研发司（Energy R&D），分别负责40多亿美元和20多亿美元；此外还分到农业部、商业部等的隶属单位。

大学的科研项目绝大部分属基础研究，成果可以公开发表。主要的经费来源是国立卫生研究院、国家科学基金会及能源部。生物科技和医学领域的申请对象当然是国立卫生研究院。高能物理、原子和核物理、等离子物理等领域可向能源部申请。其他数理化工等学科的主要靠山是国家科学基金会。

有趣的是，国防部里有好几个单位，包括陆军研究处（Army Research Office，简称ARO）、海军研究处（Office of Naval Research，简称ONR）和空军科研处（Air Force Office of Scientific Research，简称AFOSR），也都选择性地资助某些与国防无关的学术研究项目，允许公开发表成果。至于运用什么判据来选择、怎么理解这些判据、资助到什么程度、愿意资助多久……则因人而异，看当时谁当领导，偶然性很强。联邦政府之所以容许甚至鼓励国防部支持这些活动，我想与自由竞争原则有关；美国人主张任何事业都应在竞争中抉择或淘汰，连如何让学术研究资助获得最高效率都难逃离这种文化的影响。必须承认，以上理解只是我的猜测，无事实根据可言。

☑ 斯隆研究奖金和科研团队

斯隆基金会为了激励青年教师，每年度在化学、数学和物理这三个领域里颁发斯隆研究奖金作为种子经费。最初只给22个，每个约是1万美元；后来增加到几十个。金额看来不大，不过当年的1万美元可以购置启动科研所必需的实验仪器。搞理论研究的，除支付大型计算机的上机费用，仪器方面并无需要，乃可拿这笔奖金养活几个博士生。

斯隆研究奖金当时是独一无二既不需自己申请亦不接受个人申请的科研经费，即使金额不大，学界地位极高。事实上至今地位还是很高。很大一部分被颁授过斯隆研究奖金的年轻学者日后被选为美国国家科学院院士。因此斯隆研究奖金为获得者及其所在大学和学系带来不少光彩。

来到西北大学之前，弗里曼自动提出要为我向斯隆基金会提名，可是说了没做，而把提名留给自己科研组里的一位助理教授。当我客访伊利诺伊大学那年，圣迭戈加州大学的布勒克纳为我提了名，很可能伊利诺伊大学的巴丁或派因士亦为我提了名。那时才收到弗里曼来信，说他为我向斯隆基金会作了大力推荐。究竟是谁的功力，很不好说，反正那年夏天接到了来自斯隆基金会的喜讯。

后来有人告诉我，斯隆基金会里的一位评审委员——著名统计力学家里欧·卡达诺夫（Leo Kadanoff）在评审会议上是我最强的支持者。往后卡达诺夫与我相见次数虽不算多，却无话不谈，变成蛮好的朋友，20世纪90年代还来香港科技大学找我，说他任教的芝加哥大学邀请他放下科研，进入高级行政班子，不知道该不该就此"改行"，要我凭身历经验作番分析，给他提些意见。这意见怎么提？我说：行政经验是需要逐步累积的，学问再好、头脑再强、思路再清，缺乏实际经验就一步"登天"未必适宜。不知道这话有没有说对，反正他后来拒绝了学校的邀请。

有了国家科学基金会的科研项目经费，加上斯隆研究奖金，这几年粮饷相当充足。不知什么时候、在什么科学刊物里，看到海军研究处（ONR）对表面波的探讨表示浓厚兴趣，竟异想天开，向海军研究处递去一份简短的科研经费申请书。我们正在研究的氢吸附单层以及日后进入的液氢表面和电子表面，都属极端低温下的物质表面现象，与海军研究处考虑的对象该说风马牛不相及。不知怎的，当时海军研究处的理科负责人很快接受了申请，发来一笔科研经费；数额不大，却是锦上添花。这经费还续发了好几年。上节里我说到美国政府受自由竞争精神的影响，愿意让国防机构资助部分与国防毫无关系的基础研究，或许这就是一例。

凭这些经费所组织的团队，人员来源有四。一是就地取材，在本校里收的博士生，包括尚未毕业的那位美国学生和那位极聪明的印度姑娘、新收的另一位印度留学生和另一位美国学生。二是离开美国回东南亚任教的来访学者，包括原来的博士后沈福基、老同学陈宏达和他的夫人刘木森及他们的一位马来亚大学同事。三是在台湾"清华大学"结识的能人林留玉仁和石育民。林留玉仁来当博士生。石育民是毕业于"清华大学"的第一位物理学博士，来当访问学者；石育民的夫人黄幸美是"清华"的物理硕士，也来当访问学者。四是从美国大学里招聘来的博士后，包括来自华盛顿大学（西雅图）土生土长的美国人罗伯特·科德威尔（Robert Coldwell）和来自石溪纽约州立大学的澳大利亚人大卫·罗伊（David Lowy）。

不算我自己，共13位科研人员所组成的团队，分别出生或成长于英国统治下的香港、与祖国大陆分隔的台湾，以及美国、印度、新加坡、马来西亚、印尼、澳大利亚，像个小联合国，虽然华人占了一半。这就是美国学界尤其是物理界的特有现象。

☑ 一则有关个人科研的小插曲

不是说要干科研就必需这么大的团队。物理学发展史上，最重要的理论突破都出自个人。当然，此一时彼一时；打从20世纪20年代量子物理在哥廷根冒了出来，科学发展走上了飞跃猛进之路，变成群体活动。飞沙走石，百花齐放；竞争也好，合作也好，大多在人才集中、讨论切磋的氛围中进行，即使突围者看来属单枪匹马。我反正没有石破天惊的本事。自己心里明白：能力较强处是步步为营地发展一套理论，系统化地把它运用于不同方面。调派适当的话，或能组成一个学派。对我来说，干什么事都在乎团队的精神和功能。

说也奇怪，组织团队之际，打响的第一炮却与团队无关。

能够灵活处理各种量子多粒子体系的理论，只有相关基函数这一学派。而相关基函数理论的出发点是计算玻色子体系基态的相关波函数（Correlated Wave Function）。研究N粒子体系所用的相关波函数素来是N（N–1）/2个相关因子的乘积，而每个相关因子是个两粒子函数（两个粒子的位置坐标）的函数。应该问：真正的多粒子函数哪有这么简单？哪能就写成两粒子函数的乘积？这个相关波函数显然是种近似。

相关基函数理论为改进这种近似提供了一条颇见成效的大路：就像处理理想气体那样，首先取N个单粒子平面波的乘积，组成一套完整的基函数；让每一个基函数乘上上述的相关波函数；然后拿这套"两粒子相关基函数"进行量子微扰计算。用这方法计算液态氦三的基态时所遇到的最大毛病，一是这组相关基函数缺乏正交性，二是微扰的修正系列不肯好好收敛。经过好大一番手脚，用非正交微扰法把两种毛病相织对消，才解决了困难。

可以想象：假如作为出发点的相关波函数用的是三粒子的相关因子——就是说，向真正的多粒子函数走近一步，应该得到较好的近似。这个观点可以通过理论分析在形式上证明。分析的方法是以这么一个相关波函数为起点，用变分法寻求最佳的三粒子相关因子，然后计算变分法所得的基态能，逐项与"两粒子相关基函数"

的微扰系列比较。

这样复杂繁琐而又不牢靠的课题，我不敢让学生去冒险，于是就自己动手了。

动手分析的第二天，上飞机去旧金山参加为期四天的物理学会年会。登机坐定，立刻拿出笔记本马不停蹄地继续运算。航班出发略有延误，路程又长，五个小时后才到达旧金山机场。就在这五个小时里，理顺了运算上的两处纠结，感觉特别舒畅。出到机场，坐上出租车去酒店，途中细心思考运算步骤。进到客房，一头钻进笔记本；跟着那三整天几乎没出过房间，废寝忘食把题目做完，发现果然单就变分法已经拣到一系列"两粒子相关基函数"的微扰修正项。这样说来，开头就用"三粒子相关基函数"的话，非正交微扰的修正项应该小得多，修正系列应该收敛得很快。

第四天上午，走出客房，赶到会场，大会已接近尾声。只在会场待了几个小时，与熟悉的同行打个招呼。他们异口同声说："还以为你没来旧金山呢！"

这条课题做得干净利落，一回到大学就送去《物理评论通讯》，被接受得特快，发表得也特快。应该是相关基函数学派的一大突破，并为多粒子理论的实际应用开辟出新路子。可惜最适合做数字计算的老朋友梅西当时已经在布朗大学卷入学术行政，而我自己既不愿意花时间做这类数字计算，又正在建立团队聚集力量进攻新阵地。虽然赢了几年来最令自己满意的一场战役，却乏力乘胜追击。此时我预见这学派将后继无人。

科研的范围无边无际。火起火灭，飘忽无定。这种际遇在科研事业上屡见不鲜。

第13章

系重要，还是家重要？

系主任在家为来访的贵宾举行酒会，同事们都带夫人参加。带上"夫人"？可见系里没女教授。那个年代经常如此。事实上至今还经常如此，物理系多半缺乏女教授。有位夫人对我说："你这个人挺奇怪的，怎么把自己家里的下一代都当作学生？"我听不懂她的问题，老婆就跟我解释："你闲聊时总用错字眼，明明在讲家里的孩子，却把儿女说成'学生'。"话就这么传了出去，同事们笑我不着家，心里只有学生。

可不是？每天清早到午夜，除了傍晚7点到7点半回家吃顿晚饭，其余时间都在学校。科研团队连自己在内共14人，虽则四位访问学者只来短期，还有九位几乎天天见面。

父母亲住得远时，我每星期天带上儿媳妇和孙儿女驾车去看他们，陪老人家吃顿饭。从厄巴纳回维尔梅特后，幺妹留居厄巴纳读大学，父母亲住进对街的屋子，随时可去探望，于是星期天的常规也就中断了。

偶尔咬紧牙关，打定主意在双休日里抽出半天陪家人在花园里玩玩，或在地库里打两小时乒乓球。要就是与父母亲外出吃饭，打场牙祭。偶尔吃完晚饭在家里坐个把小时，听听孩子玩音乐。除此之外，真的几乎没怎么看到过孩子。他们小时候是个什么样子、怎么长高长大、学业是好是坏，这些请都别问，我实在不记得。或许该说我根本不清楚。

当爸爸的没负上一点责任，这是我的终身遗憾。贤妻良母一切都为我担当着，还在别人面前说我怎么怎么为人为家勤奋工作，试图为我开脱。

那么，对学生有没有负上全责？上章的标题是"教研生活"，可是并没提到上课的事，那为什么不索性说"科研生活"？大抵所谓一流的研究型大学就是这样，虽说教研并重，但"研"的比重超大。当然，研究生也都是学生，带博士生、博士后，甚至访问学者，也都是"教"，性质不同而已。这种"一对一"的传授远比上课辛苦。

科研强的人往往对别的事也一丝不苟。就算每周只在课堂上讲几节课，一般对学生还是蛮负责任的：仔仔细细备课、出题目、改作业、测验、考试，加上规定时间在办公室里与学生进行个别答问或讨论。所花的时间相当可观。

肯定能够忠实回答：我对学生负上全责了。

☑ 三位博士生的故事

团队里的博士生和博士后各有性格。

那位印度姑娘名叫阿恰娜·巴塔恰里亚（Archana Bhattacharyya）。她用的是丈夫的姓，娘家的姓只听到过一次，好像是Chatterji（恰特基）什么的，反正一听就知道是（印度的）孟加拉人。不知道是先天基因还是后天教育，孟加拉人似乎逻辑推理能力特强，分析能力也强，特别适合念理论物理。三年里我让她涉及几方面的课题，都没难倒她。最后写成一篇扎实的博士论文，并与我在《物理评论通讯》和《物理评论》发表过三篇论文。

阿恰娜的丈夫也在西北大学念物理博士学位，跟上了著名的固态理论教授昆登·辛桂（Kundan Singwi）。夫妇俩住得离校较远，不很了解他们的生活。只是一次，发现她突然放弃了印度妇女爱穿的纱丽服，穿着牛仔裤来上学。我笑说："啊，终于入乡随俗了。"没过多久，又突然放弃牛仔裤，恢复原装。这次我没说笑，因为猜到她复装的原因：印度"原爆"试验成功，引致美国政府谴责，她以民族服装来表露爱国之情，并作无声的抗议。

夫妇俩学成回国，据闻丈夫进了著名的科研机构塔塔基础研究院（Tata Institute of Fundamental Research，简称TIFR）。阿恰娜进了哪儿、干不干科研，好几年都没有消息，也没有发表论文，看来在育儿养家。网上查到，她后来蛮有成就，已从印度地磁学研究所退休，是印度国家科学院的院士。

那位新收的印度学生叫做苏地普·恰克拉瓦迪（Sudip Chakravarty），又是一位（印度的）孟加拉人。正如上面所说，逻辑推理能力特强，分析能力也强。与阿恰娜不同的地方是，跟着能力而来的是能言善辩的脾气和极强的自尊自信，甚至强到容易与人争辩吵架。他博士资格考试成绩极高，可是由于脾气不好，好一阵子没有教授愿意收他，给他造成很大困难：找不到博导就没有助研职位，也就拿不到助研金，生活没了着落。系里不能这样对待他。

他来找我。我们诚恳坦白地谈了一小时，我同意收他。一些同事和熟悉他的同学都劝我重新考虑，我说不考虑了，就这样办。过了两天，他怒气冲冲来打门，说："不收就不收，我不在乎。"事出无因，也就让它过去了。

由于他的兴趣似乎偏向时髦的粒子物理和天文物理，起初我让他做一条中子星的计算；很快完工，在专业学报《核物理》发表了论文。跟着我正与团队走向新阵地，特别是开始走红的液晶物理，于是就让他研究二维液晶的短距相关；又完成两篇论文，发表于《物理评论》。这时他看了我的三粒子相关波函数论文，对纯理论分析产生了兴趣，说还有个做法能把这分析广义化；果然是个另外做法，虽在推广时碰到某些难以解决的纠缠。最后，当团队攻向金属电子液之际，让他用变分法观察电子关联。这两个课题又分别在《物理评论》发表了论文。作为新博士，在好几个领域里发表多篇论文，让我信心十足地把他推荐去康奈尔大学当博士后，进入多粒子理论领域第三个胜地。

之后他又在圣迭戈加大当了两年博士后，继而去石溪纽约州立大学（杨振宁任职多年的大学）任教，获得斯隆研究奖金，连续升至正教授。1989年转到洛杉矶加州大学，担任讲座教授，在高温超导理论方面颇有建树。这些年来，他与我和过去的同学们始终没有来往，据闻脾气还是不怎么好。

回顾我的教研生涯，突然发现没有收过多少美国学生。不是不想收，而是西北大学物理系里的博士生大半是留学生，尤其那些理论基础较强的。妙的是第一个美国博士生叫做迈克尔（Michael），第二个又叫迈克尔。更妙的是，第二个迈克尔姓Lee；那个年代大多数姓"李"的台湾人或香港人都把姓氏拼成Lee。于是迈克尔经常笑说：有人来访问我们团队时，或在他处参加物理学会会议时，见到这个金发蓝眼的青年总会一愣，问他是否真是那个姓Lee的，又问为什么不是华人？

这位迈克尔——怎么说呢，有点好高骛远。他的底子不坏，可是眼界甚高。他认为值得做的课题，我怕他数学和理论基础不足；能做的，他觉得别的博士生也在做，不够创新。我让他跟一位博士后学艺，以氦单层的固态化练功。之后让他单独进攻液晶，做了个统计力学的计算。两者都发表于《物理评论》。虽然团队在液晶理论上大施拳脚之时他没跟上，错过了大好机会，不过博士论文的内容不错。我把他推荐去多粒子物理方面拥有好几位后起之秀的俄亥俄州立大学当博士后。其后他在著名的纽约大学科朗研究院进修两年，继而在美国液晶物理发源地的肯特州立大学任教，直至退休。

☑ **两位博士后的故事**

来自西雅图华盛顿大学的博士后罗伯特·科德威尔被称为怪人。他喜欢交谈，与人相处得不错，"怪"不在脾气，而在一门心思打计算机的念头。进入我的团队，看到三粒子相关波函数的论文，觉得大可应用于液态氦的数字计算上。于是与我设计了一个三粒子关联程序，上大型计算机，看这种关联对液体结构函数的影响。虽然新鲜到能在《物理评论通讯》发表，可是我始终不觉得闯入了什么新境界。

当团队踏入液晶物理时，我对统计力学研究者滥用硬柱模型和平均场近似法解释相变感到很不满意。与他提出这个问题，他立刻说，如果我愿意让他运用一组球形硬柱来代表简单的液晶体，相信他有办法用数字模拟法计算这模型的（与相变有关的）自由能。试试无妨。哪知不试则已，一试就很快把团队的计算机经费几乎用罄，令我赶快叫停。

他说，既然动了手，就上了瘾，不能停。坚决让他停的话，只好告一段落，把论文发表于《物理评论》，然后另找出路。于是他在西北大学只待了一年，就在佛罗里达大学找了一个任他运用大型计算机的职位，扬长而去。

扬长而去，不是拂袖而去。来得轻松，去得轻松。很多年后还继续与我们通信。他那一脸福相的夫人，每年寄圣诞卡给伊芳，仔仔细细通报罗伯特的工作近况和威史。最有趣的是，他很坦诚地告诉我：家里很有钱，并不需要那份博士后的薪金。来我这儿，所看上的一是我们概括很多领域的多粒子体系，让他可以找许多不同体系干数字模拟；二是据说西北大学有特大型计算机让他使用。这些都是他的博导（一位很著名的核理论物理家）告诉他的。

他还教了我一套资本主义的经济理论，举了一个例：他家发的是国难财，来自通货膨胀！怎么说呢？他父亲是位木匠，能动手盖楼。他从小与父亲一起造房子，资金以按揭方式从银行借来，付的是30年期的固定利息。每造一套就租出一套，所收的租金跟着通货膨胀上涨。由于利率是固定的，通货膨胀不影响他们的成本。因此通货膨胀越厉害，租金越上涨，他家就越发财；道理简单得很。还有，万一房屋供过于求，租不出去，银行也不会让你破产。因为你万一破产，银行向你收回一大批房屋，不懂得如何管理，反而自找苦吃；因此银行一定会想尽办法为你周转，帮你起死回生。

来自石溪纽约州立大学的博士后大卫·罗伊也是个蛮有特色的人物。性格和态度与罗伯特相反——不是略有差异，而是180度相反。罗伯特人虽瘦弱，却大摇大摆；粗犷有余，心地纯朴；生长在美国西北部的大城市，外表和举止却活像一个来自西南草原的牛仔。大卫矜持庄重，却幽默潇洒；自信有余，却谦和善良；生长在澳大利亚，外表和举止却活像一位来自英国伦敦的绅士。

两人都以英语为母语；罗伯特起草的论文，被我改得体无完肤；大卫起草的论文，修辞无懈可击。不是说我的科研团队像个小联合国吗？大伙讲的英文都能过关（虽然有那么两三位略需拉扯），可是写的英文很不专业，连土生土长的美国人所写的都需大改特改。最令我头痛的就是几乎每篇论文都得亲自从头写过，忘了是在当物理导师还是英文老师。只有大卫所写的，除了修整逻辑之外，我可以一字不改。

早先说科研经费的来源，不幸忽略了一点：大卫本身也是个来源。怎么说呢？原来他念完博士学位，赢到了一个国家科学基金会的研究奖金，可以自己选择去哪儿当博士后。他的博导是著名的核理论教授杰瑞·布朗（Gerry Brown），不久前才"改行"做凝聚态物理，并进入多粒子理论。布朗建议他到我这儿来"深造"。由于他有固态物理和核物理的底子，我让他专心做量子晶体理论，探讨液态氦的固化，并为中子星探讨核物质在极端高压下的固化。虽然两年里仅完成三篇《物理评论》论文，但是做得扎实，帮他获得南加州大学的教职。

作为澳大利亚人，他是个运动健将。夫人打得一手好网球。西北大学物理系举行过一次教职员和家属的大比拼，结果所有男网球手都向她俯首称臣。特别令人信服的是她当时已经怀孕七个月！（我在一旁捧场，指出澳大利亚的代表性动物是袋鼠，捧着大肚子跳跃奔跑不足为奇。）

澳大利亚人迟早有归国的念头。果然，他在南加大只待了三年就回到新南威尔士大学任教。令我注意的，一是他当了大半辈子的大卫·罗伊（David Lowy），后来改名为大卫·尼尔森（David Nielson）；据闻是在继父过世后恢复了亲生父亲的姓。二是放弃了国际一流研究型大学的教席，移民去了意大利，在卡美日诺大学（University of Camerino）当讲座教授；据说这所创办于1336年的大学文化色彩特浓，适合大卫这位文化人。

☑ **两位虎将的背景**

那几年里，最让我得意的是两位来自台湾的"虎将"：一是林留玉仁，一是石育民。

来自台湾"清华大学"的林留玉仁，无疑是我毕生最强的博士生。他是台湾本省人，双姓林留，并非一般的复姓，而是按照本地传统，以独子的身份继承父母香火，为两家传宗接代。姓名稍微长了一些，于是大家叫他"林留"。

我在"清华大学"那两个月里认识了他和他那位也念物理的女朋友刘仙。两人青梅竹马，既是多年同学，又是天生一对。当时想一同申请来美国念研究生，担心不能被同一所大学录取。看到他们的成绩，两人又都那么聪明勤奋，我说没有问题，肯定能来成西北大学。果真如此，秋天牵着手来了。

林留实在是聪明过人，思路清晰，能想善算，最适合搞理论物理。可就是不会说。什么意思？谦虚老实，从不夸张：这是中国人的美德，但在表现欲特强的美国社会里难免吃亏。想得比讲得快，也就是说，讲得比想得慢，吃亏；英文发音较差，吃了大亏。他的物理论文比苏地普强，我为他写的推荐信也远比苏地普的强，可是康奈尔大学虽请他去面试，却没聘他当博士后。估计问题就出在不太会讲。幸好南加州大学的著名日裔超导理论家和美希（Kazumi Maki）赏识他的才华，聘了他当博士后。和美希本人学问深邃但也不善表达，拉得一手好小提琴，还能唱德文歌剧。

亦来自"清华大学"的石育民，无疑是我毕生最强的博士后。石育民也是台湾本省人，背景却甚独特。当年在台湾，像他这样理科基础这么强、思想这么敏捷的青年，大学毕业按规定接受两年军训后，一申请到国外大学的助学金便出国留学。（大家都知道这不是健康社会应有的现象，可是当时的台湾就是这样。）而他却是班里唯一出不了国的人。为什么？原来他家有段辛酸历史：父亲在日治时期潜往大陆抗日，台湾光复后回台参与建设，与进步分子交往甚多。"二二八"事件后，台湾进入白色恐怖，他的父亲和叔父因"匪谍"嫌疑被捕，关在后来被称为"绿岛"的火烧岛上。家属一律不允许出国。

石育民在这种情况下就读于"清华大学"，边当助教边念博士学位。1970年前后，被长期囚禁的父亲和叔父终获释放，家人跟着解禁。我在"清华"那两个月里认识了他和他那位也念物理的夫人，与他们一见如故，并非常佩服他的思维和才华。于是立即请他们来西北大学，以博士后和访问学者的身份合作科研。其实当时我已聘了好几个人，科研预算都全报销，幸好正巧来了斯隆研究奖金，才能拨出部分经费资助他们来美。第一次来了两年，然后回台任教；其后断断续续来过几次。

石育民、林留玉仁和我，可以说各有所长，也各有所短，配合得非常贴切。有时候三人自嘲为"三个臭皮匠"。虽然没有凑成一个诸葛亮，却为团队打开了局面，从攻克氢家族的外围体系开始，逐个瞄准多粒子部落里的新家族，进入了多粒子物理和统计力学的新阵地。这些将在后文简述。

30多年过去了，回顾科研生涯，我十分缅怀三人这段时期的精诚合作。

☑ 联手进入新阵地

与石育民和林留玉仁合作的科研工作令我那么兴奋，不能不稍写几段，但是毕竟不在写科普，必须适可而止。就这一节。读者如无兴趣，跳过就是。

我与石育民合作前后约有四年。一开头就同时走入三个不同领域。一是当时低温实验物理学家特感兴趣的课题：稀释氦三氦四溶液的表面态；用早先的说法，这算是"氦家族的外围体系"。二是液态氦内的电子泡在压力下的结构；这个课题开始把我们的注意力引向电子层。三是液晶的相图（phase diagram）；陈宏达与我研究了氦三与旋子的作用如何影响氦溶液的扩散常数，以此告别低温物理，加入石育民和我的战团，一起开拓崭新的液晶战场。短短几个月里，我们以这三条课题在《物理评论通讯》发表了三篇论文，在《物理评论》发表了一篇论文。

液晶本身并不是什么新物质，只是很多年来的实验工作都属化学性质的观察，相当平凡。20世纪60年代末，一些物理界的能人运用精密的实验手段研究其相变，发现了不少饶有趣味甚至从未预料的现象。

液晶的分子缺乏球形对称，因此它的变数除位置外还有方向。由这类分子所组成的体系，除位序外还能呈现向序，令其超越按位序而定的气、液、晶三态。譬如说，分子流动自由，群体缺乏位序，是为液体；而在某些条件下，组成这液体的长形分子可以偏爱某个方向，令群体呈现向序。若无序为液，有序为晶，则体系的这个物态非液非晶，亦可说成既液又晶，乃称之为"液晶"。还有更

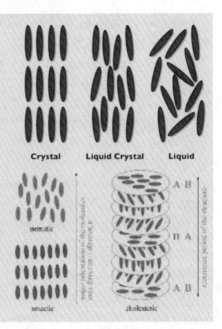

⊖ 长形分子组成的体系：呈现位序和向序的"晶态"、无位序而有向序的"液晶态"、既无位序又无向序的"液态"（摘自 *NSDL Materials Digital Library*）

Crystal　　Liquid Crystal　　Liquid

⊖ 向序和位序交织的几种液晶态：向列型液晶、层列型（或称近晶型）液晶、胆甾型液晶（摘自 *Glossary of Nanotechnology and Related Terms*，作者为 Evgeny A.Goodilin 和 Oleg A.Shlyakhtin）

复杂的分子群体组成更特别的液晶，这儿不谈了。

从理论角度来看，液晶为物理界带来新的物态，因而多种新的相变，简直是统计力学的宝库。从应用方面来看，这些相变中蕴藏着新的机制，通过精湛的研发，或可创制显示器。这双重动力把液晶物理推向科研前台。

就在这当儿，林留参加了阵营，为新组成的液晶团队增加了生力军。我们持学习态度来研究、改正、发展先驱者的工作，包括他们的现象理论到平均场论。跟着试作数字模拟计算、考察分子间的短距关联、分析相变的实验数据……最后以整套分子理论为武器，大举进攻，走向高潮，遍及向列型液晶、胆甾型液晶、胆甾型混合物以及各种液晶间的相变。

全球进入电子消费品突飞猛进的年头，新产品的科技开发成为主动力；液晶具多端显示功能，一瞬间变成工业界的宠儿。应用研发固然受惠，学术研究亦获得注意和支持。可惜水能载舟，亦能覆舟。没多久，应用方面，除最简单的显示板，生产上出现了几道难关。投资最大的公司退出舞台，液晶的热潮顿时冷却，学术界也就很快恢复了以往的"安静"。

约莫十年后，液晶显示科技出现了一系列的突破，逐渐控制了包括电视机和手提电脑在内的平板市场，可是并没引来学术界的共鸣。我的看法是液晶物理火得太快，理论界没来得及培养青年人才。一些有本事的"老将"不是来自纯统计力学就是来自流体力学。前者惯于以漂亮的数学方法处理"干净"的抽象模型，例如点、线、球，甚至硬柱，不屑面对"肮脏"的链状分子；后者则很快就发现传统的宏观方程和分析技术于此疲弱无力，又懒于像我们那样重起炉灶。于是这场火烧得快，灭得也快。

石育民的强点在他的物理直觉。他能够一眼看到某种体系性质的要素，或实验现象的内涵，还能躺在沙发上或床上看着空气胡思乱想，猜测理论计算的结果。把这些猜想笑吟吟地说出来时，不很有条有理，也不一定讲得出个道理。一度在"清华"当过他学生的林留特重逻辑，听到一半会被他气得口出不逊，大声喝住。我得忙着做和事佬，替石育民当"翻译"，以自己的看法解释他的用意，把用意造成模型，然后系统化地用数学导出。林留的强点不仅是在石育民的猜测和我的模型里挖掘毛病，还会以捷径来简化我的数学推导。我经常在别人面前说，我需用三四张纸做出的推导，林留一张纸就够了。

以上的说法固然略嫌夸张，但是还蛮真确地描述了我们三人的完善配合。

☑ 孩子全由妈妈一手带大

家里一切大小事情，包括衣食住行、收入支出、购物付账，全由伊芳干。孩子的学习和课外活动、老小的医疗和按时体检等也全由可爱可敬的伊芳一手包办。她既是慈母，又是贤媳，兼任家庭教师、阿姨司机。一位西方教育下成长的活泼女孩，竟变成中国传统里的标准主妇!

孩子也真带得不错。现在这代人，尤其在我国晚婚独生情况下长大的一代，无法意会一位年轻妈妈带三个孩子有多辛苦。伊芳方方面面尽心尽力，照料周全。第9章里写过六条教养孩子的大前提，好像在向"虎妈"挑战。这儿再做些补充。

那儿所说的前提之一是以汉语为母语，名字用中文的汉语拼音；之四是必须以作为中国人自傲、自信、自立、自卫。有些效果，举一事为例。

儿子回到维尔梅特，上三年级。恰巧老师是位退役女兵，在越南打过仗，思想很反共，跟着难免反华。一天，在课堂上描述共产主义多可怕，接着就问有谁愿意住在共产主义的中国，然后请不愿意的学生举手。除了三个孩子，全班都举了手。老师不大满意，不太高兴，问那三个为什么不举手。两个美国孩子立刻回答说他们没听清楚问题。第三个——我们的宝贝儿子——不愿屈服，答道："我没在共产主义的中国住过，没实际经验，不能举手。"老师大怒，说："你没从三楼跳下去过，没实际经验，为什么不跳?"跟着把儿子赶出课堂。

儿子回家后，蛮冷静地把这件事告诉我俩。我们立刻打电话去老师家，准备兴师问罪。哪知老师回家后已经想过，发现自己犯了错误，在电话上向我俩和儿子道歉。这事对我们来说很有意思：一是少数民族必须自己站稳阵脚；二是是非需搞清楚，对的要据理力争；三是愿意认错的老师值得尊敬。

第9章所说的前提之二是孩子们必须好好学习，打好自力更生的基础；不仅在校内要用心用功，课余也得学习。不是不让玩，而是不浪费时间：学的时候学，玩的时候玩。前提之六是儒家思想下的家庭教育：家有家法，学什么、玩什么，父母亲多提意见。

儿子主动性强，小时候喜欢看鸟，自己看书认图，能分辨不少鸟类。连钢琴和萨克斯管基本上都是自学，到厄巴纳后才请过一阵子老师。回维尔梅特后不知怎么玩上了魔术，不时为家人来次表演。高小时开始爱上业余电子。大女儿则对这些都没兴趣，除了画图就是看书，一回家就把头埋在童话和小说里，寻找她的梦幻和仙境。二女儿则是天生的体育家，人小腿短，却能跑能爬。勉强够高时，就天字形地按着门框从地面攀到天花板。坚持骑成人的自行车，身子左一歪右一倾，蹬着踏板前进。看到这模样，妈妈把她从小就送去学体操，成绩相当不错；可惜在一次练习中受了伤，体操生涯就此结束。

⊕ 玩归玩，书还得念，乐器也得学，还须一起吹打，这是早年"虎妈"定下的规矩

音乐、艺术、体育，我们让孩子各就所好，但约法三章，学就得好好学，练就得好好练，不许偷懒，不让半途而废。

第9章所说的前提之三是凡事以和为贵，不鼓励过分竞争。前提之五是让他们自幼学习民主团结。

前文说过，一大三小在地库里打乒乓球。为了提倡团队精神，建议双打。为了减少竞争，以能保持多久为尺度，推动合作。可惜未见成效。另试一招：在后园里打一种像棒球那样国人未必见过的塑料球，叫做Wiffle Ball（有译为"威浮球"）。建议不作比赛，每人轮流打几棒，累积四人的"安打"次数，争取总数一轮胜过一轮。读者，你可没猜错，一人失误，就被别人责怪，争论不休。唉，在这"物竞天择，适者生存"的社会结构和文化思维里，多难营造"以和为贵"的气候！当爸爸的就是不行。

还是妈妈的家庭教育见效。三人都学乐器：儿子弹钢琴，大女儿吹笛，二女儿拉小提琴；于是就鼓励他们偶尔一起排练，一起"演奏"。排练时有商有量。意见不同时，妈妈鼓励他们妥协，要就让少数服从多数；运用两种不同的民主方式。合奏本身势必和谐协作，自然带动团结。可惜妹妹们的音乐天赋不足，三人里两位南郭先生，难成乐队。

☑　**伊芳上医学院**

妈妈最关心的当然是孩子的健康成长。

儿子小时候有先天性气喘病；不常发病，但是发起来上气不接下气，蛮可怕的。做妈妈的总能平心静气，拿个空纸袋，教他怎么向着纸袋吹气，调节呼吸。这病最让我俩操心的是，在厄巴纳那年找到个庸医（或许不该这么说他），请他诊断。他坚持毛病出自食物过敏，要用针刺法在皮肤上做一系列测验，以此判断什么食物令他过敏。去了一次又一次，说这样过敏那样又过敏，剩下没几样可吃的东西，几乎搞得营养不足。

幸好回维尔梅特后另找了位医生，只做了一次测验，就说以前那医生胡说，其实什么都能吃。逐渐长大，气喘病也就逐渐自动平息。伊芳从小就想学医，可惜嫁给我这不成材的男子汉沙文主义者，被耽误了。经过儿子这场经验，更想学医了。

两个女儿身体很好。大女儿贪吃糖，偷偷在橱里找到，吃了还藏。妈妈好几次洗衣前发现女儿口袋里有融化的巧克力或果糖。小女儿乖，不干这类坏事，可也出了一次事，让我俩虚惊一场。出的是什么事呢？嗯，又是庸医误人。

一次晚饭，被鱼刺鲠在喉头。我俩记得小时候家里教的老办法：含一小口白饭，使劲吞下去，让鱼刺跟着卷下食道。不管用。（不记得是否记错了，请读者千万别试。）做爸爸的慌了，把她倒提着猛抖。当然也不管用。急急忙忙驾车送到埃文斯顿医院。晚班医生正在巡房，急救室里只有医科实习生值班。这位护士们称之为"医生"的青年立刻让照X光，折腾好久，什么都照不到。有点医疗知识的伊芳小心翼翼地对他说：鱼刺不是骨头，X光应该是照不到的。"医生"一想，确实不对，急忙用传呼机把晚班医生找来。真命医生一到，先让爸爸镇定下来，然后拿把小钳，打开小女儿的嘴，不消五秒钟就轻轻地把鱼刺夹出。大事化小，小事化无。

伊芳没说话，心想："这样的实习生能念医科，我肯定也能念。"再次动了学医的念头。

美国的医科是研究生课程，不管你本科主修什么，只要念过为数不多的几门"医学预科"（pre-medicine，简称pre-med）必修课，通过统一的"医科入学考试"（Medical College Admission Test，简称MCAT），就可申请任何医学院。每所医学院自主招生，自定标准，除看MCAT的考绩外，还看本科成绩，要求面试。录取率极低。1972年春天，伊芳在西北大学化学系补上一门有机化学，考了MCAT，秋天上医学院。

说得轻描淡写，事实上极不容易。

伊芳的学习成绩历来不错。不过毕竟本科毕业已有多年，生了三个孩子，当了十年家庭主妇，学业荒废不在话下。MCAT考得差强人意。芝加哥只有两所一流医学院，一是芝加哥大学，一是西北大学，申请者非常之多，竞争十分强，照说是不可能录取她的。进入暑期，突然西北大学的医学院来电，说是请她面试。看来大概临时有位被录取者因故放弃，加上看到我是西北大学的同事，于是决定不妨见她一面，再作主张。

　　面试归来，伊芳说不会有希望，因为三位当面试委员的教授一开口就泼冷水，说四年医学博士的课程非常艰难。第二年开始，除上课和做实验外还要实习，一年比一年苦。学业荒废了十年、三个孩子的妈妈，哪跟得上？还有呢，孩子由谁来带？从他们当医学教授多年的经验来看，她最多能挨上一年。干什么申请？好好的日子不过，何苦？

　　唉，他们说得一点没错。不过伊芳不同常人，生就一颗悲天悯人的赤子之心：从小想当医生只有一个目的，就是要解救病人；学成后只想一辈子在公立医院为低收入家庭服务，不求优厚待遇。反正生活朴素，要求不多；丈夫已在大学取得终身教职，一家人不愁衣食。

　　这场面试带来转机。教授们原来只是"不妨见她一面"，结果被她的真诚打动，仅仅几天后又来电话，告知佳音。32岁的伊芳抱着既高兴又担忧的心情，毅然重拾学业。

第 14 章

教授生涯：留学生的美国梦

接弗里曼班当物理系主任的米勒是位教研双优之士。他在伯克利加州大学领导一个高能实验班子，是该校物理系的台柱之一。被弗里曼聘来，还带上班子里的几位得力助手。

不要以为美国的大学里没有权势之争。弗里曼与当过16年系主任的M教授关系不好。米勒的到来，一个说法是弗里曼用以夷制夷的手段来对付原系主任领导下的高能实验班子；另一个说法则是弗里曼看到系里的高能科研日渐衰落，决心引进高手，加强队伍。我深信后者。因为一则米勒是众所周知的好好先生，不搞内斗，不会变成弗里曼的斗争帮手；一则米勒到西北大学后帮弗里曼招来杰隆姆·罗森（Jerome Rosen）——一位与原系主任相熟的能手。

高能实验物理界不乏好斗的领军人物。一方面因为这种科研组往往很庞大，领军者除学识外必须兼有过人威信，才能服人。一方面因为界内竞争极强，领军者既要会搞经费，又要能争取到巨型加速器的上机时间；这样的人往往强悍自信。米勒不属此类。或许正因如此，令他不能或不愿久居旧金山湾区的两大高能物理势力范围（加州大学和斯坦福大学）。

啊，加州人毕竟有些"另类"。米勒带来的不仅是科技，还有那自由自在、生动活泼、风趣倜傥的加州文化。他的夫人是位业余

⊖　1962年建成的斯坦福直线加速中心（*Stanford Linear Accelerator Center*，简称SLAC），其直线加速器长度超过3公里

话剧演员，谈吐举止极具风韵。夫妇俩出入相随，形影不离，在相对保守的西北大学和埃文斯顿顿时引人注目。米勒以此为乐，却又经常促狭地说："怎么这个物理系里竟找不到一对离过婚的夫妻？你们实在太闷、太土、太落后。"

弗里曼在系里的政治纷争中受足闲气，终于鞠躬下台。米勒接任系主任。教研双优固然是当学术行政人员的必需条件，却不是足够条件。米勒干得只是平平，三年里没大作为，煞住了弗里曼管治时代的那股冲劲。

☑　怎么就当上了正教授？

作为系主任，米勒通过对我的待遇给系里同事两个迥然相反的信号。

第一个信号来得很突然。从厄巴纳回西北大学一年后，他把我叫进办公室，说下学期要我教两门课，也就是说加多一门，并且还是很重的一门：研究生的电动力学。

一星期只上六节课，并不很多；只是违反了物理系的常规。科研成绩优良、带上两三个博士生或博士后的教授，通常每学期只教一门课，也就是3~4课时。科研平平、不带或只带一个博士生的，两学期总共教三门课。科研欠佳或已无实际内容、带不上博士生的，要就每学期教两门课，要就负责工作量繁重的普通物理实验课程。这样的工作分配方式常见于研究型大学，目的是让各人的教研工作总量相似，求取平衡和公平。

研究型大学的教授，包括科研欠佳者，毕竟都曾有过辉煌时光，只是半世纪来科学发展委实太快，经常令人在不自知（或不愿面对现实）间沦为强弩之末。一旦被系主任委派较多课时，不得不让自己醒悟科研生涯面临结束。增加课时于是形同处罚，在旁人眼里徒添羞辱。

这种看法无形中导致同事们轻视教学，很不适当，是研究型大学里常见的弊端。

不管怎样，增加课时发生在我身上令人感到奇怪。仅仅一年前，就是因为科研成绩优越而被破格提早升级。同时，我不止带着三个博士生，还在花大量精力和时间建立高质量的科研团队。那么在这时刻增加我的教课任务是什么意思？给物理系的后来者又是个什么信号？挺有意思。

接着来的却又是个完全相反的信号，更违反了常规。

米勒宣布：赏罚升迁必须完全视成绩而定，不考虑年资。为了实现这一原则，他选了几位最有威望的正教授，成立"晋升小组"。小组为每一位副教授建立评核档案：不论他已当了五六年副教授，还是只当了一两年，一律按他的专业范围去信给大群地位崇高的校外专家，要求协助评核；然后凭回件里的评价，公平透明地决定他的教职级别。

出乎米勒意料的，也出乎晋升小组意料的，是所有回件里评价最高的竟是不久前刚被升任副教授的我，并远高于拥有五六年年资的同事们。小道新闻传巴丁回信说："怎么又来找我评核了？不是两年前已经说过该把他直接跃升为正教授吗？"这话究竟是否属实，我们这些被评核者永远不会知道。总之既然米勒已公开宣布过原则和政策，还获得大学领导层的赞赏，哪能不按章落实？于是只当了两年副教授的我，被破格升任正教授。

系主任同时送出加课和跃升两个相反的信号，在西北大学还是第一遭，相信也是最后一遭。我猜他根本没想过这两件事代表什么。加课一事，大概是要让研究生提早上这门重要的基础课，而一时找不到适当的教师，于是派了给我。跃升一事，原则上不无道理，可是没料到可能发生的情况，也没考虑年资较长者的情绪和士气，打出了无法收回的牌。

升级在系里是很敏感的事。虽说大多研究型大学不设级别编制的比例，就是说不规定正教授、副教授、助理教授的相对名额；但不可否认，高级别的教授越多，青年教师的升级机会就越小。系里总希望保持一定的灵活性；终身职比重过高，减少了教职空缺，会扼杀引进新血的机会。再说，若以正教授过多为理由，逐步提高升级门槛，可以提升整体学术水平。

即使是如此敏感的事，美国人还能保持幽默，借机自嘲：同事们三五结伴从物理系走去图书馆下层的学校餐厅就餐，最舒服的是沿湖的羊肠小径，湖景秀丽，草木茂盛，清风扑面，美不胜收。小径两旁的堤很矮，偶见杂草丛生，一众须择道而行。青年教师向资深教授笑说："假如我是你，与助理教授沿湖同行时不敢走得太近堤岸。"冬季湖面吹来寒风，小径积雪结冰，更不好走。资深教授若不小心自卫，可能会"被失足"。

我就说过这样的笑话。天真可爱的老婆一点不觉得好笑，板着脸说："只有你才想得到说这种怪话！"现在升了级，怪话轮到自己头上。

再次破格跃升，伊芳心头高兴，但还像上次那般不动声色，一

样那句话："本来就该如此。"

☑ 团队里的新血：可真是个"小联合国"

一波去，一波来，不同时期，团队有不同的组合。

这一波比上一波更国际化。当来自美国西岸的科德威尔（Coldwell）、澳大利亚的罗伊（Lowy）、我国台湾的石育民和林留玉仁开始"淡出"之际，又来了三位博士后：马基（F. D. Mackie）来自美国南部，拉姜（V. T. Rajan）是印度人，勒格希·森贝图（Legesse Senbetu）是埃塞俄比亚人；三位学生分别来自委内瑞拉、波兰和我国台湾；间中还有三位访问学者，分别来自新加坡、马来西亚、以色列。五大洲终于齐全。

先说学生。来自委内瑞拉的是个非常活泼的女孩子，善于计算但不十分适合做细致的理论工作；与她发表了一篇向列型液晶和一篇铁磁液体的论文后，就把她推荐去阿贡国家实验所，让她跟著名的液体模拟计算家阿尼苏尔·拉赫曼（Aneesur Rahman）学习。原籍波兰的男孩，物理基础很强，做的是液氦的表面密度波形脉动；跟我学习时还是个本科生，毕业后按照惯例推荐去别的学校当研究生；后来改了行，进入导航运作控制的研究，蛮有作为。来自台湾的那位女孩，博士论文是石墨表面的氦四超晶格结构；嫁给了邻系的博士班同学，后来好像当了主妇，放弃了科研。

接着说那三位博士后。马基是伊利诺伊大学的博士，导师是贝姆（Gordon Baym）。他的博士论文内容是中子星的压缩性和表面张力；听上去有点玄，其实就是把多粒子物理的液滴模型套用于核物质。这理论背景配合我的团队所需，因此接受了贝姆的推荐。首先因材施教，带他计算（与核物质同属费密子体系的）液态氦三的表面张力和密度分布，跟着把他引向（玻色子体系的）液态氦四的表面结构。原来想让他融入团队的新方向，可是没有成功。

这些年来，团队里的人大多还能跟踪，马基却不知去向，连谷歌上都找不到。看来非但改了行，还退出了学界和专业界。这样的事在美国并不奇怪，有些人把教育看成个人的文化滋养，与谋生或

⊖ 团队成员来自五大洲，一个不缺；甚至把美洲分为南北两洲，仍是一个不缺。美国的世界地图一般把大西洋放在中间，我不喜欢，不过那时身在美国，也就入境随俗

事业无关。当然，念完博士学位还进修两年才全面退出，比较罕见。前面说过的那位科德威尔，生计不依靠物理，可是兴趣浓厚，一生不放弃科研。

拉姜是伯克利加州大学的博士，导师是里欧·法立科夫（Leo Falicov）。博士生阶段就与导师一起发表过几篇论文，内容都与半导体表面的电子结构有关。聘他来当博士后反映我这科研团队的部分新走向。拉姜思想灵活，让他做什么课题都能很快就进入状态。两年里，我们联手发表过的论文题材包括非均匀体系的密度相关、向列型液晶的双粒子关联、金属氢的模型计算、PBLG溶液的液晶性质和再入相变现象、铁磁液体模型的统计力学计算。

他在我团队里工作了三年，离开西北大学后，事业发展得很有意思。先在纽约大学物理系当了四年助理教授，然后转行进了计算机系。跟着在麻省理工学院和印度科学院待了一年，转向机器人研究。1984年进入IBM干软件研究，至今仍在沃森研究中心（Watson Research Center），并在哥伦比亚大学兼任教职。

森贝图是圣迭戈加州大学的博士，导师是英年早逝的著名统计力学家马上庚。森贝图的生平富有传奇性。他生于埃塞俄比亚的乡村，父亲是贫穷的佃农，双亲都没受过教育。念完四年小学，地方上没有可念的学校，只能在小图书馆里自学。其后跟着母亲转居几个城市，20岁才中学毕业，进入首都的大学。毕业后留校当物理助教，继而获得奖学金，到戴维斯加州大学念了硕士学位。埃塞俄比亚政府令他回国教物理和数学，直至29岁才让他再次出国，到圣迭戈加州大学进修博士学位。断断续续的生活并没挫折他的志向和学习，博士论文相当出色。马上庚高度赏识他，把他推荐给我。

森贝图的风格与拉姜完全不同：拉姜聪慧犀利，冲锋陷阵；而森贝图深邃清晰，稳健沉着。拉姜与我屡次试探新的阵地，森贝图则稳步前进。我让森贝图做过近晶相液晶的分子模型、液氦三表面结构、液氦三内部负离子等课题，然后让他帮我带那位台湾来的博士生，研究超晶格体系，继而寻找量子液晶。森贝图在我团队里工作了四年，然后回到他心爱的加州，在UCSD、拉霍亚研究所、通用原子科技公司工作了五年，最后进入洛克希德·马丁集团的高级科技中心（Advanced Technology Center, Lockheed Martin），任职24年后退休。一生科研范围涉及凝聚态物理、等离子物理、核物理、光学、红外线传感器、信息图像处理、神经网络和图形辨识。

值得一提的是，团队里很多论文首页末端都出现"DMR 76-18375"字样，表示虽仍在国家科学基金会资助下进行，不过所属单位已变成基金会下属的材料科研部（Division of Materials Research），反映我们的科研开始有了些应用倾向。本质其实还是纯理论物理。

☑ 学术旅行：法国、英国

"系重要还是家重要？"答案大概很明显，不过也没完全把家丢下。譬如说，为了参加国内和国际的学术会议，出差次数不少，总想把老婆带上。可是家里三个孩子谁管？终于，1974年暑期到来，首先把博士生和博士后的科研工作逐一安排妥当，包括谁该在哪段时间去带薪休假。然后夫妇俩下定决心，鼓足勇气，把儿子送到波士顿的大姨母家，两个女儿送到西弗吉尼亚州的大舅父家，自己打点行李，出发到欧洲，作40天的旅行。

我俩这次是"学术旅行"。也就是说，我去参加两个国际会议，并在7个国家11个城市的大学里讲学。40天里，既没陪老婆游览，也没故意去看景观。每到一处，老婆手持地图拜访当地的文化景色、名胜古迹，自己想办法打发时间；晚上给我描述一番，与我共享。这算是我对老婆的照顾了。唉，50年不变，至今还是如此。

旅行（或许该说是讲学或游学）路线以法国为起点，第一站是巴黎南郊的奥赛研究所（Orsay）——液晶理论始祖皮埃尔—吉勒·德贤（Pierre-Gilles de Gennes，1991年诺贝尔物理学奖获得者）的大本营。说来不甚好听：我去找他的目的是指出怎么改进他的液晶相图，当然也需要聆听他的指教。好不容易找到他的实验室，却发现他没来上班；手下的一群科研人员在工作，却没有搞理论的。更没想到英语讲不通。出师不利，非常失望。

回到左岸的小旅舍，与老婆会合。有生以来第一次尝到左岸的文化气息。哪儿想到此后会来此多次，与法国的学术界结下良缘。恰巧大女儿还嫁了个法国同学，为我们生下两个中法混血的外孙女。多年后还因学术方面的"贡献"被颁法国的"最高荣誉骑士勋章"（Chevalier de la Legion d'Honneur）。

第二站是苏塞克斯大学（University of Sussex）。从法国北岸的加莱（Calais）坐船去英国的多佛（Dover），然后租车自驾，西达海滨胜地布莱顿（Brighton）；稍北就是苏塞克斯。只记得经过布莱顿那天，阳光灿烂，可是阵阵狂风，沙石扑面；人说当地天天如此。莫怪英国游客逃到西班牙和法国的地中海海岸。

更难忘的是渡轮上的午餐。我素来认为食物反映个别民族的文化，必须尊重，因此到哪儿就吃哪儿的代表性食物。英国的著名佳肴之一是腰子馅饼（Kidney Pie），于是要了一客。伊芳不敢试。幸好没勉强她，因为那天做馅饼的没把腰子洗干净，后果可想而知。

去苏塞克斯大学拜访的人是低温实验家道格拉斯·布鲁尔（Douglas Brewer）。参观了他的实验室，作了场液氦表面的报告，可又没碰到个干理论的；听报告的人不少，却无甚交流。

第三站是伦敦，到市区已近黄昏，学校都已下班。伦敦是必经之地，可缺乏我那些专业的科研组，没安排学术访问。马马虎虎吃了饭，就逢场作戏赶到全球著名的话剧区，随便找了家剧院，买票入场。哪知上演的是《加尔各答》（*Calcutta*），而我们的座位极近舞台，周围没其他观众，令我俩窘得不堪。你问为什么会窘得不堪？不答也罢。知道《加尔各答》的人看到这儿已经掩嘴而笑，不知道的人请勿追问。就算我俩无意中接受了英国的演艺洗礼。

第四站是剑桥大学（University of Cambridge），位于伦敦之北约80公里。剑桥历史之悠久、学术传统之优秀、校园之美，不晓得多少人说过写过，这儿就不提了。想说罕为人知的一点瑕疵。当时剑桥有位素负盛名的液晶专家，来信邀请我去访问和讲学。哪知去到他的实验室，发现除他以外只有两位技术人员，而他所做的课题早已落伍。讲起我们的理论工作及液晶的最新动态，他们似乎一无所知，也提不起兴致。

怎么会这样的？后来与熟悉英国学界体制的人谈起，才了解每系或研究组只设一位教授所造成的弊病：即使教授已经落伍，还照常为他配置一定数量的科研经费和人员，让他自生自灭。至于我去访问的教授是谁，隐其名。我所见的该是特殊情况。时隔多年，今天的剑桥当非如是。

奇怪得很，一个半世纪来香港在英国统治之下，学界与英国来往最多。可是多年后去香港创办科技大学，发现学术上与英国大学的教研合作却并不很多。或许正因为英国一直把香港当作殖民地，什么都不很尊重。1997年香港回归祖国前，英国以学术因素为由，给我颁授过一个"大英帝国司令勋章"（Commander of the British Empire），竟没再去过剑桥，说来惭愧。

☑ 学术旅行：丹麦、瑞典、德国

第五站是丹麦的哥本哈根。从英国渡海回到欧洲大陆，乘火车去当年理论物理胜地之一的波尔研究所（Bohr Institute）拜访和讲学。波尔研究所有个特点：管理制度非常社会民主化。譬如说，不论是诺贝尔奖获得者，还是出道未久的青年学者，薪酬一致。至少当时的所长跟我这么说；至于是否属实，需请在那儿待过的同事们澄清。

哥本哈根很古怪地让我想起童年的香港。怎么回事？我俩从波尔研究所走回火车站附近的旅店，顺道看看著名的蒂沃利公园（Tivoli Gardens）。园内园外，总好像到处背后跟上了香港人。可是那年代香港还穷，没多少人去欧洲旅游。屡次猛回头，看到的总是金发蓝眼的丹麦人，岂不奇怪？原来丹麦语音较硬，远远听来像广东话；而当年还有丹麦人休闲时穿木鞋，步声活像早年香港基层妇女惯穿的木屐。今天欧洲处处是中国游客，讲话很响，可是木鞋木屐都早已绝迹。

第六站是瑞典西部的哥德堡（Goteborg，照说应该按照瑞典语译为"唷特波雷"）。瑞典的大城市，人口相当于我国的一般城镇，可是此处有所科研很强的大学。我系的那位固态物理理论老将辛桂，夫人是瑞典人；他那任职于阿贡国家实验所的老搭档阿尔弗·萧朗德（Alf Sjolander）也是瑞典人；因此两位物理学家经常借暑假之便来此工作一段时期。正好这年夏天又来了，约我借道到此一访，作个学术报告。

哥德堡给我俩留下的最深印象是，晚上太阳下不了山，像是半带阳光的阴天。逗留两天后，租了辆小车，横贯瑞士奔向东岸。沿途尽是一望无际的绿草地，据说虽属私人所有，但谁都可以搭帐露营。

第七站是瑞典首都斯德哥尔摩，这次学术旅行的"主站"。待了整整四天半，有三件可说的事。首先当然有关学术。斯德哥尔摩及附近有几所很强的大学，可是来此的目的不是学术访问，而是参加第五届国际液晶会议。我进这领域不久，可学的东西着实不少，可是很快发现这领域的科研水平远低于低温物理，当即感到前景可能不那么好。

其次有关人事。大会主席是瑞典表面化学研究所的所长斯提·弗里堡（Stig Friberg），瑞典工程院最年轻的院士。没多久后他移民美国，去的却是一所不甚有名的大学。他的同事们说：瑞典政府为人民提供极多社会福利，因此必须征收极高的个人所得税，令他走避。这话不无根据，不少科技人才因避税而外流。

第三件事反映浓厚的民族感情。那天上午与伊芳走去会场，抬头看到远处小山顶上飘扬着四面国旗，其中竟有两面是五星红旗。20世纪70年代的欧美对中国"文革"甚反感，这种场景简直不可思议。环观四周，发现街边灯柱顶端也挂着中瑞国旗交织的横幅，路旁的广告牌正在宣传金缕玉衣的展出，而展馆正在那小山顶上。

对祖国文物怀念多年的我俩，约定当天会议一结束立刻上山去瞻仰。哪知会议结束较晚，上得山来，展馆已将收场。我俩看得匆忙，文字注解又是一窍不通的瑞典文。正觉懊恼之际，边门走出两位东方人，与我俩点头搭讪；原来是展览团里的祖国文物专家，正在等人接去晚餐。他乡遇故知，两位主动带我们逐件观赏，逐件解说；持不同意见时还按学者作风争辩。真让我们得益匪浅，令周围不谙中文的当地观众羡慕不已。

第八站、第九站是德国的科隆和波恩。两市相距甚近，各有一所著名大学。当年同在拉霍亚当博士后的茨塔兹（Jahannes Zitfartz）在科隆当教授；经他预先安排，我在科隆大学和波恩大学以液态氦及液晶为题各作一次学术报告。

从斯德哥尔摩经丹麦去科隆，车程约1500公里，驾车需两天。第一天于大会散会后的下午出发，赶了不少路，凌晨才休息。次日睡懒觉，很晚才上路，到汉堡时已经预料到麻烦：将在下班时分才能抵达科隆，到时无法打电话联系茨塔兹了。别的不打紧，却是手头连张市区地图都没有，怎么找那预定的小旅店。（那年代没有手提电话，英语也没今天那样普及；德国的店铺和加油站又都准时打烊，没处去问路。）

无奈，只好硬着头皮冲进市区再说。只知道所定的小旅店离大学不远，而大学附近该会有条叫做"大学路"（Universitatstrasse）的道路。老天有眼，竟就这样给我"轻易地"找着了这家小旅店！

住进旅店，周围饭店都已打烊，只有一间小店还开着。除牛肉

⊖ 科隆的两大文教胜地是大学和大教堂。我被邀去大学里作报告，伊芳孤身寡人去教堂观光和礼拜

和鱼这两个字外，菜单全看不懂。我说："来个牛肉，来个鱼，我俩分来吃，也就解决了。"伊芳说："不要点鱼；我们不懂菜单，不知道是怎么煮的，万一来条生鱼怎么办？"我大笑："这儿又不是日本，哪儿会给吃生鱼？这样吧，若是生的，我就包了。"哪知果真来了生鱼，还不是一条，而是一大块泡在浓汁里的鱼排。好汉不食言，我当真把它活吞吞地吃光。

次日问茨塔兹，他说没这可能，德国人不吃生鱼。多年来不晓得问过多少德国朋友，都异口同声说德国人绝不吃生鱼。难道那晚的厨房为我们特地炮制了这道佳肴？

☑ 学术旅行：意大利、以色列

第十站是罗马。罗马没人搞我这几个专业，原来并没想去，只是下一站是以色列，罗马是还掉租车改乘飞机的转折点。罗马有个研究所的一位统计力学家曾与我通信，讨论某篇论文的内容。需要为等待航班打发一天时间，就去找他吧。哪知虽是普通工作日，他却不上班，也没人知道他去了哪里。

美国同事们经常批评意大利人，说他们生活比较懒散，就是这么个德性。"看，"他们说，"连政界领导都这般懒散，国家经常换总理，得个'乱'字。"那些年里，意大利的政治经济确实很乱，但是说也奇怪，它的经济越来越强。是否乱中有序？

目的没有达到，打道回府。走错了路，到处是小径和隅角。每个路角都有三五成群的小青年聚在一块，讲话抽烟，盯着过路的女孩子，评头足，吃豆腐。我俩走过，竟然不理会我这个护花使者，对着伊芳吹口哨。七兜八兜，终于提心吊胆找到了走向旅店的大路，有惊无险。这时想到，斯德哥尔摩那几天里，我在会场听报告，让伊芳自己去观光，也不止一次遇到同样经历。可见这位穿着保守、不施脂粉、三个孩子的妈妈，三十多岁了还那么美丽动人。

第十一站是以色列的海法（Haifa）。说到以色列，首先要讲犹太民族。许多犹太人会告诉你：犹太不是民族，而是宗教——母系传承的宗教。也难怪，几千年来被异族征服或驱逐，流离失所，走到哪儿早晚与哪儿人混血。虽则部分犹太人保持了些容貌特征，世居欧洲的（Ashkenazi）常与欧洲人相似，世居中东和北非的（Sephardi）常与阿拉伯人相似。唐朝移居我国河南开封的，已与汉人无异。唯一把他们紧紧捆在一起的是宗教及起源于其宗教的文化和传统。

能让犹太人世世代代在暴力压制下继续生存和保持团结的，是那特别尊重知识的文化和传统。有说：世上若没犹太人，就不会有现代科学。信然。（事实上犹太人的贡献远远超出科学领域。）

"二战"之后，犹太人在巴勒斯坦建立以色列，有了自己的家园，从欧美各国源源不绝输入知识和人才，令只有几百万人口的小国跻身科技列强。

地中海畔的海法有一所很强的研究型科技大学——以色列理工学院（Israel Institute of Technology，简称Technion）。我在西北大学执教仅两年时就去过一次，当时正值以埃两国为争夺西奈半岛打完一场"消耗战"（War of Attrition，1968～1970），路上不少男女士兵，手持步枪，回家与亲人团聚。物理会议的"晚宴"设于海滩，露天的宴会场地有栅栏围住，主持人叫我们勿越雷池一步，以免误遭卫兵枪击。

这次旧地重游，参加欧洲物理学会举办的"液态和固态氦大会"，竟又紧跟一场恶战。半年多前，埃及和叙利亚联手，在犹太教的"赎罪日"（Yom Kippur，犹如我国的旧历新年）南北夹击以色列。只打了19天，以色列再获大胜，双方都大伤元气。会议上，一位教授代替他的博士生宣读论文，因为这位青年刚于毕业前夕战死疆场。著名的理论物理学家库珀（G.C.Kuper，亦是大会论文集的总编辑）刚才退役归来，闲谈中提及他的战时任务：由于年事已高，不允许冲锋陷阵，只让他荷枪实弹守卫隧道。又一位教授含泪诉说怎么站在海滩边缘，数一架又一架的直升机来回不停地运送死伤士兵。

Θ 内盖夫沙漠里的本－古里安大学（Ben-Gurion University of the Negev）；沙漠里打造绿洲，绝无人烟的荒地上建立学术殿堂

这次的会议晚宴又设于海滩。烧烤吃得高兴之际,不知哪儿走来几个十三四岁的男孩,围着我指手画脚。语言不通,半晌后才听出他们不断重复说的那两个字是"Bruce Lee",原来想问我会不会功夫。惊叹李小龙影响之大!

说到吃,海法虽非大城市,那时已有四家中国馆子。素来知道犹太人爱吃中国菜;在美国的城市里,若想吃中国菜,找犹太人聚居区就行。犹太教禁食猪肉,而中国菜却少不了猪肉。绝大部分美国犹太人不拘此小节,照吃不误。但是以色列以宗教建国,那个年代尚坚持部分教义;那么海法的中国馆子如何是好?甭急,华夏同胞自有办法:我俩试完这家试那家,发现豆制品被运用如神,味道竟不逊于新鲜猪肉。

四天会议结束,应提贝格(Reuben Thieberger)之邀南访富有传说和历史故事的内盖夫(Negev)沙漠,走进圣经旧约重镇贝尔谢巴(Be'er Sheva),在当地的大学本一古里安大学(Ben-Gurion University)作学术报告。两天来过的是沙漠生活,看到博学多才聪慧勤奋的以色列人怎么把不毛之地化为绿洲,也尝到了浮游于死海水面的奇妙滋味。

四十天的学术旅行至此告终。

☑　"美国梦"里的小家庭

学术旅游完全不像读者们所想象的那么轻松;每天不是要准备次日的报告,就是要驾车赶路。经济情况不允许我们住较好的旅店、享受各处的美食。然而,毕竟把孩子留在亲戚家里,带着年轻的太太到处旅行,多美? 这不就是留学生的"美国梦"吗?

我那一代,不少中国留学生的梦想确实如此。首先是要念物理,还需是理论物理。1957年以后上大学的,之所以产生这种念头,往往与李政道、杨振宁获得诺贝尔奖有关。像我们这些已经在念物理的,则更不愿意放弃,连搞实验物理都好像有点委屈。幸好还有吴健雄那么一位伟大的榜样，为实验者吐气扬眉。

那时电子工程还没取得突破，物理学垄断性地站在科学界前沿；念物理的自认为天之骄子，瞧不起工科，更瞧不起应用技术。念完博士后，几乎唯一出路就是研究型大学（或是两三个大企业供养的、学术味强于一切的、性质与研究型大学相类的研究所）。在创业环境还没建立的年代，物理学者不愿考虑进入真正的工业界"打工"。于是，最理想的职业"轨道"就是：博士后—助理教授—副教授—正教授。当上理论物理学的正教授就自以为功德圆满的，大有人在。

多少年来，标准的"美国梦"在孩子的教科书和故事里描述得一清二楚，并不断出现于好莱坞的电影和电视剧里：工作稳定的年轻丈夫、贤淑安分的年轻主妇、一儿一女、独立小洋房、私人花园、白栅栏，还要加条小狗。当然，那个时代一家子都是白人。

我们不是白人，此外看上去好像已经圆了那样子的美国梦。其实不然。我的工作确实稳定了。伊芳确实是位贤淑安分的主妇，可是30多岁的她胸怀大志地进了医学院，不再"安分"（此事容后再说）。一儿二女，比教科书所说的多了一个。家里没养小狗，比教科书所说的少了一条。独立房子有了，不过稍嫌陈旧，不像故事里的洋房。私人花园也有了，不过不事修整，无景观可言。花园周围有了栅栏，不过除车库一旁那10米左右的木栅略呈灰白，其余油漆剥落、缺损有之、腐朽有之。美中甚多不足。

别的不管也罢，屋顶漏水不能不管。半灰半黑的沥青塑材瓦片，裂的裂，碎的碎，急需全面更换。这可是件大工程，一般手工灵活的老美都不敢自己动手，我更不用说了。同事家里不久前出过同样毛病，找到一家价廉物美的小公司承包，推荐给我。承包公司老板是几年前移民来美定居的罗马尼亚人，他所雇用的工人都是不谙英语的同胞。东欧工人的技艺还真不错，新移民为了生计又特别勤奋；只是有时听到他们与既是老板又是工头的老大争论，我们听不懂，不以为意。没多少天，宣告完工，他们从老板手上领到工资，似乎高高兴兴地走了。屋顶焕然一新，我俩也很高兴。

几年后，我们离开西北大学。回去探望老同事，碰到那位推荐人，他说："你听到没有：那间公司的老板被手下的工人打死了！"怎么会呢？原来好些年来他欺骗同胞，说所收的承包费非常之低，因此不能多发工资。哪知工人逐渐学会英文，与当地的同业工人谈话，又与服务对象的屋主对质，发现所得工资远远低于市场标准；也就是说，一些年来深受老板欺骗。于是找上门去，联手与老板论理，要求补偿。语言冲突演变成肢体冲撞，动起火来，竟失手把老板打死。

这场悲剧并非孤立事件。新移民被老移民欺侮的事别的民族也有。最明显的例子是起源于意大利的黑手党，他们早期打压的对象就是别的意大利移民。别以为我们中国人特别厚道；唐人街里有不少起源于亚洲华人社区的黑社会分子，他们所打压的对象往往也是自己的同胞。弱肉强食，踩在同胞头上圆自己的美国梦，令人不齿。

移民国家里，部分来自一个国家的老移民会歧视来自另一国家的新移民，而生活已经安定的老移民又会担心被更愿拼搏的新移民夺取生计。

我家邻居那位离休老头，说话带有口音，分明是早年从南方迁来芝加哥谋生的老移民。看到我在后园，常会踱来与我搭讪。三句没完就开始抱怨移民的种种不是，也不想我也是个移民。令他最不满意的是部分东欧移民，工作若干年后退休，迁回祖国定居，依靠每月领取的美国社会安全福利金养老。他想不通，也不愿想通，这笔福利金的本金原就来自移民自己的工资和雇主的法定缴纳，政府代为累积和投资而已，并没有占他便宜。

第15章

当上了系主任：学而优则仕？

　　这些年来，国内非常关注高等教育改革。首当其冲的是所谓"去行政化"：传媒和网民攻击大学的行政化，说一个个教授都想当"官"，就是说想当系主任、院长、校长，重新造就"学而优则仕"的风气。

　　其实该反对的并不是学术行政。正如任何社会机构，大学哪能没有行政，哪能摒弃规章制度，哪能不要求高效治理？而学术方面的行政人员哪能不是教授，特别是教研双优之士？问题不在要不要学术行政、要不要行政班子，而在怎么排除败坏的社会风气、怎么排除官僚作风、怎么防止少数败类滥用职位以权谋私。

　　这个"仕"字，用得颇不妥当。在大学里当系主任、院长、校长，并非做官。国内的历史原因和特有国情让学术行政人员冠以政府行政级别，这并不表示他们在执行任务时应该表现得像政府官员。（说深一层，政府官员本身就不该有官腔。）走上行政岗位的人，必须履行某些任务、担负某些责任，同时被授予相应的职权和待遇。职与责两者之间必须取得平衡。世间任何政治体制和社会结构下都是如此。

　　政府机关和企业单位所追求的目标不同、所治理的对象不同，对怎么取得平衡自有不同方式。学术机构则更加不同："教授治学"（或称"教授治校"）是国际学界的常规，行政人员的任务和责任各有严谨的上限，职权和待遇也都有明确的上限，照说根本当不了官。行政级别依然存在，但是级别再高也做不成"官"。高等教育改革不是要"去行政化"，而是要"去官化"；也就是说：改变习气，与国际接轨。

国际学界评选高级行政人员的方式，一般大同小异。国内有些推动高等教育改革的人说：必须在系里、院里、校里进行投票普选，才能与国际接轨。这样子的选举方式，至少在我所熟悉的美国大学里没有见过。

☑ 系主任的职责和权限

美国的研究型大学里，教授治学这一原则落实得非常彻底，一般来说系主任权力有限。系主任的工作量则很大，包括分派教课任务、支配系内资源、解决人事纠纷、应付大大小小各种繁琐的日常事务；需向院方校方争取教职员编制、教研经费、实验室空间；需参加院方、校方的各种决策和行政委员会，并以院系代表身份出席某些典礼和应酬。总的来说，是个吃力不讨好的差使。

你说没有多少权力，却也并非如此。以上所说的工作，都会影响系里的同事们。譬如说，怎样分派教课任务，不小心就会招致不满。怎么支配系内资源，更会引来争执。向院方和校方争取编制、经费、实验室的"地盘"，须预先在各专业间决定优先，作出选择；僧多粥少，系主任经常蒙受偏袒之冤。有工作就有责任，带来权力，亦带来批判。

第1章里说过，圣迭戈加州大学的物理系没人愿当系主任，逼得几位好好先生每人当上两年，不断轮换；系里大多任务落在一位资深的秘书小姐手里。圣迭戈加大物理系满天神佛，教授各有自己的科研经费来源，无须争夺公共资源；教研工作则人人自重，从不苟且。这种情况下，系主任没有太多责任，出不了乱子，自然也没有什么权力。当然这只是个极端的例子。

上面没有提到级别和薪酬的问题。这事有关每位教研人员的地位和生活，哪能轻易带过？只是在处理这问题上，公立大学和私立大学有很大差别，需分别解释。

公立大学受政府公务员体制的影响，职称和级别制度定得很死。当年的加州大学系统里，助理教授从博士学位算起，分为四级，每两年晋升一级。当过至少两年博士后的，从第二级起薪。教研表现一路过关的话，六年后升任副教授，获得终身职。副教授又分为四级，每级两年。风平浪静的话，六至八年后升任正教授。正教授则分为六级，每级三年。

以圣迭戈加州大学来说，升至第四级就到达顶端。除非获得什么特殊的学术荣誉（例如要求极高的美国科学院院士衔），不会进入第五级，更不必说第六级了。薪酬则按职称和级别递升，毫无灵活性。系主任按照制度执行任务就是。

属同一系统的9所（现为10所）加州大学，职称、级别和薪酬制度相同，可是评核标准各异，并不都像圣迭戈加大这般严谨。

教研表现的评估，自有一套规定。教学方面，看学生的评论如何、院长那儿有没有特别的信息或意见。研究方面，则由资深教授所组成的评估委员会审核，并向校外的有关学术权威征求意见。特殊情况下，委员会可以推荐加速升级。系主任的责任是保证过程公正公平、向上层递交档案，无甚权力可言。

私立大学系主任的职责则需视该校的传统和当时的情况而定。私立的一流研究型大学同样坚持教授治学原则，最关键的原则莫过于如何评估每人的教研表现。同样由资深教授组成委员会主导评估进程，向校外专家和权威征求意见，然后经过讨论，建议升迁去留；这些都与公立大学无异。可是系主任为哪一位助理教授或副教授向委员会提名，虽有成规，却无硬性规定。在合理的情况下，或可提早，亦可押后。这样一来，系主任蛮有点影响力。

更有影响力的是薪酬的决定。私立大学较像私人企业，有套合情合理的薪酬准则，可是无须与职称、级别或年资挂上死钩。每一年度，校长在财务开支预算里建议加薪总额，报呈校董会审议通过，分配给各个学院。院长继而决定如何把加薪数额分配给院里各系，同时请系主任推荐如何分配给系里的人员，特别是各级教授。于是系主任的权力变得很大，与公立大学完全不同。

英国大学传统里，每系只有一位教授；教授也就是系主任，几乎掌握绝对权力。近年来出现变化，系里添加不少企业或个人捐助下所设立的教授职位。他们虽非系主任，但地位高超，能在系里分享话语权。潮流所致，有些大学还逐渐走向美国体制。

☑ Woo Committee（吴氏委员会）

迟早需要与读者谈谈"教授治学"的大致含义和落实方式。借用亲身经历的实例来说，或许比较明确，也没那么枯燥。

首先要把一般体制讲清楚。

研究型大学按学科领域分别建立若干学院，最常见的有文、理、工、商、法、医等。社会科学学科的诸系，例如历史、地理、经济、政治、心理等，可以合组为独立的社会科学学院（或称"行为科学学院"），也可以部分纳入人文学院、部分纳入理学院、部分纳入商学院（或称"工商管理学院"或"管理学院"）等。美国不少传统大学把文科、自然科学和社会科学归纳为一，建立"文理学院"。不用说，这样的学院师生人数一定最多，甚至比别的学院多上几倍。（那时圣迭戈加州大学不按学科建立学院，需视为特出案例。）

教授治学的原则见诸两方面。学术行政方面，正如前文所说，中高层学术行政人员都是科班出身的教授。非但学术决策都由教授组成的委员会审议通过，部分行政工作（例如研究生的录取、高等学位的资格考试及论文考试等）也由委员会直接执行。

Θ　西北大学历史悠久（至少在美国中西部算是悠久），校园里不少建筑物都很保守。校级学术委员会以传统风格的大楼为会议场所，以维护尊严

　　学术立法方面，全校的最高学术机构是由教授代表组成的学术委员会（academic senate，有如我国内地大学的教务委员会）。个别学院还有自己的相应机构。学术委员会审议及决定全校的学术政策，犹如政府里的立法机构。系主任、院长、校长等行政人员可以按需起草政策，提交到学术委员会，然后执行学术委员会通过的决策，犹如政府里的行政机构。

　　美国打从建国初期就特别注重权力机构的相互制衡，任何机构的建立、任何制度的运行，都以此原则为基础。应用于学界，校院系各级行政机构与学术委员会之间亦求权力相互制衡。这两节里所说的体制，为相互制衡提供保障。

　　学术委员会通常由全体教授选举产生。可以按学院教授人数按比例给予配额，也可以不分学院地进行普选。文理学院最大，不论用哪种方式，选上的委员相应特多。一般来说，社会科学教授最愿意参选，人文学科教授其次。想来学科的内容和教养使然，应不足为奇。他们获选后又最活跃，因此文理学院的影响力最强。若人文和社科分别建立学院，则社科学院的影响力最强。

学术委员会属下有不同委员会，分别审议学科规划、教学政策、研发政策、人事制度、财务预算、学生事务等。遇到偶发事件还可设立临时委员会。我想举的实例就来自这么一个临时委员会。

时隔多年，不记得校内人事制度方面出了个什么问题，影响到教授的升迁去留。教授是大学的灵魂，升迁去留制度至为关键，非同小可。校级学术委员会在这议题上反复讨论，拖了两年还没结论。文理学院院长说这事不能再拖，要求校级学术委员会设立临时委员会，限时解决问题；并提议让我担任临时委员会的主席。

至今令我无法理解的是，谁向院长作了这么个推荐？院长又怎么会把我找去当临时委员会的主席？在此之前，除参与"荣誉医学博士课程"的评估委员会外，我完全没在教授治学体制内扮演任何角色。

或许院长觉得与其让一群来自社会科学领域的"学术政客"（academic politicians）把持这个敏感议题，纠缠不清，永无宁日地自我表现，不如另找一位来自自然科学领域、素来不玩政治游戏的教授，让他带着临时委员们试行闯关。

不瞒你说，我这主席当得还蛮公正的，也很民主。我从来没有参与过学术政治，也不了解政客们的手法，只好运用熟悉的科学逻辑，设计了一张程序方块图（流程图：flow chart），开会时投影到屏幕上，请委员们按照图中流程逐步讨论。每步讨论告一段落，就在两个方块所代表的选项间投票择一。由于设计方块图时没有安插什么曲折、枝节或环绕，一旦流程走完，就无可避免出现最终结论。一次会议，仅两个多小时，解决了两年来悬而不决的问题。

应该指出，凡事没那么简单。我这干多粒子相关体系研究的人肚里明白：这个不包含曲折、枝节或环绕的线性流程，把不少应予考虑的因素和关联排除在外，实在不甚周全，甚至可说甚不周全。只是议题本身并没那么复杂，游离正题的辩论只是无边无际的漫谈和发挥。按程序剔除它们，一不妨碍实质内容的讨论，二不脱离民主的决策过程。（虽然我得承认，流程设计会潜伏主观成分，这种做法易被误用。）与会者没有觉察或挑剔程序方块图的先天缺陷，反而赞赏进程高效。"Woo Committee"（吴氏委员会）和物理系就此赢来名气，流传全校。

☑ 怎么就当上了系主任？

世事就那么奇怪。一个临时委员会而已，搞定一件事而已，并不证明我有多少能力。何况临时委员会所干的是立法，不是行政；即使有立法能力，并不一定有行政能力。

不过一般人不把两者分得很清楚，美国尤其如此。你看，美国的总统候选人不是州长就是参议员，而参议员根本没有行政责任，很大部分没有行政经验。我总认为这是美国政治体制的一个症结或漏洞。

不管有理没理，反正系里开始有人赞许我的行政能力。或许除Woo Committee外还有人注意到系里开会时我有话直说，不偏不倚，不畏权势，及主持学术会议或执行别的任务时的认真态度。（我自认凡事"举轻若重"，过分认真。）

那个年头，很多教授十分勤奋，晚上还在系里备课或带博士生干科研。有时略为休息，捧着咖啡杯在走廊里逛，找同事闲聊几句。一般谈的都是科研上碰到的问题，不过话锋一转，就会说到系里的大小杂事。

前文说过，弗里曼当系主任时，聘来一群高手，系里科研水平遽升，朝气蓬勃。高手一多，难免会发生矛盾和冲突。弗里曼无法完善处理，终于鞠躬下台。继任的米勒，学问好、为人也好，可是既缺乏远见，又不善行政。不消两年，系里那股冲劲消失殆尽。几位较有影响力的同事，经常在闲谈中发牢骚，对米勒表露不满，竟有意无意带上一句："为什么你不出来干？"

起初把它当作笑话。我虽然已经升任正教授，在系里毕竟还是个30多岁的"毛头小伙子"，怎能爬到这群资深同事头上担当系主任的重任？

米勒三年期满，文理院长按照惯例写信给系里每一位教授（不分等级），要求回信提出意见：评论米勒系主任当得如何、长处短处如何分析、该不该让他连任；如果不让他连任，则哪几位可以取代、各人有什么长处短处、谁是最适合的人选。教授们非常重视这个步骤，答得仔细。所有信件都绝对保密，因此他们不怕秋后算账，有话就说，不留余地。

这样的评选方式相当民主，但绝对不是普选。当院长的必须深知系里哪些人贡献最大哪些人表现平庸，哪些人公正哪些人徇私。所有意见都须听得清楚、考虑周到，却不能一视同仁。他明白自己的职责所在。属下的系主任干得称职，他的工作就顺当，整个学院成绩斐然；反之，系主任干得差劲，他的日子就不好过，整个学院每况愈下。

当时西北大学的文理学院院长是汉娜·格雷（Hanna Gray），一位极有才干的女教授。她出生于德国学术名镇海德堡的犹太籍书香世家，举家为避纳粹之难逃亡美国。在哈佛获得博士学位后留校任教，三年后受聘于芝加哥大学，成为文艺复兴和宗教改革领域的著名历史学家。1972年被西北大学聘为文理学院院长。1974年秋转任耶鲁大学常务副校长。四年后重回原地，在芝加哥大学当了15年校长，是美国主要大学的首位女校长。

1974年春，我在办公室里接到她的电话，要我过去谈话。之前只为"Woo Committee"之事与她见过一次面，这次也只谈了15分钟。她首先赞扬了我的教研表现，跟着轻描淡写地告诉我，系里众望所归，要我出任物理系主任。

就这样，还是第一次去院长办公室，没几句话就让我不明不白地当上了系主任，30多岁就失去了"阳春教授"的身份，出乎意料地走上了学术行政的不归之路。

☑ 上任前的"洗礼"

说过系主任不是个好差使，也说过系主任没多少权力。可是既然当上了，就得好好干一场，尽可能发挥一点作用。米勒没有干过坏事，问题出在没干多少事，任由弗里曼时代的大好势头步向萎落。在文理学院里原被认为最有前途的系，三年里失尽冲劲，退回至弗里曼来前的平凡地位。一些高手尚在，可是士气不振、前途不明。恐怕不需多久有人想走；到时一触即发，或会出现一哄而散的场面。

此非危言耸听。学界高手备受觊觎，总有人打他们的主意。你能招来，别人就能招走；这方面与企业界无异。刚进入一流的系最忌高手被人劫走，应验"不进则退"的普世箴言。

这时刻的物理系看来平静，却潜伏危机。文理学院院长从一班高手的回信中看到这点，希望换上个强势的系主任。可是任期只给三年的话，系主任强势不了：第一年需要熟悉情况，从长计议，重振士气；第二年聚集力量，从梳理走向调理，积极着手整顿；可是第三年已近任期之末，自有反对势力出头争锋，让系主任变成"跛脚鸭"（lame duck），什么大计都难以施展。

一般情况下，三年任期不长不短，稳步前进，正到好处。可是这时的物理系已处不进则退之境，即使不求强势领导，至少需让保守势力知道新上任者能打持久战，从而减轻抗拒念头，放弃破坏性的派系斗争。院长与我协商后，宣布把任期改为五年。

保守势力的科研虽已落后，政治角斗却非等闲之辈。看到大势不妙，即刻主动反击，利用传统的制衡渴求，鼓动同事们提出抗议。这招甚为见效，虽然跟风者不多，但是传统就是传统，连最希望出现强势领导的高手都有对五年任期表示怀疑者。为了这事，院长又与我见面，商讨对策。我表示很有自信，能够很快赢得同事们的实质支持，不担心第三年变"跛脚鸭"，因此任期长短并非关键，不值得为这点小事一开头就在系里种下分裂因子。后退一步无碍，算是上任前的洗礼。

说出的话，领导们通常不愿收回，怕失威信。这位女强人却不在乎，同意让步，把系主任的任期回归到三年。当然大家还不知道她已决定离开西北大学，去耶鲁大学当常务副校长，也就无须在西北大学维护什么威信了。

大局既定，系里同事见到我都说恭喜，我却担心上任后时间难以周转，科研会受很大影响，不知喜从何来。有趣的是，一位资深同事在走廊里看到我，脸上挂着某种特别的表情，似笑非笑地说："哈，你可当起我的老板来了！"我从没想到过系主任是个"老板"（boss），听来吃惊。这位同事是位华人，可能怀有"学而优则仕"的心理，把干学术行政看成当官。我赶快提醒自己："不可不戒，千万不要让他说中。"又是一次洗礼。

☉　1968年刚建成的Rebecca Crown Center ——西北大学的行政中枢所在，及
　极具象征性的百尺钟楼

怎么当系主任？怎么恢复物理系的士气？之后怎么积极发展？至要的准备工作是深入了解系里的现况。"人"的方面我相当熟悉。"物"的方面却缺乏了解。

所谓"物"，一是工作空间，二是设备，三是财务。对搞理论的人来说，工作空间只是课室和办公室；校方早有公式化的规定，按师生人头分配空间，没什么灵活性，也没多少争取余地。对搞实验的人来说，却是大事：若缺乏足够的实验空间，科研工作一筹莫展。系里实验空间不足，须全力向校方争取。设备同样是实验者的命根子，亦须积极要求校方提供。至于财务，钱总是不够用的，不说也明。一方面须提出可信的根据，向校方争取资源；另一方面，内部的资源分配必须合理、公平、透明。

"深入了解现况"就是说：工作空间、设备、财务，都需具备明细和准确的清单。应当不是难事吧？哪知不问则已，一问大失所望。非但米勒自己拿不出来，竟然手下没人清楚。档案柜里，乱七八糟一大堆历史性的"清单"，好几年没整理过，已无法反映现况。举例来说：甲教授三年前离校他就，实验室被乙教授和丙教授瓜分；当时是凭什么来定的、定后有否照做，都无记录。再者，甲教授留下的精密仪器，部分被丁教授继承，部分不知去向；亦竟没人过问。负责财务的人年纪很轻，是位好好先生，办事却完全没有系统；作为会计，竟缺乏数字观念，哪能不令我提心吊胆？

这种情况下，当务之急尚非整顿，而是整理。上任前当然不能干预，只好干着急。9月里新学年开始，一上任就得协同有关职员逐一点查，汇编几份可靠的清单。啊，又来一次洗礼。

☑ 整顿工作空间和设备

9月上任，立即发动有关职员，针对工作空间、教研设备、大小财务，逐一点查。

工作空间好查：哪间房属于谁，一看一问就知。在职员陪同下一间间房去看，两天后，现有情况的清单出笼。至于历史性的清单，也就不必细看。谁在什么时代占用了哪间房、谁在甲教授离校时瓜分了他的实验室……这些都不重要，反正搬进的人赶不出来，秋后算账起不了正面作用。重要的是如何在最短时间里做出合情合理的调整，最高效地利用所有空间。

课室和办公室是学校按人头分配的，唯一能做的是尽可能增加利用率。没人喜欢上午8点钟教课，更不喜欢中午和下午3点后教课，其余时间你争我夺。结果不想而知：资格最老的、当过多年系主任的、科研经费多因而在系里称霸的，总在争夺中暗里胜出。为此我在全系的会议上花了一番喉舌，推动公平轮流原则，取得同事们的共识。然后公布每学期教课时间和地点的清单，以此防止黑箱作业。

办公室每人一间，问题不大。当然，房间有大有小、有高有低，资历久的通常占尽优势。有如排队，有先有后，这倒没甚争议。只是那位当过十几年系主任的M教授，一个人占了三间，令我不能不坚持让他退回一间较大的，让给与他同一专业的教授安置几位博士后。"同一专业"那几个字很重要，否则不同专业者之间定会产生矛盾。

清点过程中发现三间蛮大而利用率很低的房间。一间是系主任办公室附近的文件储藏室；里面那些凌乱不堪早已过时的文件，大可在整理后送往学校的集中档案库。一间是可勉强坐上30多人的会议室；由于对开就是很大的、两面有窗、光线特好的阅读室兼会议室，这间房不多使用，经常荒废。一间是三楼角落的课室；它远离人烟，学生很难在两节课之间仅有的7分钟里从别的课室赶到，因而素来尽可能不在此排课。三间房稍加装修后，都变成博士后和博士生的集中办公室，让他们在系里有较好的安身之地。

实验室问题很大。教授们对实验空间的占有权非常敏感。前面说过："若缺乏足够的实验空间，科研工作一筹莫展。"反过来看，拿走一个人的实验室，不就是说他已经没有"可展"的科研工作了？也就是说，他的科研生涯已经走到了尽头？对多年来很有建树和地位的实验者来说，这会是奇耻大辱，心理上无法接受。碰到蛮不讲理的老先生，你不敢动他；碰到温和讲理的老先生，你不忍动他。这也是走进任何大学的理工科院系，会看到利用率低、半空置，甚至名存实亡的实验室的原因。

我那物理系里，高能物理真有两位蛮不讲理的。问题不大，因为他们的实验场地远在外地的高能加速器实验所，分析工作必须就地进行。出现问题的是两位固态物理的实验工作者。一位较好应付：他搞的那种光学实验早已经落后，多年来没有拿到过科研经费，也没有收到过研究生。他对科研早已失去兴趣，工作时间全部花在大一本科生的教学实验。几间实验室之所以空置，是因为地点不很方便，没被人注意或看中。坦诚交谈片刻后，自愿交出极大部分的实验空间。给他留下一小间，保留他的尊严；同时让他可以进行几乎是业余嗜好的实验，保持教学兴致。

另一位很难办。曾几何时 J 教授还是一位磁材料学的权威，培养过不少博士生，在学校里和物理界都很有地位。可是近年来身子不好，令常需熬夜的科研工作大受影响。国家科学基金会早已中断了他的经费支持，使他失去了科研实验和培养研究生的资源。系里人人知道他的科研生涯进入尾声，可是不忍明言。相信他也有自知之明，只是难以面对现实。这种情况下，怎能请他让出多年来心爱的实验室？于是就那么空无一人，半锁着门，积灰。

实验室的空间非常宝贵。为了系的复兴，必须增聘固态实验物理的教授，并为他们提供适当的实验空间；那就不得不设法从老教授们手下收回一些。暂且卖个关子，等到下章才告诉你用什么方法解决了这个难题。

设备问题较好应付。聘请每位新教授时，总得给他一笔启动科研的种子经费。为此，研究型大学的年度开支预算里包含一定数额让各院系竞相申请。这笔种子经费只供第二年之用，其后需自行向政府的基金会或科研资助单位申请，学校不再直接提供。作为系主任，我的任务是为新人争取种子经费，并为老同事打听有关政府资源的信息。

不论设备经费来自何处、是谁申请到的，所有权属于学校。这是美国学界的一致制度。顺带提一句：前文说过的那些不知去向的精密仪器，清查之后发现毫无损伤地躲在一间储藏室角落里，并恰巧适合一位新聘同事的需要，于是算在给他的种子经费里面，皆大欢喜。

☑ 让物理系走上轨道

财务问题令我十分头痛。那位负责财务的会计确实不济，送给我看的清单错误百出。连最简单的一笔账——助教收支和助研收支——都报得前后不符。第一年的研究生多数兼任助教，助教金来自校方；总共二三十人，人人金额相同，怎么能错？第二年开始，助教所剩无几，大多被教授录取为助研，助研金来自个别的科研经费；虽情况比较复杂，可是每年必须向政府的基金会或科研资助单位提供财务报告，怎么敢错？

读者无从想象我被这位老兄浪费了多少时光。最后不得不与他排排坐，把所有账本打开，一页一页重新点算。最气人的是，发现错误时他一点也不在乎，甚至会说："只是几十块钱，学校和政府都不会计较，大不了我自己拿出来补足就是。"他不了解会计没有大错小错之分，收支不能不完全平衡：小错背后很可能隐藏着大错。这样的人怎能做会计？

一辈子第一次需要解雇职员。这是我最不愿意面对的事。天呀，你使一个有血有肉的人失业，让他和他的家小怎么过日子？可这是职责所在，否则账务上出了事怎么对得起同事，怎么对得起学校，怎么向支持教授科研的纳税人交代？

Θ 物理系近貌，几十年来没多大变化。右边顶上那层是后来加建的，材料不同，却风格依然

　　所幸这次老天让我顺利渡过一关：这位会计是个富家子弟，老子拥有公司，本来就想他回家实习，以便来日继承父业。可能也正是这个来头让他娇生惯养，没养成负责的习惯。我等到同事们全部下班后，与他安静地谈了一个多小时，劝他辞职回家，在父亲手下好好学艺。这番谈话虽则诚恳有余，难免打击了他的自尊。那天回到家里，伊芳问我为何郁郁不乐，我不能多说，只是暗中希望这位年轻同事长了一智，扎扎实实重踏人生征途。

　　区区一个系，财务一点也不复杂；新的会计也不难找。不久后财务清理妥当，让我安下心来。这趟经验却让我养成了坏习惯：日后每次接下一个学院、一所大学，甚至一个新的义务工作项目，立刻赶紧亲自查账，为管财务的人员"添乱"。好处也有：通过对财务的了解，把握了资源的分配实况。有人说任何单位的领导都该具备这么个"坏"习惯。

　　接下来的工作是总结系里的教研状况。包括每个专业、每位教授的研究范围和近作，博士生、硕士生、本科生的统计数字和课程，主要的科研设施，主要的规章制度等，以此为内容编了本手册，方便日后每年更新和补充，并形成物理系的年刊。这份资料真是一物多用：招聘教授和招生时作为简介（当时还没网站）；每年度按例向院长送呈报告时作为底稿；与社会交往或求取捐赠时作为宣传品。从此一物多用又变成我的习惯。

同事们手上有了这份资料，首次对自己系里的情况一目了然，得到正确的、系统化的认识。为我心目中的教授治校布局打下基础。

为什么这样说？因为系里乱了几年，学术编制、教研政策、招生程序、社会关系等都须大事整顿。作为系主任的我，一则智慧不足，二则忙不过来，凡事需让同事们分门别类组成委员会，群策群力做出决定，然后同心协力贯彻推行。也就是说，让教授们有组织地分工，参与治理。

参与的动力来自归属感，而归属感的源头是对真实情况的了解和对行政步骤的认识。"教授治校"的落实让物理系重新走上轨道。

忍不住要在这儿说段伤心事。以往系里没编过这种资料，也就罢了。五年后我辞职他去，接班的那位要就是懒得为之每年更新，要就是另有想法，反正系里不再编手册或年刊。人在政在，人亡政亡，中外无异。信然。

第 16 章

系主任的棘手职责：人事

教授是大学的灵魂。

这句话我一辈子不知说过多少次。在美国当研究生时就开始说，不记得是自己想出来的，还是哪儿听来的。当上系主任，才逐渐体会这话的真正含义。这儿暂且谈它的广义。

对现代化的研究型大学来说，"教授"不仅指造诣高超的"大师"，而是整个团队，包括全系的助理教授、副教授、正教授。理工科更是如此。以物理为例，过去大半个世纪以来，研究范围扩张得无边无际；每一专业越掘越深，专业与专业间的距离越走越远。系里固然不能没有些领军人物，可是单只两三大师无济于事。每一专业都需由专家来负责选聘各级别的能手。说得尖锐一点，国人念念不忘的蔡元培、梅贻琦、西南联大，凭一两位能干的校领导就能选聘各个专业大师的时代，早已一去不返。（当年那几所学校提供的主要是本科教育，并非专业性强的科研，非但时代不同，目标也不一样。）

美国的典型研究型大学里，物理系总该有二三十位教授，分为正、副、助理三个级别。每级人数应当相仿；也就是说，老、中、青三代应该分布得相当平均。在饱和状态下，又如轨道上的列车，一头进一头出。说得严峻是新陈代谢，说得温和是后浪推前浪，稳步前进。物理系如此，别的系——特别是理科和工科——也该如此。

事实上我在美国所看见过的物理系，没有一个如此理想。呈现的总是蜂形分布：头尾大，腰部细。正、副、助理教授的比例接近40：20：40，甚至达60：15：25。好像越强的物理系越是头重脚轻，甚不理想。（别的国家情况各异，虽然近年来逐渐显露同样走势。）

这种现象的主要来由是"终身职"制度，或称"永久职"制度。助理教授一般当上六年，成绩优秀的晋升为副教授，取得终身职。成绩过不了关的，再给一年，之后离职，另聘新人填补空位。因此助理教授的人数大致不增不减。副教授一般当上六年，成绩优异的晋升为正教授。而当上正教授的，只要不被他校挖走，总会留任至退休。因此正教授的人数只增不减。为了给在职的助理教授留下空缺，系里甚少补聘副教授。

1993年，美国政府把《就业年龄歧视法案》延伸至高等教育界，不允许大学以年龄为由强制教授退休，无意中进一步助长系里头重脚轻的现象。

☑ 怎么应付棘手的人事问题

教授的的确确是大学的灵魂。教授强，大学就强；教授弱，大学就弱。怎么叫做强，怎么叫做弱？要看学校属哪一类型。

教学型大学里，好的教授该是教学能力和贡献特强的老师。随着年龄的增长，经验越来越丰富，教学能力越来越强。研究工作也做，却未必为了创新，更不是为了发表论文；而是为了获取新知识，增加和刷新教学的内容。即使他在新知识方面不能迎头赶上，还是可以把基础课教得出色，自有他的贡献。

研究型大学里，好的教授除善于教学外，必须保持特强的研究和创新能力。随着年龄的增长，尤其是理科和工科，科研方面迟早会落后。这时，他的贡献从强转弱。当系主任的，位处学术行政管理前线，必须好好把关；面对这种情况，怎么让他心安理得地干下去，继续做出贡献，同时怎么合理断定他的待遇？

人事方面的任务非常棘手。夏末走马上任，立刻面对这个难题。第一位需要应付的是多方面令同事们不满的那位M教授。他当过十几年系主任，校方高层里有不少"老关系"，能说会道，笑里藏刀。资深同事不愿与他交锋，年轻同事敢怒而不敢言。久而久之，竟在系里养成了霸道的习惯。

9月初，开学已有一星期，还看不到他的人影，说是还在日内瓦干科研。可是大家都知道他的高能物理实验能力早已过时。表面上还算是CERN（欧洲核子研究组织）里一个国际实验团队的成员，事实上已沦为无足轻重的南郭先生：既争取不到科研经费，又收不到研究生。每年夏天和冬天，学期还没结束就提早给学生考试，赶着飞去日内瓦（CERN的所在地），然后拖到新学期开始好几天后才飞回来。说是在那儿从事科研，其实夏天留恋湖景，冬天留恋滑雪，多年来没把教学看成一回事。

我给他写了一封长达两页的信，指出西北大学有关教学的校规，列明每学年秋冬两学期的校历。措词礼貌而坚定，白纸黑字地告诉他：今后不能再出现旷课情况。副本抄送给文理学院院长。他勃然大怒的情景，读者们不难想象。从楼下的实验室一路吼到系主任办公室——不能不给"毛小子"看看老子颜色，来个下马威。我冷静对待，面对面与他一起念所写的信，问他有没有哪一点说得不对。事情就这样过去了。

啊，并没有这样过去。春天，系主任需向院领导建议来年的薪酬分配。这年院里发下的加薪指标是5%，就是说教师们平均加薪是5%，但是私立大学的惯例是论功行赏，并非一律。M教授教学不认真，科研没有可取的进展，而薪酬远远超过所有资深教授；因此我建议不予加薪。眼见此举会引来纠纷，果真出现一番大闹。我

Θ 私立大学里的薪酬制度不像公立大学里订得那么死板、那么透明。不那么死板是好处，允许论功行赏；不那么透明是坏处，能凭权势徇私。越是老牌大学，两种情况都普遍

拿出与薪酬小组一同制定的图案分析给他看，解释良久；他虽不高兴，也没办法。

说来你会不信：我当了五年系主任，没给他加过一文薪，可是五年后他的薪酬竟还远在资深教授前列，可见多年来高得多不合理。公立大学的薪酬制度过分一刀切，脱离论功行赏的原则，造成不公。私立大学的薪酬制度若被权势掌握，也会造成不公。

薪酬只是人事问题之一。上章说过，实验空间和设备经费的分配也是棘手的人事问题。那位原来很有学术地位可是科研生涯已经接近尾声的J教授，占着蛮大一串实验室，却没有科研工作，荒芜了大好空间。弗里曼当系主任时不敢碰他，米勒当系主任时不忍碰他，可是资源有限，明摆着的问题总得解决。

J教授不是个不讲理的人，我找他谈心。毕竟多年来是物理系的中坚人物，他很在乎系的发展，知道凝聚态物理需要新血，也知道新人需要实验空间，只是心理上和面子上难以面对科研生涯了结

的残酷现实。我诚恳地指出：他的工作经验应该派上用处，而最大的用处就是辅助新人。假如新人能够搬进他那串实验室，与他朝夕相处，经常切磋，他会继续做出贡献。对此建议他欣然接受，于是问题得到两全的妥善解决。我也学到一条行政管理的路径，就是讲理的人一起努力探讨，终能找到双赢的解决方式。

☑ 薪酬的图案分析

学界的薪酬待遇远不如商界，全球如此，不足为奇。愿意在学界工作的人，把财富储于脑际，并不向往也并不稀罕特别优越的物质生活。可是话还得说回来，至少要能养得起一家老少，生活过得无后顾之忧；这是人之常情。因而也不能不把薪酬放在一个相当重要的地位。

再说，资本主义社会里，一个人的"价值"经常被他人拿他的"身家"来衡量，因而人的尊严难免与他的薪酬挂钩。很不幸，很没有理据，可是现实就是现实；看来我国社会今天也变成如此，甚至有过之而无不及。

我没有学过人事管理，薪酬分配该是非常头痛的事。

西方大学里的学术行政人员，据我所知都是搞学术出身，都没有学过人事管理。这点有好有不好。大学的性质与企业界和政界不同，行政管理方面不能以企业界或政界的规律为准则。加上各院各系都有自己的学术标准，公立和私立大学又有不同的传统和规章制度，就算学过人事管理，亦未必能妥善运用。当然，若有书籍能把一般性的原则和思路说得简明清楚，让初入门的系主任、院长等作为参考，该是好事。可是至今没见到这样的书。

我只得按照常识和逻辑，与同事们一起拟定一套适合本院本系使用的规则。

首先当然要把眼前的情况弄清楚。这事不难。在纸上画个图：横标是各位教师的资历，纵标是他的薪酬。

资历与年纪有关，却有些差别。研究型大学的教师都有博士学位。以美国来说，获得博士学位时年龄大多在26~29岁，于是不妨以此为资历的起点，把拿到博士学位的那年作为横标的原点。（当然会有例外，譬如说，有些人在念博士学位之前曾经在与专业有关的单位里干过研究工作。这种经历具有或大或小的价值，可以按照个别情况折合来算。）

系里有32位教师，于是图上出现32个反映当时各人资历与薪酬的数据点。

假如过去几位系主任对教师们的工作成绩评估得准确、薪酬定得公平，这32个数据点应该分布得合情合理。上任不久的教师，成绩还难以评估，反映他们薪酬的那几个数据点应该比较接近。至于已经在职若干年的教师，成绩差的，数据点理应较低；成绩好的，数据点必然较高。图上的32个数据点，应该由左至右、由下至上，像拂尘那样逐渐散开。我所看到的图，除几个很不寻常的数据点外，大致确是如此分布；不过"拂尘"在右端出现分支。上面那支大幅度向上，点数不多。下面那支相当平坦，点数也不很多；中间那支稳步向上，包含了绝大多数的数据点。

图案说明什么？分明大多数人成绩过关，按年资平稳加薪，构成的是中间那支。几位成绩特出的，获过赞赏和奖励，构成上面那支。几位成绩一贯平平，或是在职未久的，薪酬变化不大，构成下面那支。（每年有些通货膨胀。对成绩差的资深教授，学校不兴减薪，但薪酬不变等于变相减薪。）

我按照图案所显示的趋势，把拂尘型的数据点分成部分重叠的三组，然后请三位在系里最受同事们尊敬和信任的教授担任薪酬小组委员，与我一起分析这三组数据点，看它们是否公正和正确地反映了同事们历年来的工作成绩。薪酬小组很快得到共识，同意哪几位薪酬大致公平，哪几位过高或过低、应予逐渐适度调整，哪几位必须小心处理。

上面提到的"几个很不寻常的数据点",都有一定的历史根源。譬如说,同样是助理教授,在原系主任弗里曼自己科研组里那位,早期的加薪就远多于其他几位年轻同事。或许可以说因为他获得了斯隆研究奖金;可是他之所以获得斯隆研究奖金与弗里曼的全力支持有关,未必完全公平。不过这位青年教师为人和善,工作勤奋,干事扎实;虽则薪酬过高,或可逐步稍加调整,并不碍事,亦不影响大局。

最为突出的"不寻常",是那位当过十几年系主任的M教授;他的薪金高得令人难以置信。即使连续五年不加薪,还是无法合理调整。无可奈何。

☑ 教授治校下怎么考虑薪酬分配:教学、研究、服务的平衡

有了薪酬小组认同的图案分析,并对过去的不平做了些必要的调整,同时解决了两个问题:一是奠定了比较合理的资历起点(图案中的原点),一是为此后的薪酬分配建立了运作准则。但是有了起点和准则,只等于在处理动力学问题时有了初始条件和运动方程;若要跟踪体系的走向,还得不断按照"外力"输入新数据。

所谓"外力",就是每一位教师在系里系外所做的新贡献。怎么判断和评估每位同事的新贡献,是系主任的责任。

当然系主任可以让薪酬小组的委员们与他一起做出判断和评估,不过这种做法浮现三种困难。一是不同委员的专业影响他的科研"口味",难免带有偏见。这种困难较易处理:几位委员各有各的道理可说,经过公平讨论,至少能够取得大致共识;系主任最后负责拍板。二是私立大学的经济情况变动较大,每年加薪多少由校方决定。系里的加薪总额是个定数,委员们给别人多加少加,直接影响到自己那份。委员们不把这因素放在心上,可是还是会有小心眼的人在背后说三道四。利益冲突所造成的猜疑,

虚也好实也好，不能不尽量避免。三是委员们都是资深教授，长期浸淫于研究型大学传统，所作的判断和评估几乎完全根据科研成绩，对教学和服务的贡献看得很轻。这种困难最难处理。

轻视教学和服务素来是研究型大学的通病。上面说过，一般系主任会让科研落伍的教授多教点课，通常是普通物理课的大班或实验。被分配到这些教学任务的教授们视此为"惩罚"，深感不满，与系主任甚至同事产生矛盾。（顺便一提：普通课程该不该小班授课？该不该由最有学术成就的人来教？怎么通过实验课程的改进来启发学生的创新思维？这类问题很值得也很需要讨论，学界要就持不同意见，要就口惠而实不至。）

教授的职责包括三方面：研究、教学和服务。研究型大学里，研究和教学理应并重，比重相差不远。所谓"服务"，最直接和繁重的都在系里，随便举几个例：规划各班级的课程和考试、招录研究生、安排内部和外来的学术报告、组织学术会议。也有代表学系出席和参与学院和全校治理的任务。"教授治校"的传统里，这类工作必须有教师们积极参与及带头。此外，大学担负多样社会责任，教师们也该代表校方为政界、公益机构、企业界等提供咨询。资深教授经验最多最广，亦最有话语权，于是在服务方面理应做得更多。

这样说来，让科研工作和贡献日益减少的教授多教点课、多提供点服务，并无不妥，更无不公。事实上对学校对自己都是好事，完全不该视为惩罚。可是别人不这样看，跟着自己亦无法不这样看。

为了消除这种不健全的心态，我召开了一次物理系全体教师会议。会议当然有议程，可是在进入议程之前，我首先要求大家一起讨论教学、科研、服务这三方面应该如何取得平衡。发言的人很多，足足花了一个小时。其实并不需要花这么多时间，因为大家出身同一背景，看法相像，结论可想而知。我的用意是让同事们畅所欲言，取得共识。过程并非浪费时间：话语权和参与权的发挥，大大增加每个人对所得结论的自主感和拥有感。

这番讨论还带来很关键的实际功用：众人在热烈的讨论过程中，纷纷自发指出教学的重要，明显提升了教学贡献的地位。原来就该如此，只是研究型大学里有那"不发表（论文），就完蛋"的风气，不经意地忽视了教学的重要性。服务则更加如此。公开讨论让大家重申大学的主要任务，明确表示不仅限于研究，有形无形地把大家——特别是教学和服务任务较重的同事们——不健全的倾斜心态摆平。

当然也不能过分天真，凡事总有争端。譬如说，带研究生不也是教学吗？博士生和博士后尤其需要个别重点指导，令这类教学的工作量特别繁重。可是博士生和博士后辅助教师进行科研，应不应该把这种工作量算在研究的账上？至于服务，又有多种。譬如教师为工商界提供咨询，可说是在社会上进行教学，也可说是在社会上推广研发。个别教师提供的是有偿服务，增加了自己的收益；这事对双方有利，可是该不该把它额外看成对院系和学校做出的贡献？

接着在会上谈与工作分配有关的薪酬分配原则。我把那套图案分析的思维说了一次，薪酬小组的各位委员作了补充，然后进行讨论。正如所料，原则清楚合理，极少人反对。

☑ 教授治校下怎么考虑薪酬分配：自定工作任务和加薪准则

开会总得按照预定的议程，有规有矩，有条有理。那么，进入议程前先让大家花很多时间讨论议程外的话题，不是坏了规矩，乱了条理？我对此有自己的观点，非但当系主任时这般，日后当院长、校长的年代里，也经常照做；同事们把它说成我的治理"招牌"，部分笑我开会时效率不高。

可是我自认很有道理。或许政府机关和企业单位不能这样开会，可是大学的治理原则与政府机关和企业单位不同，若要落实"教授治校"，必须让教师们拥有强烈的自主感和团队感。我认为进入议程之前的自由讨论有助于此，既让同事们自我发挥，又让他们彼此切磋，以坦诚的言论和恳切的交流来培养持久的自主和团队精神。你说呢？

物理系全体教师会议之后，我把所获的那番共识，也就是教学和服务的重要性，小心运用于工作的分配。先是分别与每位教师长谈一次，了解他的处境和心情；跟着请他说说今后想走条什么路。大多同事把重点放在科研方面，自傲地讲述过去的成绩、来年的方向、主攻的课题、经费的来源、研究生的背景等。教学方面各自讲得不多，主要是希望被分配到哪些课程。服务更轻描淡写，最好不被分配任何行政任务。我会以那番共识提醒他们，让他们再次表示同意，然后尽可能在教学和服务方面满足他们的要求。

最难应付的该是那几位科研落伍的资深教授。过去被系主任分配到大班教学或教实验课程，并承担较为繁重的行政任务，虽则无可奈何，总是心理负担很重，有抬不起头的感觉。这种心态使一小部分人在系里结成帮派，处处与系主任和别的同事抬杠，甚至连教课也敷衍了事。全体教师会议所得的共识大大提高了教学和服务的地位，至少略为减轻了他们的心理负担。个别长谈时竟还对我说：除科研外自愿在教学和服务方面为系里多做点贡献。于是作为系主任的我不必硬性增添他们的教学和服务工作，而是一起商量哪些课程、哪些行政任务对系里来说特别重要，哪些课程、哪些行政任务最适合他们的学术背景和经验。

这个突破非但解决了长久以来悬而未决的难题，还让我看到每位同事的性格都有那么积极美好的一面。他们心底里都愿意为团队和自己缔造双赢。系里如此，院里校里一定亦都如此。这番经历影响了我一辈子，或许打造了我对一般世事的乐观心态。

此后在工作分配方面不再需要与每位同事分别长谈。每年春季

⊖ 让同事们每年自定工作的计划，预计一年里的教研成绩，以此为年终评估和加薪的准则。这个方法尊重教授的个人意愿，减少最棘手的人事争执，有利于维护系里的团队精神，据闻在西北大学里起了点示范作用

请各人给我一份简报，分别在研究、教学、服务方面自述该年的成绩和下年的计划。做系主任的当然不能照单全收，必须与各人小谈，酌情调整。这事责无旁贷，却并不难做，原因是最不受欢迎的普通物理大班和实验课程只有几位同事能教，实在没太多选择。素来负责实验课的那位，心态获得平衡后干起来更得心应手，没道理换人。大班照理说应该让学术成就和地位最高的同事来教，可惜那三四位资深教授讲课十分枯燥，我不敢让他们折磨"新鲜人"（freshmen，一年级学生）。唯一能做的，就是每年在讲课能手间公平轮换。

工作的分配就此染上"自定"色彩。

薪酬的分配也能自定吗？不行。不过准则还是可以自定。我的做法又很出格，请读者继续看下去，告诉我这个做法有没有道理。

每年各人春季所给我的工作计划简报，里面还有一条，就是预计教学、研究、服务各方面将会得到什么成绩。于是是否达到自定的预计，变成来年加薪多少的主要准则。

怎么评估成绩是一门大学问。教学方面比较一致：学生对教师的评估可引为参考。大班学生参加统一考试，学生考试成绩的高低多少能反映教师的教学成效。研究方面须视专业而定；所发表的论文，于质于量都有同行公论。研究经费需向联邦政府资助机构争取，成败经同行评议，亦构成合理的判据之一。博士生愿不愿意师从，所提供的可说是相当正确的"市场性"判据。服务方面呢，系里院里都会不断传来口碑。

作为系主任，我根据上述客观资料，对比预计成绩，作出最终判断，以此决定加薪多少。当然，人为的预计和判断总免不了主观成分的渗入；这正是系主任的责任所在。所幸是：美国人自信较强，更不兴谦虚，往往在简报里对来年的成绩预计过高，甚至加上一番吹嘘。这就给自己定下了不易达到、更难超越的准则。加薪时刻竟免掉不少口舌之争。

☑ 三位高薪同事

那位当过十几年系主任的M教授，当然是这套"自定工作任务和加薪准则"的最佳试金石，于是我首先找他个别长谈。谈前两人都知道不会谈得很愉快，只希望能撇开虚招，实事求是。在那次全体会议的讨论中，他对工作任务分配的意见不多，因为很明白自己只能教专业性特强的小班高能物理课，也知道我不敢亏待莘莘学子，冒险把大班的普通物理课委托给他。服务也是如此：不负上责任好好干的话，把事情搞糟了怎么办？道高一尺，魔高一丈；自定任务的办法再好，碰上不在乎的人，作用不大。至于科研工作，任务的轻重、成绩的好坏，行内自有准则和公论，他没法另定一套。

薪酬分配方面，他在全体会议里发言甚多，因为他很明白那套图案分析方法对他不利，甚至任何分析方法都会对他不利。当然，反对的理据表面上与他的本身利益无关，主要是薪酬较高的人，历史上作过较大贡献，不要回头去算旧账了。也可以把这话简化成过去的已经过去，应该把目前的薪酬当作起点，今后加薪多少，按照今后的贡献来定。听上去并非没理，可是想多一层：是否过去贡献所赢得的奖励，应该永久为薪酬的基数垫底？会里跟他附议的只有一两人，正巧都是当过系主任而目前薪酬较高的。

个别长谈的过程中，我把图案给他看：他的薪酬远离上、中、下三组，凌空俯视所有数据点。我又画给他看，即使今后五年里平均加薪每年高达5%，他一文不加还将远高于系里最强的同事。问他这样合不合理。辩论了不少时间，最后他浅浅一笑，谈话结束。

相信他对我这个"毛小子"很有意见。可西方人一般把人和事分得较清，即使在一件事上有过冲突，未必怀恨在心记仇待报。日后的教授会议上，与我意见相左时M教授常引发争论，可是意见一致时却大力支持。为人之师，原该脑清量大；M教授做到了这点。

弗里曼当过多年系主任，处境亦与人不同，应该又是一块"自定工作任务和加薪准则"的试金石。不过他的情况容易处理得多。

主要原因是工作任务分配上完全没有问题。研究方面，他在固态物理学的两个专业（固体的电子结构、磁学性质）蛮有点学界地位，无论科研经费、研究生和博士后、发表的论文，量都很大，虽然以质来说见仁见智，有些同事批评他缺乏突破。教学方面，他自选的课程也就是我认为最合适的：高年级和研究生的固态理论，加上博士生和博士后的个别指导。服务方面，他在外界广结人缘，活动频繁，虽然又有些同事批评他爱搞人际关系和"学界政治"。这话并没说错，可是我认为既然学校运用了社会资源，就有责任让社会知道其存在价值，不能自命清高到完全忽视"外交"；他的活动即使有点浮，如能提高西北大学的形象和声誉，无伤大雅。应该指出：这个观点在学界无疑是有争端的。

薪酬分配则事关个人利益，较难处理。全体会议上，弗里曼胸有成竹地全力支持我的图案分析原则。个别讨论时，他发现自已的薪酬点远高于除M教授以外的所有同事，心里有点亏；很快就指出自己在教研服务上的出色贡献，因而薪酬理应超高。我无法完全同意，于是两人间出现了矛盾。幸好分歧不大，因为他的薪酬确实应该很高，问题是高到什么程度。我采取了比较婉和的解决方法：每年都有加薪，但总比别人少些；几年里差额不断缩小，终于达到可算合理的地步。

最难应付也是令人心酸的，是O教授。弗里曼当系主任时，深知系里的高能物理专业亟需资深的理论家，于是高薪聘来这位壮年的领军人物。最初几年，O教授的确甚有作为，不仅带动几位年轻的理论同事，还给实验者出主意、指方向。接着不晓得发生了什么事，他开始喝酒，并且越喝越凶。

我当系主任后，有学生来告状，说他经常旷课。科研方面则明显从迟缓进入停顿，办公室经常没人。一天上午警察上门，说大清早在路沟里找到个露天过夜的醉汉，按照他的驾驶证跟踪来到大学，要我陪他回家。与他那位文静的夫人谈话后，知道他已陷入严重的酗酒病状，无法自拔。好好一位才子，家有贤惠的妻子和一男一女两个可爱的孩子，怎会搞成这个样子？

我接上了与学术无关的责任，就是与他的两位心理医生合作，为他治病。可是两位专家给我的指示完全相反。一位说必须和谐调理：减少他的教研任务，让他知道我们正在全力支持，从而减轻他的精神负担，让他一心一意好好治病。另一位说必须严厉对待，特别是我这当"顶头上司"的，必须让他知道旷职的后果极端严重：如不立刻停止酗酒，就会上报院长，即使拥有"终身职"，也要免职停薪，令他一家大小无以为生。

天哪！哪能用后者那种狠辣手法应付一位重病的同事？真要把他逼上死路吗？我选择了前者。几年里，他的情况时好时坏。我不断调整他的教学任务，尽可能让他以不定时的座谈和讨论方式讲课，并说服院长，让他继续领薪养家。这个心软手软的选择究竟是对是错，一时无法断定。

30多年后的今天，知道他已退休。过去多年不断发表些论文；科研伙伴多半是中国人，还拿过中国颁发的一个科学奖。西北大学给他的称号是"荣休教授"（Professor Emeritus）。这些都反映他终能渡过困难，一直干到退休。即使当年我的选择太过软弱，大概也没全错；以此自慰。如果选择了严厉手法，会不会毁了他一家；不堪设想。

☑ 终身职制度

不要以为教授取得终身职后，日子就一定好过。研究型大学里，教授的尊严来自不断发表有价值的论文、不断争取到科研经费、不断培养博士生。理论物理研究独立性特强，关上门分别在一间间办公室里苦干，既自我又孤独；还必须不断创新，对有些人来说压力很大。

在终身职（tenure）制度的保护下，免职停薪之举并不那么简单，需要仔细解释。

把英文"tenure"一词译为"终身职"或"永久职"并不十分正确，因为那词没有中文的"终身"或"永久"这般极端。实际来说，却又十分恰当。几十年来，我在好几所大学里任职，从来没听说过一次"免职"。至于"停薪"，也只有在教授要求暂时离校外出创业或休假的情况下，经学校和教授双方同意，实行一定时期的"留职停薪"。

所谓"tenure"，最适当的定义或许是"无限期聘用"。也就是说，在长达好几年的试用期后，受聘者证实了工作能力，进入长期聘用阶段。之后，除非出现重大事故，校方不得无端解聘。这儿我用了"不得"两字，其实应该说"不会"，因为法律并没明文规定不允解聘终身职拥有者。再说，什么是"重大事故"根本无从明文规定，只有被解聘者把校方告上法庭，才能让法庭分别按案情作出判断。

这句话把终身职捧上了法律地位。英美法律传统崇尚"判例"（precedent）：法庭作出判决后，若无上诉裁决和翻案，判例成为日后的法律准则。"无端解聘"依此获得了不成文法的定义："重大事故"包括不道德行为、长期违约旷职、学术不端行为（例如抄袭、作弊等）及校方的严重经济紧缩或重整。至于什么叫做"严重"，一般又很难断定。曾有学校由于经济无法维持而关闭，那没话说。此外我所见过的只是校方决定停办某个学系或学院，随后废除有关职位；那就必须承诺不会重办或建立与此相关的单位和职位。

终身职传统自有历史根源：在君主或教会专政年代，大学为了维护教授们的学术自由，建立了这么一个制度。今天一般来说，学术自由已不成问题，所维护的该是思想自由和言论自由。20世纪50年代的美国，不少政界、文化界、艺术界、科教界的人一度被麦卡锡参议员指控为亲共人士，受到杯葛[①]以至迫害；大学教授得到终身职制度的保护，即使公立大学也没能把他们革职；虽说有人受到打击，应属个别情况。之后"冷战热战"时期，反核反战的言论和行动大多起诸大学，亦是思想自由和言论自由在学界有所保护所致。

事实上，终身职制度已经演变成职业保障制度，绝大多数情况下与学术自由，甚至与思想自由和言论自由无关。"重大事故"的定义窄之又窄；对拥有tenure身份而全不尽责的教授，校方即使持有很强的理据，也不敢考虑解聘。久而久之，难免有人滥用终身职身份，既不从事研究，也不好好教书，年纪轻轻就养成懒慵习惯，自享清福。

我曾建议校方研究建立 "滚动合同制"（rolling contract）的可

---

① 杯葛：boycott，集体抵制之意，台、港、澳地区常用。——编者注

行性，考虑以此取代终身职制度。理由简述如下。来自外界的迫害一般都有周期，不大会超越五六年，至少美国如此，因为众议员两年一选，州长和总统四年一选，参议员六年一选，每次重选，政策和在位者都可能有变动。来自校内的迫害，例如与系主任或院长不和，亦不会持久：院系领导的任期一般三至六年。于是我建议：恢复合同制；合同要长，五年七年皆可，却非终身；每年习惯性加签一年，重新开始五年七年。

漫长的续约令蓄意迫害者失去耐性，减轻他的迫害动机及功效。教授所获的保障则几近于终身职，只是在"滚动合同制"下，若果真不负教研责任，校方可以拒绝加签，五年七年之后合同到期，到时有权解聘。受这制度约束，任意旷职的人应会大幅度减少。

上节所说的O教授，酗酒反映病态，旷职并非任意。可是"滚动合同制"也有适用之处：合同是否加签，可按年酌情决定。于是既有严厉处分的一面，也有和谐调理的一面，提供了在两位心理医生的相反指示间灵活的折中途径。

当政者怕事的多，这个改革建议未见大学领导认真考虑。

第 17 章

系主任恰巧当了五年

治理大学，主要方面有四：学术、建设、财务、人事。

学术规划体现大学的精神所在，自应一马当先。其前提是合理的定位和定型。

定位方面，大学须有站得高、看得远的世界观，争取在自选的教研领域里尽其所能走在学界前沿。公立大学尚需有适当的国家观和地区观，满足社会大众在教学、研究、服务上对学校的期求。

定型方面，高等院校有多种类型，包括综合型、教学型、研究型、专业特色型、博雅教育型、应用培训型、社区公开型等，大学须以自己的定位为基础，在多种类型之间为自己作出明确的选择。院系专业的建立、课程的发展、科研的定向、招生的规模和制度等，都必须符合自己的定位和定型。每所大学固然都该有美好的愿景和抱负，放眼于未来；但亦须立足于现实，凡事干得扎实，说到做到。

建设的规划范围包括校园和校舍、教研设施和设备、学习和生活环境，以至周围的社区；它们构成大学的骨架，提供坚实的工作平台。

财务的规划范围包括收支的长短期预算、向政府申请的拨款、向社会和个人募集的捐赠，以及各种来源的基金和资助；它们构成大学的骨髓和血液，汇集和输送充裕的养分。

建设和财务这两方面，作为大学最高权力机构的校董会（理事会）责任很大：既需为大学创建优秀的氛围、争取更多的资源；亦需订立制衡政策，为社会监管大学氛围的实效和资源的运用。

人事规划涉及教职员的编制和动态。（研究型大学里，研究生兼任助教或助研，他们的招录、培训和福利也属规划范围。）最重要的当然是各级教授的聘免和升迁，因为教授是大学的灵魂：学术精神来自教授，学术成果出自教授。

教授治校的原则令大学的人事关系有异于政府机构和企业单位。大学里，今天你是教授，明天可当系主任、院长、副校长、校长，后天又可恢复"阳春教授"的地位。在位时有权有责，离职时无级无别；进退自如，没有明显的、更没有永久的上司下属之分。大家都是同事，都属团队的一部分。

规划不是纸上谈兵。规划再细致，还得完善落实。而落实是个步骤，必须循规蹈矩，有条有理，从起跑开始就建立合法合理、务实可行、公开透明的规章制度。

当系主任那几年，逐渐体会了以上所说，或许为多年后创建香港科技大学打了些底子。不过西北大学已有百多年历史，物理系也有了自己的传统，让我学习得最多的应说是人事。

☑ **凝聚态物理：理论方面的领军人物**

教授是大学的灵魂。所谓"人事"，最为重要的自然是如何聘请和留住优秀的教授。

开始担任系主任时，物理系正教授特别多，副教授也不少；相对来说，助理教授寥寥无几，因为弗里曼聘来的好几位，升的升了，升不上去的走了。头重脚轻，显然不是长久之计。首要的人事任务乃是寻找新血，为未来发展打好基础。再说，当时学校整体经济情况不太好，反正不容易向院里争取到高薪的资深教授职位，更不容易争取到聘求他们时必须提供的高额开办经费。

不是说完全放弃聘请资深教授，主要专业不能缺少领军人物。那么，我们这个物理系的主要专业是什么？哪些专业缺少领军人物？

两个问题都不难回答。主要专业该是高能物理和凝聚态物理；两者当年最火，原是弗里曼选中的方向，也是同事们的共识。米勒担任系主任三年，没作改变。曾有人问是否可以增加一些新方向，特别是比较时髦的相对论天文物理和等离子物理。我说不行：我们的物理系只有30多个教职，不像马里兰大学或麻省理工学院，养不起那么多专业，同时也不必追求时髦。贵于精，不于全。同事们没提异议。

事实上资源再多也好，本来就无须全力追求大而全；系如此，院如此，大学如此。我从不放弃这个办学理念，往后总是重质不重量。

凝聚态物理方面，领军人物集中于理论，正教授就有六位。无须增加，而需把他们稳住，特别是从阿贡国家实验所（ANL）挖来的辛桂和弗里曼本人。实验方面却问题极大：正教授原来就不多，年资最长的两位在科研上都已落伍；一位强手改选了方向，转攻生物物理；一位年轻的，也是系里寄予厚望的，两年前被西部的一所大学以丰厚待遇挖走。剩下一位弗里曼聘来的助理教授。很明显，尽管编制和经费两种资源都不乐观，我还是需要全力聘求至少一位领军人物，重建这个主要专业。无独有偶，又打了阿贡国家实验所的主意。

我与阿贡国家实验所交往经年。在UCSD当博士后时，借暑假之便，远途来此当了一个月顾问，日夜不停运用实验所刚购置安装的巨型计算机。来到附近的西北大学任教后，又按照美国学界惯例所容许的规则，每周一天在实验所的固态科学部（Solid State Sciences Division，简称SSS）担任兼职顾问。那时候辛桂还是固态科学部的全职资深物理研究员，每周一天在西北大学物理系担任兼职顾问。除他和一位副研究员以外，固态科学部没有搞理论的，因此以我作补。

辛桂原籍印度，夫人原籍瑞典，最密切的科研伙伴也是位瑞典教授。可能因为亚洲和北欧的社会传统重视学术，辛桂不时透露脱离阿贡国家实验所改任教授的意向。弗里曼也当过固态科学部的兼职顾问，与辛桂来往较多，觉得他反正迟早会离开实验所，不如就近转到西北大学，当个全职教授，同时保持与实验所的合作来往。我当然在旁推波助澜。米勒担任系主任时，对他不那么重视，曾令别的学校打过他的主意。我接任后快马加鞭适当调整他的薪酬；虽则按照上章所说的图案分析，增加幅度不大，却让他重新感到系里和院里对他的重视。

至于弗里曼本人，薪酬业已偏高，无法调到让他满足的地步。他看了图案分析，知道与我多说起不了作用，于是直接去找院长。原来那位女院长已经去了耶鲁大学当常务副校长，接任的H教授是位哲学家，不甚熟悉理科情况，于是把我找去细谈。H院长很赞赏弗里曼重建物理系的经历，也听说过弗里曼在物理界的名气。看了我的图案分析以后，同意不能过分给他加薪，除非按他自己所说，能在短时期内被美国科学院选为院士。于是问我弗里曼当选院士的机会有多大。

美国科学院院士的选举方法和过程与我国不同。虽然也排除不了人际关系，虽然弗里曼的人际关系甚强，可是必须完全由别人推举，本人无从参与，更无从大力经营；因而人际关系只属次要。我坦诚告诉院长：除非弗里曼能跳出多年来以数字计算为基础的圈子，在自创的理论框架上获得突破，当选院士的机会不大。H院长说：那就暂时按兵不动，走着瞧吧。弗里曼对此难免不满，但是他在西北大学的科研组很大，羽翼已经丰满，计算环境特强。若去别的学校，条件不会更好，薪酬也未必会有很大差别。一动不如一静。只要让他在精神和地位上感到重视，不难稳住。

事实证明两位资深理论物理学家果真都被稳住。辛桂在我离开西北大学后当过两任系主任，继续留校，直至退休。弗里曼虽已年逾八十，还在西北大学继续教研。

聘请能人重要，留住能人同样重要。后者还会影响别人的心情，甚至更为重要。

☑ 凝聚态物理：实验方面的领军人物

阿贡国家实验所的固态科学部特多搞实验的，单是低温物理就有三个组，包括约翰·科特森（John Ketterson）带头、在低温物理界享有盛名的液态氦实验组。科特森的实验项目与我的理论工作有所交叠，虽则实际合作的机会不多，但经常讨论切磋对两人的科研思维都有所裨益。科特森的性格也很像学界中人，与我蛮合得来。

在当时西北大学的条件下，实验方面很不容易找人，不能不打他的主意。也就是说，不能不继辛桂之后，又一次打阿贡国家实验所的主意。

说起来有些惭愧：无论在专业上、生活上，阿贡国家实验所都待我不薄。以专业来说，虽然当时低温物理特别吃香，西北大学却没人干这方面的实验。我在阿贡国家实验所当顾问，经常与固态科学部的实验物理学家来往，学到不少。以生活来说，在芝加哥这个大都会里，尽管西北大学的薪金不算低，养活一家八口还是非常拮据。顾问费给我增加了两成收入，稍为辛劳管家的伊芳减轻身心上的压力。既然如此，怎好意思打它的主意？

这样说吧：阿贡国家实验所固态科学部正需开辟新路子。走掉一个低温物理组，还有两个；可以借此转移资源，培养另一方面的固态物理实验组，实现多元化。又可以说：不断有大学上门试图挖走科特森，而科特森也表露过从阿贡国家实验所转入学界的意向。我学会了弗里曼聘请辛桂那招，说："晓得他迟早会离开实验所，还不如就近转到西北大学，当个全职教授，让他还能同时保持与实验所的合作来往。"就这么把科特森礼聘到西北大学。

西北大学是所私立学校，待遇比公立的阿贡国家实验所高，这方面比较有利。可是需要大动干戈，建立打通楼上楼下两层的低温物理实验室，还需要整套大型设备和精密仪器，经费惊人。实验室无法避免，院长同意支持。设备和仪器则是个难过的大关。我想到了个办法，让科特森把他在阿贡国家实验所所用的设备和仪器全部搬来西北大学。说来轻松，其实很不简单：设备和仪器属于阿贡国家实验所这国家机构，不能随便跟人跑。我与固态科学部的主任商量，说服他转告上级：反正不准备补科特森的缺，那些设备和仪器留下没用，还不如做个顺水人情，借此标榜与学界的合作关系。通过一番手续，成功地把这批国家资产转移给了西北大学。

当时假如过不了这关，西北大学缺钱购置必需的设备和仪器，科特森肯定来不成。前两任系主任之所以没敢聘请低温物理的实验家，与此有关。我从这番经验学到：资源总是不够用的，不能单靠向上级伸手，而须灵活探索不同来源。真诚和努力往往能争取到有心人的支持，协力解决问题，走出困境。

有了领军人物，就等于有了鲜花，还得配上绿叶。再说，为了长远之计，也得后继有人才行。弗里曼曾经聘到过一位助理教授，与我同时进入西北大学。他的来头很强，有些自命不凡，可是花了两年才建起实验室（这是实验者的不幸）；之后科研工作亦没达到系里的标准，于是在米勒当系主任时离开了。我利用这个空缺，另外又向H院长讨到一个助理教授的职位，花了很多精力补上两位年轻的新血。

其中一位是沈元壤的高足王克伦。沈元壤与我的科研都属凝聚态物理领域，可是专业相去甚远；加上他搞实验、我搞理论，工作上只能说是互相知道，并无汇合之处。但是他在实验物理界的地位很高，网络甚广，令我很自然地想到请他推荐个能手。他在伯克利加州大学任教，一连指导了好几位博士生，毕业后都被名校或著名的研究所争相聘去。正好刚毕业了一位来自香港的得意门生，于是就推荐给我。

王克伦这位年轻人确实厉害，到后没多久就做出成绩，表现了才能。他在西北大学很顺利地升任副教授、正教授；多年后回到香港，参加香港科技大学物理系的创系团队，很快就在激光物理领域获得突破。说也奇怪，他来香港科大是件很主动的事，既非我从西北大学挖来，也没经过当时为我出很多主意的沈元壤推荐。该是缘分吧。

另外那位来自康奈尔大学。康奈尔大学的低温物理团队在全球执领先地位，不断获得突破。当时团队里一前一后有两位很受人注意的博士生。其中一位所参加的科研小组发现了轰动一时的液态氦三超流现象，多年后与他的两位导师同获诺贝尔奖。另外一位生不逢时，进入同一科研小组，却被安排到另一实验，因而错过了获奖机会。国人把诺贝尔奖视为瑰宝，不知除学问之外还有很多别的因素，包括学界政治和很强的偶然性。

我与康奈尔的低温物理教授们来往颇多，特别是那个科研小组里的两位领军人物。在他们推荐之下，聘到了与诺贝尔奖失之交臂的那位博士生。又是说来轻松，其实代价不菲。为了让他的科研工作早日进入状态，我向H院长索取巨资，单一台仪器就花了10万美元。这位年轻人后来成为凝聚态物理界的一位权威，至今还任教于西北大学。十年前来过香港，在香港科大当过半年客座教授。是物理系聘来的，与我无关，亦属缘分。

☑ 高能物理、天文物理

高能物理方面，搞实验的教授人数很多，可是分成好几个科研小组，彼此间不肯合作。西北大学的客观条件非常好，当时美国最重要的高能物理加速设施位处芝加哥邻近的费米国立加速器实验室

（Fermi National Accelerator Laboratory，简称Fermilab或FNAL），只一小时车程。假如高能实验同事们愿意稍微集中能力，大可在这领域成为美国中部的一霸。作为系主任，我尽可能提醒他们；可是他们都是聪明人，不是不明白，而是过分自我。学术自由、科研自主，系主任除了不时动动嘴皮子，无从干预。

相对来说，系里的高能理论人才实在贫乏。原来只有两位：其中之一年轻时蛮有点名气，可是宝刀已老；另一位对学问非常认真，选题过于艰涩，低不就高不成，难有建树。弗里曼聘来四人，三位年轻的助理教授与我同年进系，水平都还不低。可是两位也是选题错误，发表不了有分量的论文，没升级就被请走；另一位得了一种莫名其妙的怪病，三年后为了寻找适合养病的气候，搬去比较干燥温暖的西部，另获教职。那位重金聘来的领军人物O教授，则因前章说过的酗酒症，科研进入瘫痪状态，在系里起不了作用。

当务之急乃是重建高能理论组。

当时高能物理界出现了一位好手W教授，取得了理论上的一大

⊖　1967年建成、占地2700余公顷的费米国立加速器实验室，其圆形的Tevatron粒子加速器直径近2公里

突破。系里的高能物理同事们说：如能把他聘来，该有多好。可是凭什么能把他从哈佛挖来？传闻或许有几个攻破点：一是这位W教授一举成名之前，哈佛对他不怎么好；二是芝加哥附近的费米国立加速器实验室有很完备的设施和很强的实验者，或许能够证实他的理论；三是他的夫人是位不差的法律学者，可是没能在哈佛或邻近的法学院取得教职。传闻毕竟是传闻，不能当真。可是既然同事们对他如此看好，作为系主任哪能不动动脑筋？

西北大学怎么利用这些攻破点？一来哈佛凭在学界的历史和地位，的确对年轻人不够重视；几年前我没肯接受哈佛的聘任，这多少是个隐因。而西北大学没有当老大哥的资格，没染上这种作风。二来西北大学离费米国立加速器实验室不远，可为两头跑动的W教授提供方便。三来西北大学有个蛮不错的法学院，说不定愿意聘请他的夫人。

与W教授接触后，感觉不错，情况似乎相当乐观。三个攻破点的前两个，对他来说很具吸引力，关键落在第三个。于是我找上H院长，请他以文理学院院长的身份去与同等级的法学院院长商量。法学院院长向我们索取W夫人的学术简历，拿到院教授会议去讨论。不幸我们很快就被打了闷棍：教授们对她不很赏识，不愿为她提供宝贵的教职。

我没这么容易放弃！告诉H院长这位W教授确实出人头地，他的那个科研突破很可能让他赢取诺贝尔奖。院长对我蛮有信心，再次跑去跟法学院院长谈话，表示愿从文理学院拨出一个教席送给法学院，不需他们"破费"。法学院为此又开了一次院教授会议，结果又打了我们一闷棍：教授们认为她不够格，即使不动用法学院的教职，还是不能聘她。

教授治校，人事判断是学术议题，需由教授做主，什么高级领导说的都不管用。追求这位好手的故事，到此结束。两年后W教授获诺贝尔奖。他真就离开哈佛，去了一所比不上西北大学的学校。

失之交臂，H院长很有些失望。我不气馁，却知道一时不可能让他大手笔请人，退求其次。听闻一位23岁就在普林斯顿大学念完高能理论博士、两年后在该校取得教职的才子，数年前迁至费米实验室，很想回大学当教授。系里的同事与他来往频繁，合作得很愉快。或许可以再次打国家实验所的主意，把这位"准领军人物"从费米实验室挖过来？

这次不像从阿贡国家实验所挖科特森那样顺利，只成功了一半：这位"才子"决定暂不离开费米，脚踏两条船，在西北大学当了一位兼职教授。后来他去了UCSD，还改了行。

高能物理告一段落，却又来了个新任务。大学领导层下了决心，要精简学术部门。首先取消地位不高、学生不多的地理系，跟着向天文系开刀。后者相当难搞：虽然这些年来系里教授陆续退休，所剩无几，问题不大；可是历史悠久，还有个天文台。最难应付的问题据说是位久任系主任、蛮有点名气的老将。多年来他已不干天文学研究，却专注UFO（Unidentified Flying Object：不明飞行

⊖　接收天文系是件吃力不讨好的差事，这栋小楼却很别致可爱

物；也就是外星人之谜）。为好莱坞担任科幻片咨询之余，传闻还是空军部的资深顾问。

院长不太愿意得罪这位媒体人物。天文学接近物理学，也可说是物理学的一个专业，于是差事落到我头上。

那位老将并没像传说的那样不讲道理，只是不愿意让天文学在西北大学销声匿迹，同时又关心天文系几位教师和一位博士生的前途。天文系除他之外只有一位正教授，两人都将达退休年龄；另外三位是近年聘来的助理教授。老将知道他们无甚科研成绩，不可能通过院级教授委员会获升终身职。幕后商量下来，他接受了院长的建议，让物理系兼并天文系；条件是要我保证把两位老将养至退休，并为天文专业保留两个教职，在适当时候换进既有作为又有潜力的新血。此外，要我亲自照顾那位仅剩的博士生。

我在任内确实换来了两位有为的青年教师，科研项目属于卫星观察和理论分析方面的现代天文物理。最近上网查看，30多年后两位都还在系里，已是颇有科研成就的资深教授。而那位在我照顾下念完学位的博士生，毕业后一直留在系里，担任高级讲师；听说她教的是传统天文学课程，同时负责照料教学用的天文台，过着蛮有意义的学术生涯。

☑ 两位同事的趣事

科特森是个很有性格的人。20世纪70年代，美国中西部一切比较严肃，他却穿着随便，有意无意给人留下个不修边幅的学者形象。事实上他的生活确实随便：结过婚，离过婚，过着孤家寡人的日子。白天在实验室，晚上也在实验室；累了回家睡觉，睡醒了又回到实验室。开辆旧汽车，车厢里乱七八糟，车厢外油漆剥落。跟他熟悉的人知道为什么汽车如此破烂，因为经常看到他下车后不好好关门，用脚大力一踢了事。问他为什么这样粗鲁，他答道："只有这样才会记得汽车是个工具；它服侍我，我不服侍它。"

一次，低温物理学的专业会议在佛罗里达州的一个小镇召开。小镇比较偏僻，附近没有机场，交通不太方便。科特森说："我预备自己开飞机去。飞机虽小，可以载个乘客，你就跟我一起去吧！"虽然我早已知道他持有机师执照，并且从来没有出过事，可是看到他对付汽车的态度，哪敢乘他的飞机？于是笑答："理解你的好意，可是你是单身，我则一家老少八人靠我养活。谢过算了。"

到了镇上，看到路旁停着架双座位飞机，油漆剥落得花花绿绿，无疑是这位老兄的。

科特森爱吃中国菜，特别喜欢海鲜酱。一起去餐馆吃饭时，总要请服务员来多一碟海鲜酱。吃完饭，碟里还有，他习惯性地用手指把剩下的酱刮得干干净净，送进嘴里。周围多少人看着，他能毫不动容。那一年春节我们夫妇想给他送份礼，就送了两罐海鲜酱。

日常生活如此草草，科研却十分严谨，一丝不苟。莫怪常人把科学家看成另类。

那些年里，我和科特森既是同事又是好友。他编辑的一本专业书，三分之一是我写的，出版社是地位崇高的约翰·威利科技出版社（John Wiley Interscience）。可惜内容过分专业，只卖掉1000多本。

另一位很有性格的同事叫做杰瑞·罗森（Jerry Rosen），是前任系主任米勒聘来的高能实验大将。身高2米，黑发黑须，虎背熊腰；貌似凶神恶煞独霸一方，实则天真坦荡不设城府。

罗森爱笑谑，拿别人开玩笑。他长得高，就喜欢说人长得矮。能打球，就喜欢笑人手脚笨。听说我打篮球，就不断向我挑战，说假如我们一对一单打，他进10球，我进不了3球。听多了有点气恼，一天下午与他走到体育馆，换上球鞋比试一番。我1.77米的身材不能算矮，可是站在2米高的罗森身旁，确实矮了一截。不过我比他灵活；虽然没赢，却只输了一球：10:9。从此他不好意思再在同事前为他的球技耀武扬威。

那天，泳将马克·斯皮茨（Mark Spitz）在1972年奥运会上为美国赢得第7枚金牌。消息传来，一些系里同事兴高采烈，欢呼："我们拿到了第7枚金牌！"罗森站在一旁，冷冷地说："什么我们我们，我根本没有下水！"啊，这话说得多好：运动员苦练多少年，输了还受你批评，赢了当然应该完全是他个人的功劳，啥时候轮到你来分功？

罗森是米勒的好朋友，可也最反对米勒连任系主任，甚至公开唱反调，说米勒这不行那不行。这件事并没影响两者的友情。一般来说，美国人能把人与事分清，不怎么记仇。

我们几个经常一起吃午饭。学校里的食堂吃厌了，就向外跑。离学校三个路口外有间小餐厅，转个弯再走个把路口又有间小餐厅。后者是个意大利馆子，面条不错，分量极大。我最喜欢吃的是此处独有的鸡肝意粉。美国人不喜欢吃肚里货，尤其是肾、肝之类；而意大利人与我们相像，不忌这些。

走向餐厅，途中有些小商店。特别让我记得的是间小店前斜置的陈列玻璃窗。每次走过，就像一面镜子，照出三个怪人：一个不修边幅，一个龙骧虎步，一个黑发黄脸。分别看来并无怪相，排成一列却令人侧目。侧目的竟还包括我自己！为什么？因为那个年头学校里中国教授不多，西北大学所在的镇上中国人更少；习惯了跟洋人一起，进出一口英文，往往忘了自己与别人的差异；见到玻璃窗上的影像，一时竟会愕然。

这两位年龄较大的美国同事与我相处甚佳，看到玻璃窗上的影像也有这样的反应，会笑说："我们的上司怎会是这么个外国小子？"

教授是大学的灵魂。系主任不是官，同事间没什么上司下属。但即使是笑话，说多了也该折寿。

☑ 伊芳再次为我牺牲学业

当好教授是以往的全部任务：教学尽责，科研努力，并拿出部分时间为学校和社会提供服务。当了系主任，最大的改变是加重了对同事、院系和大学的责任感。

业务之余，应该在家做个好儿子、好丈夫、好父亲。这些方面，我完全没有尽到应负的责任。除了勤奋工作、奉老养少以外，没在家人身上花多少脑筋和时间。当了系主任就更不顾家了。幸好伊芳是位完美的媳妇、妻子、母亲，大小家事一人担当。

先是照顾老少八人。父母亲从厄巴纳回到芝加哥，把幺妹留在那儿上大学，大家庭里少了一员。伊芳的16岁幺妹却来了美国，先是在波士顿跟哥哥住，何奈哥哥管得太紧，住不惯，只一年就来芝加哥"避难"，在我家住下。于是大家庭仍是老少八人。这位幺妹略被惯坏，不能算难管，但毕竟是个大孩子，做姐姐的哪能不操心？

父母亲住在对街，身边少了个小女儿，生活轻松得多。偶尔替我俩看管三个孩子，还教他们中文。可是不久后父亲的神经衰弱病复发，经常半夜醒来就睡不着，拖到凌晨四五点钟，过街来打门。伊芳起身陪他说话，安慰他，鼓励他，尽个好媳妇的责任。

1973年，伊芳考进了医学院，攻读医学博士。

伊芳自小有浓厚的同情心，以助人为乐，矢志长大后当个医生，为病人解除痛苦。可惜嫁了我这个"蛮不讲理"的"男子汉大丈夫主义"者，坚持要"养"她，不让外出工作，更不让干医生这门辛苦职业。

经过"钓鱼台运动"和认识新中国的两番洗礼，我开始明白事理，愿意悔改。同时三个孩子白天上学，让做妈妈的稍有了点自由，于是在我鼓励下去西北大学补了一些生物和化学课程，继而报考MCAT（医科大学入学考试），申请医学院。芝加哥这个大都会里有六七所医学院，却没有一所愿意录取已三个孩子的33岁妈妈。

尽了心意，也就罢了。哪知突然西北大学的医学院来电话，大概有个已被录取的学生临阵退缩，班上出了空缺，通知伊芳若有兴趣，请立即去面试。面试一小时后，几位教授都说她表现极好，可是按经验判断，30多岁的妈妈不可能念完四年博士学位，另加三年以上的医院实习，因此不该收她。但是凭她过去的成绩，感受到她的真诚，若不让她试试，良心上过不去。于是给她发了录取信。

伊芳重振旗鼓，回校念书。父母亲预见困难重重，但是佩服她的志向和勇气，非但不加阻挡，还自告奋勇说今后愿意多花时间管教孙儿女，还为我们做饭。当时全家都没想到我会当上系主任，没想到系主任的工作量多大，更没想到我更不可能顾家。

伊芳这人真有毅力，什么苦都能吃。单是每天走读，就是一苦。

建于郊外或小镇上的大学，为了便利与社会大众互动，往往把医学院、法学院、商学院这些服务性较强的专职研究生院设于市中心。芝加哥北郊埃文斯顿镇的西北大学也不例外，为了方便病人，把那拥有14家医院的医学院建于市中心密歇根大湖旁边。学院里没有学生宿舍，也没有让学生使用的停车场。因此伊芳每天必须起个大早，驾车到维尔梅特的高架铁路站换乘既陈旧又肮脏的高架公铁，震上大半个小时后进入市中心，然后面向密歇根大湖步行好几段路，才到达医学院。

单程一个多小时，来回近三小时，花费大量宝贵的时间，这还不能算苦。真正的苦楚是在清晨和黄昏熬受漫长的芝加哥寒冬，摸黑走那几段路。加拿大湖面吹来阵阵刺骨的寒风，气温零下十几摄氏度，经"风寒指数"（wind chill factor）调整，相当于零下二三十摄氏度。面向大湖背着大湖都不好受。行人每走一段路，就要找栋大楼进去避一避、喘上几口气，然后鼓足勇气出来，再走一段。伊芳就这样走了三年。

☺ 难得找到几分
钟时间，轻松
一下，看：人
都瘦了！

念医学院的那三年里，她每天回家又晚又累，还尽可能为孩子花点时间，关心他们上课、作业和生活的情况。孩子上床后，赶紧拿出自己的书本笔记，埋头苦读，直至深夜，甚至凌晨。经常只睡四五个小时。

伊芳不愿我写她的生平；她的医学院生涯也就不多说了。可是有件趣事不能不提。

第二年起，她参与医院实习。她说最辛苦的是人体解剖；倒不是因为怕见尸体，而是不幸被配发到一具150千克的女尸；一层层厚厚的脂肪，十分难剖。这并不有趣，我们必须敬重为医学捐出遗体的善人。我所说的趣事是，解剖学课程完毕后，她分到一颗骷髅头，借回家来仔细研读。这颗骷髅头不时就放在我俩的床上，陪我的时间远比她多。

父母亲给了我们极多照顾，孙儿女也给祖父母添加了生活乐趣。可是做妈妈的放不下心，觉得这样下去对不起孩子，经常考虑是否应该为了家庭放弃学业。我则担心她念得太辛苦，天天睡不够，迟早会搞坏身子。不仅是挨多一年半载，而是影响一生。将来她带着深切的同情心去公立医院服务，下班时刻别人说走就走，她呢，看到还有病人排队或是照顾不周，肯定天天加班。早去晚归，久而久之不累出大病才怪。

那几位面试教授不幸言中：苦斗三年，伊芳终于决定退学。又一次为我的工作和全家的幸福做出牺牲，舍弃怀了一辈子的心愿。

☑ 连任系主任

有人很不适当地把学校的行政结构与陆军相比，说是校长犹如军队的总司令，几位副校长犹如军长和参谋长，院长像是师长、团长，系主任像是营长、连长，而教授们像是排长，学生则是士兵。

这种比喻其实很不适当，因为军队里军令如山，而大学里绝对没有上级命令下级的规矩。教授绝不是排长，学生更不是士兵。回头看看，系主任的职责倒真是有些像营长、连长：一方面要理解由上而下的全军战略，一方面要照顾战友们的安全和士气。阵地上、战壕里，攻守都须身先士卒。此外还要顾及与其他营连的呼应和粮草弹药的接应。

由于明白系主任的重担，后来当院长、校长时，略微清楚什么样的同事适合这个岗位、他们会遭遇什么样的难处、需要什么样的支持和帮助。看到有些大学里，从没当过系主任的教授从天而降，一下子就当院长、校长，真替他们担心。也不断看到为什么他们会犯一些不必要的错误。学校也好，军队也好，政府也好，企业也好，为行政岗位聘人时，不能不关注他的过往经验。这方面不能轻信"天才"。

不知不觉间，三年任期就快结束。文理学院院长照例写信给物理系的所有同事，询问他们对聘任下一任系主任有什么看法。主要问题是在职的那位干得怎么样，应不应该让他连任三年，还是另任新人？

再次提醒读者们：我所知道的美国大学，公立的也好，私立的也好，系主任不由教授们投票选举，而是院长根据教授们的回信自行分析，权衡众多意见，然后拍板委任。过程并不"透明"，事实上还很主观。院长的判断有对有错，但是决不胡来，因为系主任们是他的主要将佐，选得对不对直接影响他自己的政绩和前途。

让我觉得心情舒畅的是同事们的支持。他们很快给院长送回各自的意见，而院长的决定快得出奇：两个星期后就接到院长的公函，要我连任三年。

学界的小道新闻很多，传得很快。第二任还没开始，就接到芝加哥伊利诺伊大学理学院院长来信，邀我去谈谈。

伊利诺伊大学素来是伊利诺伊州的唯一公立研究型大学，建于厄巴纳，其医学院却设于芝加哥市区中心的"芝加哥圆环"（Chicago Circle）。20世纪60年代，美国高等教育进入发展的高峰期，伊利诺伊州不甘落后，于1965年围绕医学院建立第二所公立研究型大学。由于厄巴纳与香槟镇早已构成双子城，原有那所从此被称为厄巴纳—香槟伊利诺伊大学（University of Illinois at Urbana-Champaign，简称UIUC）；新建的最初跟随市区中心的名字，称为"芝加哥圆环伊利诺伊大学"（University of Illinois at Chicago Circle，简称UICC），后来为了简化，去掉"Circle"字样，称为"芝加哥伊利诺伊大学"（University of Illinois at Chicago，简称UIC）。

新生之犊不畏虎。老大哥UIUC全球闻名，小弟弟UIC不甘示弱，想学圣迭戈加州大学那样，仗全国第二大城市的财力和威势迎头赶上。最快最高效的方法是到处挖人。听说我在西北大学干得不错，就要我跳槽，去重建UIC的物理系。与该校的文理学院院长见了一次面，就收到聘书，把我的薪酬提高几乎一倍。可是就在那次会面，我感到UIC缺乏热菲尔或布勒克纳那种既有远见又有魄力的领导人物，不可能按圣迭戈加州大学的模式开天辟地办学。于是婉拒了UIC的好意。

消息传到西北大学，文理学院院长来电，说要跟我谈谈。没谈多久，他就开门见山问我UIC给了我什么条件，我如实报上。他接着说："我们确实亏待了你。作为老牌大学，我们没有新创建学校的财气，无法与他们较量。不过总还得公平一些。因此我已经与校长商议过，立即合理调整你的待遇，希望你能接受。"一眨眼，把我的薪酬提高了五成。

之后，南加州大学也来找过我当系主任。一所加州州立大学的理学院院长职位出缺，也找我去面谈。在异常寒冷的芝加哥待了多年，我很怀念风和日暖的加州，可是两处都不是经常想念中的那个仙境，没能动心。

为期三年的第二任没有当完。两年后离开西北大学，回到圣迭戈加州大学。系主任恰巧当了最初所说的五年。

第 18 章

生活水平的改善

　　人生在世，一辈子总会有几个转折点，也可说是几道分水岭。

　　我生平就有过好几个转折点。首先是出生三个月跟着父母亲逃难，五年后转折回到老家，六年后又随同双亲奔波于"两岸三地"。用"分水岭"来描写并不过分，因为每次周围稍为太平、家境略见稳定、峰顶在望，就迅速下滑，前景不明。这几个转折点或分水岭属我们这代中国人所"共享"，算不了什么。

　　17岁只身来到美国，也是与当年很多香港学生"共享"的一大转折点。之后却与别人分道扬镳。在一年后就算大学毕业，到研究生院进修，莫名其妙当上了物理系的助教。胸无点墨而不自知，直至博士生资格考试全军尽没，才发现自己原来那么脓包。幸好老天赐以贤妻，让我在她以身作则的鼓励和支持下发愤，半工半读，从后赶上，以意料外的好成绩通过第二次博士资格考试。继而跟上良师，完成论文，到物理界的"仙境"当博士后。这一串转折点所带来的悲喜苦乐，该说很不寻常。

　　其后又来了一串转折点。先是舍弃所谓"顶级学府"的哈佛和圣迭戈加大，选取了毫不炫目的西北大学。跟着被伊利诺伊大学的大师邀去访问一年。他们的赏识让西北大学在短短四年里把我连升两级，然后让我又莫名其妙地当上了系主任，既打下了学术管理的基础，也种下了行政生涯的"祸根"。这几个转折点更不寻常。

近年来，尤其是香港科技大学创建20周年纪念期间，有人问我觉不觉得自豪，对走上学术行政工作这条路有多大满足感，甚至建议我向年轻人"传授"怎么从教研生活转向行政领导。我哑口无言，反需自问怎么会走上这条路的？问过老婆：若当年去了学术殿堂的哈佛，或留在科研仙境的圣迭戈加大，一辈子住在波士顿或拉霍亚，乖乖做我的学问，是否更加恰当？

人生就是这样。年轻时，长辈和老师总鼓励我们要有大志。励志当然是好，可是期望孩子们挺着胸说"矢志将来大了要当个什么什么"的，并无必要。孩子们各有不同潜质、不同兴趣，成长于不同客观环境、不同教育氛围；应该鼓励他们在学习上认真、努力、善用时间，接触广阔、深入分析思考，然后尽可能选择最适合的方向去发展。至少从我的个人经验来看，事业成长往往由一连串意外事件形成，并不完全取决于主观意志。其实国家大事、天下变革都如此。这不是宿命论，而是客观现实。你说呢？

言归正传。当系主任后，跟着几年里竟又同时出现三方面的转折：生活水平的改善、工作范围的扩展、故国远来的呼唤。

☑ 儿女在妈妈的精心培养下成长

我这家子的日常生活，一直都由不辞辛劳的贤妻主导。即使在医学院苦读三年的日子里，伊芳还是尽可能抽出每一分钟关怀孩子的成长。那段时期，住在对街的祖父母出手做饭和教孩子中文，帮了大忙。我这个做爸爸的却没尽责。孩子们之所以没有变坏，还是因为早几年里妈妈为他们打好了基础。

儿子从小喜欢看书，也喜欢自创游戏，相信对两个亦趋亦从的妹妹影响不小。

儿子天生嗜好音乐，3岁时听到儿歌，就在玩具琴上弹出调子。见他如此，那位从小学琴而自认缺乏乐感的妈妈说：替他买个真的钢琴吧。那时收入有限，在报纸分类广告看到有人出售旧琴，只要100美元，于是就买了下来；没想到运费和调音另外花上70美元。不过非常值得：他一语不发，爬上琴椅，坐在七八厘米厚的电话簿上，真的就那么弹起琴来。令我俩惊异的是，不久后不仅右手弹出旋律，竟还能用左手配上和音。至今保留着一张他4岁时的照片，横坐于琴椅一头，皱着眉头荡着短腿，专心在茶几上谱写第一首自创的曲子。

两个妹妹当然跟在后面，说要学哥哥玩音乐。只是她们的天赋不在这方面，手指不听指挥。后来一个学吹箫，一个学小提琴，没肯下功夫苦练，成就不大。

正如中国我们这代的许多父母，高兴看到儿子有音乐天才，可又担心他走入艰苦的音乐生涯，将来找不到饭吃。又不愿意他一头钻进音乐，忽略了别的学业，埋没了别的天赋。于是没为他请老师，反而鼓励他向各方面发展。

琴还在弹，曲子也在写。不久后增加了个完全不同的嗜好：观鸟。不时拖着妈妈去图书馆，借看各种有关禽鸟的书；周末跟我去大学，在校园一旁的湖边和树丛里寻找季鸟。稍大些，又从书里自学魔术，用仅有的零用钱买些魔术工具，为一家老少表演。10岁上下，突然对电子学发生了兴趣，整天抱着一本既厚又重的《业余电子手册》，自学电路；还跟我去物理系找我的实验同事科特森为他讲解。不久后，又依靠看书自学，进入了业余无线电；跟着很自然地走向电子计算机。今天他是计算机领域人工智能学的教授，在自然语言专业上颇有些国际地位，同时又是个业余音乐家。老话说"书中自有黄金屋"，果真有番道理：确实在书本里找到了黄金——虽则不是常人所谓的黄金，而是脑袋里的财富。

两个妹妹的性格与哥哥完全不同。大的那个看样学样，坐在哥哥身旁，拿起书来就翻，虽然一半时间拿得上下颠倒。在妈妈的鼓励下，语文学得挺快，不久后真能好好看书了。不过她所爱看的与哥哥完全不同，尽是些儿童小说和神仙故事。一本接一本，晚上熄灯睡觉后还偷偷在被窝里拿着手电筒看个不停。当然早上起不了床，为了叫她准时上学，天天催了又催。她的天赋一是人缘，二是绘画。在学校里上美术课，铅画的两只小猫逼真可爱，现在还挂在我家墙上。

小的那个天生好动，体育极强。蛮小时候，妈妈看到她的天赋，就带她去校外上体操课，进步神速。可是在一次平衡木练习中受了伤，不能不放弃。这并没有阻止她学别的运动，长大后虽然工作是软件工程和税务会计，但不少时间花于户外运动：地面是摩托车、障碍滑雪，水里是水肺潜水、急流漂流，高空是悬挂滑翔、单独飞行。还善于修理东西，双手不停。幼时虽也看书，却不着迷。多年后，她的大女儿整天看故事书，手不释卷，活像姨母的翻版。据说是隔代遗传。

老大学习特强，跳了两班。老三也跳了两班。老二同样可以做到，却情愿多交朋友，广结人缘，不愿跳班。其实我们夫妇上学都比同学们早，都跳过班，发现比同学们小太多并非好事，因此并不鼓励孩子们走上此路，却也没有阻止他们；听其自然，发生的也就让它发生了。伊芳培养孩子十分努力，却有自己一套，绝不是这两年来舆论上常见争议的"虎妈"。

在怎么带好孩子这问题上，中外素来有很大分歧。我国传统倾向于"严"，而西方传统倾向于"活"。近年来，受到改革开放浪潮的冲击，我国父母发现西方式的家庭教育也有不少优点。把孩子管得太严会压抑他们那与生俱来的好奇心，遏制创造能力的发展。可是，在生育政策下长大的独生孩子，经常被两个父母四个祖辈既宠又惯，不严又不行。如何是好？

有人说，为什么不把我国传统里的"严"与西方传统里的"活"结合起来？我看自己几个孩子成长得不坏，问伊芳是否融合了中西方式。她只干笑。我很怀疑这两种教育方式是否互不抵触、真能融合。不懂得教育理论，少说为妙。

☑ 带着孩子们到处跑

我这个做爸爸的心里也有孩子，并想过办法陪孩子们玩，只是除了暑假去不同地方工作时把他们带在身边，真不懂得怎么陪他们"玩"。

说件好笑得永远忘不了的真人真事。1971年在厄巴纳，一天突然心血来潮，决定与当时还只7岁的儿子花两个小时谈心。父子俩走出大门，在车辆较多的路边，找张长凳，排排坐下，说要"谈心"。可是问了他几句有关学习的事，就想不出别的话题了。看到路过的汽车五彩缤纷，说："你猜什么颜色的车最多？黑的？白的？红的？"不如做个统计吧！于是两人开始数车，按颜色排列成表。数完100辆后，计算每种颜色的百分比，教他怎么以概率猜测下100辆的颜色分配，并估计多大误差。

他似懂非懂，多年后却告诉我：这次经验给他留下对概率的初步印象，或许为后来的学术研究方向播下种子。我说：才怪呢，你记得这事，是因为我们除此之外好像没有过"谈心"的经历。

1975年，又是一次心血来潮。看到广告招贴，有人出售二手的家庭旅行车，乃跟自己说：长途旅行不就是与孩子同乐的好机会吗？还能带上父母亲外出旅游，老少三代同堂。车子还相当新，用过不到10000公里；售价7000美元。正逢学校给我加了大薪，手头初次宽裕，就把它买下来吧！

家庭旅行车有多种。最小的是内部经过改装的七人面包车。最大的长达十几米，内外装修豪华，甚于固定房屋。我们那辆叫做"mobile home"或"recreational vehicle，RV"的庞然大物，属于中等的二手货，相当实用而毫不铺张。使用者一般是爱好户外生活的中等收入家庭；对我们来说是种奢侈，反映生活出现了改善，确是个转折点。

远大于七人面包车，方方正正的车厢，里面设有几张沙发床、餐桌餐椅、衣柜抽屉、小卫生间、厨房设备：空间利用得十分高效。车厢底下安装了许多生活必备设备，包括洁水箱、废水箱、发电机、大油箱、各种管道。车厢高高在上。周围不少大玻璃窗，还有高级音响。司机乘客一家子进入车厢，看书、写字、下棋……各自想干什么就干什么。什么都不想干的话，大可舒舒服服坐下，眼观四方景观，耳听立体音乐，长途旅行的郁闷一解而散。多美？

一家如此长途旅行，除司机外人人可以安享日常生活，几乎就像在家。司机（当然是我）却须聚精会神驾车：毕竟旅行车要比一般家用汽车高大许多，不能不格外谨慎。开头难免有些紧张，没多久也就习惯了，因为驾驶、转向、刹车……样样电力操控，不需用力。同时车身上轻下重、设计得当，底盘大、车轮多，只要没有狂风袭击，不会左右摇摆。

还有个优点，就是每天傍晚进入专为旅行车建设的营地，一家大小下车，合作无间地把车安顿于车位，做好当天的后勤和次日的准备：一是在后轮塞妥枕木，免得车子滑动；二是把电缆插上，整晚充电；三是从车底取出废水管，接至污水池，处理掉众人一天的排泄物；四是换上清水管，把卫生设备和废水箱冲洗干净，然后改接到洁水箱，储满次日的用水；五是另用管道储满次日的食水。还有些什么必须一到营地就处理的，今天已经记不得。燃料不在其内，因为公路上每三四十公里必定有加油站。

"合作无间"这几个字说得好听，可只是理论，并没有实现。第一次上路，孩子们很起劲，按照原先说好的，该谁做的谁做。可是分工合作只实现过一次。打从第二个傍晚起，孩子们不是说累了，就是争先恐后跑向营地的儿童游乐场。祖父母当然不需动手；伊芳忙着做饭。上列一系列工作由谁担当，读者们无须猜测。

旅行车两年里只用过两次。一次是暑期去东部开学术会议。我开会时，他们住在旅行车里，温习、玩耍、吵闹，生活如常。除一

一家三代乘旅行车到东部山区参加美东夏令营，与伊芳的亲人们合照

路看些风景，无异于以往的长途旅行。另一次又是暑期，一家老小全部出动，到东部山区的大自然公园，参加波士顿中国留学生主办的为时一周的"美东夏令营"。

当年美国各地都有不少来自台湾的留学生，毕业后成家立业，滞留不归；夏令营是华人家庭聚合的大好机会，老少咸宜。一二百人生活在一起，白天找来专家给大家上文化课，晚上三五人分头闲聊：男的谈天下大事，女的说家常。（对不起，那还是男主外、女主内的时代。）老人在大树下回忆旧事，孩子在草地上结群追逐。一天三餐众人分工合作，自有人分派任务。记得我被派上剥虾仁的工作，一辈子没见到过这么多虾；事后手指着实腥了一整天，怎么洗都不管用。

☑ 旅行车带来的故事

儿子看到这本书一定会说："且慢！怎么能说孩子们都没分工合作？忘了我那份功劳吗？"

没忘。他确实露过一手。

那天在去东部的路上，我这当司机的贪着赶路，没肯停车加油。偏偏这段公路没有加油站，车里汽油用尽，只好停在路边等人来救。过路的车都以为我们在休息，风驰电掣，急闪而过。我们不敢走出车来挥手示意，当年又没有手提电话，怎么办？儿子说："没事，我可以用CB（Citizen Band：民用波段，也就是业余无线电）播送信息，找过路的货车司机帮忙。"

货车司机以公路为家，身边都带有CB，与别的司机闲聊解闷，同时又便于互相帮助。（所谓"互相帮助"包括观察躲在路旁等候超速的交通警车，好为后面的货车司机播送预警。）

信息播送出去，不久果然来了回音。可是10岁的儿子稚音未泯，一开口就被顶了回来："小子，CB可不是给孩子玩的东西，立刻还给爸爸！"一连三次，无奈中把CB递了过来，让老子说话。几分钟后救兵就到。儿子这份功劳倒真还不小。

旅行车就算不用，也得服侍。身材那么高大，花园后面的那个小车库停不进去，必须替它另建车位。我这个不善于动手的人，这次不动手不行了。不动则已，一动就不肯停，花园周围出现了一系列的变化。

先是要在车库旁边铲掉大块草皮，铺上水泥或石块，否则重大的旅行车停在草皮上，一下雨就沉陷到泥潭里去。水泥太贵，自己又不会铺，于是选用石块。美国人经常自己动手，自有建材公司把一大车石块运来，堆在院子里，让你自己花时间和气力把它铺平。每铺一层，就与孩子们在上面跳跃奔跑，让它沉得结实，然后再铺一层。说来好像不难，事实上因为没有适当的工具，辛苦了整整半个周末。

另外半个周末呢？铺车位时无意中把车库一旁的篱笆推得歪歪扭扭，于心不忍。于是在地面挖洞，倒进水泥，打入木桩，把篱笆扶正；借机把木桩漆得雪白。既然花园后面的篱笆弄得像样，何不打多一行木桩，把花园旁的篱笆也进行整顿，前面装上一道栅门？

做理论物理的人讲究对称，新装的木桩和栅门当然也得像后面那样漆得雪白。

站在屋里凭窗眺望，花园大有起色。可是美中不足：偌大个车库矗立眼前，多年来风吹雨打，没人照顾，木墙百孔千疮，既脏又烂。即使没有能力大修，总也该点缀点缀。于是鼓足勇气，一口气把它也漆得雪白。读者们大概知道，木板重新油漆之前，需把原来的油漆磨掉，加上一层底油。我哪会做得这般周到？把表面的灰和脏东西用水冲掉，略干后就涂上白漆，粉饰了事。

请别问几场大雨之后将是什么光景。至少一时特别光鲜，看着很觉自傲，赶紧拍照留念。老婆赞上几句，令我得意忘形。

主屋的灰泥墙壁原是白色，今已变得半灰半黑。阳台、梯级、门框、窗框，该白的不白，该绿的不绿。一不做，二不休，决定油漆屋子的全部外墙和木料。夫妇俩考虑再三，决定把灰泥墙壁油成浅黄色，既能耐脏，又为绿色的阳台和梯级、白色的木框窗框、黑色的木瓦带来反差，相映生辉。

这当然不是我敢自己动手的事了。经邻居介绍，承包给一家口碑不错的油漆公司。来了几个工匠，干得非常认真。一星期后，房屋焕然一新，与后园相比，有过之而无不及。终于给老婆献上了一个看得顺眼的家，感觉良好。

☑ 换房屋的故事

已几十年的老房子，这儿那儿都有问题。给我们住上九年，内部越发陈旧。譬如说，客厅和餐厅所铺的地毯大概与屋子同龄，非但陈旧得满脸倦容，天气潮湿时还会暗中飘来难以形容的霉味。别的房间和楼梯没有地毯，不臭，可是走过时木地板会叽叽呱呱口出怨言。

地库不时淹水，并不限于大雨时节。明显是树根枝节穿进污水管，阻塞了渠道。每次花不少钱找维修公司，看着技工用蛇形的电动旋转刀通渠。一通就行，可是几个月后老毛病必定复发。通完渠后还需租来吹风机把淹过水的水泥地吹干，然后趴在地上收拾"水灾"带来的种种后遗症。

这些都不是医不好的毛病。人是有机物，老了难医；房子却是人造物，老了大可全面整修。问题在于：从经济角度看，值不值得大修？从生活角度看，想不想永远在这屋里住下去？全面修复很可能花一年时光，噪声不停，尘土扑鼻；住在里面受不受得了骚扰和折腾？搬出去的话，整整一年去哪儿住？

在这屋里看着儿女长大，对房子确实有些感情。可是它真会是我们永远的家园吗？再说，父母亲年纪越来越大，住在对街虽好照顾，若能搬到同一个屋顶下，不是更好照顾？以往经济拮据，不敢多想。加薪后胆子大了，越来越觉得应该考虑搬个家，至少周围看看房子无妨。

当然，先要把现在的屋子卖出，还得卖个好价钱，才能考虑换进大屋。买得到多大的房子呢？需要算个清楚。

9年前买进时，价格是3万多元。30年按揭分期付款所付的大部分是利息，至此还欠2万多元。9年来房价高涨，估计能卖到7万多元。那么，约能净收5万，以此作为买进房子的首期付款。（那个年代的美国，换房时只要买价高于卖价，卖房所获的利润也全予免税。）当时有个不成文的原则：首期付款该占房价的三成。那么，我们买进房屋，价格上限预算该是16万～17万元。

维尔梅特和埃文斯顿周围尽是高贵的住宅区（我家邻近的两条街除外）。我俩找到房地产中介公司，不消一刻就明白，离西北大学10公里以内的地区，根本不可能考虑：16万～17万元买不到较新的房屋，买不到保养得好的旧房屋，更买不到大房屋。既然如此，索性跑远些，把眼光放宽到15～25公里范围。

巧得很，23公里外一个叫做北溪（Northbrook）的镇上，有个开发商拿下大片土地，造了一大批洋房。品质相当高，可算是中上。可是开发商没看准市场，造得太快太多，短期里卖不出去，资金周转遇上困难，唯有大打折扣，以求速售。我们看中了一栋极大的房屋，格局特别适合老中小三代同住，开价20万元。一般美国家庭就四口人，不需要这么大的房子，因而没人出价。几经打折，降至16万多，进入了我们的砍价范围。

最重要的考虑之一是北溪学区中小学的水平。调查之后，发现不及维尔梅特学区，但是还过得去，属于中上。我俩觉得自己孩子天资不错，并已养成较好的学习习惯；虽然对中上水平的学校心有不甘，估计不会阻碍他们的学习，能够接受。

另外一个重要的考虑是周围环境如何；老人出去散步、逛街、购物，安不安全，需走多远。调查之后，发现北溪的治安记录良好。距小区十多分钟步行距离外就有个商业区，麻雀虽小，五脏俱齐，完全能够满足父母亲的日常需要。

万事俱备，只欠东风：首先得把维尔梅特的旧房子卖出。

卖房子有不同途径：可以通过中介公司；也可以在报纸刊登广告，自行出售。前者费用很高，佣金占售价的6%。假如售价是7万多元，扣去2万多元按揭欠款，再扣去佣金，所余仅4.5万，哪够钱买十六七万元的新房子？无奈选择了自行出售的方法，讨价7.6万，希望很快有人出价。哪知一个多月还乏人问津，更不用说愿意出个合理的买价了。眼看再等下去，北溪的新房屋将被人买走。到这关头，不能不找中介公司了解情况，另作打算。

中介公司来了位老练的女经纪，楼上楼下看了我们的房子，前后只花了十来分钟。点点头，说："房子卖相不错，地点好，很快就可卖掉。讨价不能太低，免得令人怀疑。"我们老老实实指出房子内部的不少问题，她说："不重要。想买的人反正会全面装修，否则根本不考虑。就把价格定为8.7万吧！"

你说我俩该怎么想？7.6万都没人问，8.7万怎么卖得出去？她叫我们少管，既然交了给她，就让她来处理。有人来看房子时，烧好一壶咖啡就走，不要留在屋里指指点点，妨碍她的工作。"需要咖啡杯吗？""当然不需要。咖啡不是给人喝的，而是散播阵阵浓香，给人一种温暖的住家感觉。"

天啊，多专业！不到10天房子就卖掉了，8.65万，一文不缺。

据说买家是附近一家小银行的行长，年前离了婚，最近另娶新欢。新娘喜欢这个地区，老早认定要住在维尔梅特，对我们的浅黄色房屋一见钟情，几乎没有还价。

扣除按揭欠款、中介佣金、各种手续费，还剩5.4万。以售价三成为首期来计算，竟可买到18万元的房子。卖房合同在手，买房信心自来。北溪那头，开口杀价，偌大的崭新房屋竟以15万成交。首期多付一些，欠款较少，心里踏实。

☑ 居住空间的剧变

说是踏实，其实有点心寒。本来就没什么积蓄，这次为大房屋搞些装修，添了家具，找搬运公司搬家；之后真就两手空空。收入固然远比以前高，可是美国的入息税按薪额升级，每月先行扣除；月薪到手时好像没有想象的那么多。除了应付按揭，还要交付为了房屋空间大增而突然上升的房产税和水电煤气杂费，难免自问：是否这一口咬得太大了？真需要这么大的房屋吗？

北溪的新房子可真大。开发商说它是"12房家居，4/3/4"[1]。只是4间卧室，怎么总共会有12间房？待我数给你听。

一进大门，就是很宽畅的前廊，还不算是间房。左面是客厅，前面是独立的餐厅，连接极大的厨房。厨房有扇木门，该是后门吧，走出去却是间开朗的"sun room"（阳光室），周围大片玻璃

---

[1]美国的中介公司介绍房屋时第一句话是"It's a X-room home"（这是个X房家居），那个"room"字包括卧室、厅和厨房。跟着会说明是几卧几厅几卫，简述为n/n/n。

窗，阳光确实充沛。阳光室向前有扇玻璃门，可以走出户外享受花园。向后是后门，门外一连两间车库。车库不算房间。于是这层算有四间房，包括两个厅。此外有个卫生间。

前廊右手是楼梯，下面那层高于地面，四周有窗。整层分成三间房和一个卫生间。两间原来是备用的，其中之一当作洗衣房。我们把这两间完全改装，成为父母亲的卧室和书房。第三间是个厅，大得惊人，就变成他们两人专用的起居、活动、电视厅。前廊走上一层，原来就分成四个卧室及两个卫生间。我们夫妇占用大卧室和一个卫生间；三个孩子各有自己的卧室，共用另一个卫生间。

数到这儿，总共出现了4卧、3厅。加上改装的两间房、阳光室和厨房，总共3层11间。那么，第12间哪儿去了？我俩将在哪儿工作？好动的三个儿女在哪儿玩、哪儿闹？原来还有两层没数。一是顶上还有个长长的阁楼，前面一排窗，光线特好，给我俩当书房兼工作坊。伊芳家事繁忙，根本不大上来；我呢，与学校离得太远，来回太花时间，反正搞理论的不需要实验室，晚上蹲在家里就能埋头干科研。这个没装空调、夏天太热、冬天太冷的第12间房，就此变成我心爱的办公室。

父母所居住的那层竟还有楼梯下去。下面有整层地库，平坦干净，甚好运用。于是部分以杂物架拦隔，作为储藏空间；部分以旧沙发拦隔，成为偶用的电视房；剩下大片空间，毫无间隔，是最适合孩子们活动的场地，维尔梅特搬来的乒乓球桌放在那儿绰绰有余。这层地库如此好用，中介公司描述房屋时竟没提及。所谓400多平方米实用面积，竟没把它算进！

北溪离城远，地价低廉，因而花园很大，不在话下。车库前面的私用车道又宽又长，进出方便；只是一场闻名天下的芝加哥冬天风暴之后，积雪深厚，铲起雪来苦不堪言。

一辈子没有住过这么大、这么舒适、属于自己的房子。反映了生活水平的改善，该是个转折点。登上的却是分水岭的巅峰，此后几十年再也没重享过这样的福。

唯一的不足之处是：后园没车道可行，前园全是园艺景观，令那辆高大的家庭旅行车无家可归。反正罕用，就登广告转手把它卖了。买来时7000块钱，卖出去到手7200，竟还赚了。

☑ 北溪的生活

房子可以换，气候却由不得你。芝加哥位处美国和加拿大之间的五大湖畔，冬季风雪交加，极为寒冷。城里如此，郊区的埃文斯顿、维尔梅特、北溪也不例外。

每天驾车到学校后，把车停在湖边。晚上回家时，总得先把车发动，打开车厢里的暖气，对着挡风玻璃吹。挡风玻璃外面积了一层冰，需喷上融冰的化学液体，拿专用的铲子来刮。喷一次，刮几分钟；再喷再刮；刮完前窗刮后窗。花上二三十分钟，不足为奇。停车场上一辆辆汽车，尾部的排气管都在冒烟，车主顶着风雪前后刮冰，也算校园一景。

整天有政府的铲雪车清理马路，铲雪撒盐；小街小巷就得靠自己和邻居了。从埃文斯顿回维尔梅特6公里路，春夏秋季大概只需十几分钟。下雪天少不了半小时。搬到北溪后，车程变成20多公里。其中一半属高速公路，平日并不堵车，单程大概半小时。碰到下雪，即使公路被清理过，还得担心滑动失控，不敢疾驰，单程变成50分钟。竟有一次，整天风暴狂雪，公路无法清理，下班后整整花了4个小时才挣扎到家，精疲力尽。

一次，整晚风暴不止；上午出得门来，只见遍地积雪。花园不见了，路也不见了。夫妇俩穿上厚大衣出门铲雪，花了整整一小时，才把车库前的私用车道勉强清理出窄窄的一条通道。在车胎上安装好铁链，打开车库，驾车上路。所谓"上路"，不到10米，就陷入雪堆，动弹不得。

首先想到的是："糟了，怎么上班？"其实收音机里早有报道：所有机关和学校全部关闭，这天不用上班。可是上惯班的人，在家里怎么待得住？其次想到的是："那就算了，把车开回来，停回车库。"唉，出去难，回来更难；轮子只晓得在雪堆里空打转，车子越陷越深。那时想到的是："早怎么不用脑子，做人怎那么笨？"

哼，我不是唯一的笨蛋。竟还有几辆汽车开到路中，陷于雪堆。车主与我同病相怜，看着天抱怨，对着车诅咒，心里一定都在骂自己蠢。

回想至此，还有余恨。还是说说我那可爱的老婆吧，消消气也好。

首先说的还是铲雪。很不好意思，但又不得不说：家门外的雪多数是伊芳铲的。我的借口是整天上班，回到家里已经天黑；铲雪的时候我总不在家。其实是她不让我铲，说我的背部不好，容易受伤。背肌有毛病倒是真的，多半是打篮球打排球打出来的。不过既然能打球，为什么就不能铲雪？说不过去。

孩子们说是与妈妈一起铲雪，事实上铲了几下就开始玩雪，要就是丢雪球，要就是堆雪人。妈妈也不勉强他们，总之什么辛苦事总是默默一人负担，还尽可能不让家人知道。

贤淑细心的伊芳，也闯了一次大祸。住进北溪以后，家里整顿妥当，孩子好好上学。伊芳难得稍微闲些，又开始想学习。那还是20世纪70年代，计算机并不普及，北溪的中学里没有计算机课程，让儿子觉得欠缺了什么的。正巧西北大学开了夜班，专教最新的程序编制。于是伊芳和儿子一周两晚去大学上课。

一天，过了该回家的时间两个多小时，妈妈和孩子还没到家。那时还没有手提电话，我坐在家里干着急。突然电话铃响了，那头传来伊芳银铃般的声音，说道："你不要骂我。你骂的话我就不告诉你了。"什么大事需要被骂？令我更为焦急："好吧，好吧，不骂就是。说啊！""我们两人在医院里。撞了车，儿子正在被医生观察，我没事。"天哪！这么大的事还说"你骂的话我就不告诉你了"。瞒得了么？

长话短说：回家途中，伊芳驾车，正在左转进入我们小区，被对面来的车拦腰撞中。儿子坐在右边前座，车门被撞成直角，尖的那头覆盖了整个座位。他的命真好，那晚没系安全带，整个人向前滑到地面，竟避开了撞进车厢的钢门！当时失去了知觉，送进医院一小时后才醒过来。观察的结果是只有轻微的一点皮外伤。而伊芳则一点伤都没受。我感谢上天还来不及，哪想到骂？

气人的是，事后伊芳振振有词，说作为司机的她一点错都没犯。虽然按照交通规则，大路中间转左必须让路，她说对面过来的车没开车灯，因此她看不见。上到法庭，也真奇怪，那辆车的车主没有露面，否则几分钟内就可审毕此案：伊芳被判罚款，更需赔偿对方的医药费和全毁的汽车。可是对方不出庭，无从打官司，于是法官警告伊芳几句，也就完事。当然，我那可爱的老婆就更相信对方"畏罪逃脱"，一切都是对方的错。至今几十年过去了，她还深信自己没犯交通规则。

搬家一年后，伊芳说要外出工作。也好，单干家务浪费了她的学问，应该出去走动走动，不过不要过分劳累。

附近有家大银行的小分行，为邻近几个小区的居民提供服务。她上银行取款时看到出纳员的职位出缺，就去申请，隔天就开始上班。银行实在小，连行长在内总共三四个职员，每天上午10点到下午4点，只开6小时，正好是孩子们上学时间。

伊芳的教育程度远高于同事们，办事又十分认真，为人谦虚和气，深受同事们和顾客们欢迎，没多久就升了级。假如我们不离开芝加哥的话，相信很快就会升任小分行的行长，跟着调去大分行，然后进入总行，成为名正言顺的银行家。那才真是个转折点哪！

第 19 章

工作范围的扩展与转折

当系主任那五年里，教研工作并没放松。教课少了，博士生、博士后、访问学者却越来越多，教学重点移向研究生和更高级的进修人员。这种教学是一对一的工作，人头少，可是工作量大。你看，课室里几十个学生，甚至一两百个学生，每节就备那么一次课，每次考试就出一次题目——虽然改卷要花大量时间。带研究生和进修人员则属个别性质，每个人的科研课题都不一样，甚至不同方向。

记得那时每天下午拨出几个小时，分别与学生见面，逐一讨论。年轻时，头脑转动得快，每每出去一位，换进另一位，脑子立刻从一个课题转到另一个课题，不假思索，无须"热身"。中间若有同事伸头进来，谈有关系里的行政事务，思路能急转直下，顿时从理论物理转入行政问题。现在年纪大了，失去这种能力，回想当年还真不容易。

研究课题一路都在变化，每次变化反映科研范围的转折。

先是从纯低温液体或固体走向混合体系，但是毕竟都属均匀体系。接着研究液体或固体表面的吸附层，及一种粒子（电子）进入另一种多粒子液体（液态氦），考虑的属非均匀体系。跟着在玄虚的天文物理（中子星）里打了两个转。继而走出量子体系，深入经典统计力学体系（液晶），研究它们的分子结构和相变。之后带着不同的学生走向不同范围，包括以上所说的，即：非均匀电子液、化学聚合体、二维超晶格结构、模型量子液晶、金属表面结构。

教研之外，行政任务让我拓广了视野，扩张了网络。工作范围迅速跨越学术与社会的界面，既在美国国内，又涉及国际，扩展到科研范围以外。全国性的科学管理咨询就是一例。

☑ 国家科学基金会的专业咨询委员会

美国政府设有多个支持科研的机构，其中特别注重基础研究的是国家科学基金会（National Science Foundation，简称NSF）。高等院校里进行纯学术研究，经费来源往往是这个机构。国家科学基金会所资助的科研项目不包含国防或商业机密；在学术自由和教研自主的原则下，成果都可以公开发表，不受政府或校方限制。

国家科学基金会的上层领导叫做国家基金理事会（National Science Board，简称NSB），理事由总统任命。国家科学基金会下设多个部门和办公室。办公室负责行政和后勤，包括人事、财务、法律、综合项目、信息处理、公关、国际合作等。重点当然置诸负责资助科研项目的多个部门，或可称之为"司"，现今包括生物、数理、工程、信息科技、社会科学、地学、教育和人力资源等。20世纪70年代怎么分的，已不记得，相信不会包括尚未兴起的领域——例如信息科技。

司下有"部"，负责不同专业领域。各司各部主任全是教授（至少曾任教授），从研究型大学借调或委任而来，并不一定长期留任。每部设有咨询委员会（advisory committee），委员由基金会主任或"司主任"任命，聘自大学和工业界高级研究所，提供义务服务。咨询委员都是各专业的权威，学术地位较高，与主任相比，一般来说有过之而无不及；因此咨询委员会的建议往往会演化成该部的最终决策。

某些具有学术内涵的办公室亦设有咨询委员会。20世纪70年代初期，部分政府官员和议员认为国家科学基金会应该关注科研对社会的直接贡献，于是在基金会里建立了一个"应用于国家需求的研究"（Research Applied to National Needs，简称RANN）。这个以跨学科应用科技裨益社会的思路，本身很有意义，但却违反了国家科学基金会资助基础研究、"为学问而学问"的基本原则。几年后即被一个范围缩小不少的办公室取代。这办公室没活多长，后来也被撤销；名称里好像有"组合科学"之类的字眼，可连我这个被聘任为咨询委员的也不记得了。

也就在这时候，我被聘任为数理司物理部的咨询委员，一干好几年。从校园里走出来，担任了与学术密切关联的校外"公职"，工作范围得以扩展，经历了另一种转折。初次与包括杨振宁等在内的"国家级"学术权威同席共议，应该染上与有荣焉的感觉，至少应该有点战战兢兢。可是初生之犊不畏虎，我既不觉"荣焉"，亦不感"战兢"，反而年轻气盛，有话直说。没想到连这种公职都会牵涉到学术界的人际政治，很快就得罪了某些物理界的权威。

怎么回事？须从头说来。

美国的经济常见波动，称之为循环。高精尖人才的培养和基础研究，对民生经济没有即时贡献，在群众眼里似乎可有可无。经济繁荣时刻，不妨大手笔奉养，连视野狭窄的政客也愿意包涵。经济衰退时刻，政府紧缩财政，研究型大学难免首当其冲；较小的波动都会大幅度影响教研人员的就业基础，特别是一些离现实社会较远的专业领域。

教授们年年都有博士生完成学业。越是学术权威，毕业生越多，越着急徒弟们的就业问题。于是物理部咨询委员会成立了个博士就业小组，研究如何帮助理论物理博士毕业生冲出就业困境。一位常春藤大学的著名教授担任组长，我被委任为小组成员之一。

开了好几次会，没有什么突破。最后一次开会的地点是新墨西哥州的洛斯阿拉莫斯（Los Alamos）。为什么三十多年后还有此印象？一是这地点原是二次大战末期试验原子弹的基地，不让我们这种未经保密审查的人进去，多年后才开放了部分不干保密项目的实验所；二是此镇地形险峻，当时只有极小型客机能沿山边进入，降落时令人提心吊胆。

印象最深的却还不是这两点，而是小组的无理和无能。

组长提议向国家科学基金会讨钱。狮子大开口，叫国家科学基金会每年为理论物理养几十个博士后。我说："很多学科正面对相似情况，国家科学基金会不可能全都照顾。没有道理也不可能单为物理学科提供这笔钱，何况仅是照顾理论专业。若不考虑这现实，会自讨没趣。小组不如多花些时间寻找别的应付方法。"

这位组长在学术上虽已过气，却是位强势人物，拥有高超的人际关系和政治手腕。别的应付方法统统不允讨论，坚持以他的建议为结论，送上报告。小组里的投票结果是6：1；在下投了反对票。

⊖　洛斯阿拉莫斯地形险峻，当年只有小型客机才能进入和降落

拿到物理部咨询委员会的全体会议上，自讨没趣的不是他，却是在下。我之所以反对只是基于现实，并非原则问题；于是不再坚持，投了弃权票。其他全体委员看到组长的眼色，一致赞成通过。

送呈国家科学基金会，果然立遭滑铁卢，被领导层一笑置之。我的弃权票没起作用，可得罪了物理界的某些长老。

☑ 国家科学基金会理论物理研究所的起源

国家科学基金会素来是向个人或科研团队提供经费的机构，资助的对象是大学，并不直接建立自己的研究单位。

20世纪70年代，物理部主任波利斯·凯瑟（Boris Kayser，1968年与我同时到西北大学任教，曾共事数年）有感于各个专业路子越走越窄，尽在自己圈子里打转，缺乏互动；认为其根源可能是国家科学基金会的资助过于鼓励各自为政，因而提议让基金会直接出资建立一个跨学校、跨专业的理论物理研究所。这个建议冲击学界固有的自立门户思维，打破国家科学基金会的传统精神，毁誉兼半。

按照美国人一贯的办事方式，既有不同看法，就设立一个委员会，深入讨论和审核该建议的优劣长短，试获结论，提出报告。这个划时代的理论物理研究所专家审核组，除审议是否应该建立研究所外，还负上为研究所选址的责任。专家审核组成立于1977年，被命名为 "NSF Panel to Review and Select Site for the Institute for Theoretical Physics"，有七位组员，我是其中之一。

组长叫做路易斯·诺萨诺夫（Lewis Nosanow），与我在固态氦微观理论的工作上交过手；原是明尼苏达大学的教授，其后被聘去国家科学基金会当材料研究部的主任。他是搞理论物理的，而"官位"却不属于物理部；让他当组长既内行又客观，没有利害冲突，合情合理。从头开始我就知道他与凯瑟同伙，都非常希望国家科学基金会能够超越固有范畴，另有作为。难怪在他俩推荐下被委任的七位组员对国家科学基金会自建研究所都抱积极的支持态度。是否应该建立研究所，三两下就取得了共识和结论。

难的事在后面。研究所的年度经费将不少于100万美元（我没算过，但能估计这数字相当于今天的5～10倍）。研究所放在哪儿，哪儿的大学必有所裨益。钱不花于建造大楼，而把研究所安置于愿意为它免费提供空间的大学校园；那么，虽然名义上研究所不属于该大学，获选者近水楼台，大学无形中夺得大笔额外的科研经费，还引来大批高精尖的理论物理学家。

"征求建议书"（Request for Proposals，简称ROP）一出笼，应征的大学蜂拥而来。恍惚记得供第一轮筛选的就有三四十份，第二轮剩下十来份，而进入第三轮——也是最后一轮被考虑的，只有六所大学，分别是加州理工学院（Caltech）、圣迭戈加州大学（UCSD）、伊利诺伊大学（UIUC）、康奈尔大学（Cornell）、圣芭芭拉加州大学（UCSB）、旧金山州立大学（SFSU）。

前四所毫无疑问是理论物理学的胜地。至于其他两所，圣芭芭拉加州大学最初是所师范学院，20世纪60年代，加州大学一下子从两所增至九所之际，被政府改建为其中之一。应征之时，圣芭芭拉加州大学的整体科研水平尚远低于很多研究型大学，但是理论物理已具雏形，拥有好几位优秀的年轻教授，堪称后起之秀。至于旧金山州立大学，也是在60年代曾被考虑与一所医学院和一所法学院合并改建为旧金山加州大学，可惜当时的校长另有打算，放弃了机会，转为研究型大学的大业因而失之交臂。

正如旧金山这个别具一格的城市，旧金山州立大学的应征书最有特色。主题是：既然想跨学校、跨专业，何不索性摒弃以个别校园为基地的保守思维，把研究所建立于思想高度开放、个性五彩缤纷的旧金山市？旧金山湾区聚集了多所大学，除旧金山州立大学，有州立的伯克利加州大学、圣荷塞州立大学、戴维斯加州大学、圣克鲁兹加州大学等，私立的斯坦福大学、旧金山大学、圣克拉拉大学等。若让研究所建立于旧金山市，将无惧被囿于一隅。正如早期量子物理学的发源地哥廷根，虽有大学，物理学者却立足市区，到处为家，甚至散布在镇上的咖啡馆里。

寓知识的寻求于文化气息和生活韵味之中，这个说法还蛮有点道理，令部分审核组组员神往。可是那还是十分保守的时代，这种豁达的开拓思路过于超前，令连我在内的大多数组员无法接受。再者，反对国家科学基金会自行创建研究所的声浪原就甚高，我等哪敢过分出格？于是这份应征的建议书没能真正见到天日，正式进入最终审议的选址乃剩下五处。（做梦也不会想到十多年后我会当上这所大学的校长。）

☑ 为国家科学基金会理论物理研究所选址的经过

审核组多次开会讨论后，七位组员可归纳成三种。请容许我在此以说笑态度把他们分称为"长老派""少壮派"和"骑墙派"。"长老派"有两位，一位是德高望重的杨振宁，另一位是年纪不大而思想保守的名校教授；他们的看法比较稳重。"少壮派"有四位，比较年轻，敢于冒一点险。剩下一位心里什么想法始终讲不太清；我觉得他见风使舵，故称他为"骑墙派"。

进入最终审议的五处可分为两类：四所名牌大学——加州理工、圣迭戈加大、伊利诺伊大学、康奈尔大学，和一所后起之秀圣芭芭拉加大。名牌大学毕竟是名牌，富有自信，送来应征的建议书往往不切实际。夸夸其谈者有之，轻描淡写者有之。甚至有一份建议书在广大的理论物理范围里仅仅选上一个专业，加以全力推动；分明出自一人之手。而圣芭芭拉加大的建议书正好相反，出自跨专业的团队；深思熟虑之外，还已从学校的行政领导争取到积极支持和大量资源。

按照上段所说，你一定已能判断："长老派"所支持的对象必是那四所名牌大学；而"少壮派"愿意郑重考虑圣芭芭拉加大。说是五处，到头来建议书的内容和各校所愿承诺的付出令针锋相对的

⊖　圣芭芭拉加州大学全景。《新闻周报》常夸奖："若是太平洋畔还有比它更美的校园，我们没有见过。"

竞争者只剩两处：加州理工与圣芭芭拉加大。

　　约见会谈那天，加州理工派出重量级的代表——诺贝尔奖获得者穆雷·盖尔曼（Murray Gell-Mann）；圣芭芭拉加大则派来被我们谑称为"四人帮"的詹姆斯·哈特（James Hartle）、雷门·梭业尔（Raymond Sawyer）、道格拉斯·斯卡拉皮诺（Douglas Scalapino）、罗巴特·舒嘎（Robert Sugar）——四位优秀的、专业各异的年轻理论物理学教授。

　　盖尔曼出现时轻轻松松，似乎还带了条狗来。对建议书的内容没说多少。我问："加州理工的物理系每年科研经费已达100万之数，多加这100万会以什么方式增加你们的贡献？"或许他没想过这个问题，当时漫不经心地回答："加州理工的物理系人才济济，年轻学者来到这儿，总会在走廊里与我们擦到肩膀。"需要说明：英文的"擦肩"（rub shoulders）不是擦肩而过互不理会的意思，而是表示自然有交流和感染的机会。我们对这样的回答当然很难满意，好像是说：只要把钱拿来，总会见到贡献。国家科学基金会是个政府机构，对纳税人哪能没有切实的交代？此外，看来建议者并没去积极争取校方领导的支持。

　　代表圣芭芭拉加大的"四人帮"有备而来。学术方面，把研究所的宗旨、使命、结构，怎么设法落实跨专业研究，怎么组织顾问委员会，聘多少位长期研究员、多少位短期访问研究员、多少位年轻学者，举行哪一类的讨论班、论坛、课程，怎么按期总结、报告、审查进展等讲得一清二楚。此外，还向我们保证学校领导会提供不少资源。譬如说：我们要求大学免费提供6000平方英尺（约560平方米）的空间，校长保证了10000平方英尺（约930平方米），并且是位于图书馆顶端、景观最美的整层；我们要求大学为研究所所长提供一个教职，校长保证了四个正教授职位。各种迹象都反映校方全力支持的决心。

学术内涵当属首要。来日研究所成立时，必须建立多元化的、强劲的顾问委员会，不能依靠一两位"明星"主导。"少壮派"的担心之一正是拥有多位"明星"的物理系未必觉得需要多找外校顾问，结果所谓"研究所"只是为该系增加大量科研经费，不能达到国家科学基金会的理想目标。反之，尚未被捧上星座的"四人帮"十分了解外援和其他"软件"的重要性，考虑周全。除此之外，他们还明白校长对全面改造圣芭芭拉加大的强烈愿望，愿意以经济资源保证充足的、良好的"硬件"。

所谓"长老派"其实就是杨振宁一人。杨先生的逻辑很强，说话内容丰富，有条有理。另外那位呢，发言不含新意，说得难听就是唯马首是瞻。"少壮派"那几位，私下讨论时意见很坚定，可是一到开会时，可能被杨先生所震慑，声浪自灭。只剩下我为圣芭芭拉加大据理力争，无形中变成那派的发言人。

☑ 专家审核组会议：插曲和结局

美国的专家审核组开会方式与中国的专家评估委员会很不一样。我回国后的20多年里，参加过不少委员会的会议，所看到的一般都是首先由主席讲话，然后成员们逐一发言，最后由主席总结。甚少讨论，更少辩论，完全没有争论。美国则几乎相反，主席的任务是主持会议，除控制议程外讲话不多。而成员们则争相举手发言，甚至不举手也会插嘴。会议以讨论为主，经常出现辩论，有时也会争论。

这反映两国文化传统的分别：中国人以和为贵，担心意见公开相左有伤和气；美国人则据理力争，愿意把"人"跟"事"看成两回事。

在美国呆久了很容易染上美国人的议事习惯。国家科学基金会理论物理研究所（ITP）的专家审核组里，"长老派"的杨振宁与"少壮派"的我卷入热烈的讨论，自然而然地演化成辩论。

有趣的是，正辩得起劲时，一位组员突然打断，问道："请你们两位用英文说话好吗？"

除杨先生与我，在座都是美国人，会议中所用的语言当然是英文；我们并没以中文交谈。可是中国人惯于运用成语来打譬喻，即所谓"隐喻"（metaphors）。一方提着隐喻上阵，对方就会用那隐喻的引申来招架。一来一去，越走越远，不习惯这种讨论方式的老美越跟不上。我们一声"对不起"，赶紧走回原题。过一阵子，无意中故态复萌，别的组员又一头雾水。

两人的论点继续分歧，素来斯文的杨先生说得兴起，站起来走到我面前，说："家玮，你分明有利害冲突。"这令我不明白："什么利害冲突？"杨先生说："你支持圣芭芭拉加大，论点分明偏向他们。"我说："没错，为什么这是利害冲突呢？"自己思量：我虽然在圣迭戈加大干过两年博士后研究，可是已经离开了10年之久。再说，圣芭芭拉加大与圣迭戈加大虽同属加州大学系统，却是两所完全独立的大学，何来利益？或许他以高深莫测的隐喻进入了另一个漩涡。（很巧的是，一年后我竟回到圣迭戈加大当院长，再次进入加州大学系统。下文里你会看到，非但没有利益，还让圣芭芭拉加大为了建立理论物理研究所从我的学院里挖走一位超级巨星，令我心痛不已。）

学术内容问题和学校领导的支持问题，终于谈得告一段落；跟着要谈环境问题。这方面，圣芭芭拉加大的气候、风景、海滩、建筑都好，最大的缺点是圣芭芭拉这个城市太过偏僻（其实只能算是个镇）：位居洛杉矶之北150公里、旧金山之南500公里，"两头不到岸"。进出除远程驾车外，唯有搭乘飞机。交通上确真有点麻烦，我承认杨先生说得对；不过联合航空公司每天有两次航班飞自旧金山，虽不方便，还能勉强接受。我笑道："机场就在圣芭芭拉加大校园隔壁。假如中间没建铁篱，落机就可拎着行李走进校园，多么方便？"（哪知由于乘客太少，几个月后联合航空公司取消了那条航线！）

最后一次会议，两"派"人物无法获取一致意见，杨先生建议就以此为决议，送上多数人的结论报告，同时送上由他起草的"少数意见"。组长诺萨诺夫抬头看看壁钟，向我丢个眼色，示意走出会议室私下交谈。会议室外，他说绝对不能照杨先生所说的做，因为国家科学基金会的高级领导层对是否自设研究所本来就存不同意见，假如专家审核组没有一致结论，领导层与国家基金理事会决不可能批准。那么，理论物理所的项目势必泡汤，前功尽弃。

时钟显示当时已是4点35分。假如我们两人能够联手拖延25分钟，作为会议主持人的他可说："5点钟了，会议必须按时结束。今天没能达成决议，暂告休会。几天后当以电话联系。万一在座的少数回心转意，愿意收回意见，则我们可以按照今天的多数意见选定圣芭芭拉加州大学，完成一致决议。"

这种拖延方式出现于西方立法议会，叫做"阻碍议案通过"（filibuster），一般是少数持反对意见者用以拖延议案通过的手段。这次被用来争取一致通过。

事后，凯瑟和诺萨诺夫发现杨振宁反对圣芭芭拉加大的理由当时不好明言：他希望能保证理论物理研究所的创所所长学问卓越、地位高超、经验丰富，而圣芭芭拉加大的"四人帮"还没达到那个地步；万一其中之一被委任为首任所长，恐怕领导力度不足。其后我没有就此说法直接问过杨先生，不敢保证属实。几天后听说国家科学基金会找到诺贝尔奖获得者罗伯特·施里弗（Robert Schrieffer），取得他愿意出任首任所长的承诺，以此转告杨先生；继而杨振宁收回反对意见，圣芭芭拉加大一致当选乃成定案。不久，国家科学基金会领导层与国家基金理事会相继正式批准，1979年理论物理研究所宣告成立。

施里弗确实去了圣芭芭拉加大，但是据说因为健康理由没有担任所长。上网查看理论物理研究所的历史，找不到以上这一连串有趣的故事；在此补上，作为插曲。

按照理论物理研究所的正史，首任所长是从圣迭戈加大聘去的沃尔特·科恩（Walter Kohn）。五年后施里弗出任圣芭芭拉加大校长，同时兼任理论物理研究所所长。2002年，理论物理研究所接受慈善家卡夫里捐赠750万美元，更其名为"卡夫里理论物理研究所"（Kavli Institute for Theoretical Physics，简称KITP）。

☑ 站在建制圈的边缘

离开西北大学回到加州，我还是国家科学基金会物理部的咨询委员。国家科学基金会设于华盛顿，因此不时需要从西岸飞到东岸参加会议。航程5个小时，加上两地的市内交通、机场预先登记、航班误点等，路上得花一整天。有时候因为搭不上直飞的航班，还需中途转机。会议本身不过一两天，跑这么一趟却要花上三四天，很有点劳民伤财。

"劳民"是说我自己；"伤财"则是纳税人，因为虽然咨询委员提供的是无偿服务，政府仍需负责交通和食宿，而当年机票昂贵，华盛顿的酒店食肆也贵。

事实上，咨询委员自己也需伤点财。这事显露美国政府的一些运行方针，值得说说，让读者看到中美两国公费开支政策的差别。

美国政府提供经济舱机票；报销手续简单，交上收据和票根即可。食宿逐一报销太过麻烦，为了简化手续，政府采取按日定额制（per diem），规定每晚房价、每餐饮食的定额补贴，用者自负盈亏，无须凭收据报销。可是定额不一定合理。譬如说，不熟悉华盛顿的人无法自行订房；当年没有万维网，无法上网查询，更不可能进行网上交易；必须依靠国家科学基金会的办事处替委员们服务。国家科学基金会周围是商业区，步行距离内的酒店都较高级，房价远超政府的定额补贴，迫使委员们自掏腰包。饮食的定额补贴也远远不足，每餐都会亏损。所幸是晚上不开会，花点时间跑远些，去价格较低的中国餐馆；除平衡早午两餐的超额开支，还可好好吃上一顿。

一段时期，我在国家科学基金会的四个委员会或小组担任咨询工作，却继续不断发表专业论文，并没放松科研。早年杨振宁和李政道在学界光芒四射时还只30多岁。可是这般年龄的华人，除教研

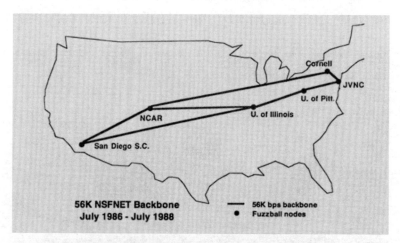

Θ 最早期（20世纪80年代）国家科学基金会的超级计算机骨干网。起初只有四个中心：从东到西安置于普林斯顿大学（JVNC是指大学里的John Von Neumann Center——纪念数学大师约翰·冯·诺伊曼的学术楼）、康奈尔大学、伊利诺伊大学、圣迭戈加州大学；四所里有三所是我的专业（多粒子理论）的天堂，莫非是巧合？

外还同时在校内负责行政、校外参与多项国家级的咨询工作，似甚罕见，引人注目。无须多久，登上了《美国名人录》和《世界名人录》（Marquis Who's Who）。带任务来叩门的人迅速增加。

最有意思的或许是被邀为诺贝尔物理学奖的提名人。

我总觉得值得被考虑的必须是真正的突破。可是真正的突破来之不易，哪能年年出现？那年我真想不出有任何值得提名的成就，也想不出任何早些时候完成而至今尚未领奖的突破。于是回信给提名委员会，老老实实表达了个人意见，并小心翼翼建议这年暂停颁发物理学奖。

那怎么行！多少伟人有多少国家在幕后推荐、游说，甚至拉票，你这毛头小子竟敢建议对着他们泼一头冷水，开什么玩笑！难怪诺贝尔奖提名委员会从此非但没再找过我，连一封最简短的礼节性回信都没赐予。

几年来在国家科学基金会物理部的咨询委员会上，除了上面从实报道的，我没有造过什么反。在议案上投反对票或弃权票，也就

⊖　圣迭戈加大校园里的超级计算机中心。建议国家科学基金会成立一系列超级计算机中心时（1979年），我在西北大学，还不知道会去圣迭戈加大当院长。中心建立时（1985年），我已离开圣迭戈加大到旧金山州立大学去当校长。毫无利害冲突

是博士就业小组那一遭。或许特别强势的"长老们"觉得让人公开提出反对意见有损他们威信，连一次亦不能容许，必须杀一儆百。政界经常如此，读者们或许不知道学界也有这种情况。一般来说，咨询委员期满后至少连任一次，我却没被邀连任。反正回加州后工作太忙，实在不能经常奔波于东西两岸；对没被邀请连任毫不在意。不过离任时又出现一件趣事。

物理部有个不成文的传统：离任者在最后一次会议上需作简短发言，提出总结意见；秘书将发言写入会议记录，供继任者和后来者参考。

我的发言十分简短，只提了两点建议。其一，超级计算机（supercomputers）对物理学研究来说非常重要，可是还属新兴设施，成本昂贵；而用者不多，空置率高；既非一所大学所能负担，亦非每所大学所需拥有。国家科学基金会应该在全国择址建立几个区域性的公用"超级计算机中心"（supercomputer centers）。

其二，咨询委员会既须面对现实，帮助国家科学基金会解决眼前问题；亦须预见远景，勾画物理界的来日方向。既然如此，成员的结构理应新陈代谢，不断引进后起之秀，逐渐取代在位已久的长老。

第一个建议被载入记录。不久后国家科学基金会成立有关超级计算机中心的小组，研讨可行性，并展开规划。也许是跟进了我的建议；也许是时机成熟，共识浮现，与我的建议没有直接关系。第二个建议却不见天日，没被载入会议记录，打破了物理部咨询委员会的成规。想非偶然。

走出校门，跨越校园和社会，进入科学界的另一阶层，带来此生的另一个转折。转折的正面，是让我扩大了接触范围，认识了不少以往见不到的同行，结交了一些志同道合的朋友；这些都有利于当时毫没想到而日后全神贯注的创校事业。转折的反面，是虽然站进了科学界的"建制圈"（establishment），却由于不愿妥协、不会"做人"，始终处于边缘。心里落得坦荡，却失去了进入圈子核心才能真正发挥正面作用的机会。孰是孰非，该如何判断？

☑ **跨逾国界的转折**

为诺贝尔物理学奖提名——或许应该说拒绝为诺贝尔物理学奖提名，是在教研范围外初次涉及国际事务的一次经验。据说有提名权的人士包括过去的诺贝尔奖获得者、瑞典皇家科学院的几百位科学家，以及在国际一流大学里任教的资深教授们。

请不要问这些人是否全都是真正的学界权威。瑞典确实有优良的学术传统和一流的科学家，可是按全球比例来说毕竟是极少数。假如诺贝尔不是瑞典人，瑞典的皇家科学院肯定不会有偌大的影响力。（每年的诺贝尔和平奖更由挪威决定，连瑞典都不能直接影响。）再说，当年像我那样的毛头小伙子怎么都能跻身于提名者之列？坦白说，走出自己的狭窄范围，我所懂得的物理究竟有多少？既然如此，为什么全世界都把诺贝尔奖看得这样重？令人费解。

不管怎么说，有幸被邀请提名在国际学界里可算是一项荣誉。深思熟虑后决定拒绝为诺贝尔物理学奖提名，在国际学界里无疑是一项反常行为。继正面转折来个反面转折，也挺有趣。

我在西北大学的最后一年，研究组起了很大变化，主要人员变成来自祖国的访问学者。故国的呼唤为我的工作和一家生活带来重大转折。转折的起源是：跨逾中美国界，援民族情结和文化根源寻根，摸索新的人生道路。

20世纪70年代初，乒乓外交与尼克松访华打开了中美两国间的铁闸。不久后，国内学者分批访美，进行学术交流。芝加哥是由西至东的必经之地，费米国立加速器实验室又是高能物理学者必到之地。受过"钓鱼台运动"洗礼的我们夫妇，车不停轮地忙于接待。初到的同胞们不通语言、不吃西餐、不服水土，于是白天为同胞们当翻译、晚上带同胞们上餐馆、半夜替同胞们找医院。10岁之后从没见过的祖国大陆来客，为我俩带来了寻根的念头。

参加"钓鱼台运动"的一些朋友自小生长于台湾，以往对祖国大陆的印象不外"共匪"两字，此时接触故国的机会越来越多，来自故国的书报也越看越多，纷纷向中国驻加拿大大使馆申请访华签证，组团回国访问，直接认识新中国。我"忆根"之余，当然也想"寻根"。虽在香港长大，但并没接受过"蒋匪帮"的"毒化"，在留学生里也算是比较"进步"的一员，却总批不到签证。只好积极聆听访华归来的朋友们描述所见所闻，细心吸收他们的动人感受。向往之心益深。

1976年春传来佳音：驻加使馆终于批出了我的签证，暑假一开始就可回国访问。晚饭时告诉家人，两个女儿没出声，12岁的儿子却当场提出抗议，坚持他也得同去寻根。分明是从小被我俩成功"洗脑"的后果，怎能拒绝？于是再次去信驻加拿大大使馆，要求为儿子加签。

这次倒很顺利，只等了几个月。暑期已经赶不上回国了。秋季我需上班、儿子需上课，又走不成。只好等到12月中旬学期终结，进入较长的圣诞新年寒假，才能动身。为了在国内多走多看，父子两人在寒假前后各请假10天，把旅程延长到40天，圆那寻根之梦。

第20章
故国远来的呼唤

　　抗日战争之前留学西方的青年，几乎全部学成归国。抗战前后几年里外出的留学生，亦以回国服务者居多。我想有几个原因：一是饱读四书五经、深受儒家思想陶冶的青年，胸怀齐家治国大志，不愿滞留他乡；二是美国虽是移民国家，却并不欢迎黄肤黑发的异族；三是抗战胜利，给留学生带来希望，愿为复兴祖国做出贡献。

　　跃至20世纪80～90年代，国家改革开放初见成效。继而进入新世纪，经济日益繁荣，国力日益强盛；崛起在望，势不可挡。而西方则历经万维网泡沫爆破、金融海啸，经济相对僵退，就业创业两难。于是留学生回国之风再次吹起。眼见今后益发如此。

　　中间这代，也就是50～70年代的台港留美学生，则眼见两岸折腾不已，国家前途茫茫，不知所归。有人说这是第一代也是最后一代长期流落在外的中国青年。对我们这群人来说，或可分为忆根、寻根、追根、归根四类。"忆根"非常自然，几乎人人怀念故乡。"寻根"超越怀念，属主动行为，或许千中有百。"追根"不仅主动，还需积极行动，或许百中有十。而"归根"则须狠下决心、不留后路，还须全家投入，说不准十中有一。

　　这儿所给的比例当然是夸张。故意如此，为了让读者留下深刻印象。

☑ 从忆根到寻根

那些年里，同学们、同事们、朋友们相聚，讲的是台湾"国语"，吃的是中国饭，偶尔评述中国电影，经常谈论中国新闻。尼克松访华，部分华人家庭为之购买彩色电视机，以期一睹新中国风采。虽说是怀念与好奇两者兼有，反映的总算忆根之情。之后寻根之心油然而生，不在话下。

就说自己吧。从我俩给孩子的教育、参加的各种活动，以至思想境界来看，读者势必猜想我俩是很地道的中国人。不然。伊芳幼时在上海念的是法国小学，少时在日本念的是美国中学。刚到美国时，中英法日四种语文里，读得写得最差的竟是中文。这样的教育背景哪能让她地道？说也奇怪，她说不出、讲不通，可是心底里却是个很地道的中国人。

我呢？与周围中国留学生来比，生活习惯无疑是最美国化的。虽然还带点江浙口音，所讲的英文却比别人流利。虽然喜欢吃中国饭，但生菜、奶酪、牛肉，包括三成熟的带血牛排，一样吃得津津有味。古典音乐、爵士音乐、乡村歌曲最爱。篮球、棒球、美式足球都懂。国人无法欣赏的美式幽默，听后立即大笑。还特别爱好美国西部的粗犷景观，包括深山野岭、草原石漠，甚至不毛之地。

怎么会这样？一是天时：到美国时才只17岁，还在成长，可塑性强。二是地利：第一年生活于南方小镇，完全与中国同胞隔绝，看的说的、听的唱的、吃的玩的，无一不与美国人一样。三是人和：周围的老美都很友善，经常与我交流，细谈他们的文化和观点；我则天性比较豁达，无惧探索新事物、接纳新思想。于是仅仅一年，客观条件就把我塑造得既中亦西。只是小学中学时期所接受的完全是中文教育，因而心底里还是个地道的中国人。

来到华盛顿大学，一下子变成周围都是中国同学。之后多年，与部分同胞一同忆根，一同寻根，继而一同追根，最终还落叶归根。转折之甚，可想而知。

这章的大题目"故国远来的呼唤"，其实很不恰当：20世纪70年代的故国深陷"文革"泥潭不能自拔，何以向远在海外的同胞呼唤？所谓"呼唤"，其实发自莘莘学子的内心，是流落海外者思念祖国的无声呐喊，说成故国的呼唤不符事实。不过听来温暖，说来舒畅。加上祖国来访学者渐多，1976年"文革"终告结束，双向来往日增，乡音不绝。题目既然这么写了，姑且由之。

☑ 与儿子回国四十天

回国签证在手，与儿子飞到香港，即去罗湖，过桥入境。

说也奇怪，怎么我这个在香港长大的人，上次与妻儿经港回美时没稍逗留，这次又不带儿子住上几天，周围看看？是对香港没有感情吗？

没错。须知我幼年和中学时代的香港，是个不折不扣的英国"殖民地"，华人是准二等公民。我用上个"准"字，表示白种的一等公民下，还有别的人种比我们略高，包括黄脸棕脸的"准英国人"。

说得那么苦涩？正是。一想到当年，眼前就出现身着短裤手持木棍的英警帮办，在湾仔街市一带索贿不遂，追打小贩；那种耀武扬威的气势，看着怎不令人愤怒？难怪"文革"火头能在香港点燃，引发1967年的暴动。据闻流血事件令殖民官员反思，其后自我整顿，大有改进。信然。不过久居国外，没能目睹改革后的景象，脑际的香港还停留于20世纪50年代。这很不公平，我承认。可是人就是这样，不易清洗先入为主的印象。

过得境来，先到深圳。那时的深圳还是个贫穷落后的渔村；旅客在此换乘内地火车，纯属过境，无人滞留。

第一站是广州。带儿子去瞻仰黄花岗七十二烈士墓园。首次来到新中国，立即遇到令人不解的事。我们买了两个橘子，在公园里边走边吃。发现后面有个穿着不很整齐的年轻人跟着；起初并不搭话，就这么跟着。到橘子吃得差不多的时候，他说："橘皮能给我吗？"反正没看到垃圾箱，当然可以给他。然后他说："塑料袋也能给我吗？"当然也可以。

儿子问道："他要这些干什么？"我没能回答，猜想或许是免得我们乱丢吧。后来到了上海，又看见同样情况；儿子问陪同身边的亲戚。亲戚说："橘皮可以当药材用。塑料袋则是好东西，捡到能再用。"哎，在美国看到来自新中国的报刊，知悉国家正在走向富强，那么物资怎会这般贫乏？心想一定是为了提倡节省。啊，自己点点头：节省确是美德。

下一站是长沙。带儿子去参观长沙工学院。"长沙工学院"是涉外名称，正名是"国防科技大学"。怎会去这方面的学校参观呢？原

⊖ 1967年，劳资纠纷引发了香港响应内地"文化大革命"的暴动

来是奉母亲之命。父亲有位远房表妹住在香港，大儿子当年思想特别进步，不肯随父母移居香港，留在内地上学；数学本科毕业后，分派来此任教。母亲觉得我们既是亲戚又算同行，火车路过长沙，应该来看望他。

校园建筑远比我想象中的破旧。被引见学校领导，寒暄未久，进入一个意想不到的话题。他问：这位来自美国的科技学者能替我们的校办工厂找到资金和市场吗？接着就带我参观了小型录音带盒的工厂，给了我一大堆样品。天哪，我从来没有看见过校办工厂，更与产业界没有来往，哪里去找资金和市场？不管怎么，回美国后真的努力了一番，可是样品的质量过不了关，没人感兴趣。

还有一件意料不到的事。校领导知道我们要去北京，说会安排我见国防科委的领导，让我报告所见所闻。也就是说，让我指出学校经济很困难，特别是多年来缺乏人事经费，员工收入难以维生。

两件事都令我不解。学校自力更生虽好，国家怎能令科教单位如此拮据？

日后到了北京，与中国旅行社的陪同谈起此事。过后陪同向我严肃宣布：国防科委的一位高级领导约见。来了辆当时路上极少的小车，把我们父子接到一个周围是高墙、警卫森严的大公园，在一栋两层楼的洋房门前放下。带入厅里，一位穿军服的高级将领过来握手（很容易从周围人的眼光和动作断定他的身份），让在沙发坐下，问我对长沙工学院的印象。我从实道来，乘机为学校请命。主人说："边吃边谈吧。"请上楼去，主宾共就四五人，围着大餐桌坐下，等候上菜。

餐后告辞上车。陪同说："这是钓鱼台国宾馆哪！"怪不得气派这么大，吃顿饭要用上整栋洋房，菜肴又那么丰富，失礼失礼！我这个30来岁的教授，带上个12岁的儿子，凭什么进到这么个地方来，又凭什么劳驾这么高级的领导？陪同说："美国来的教授不多，在美国名校里当上系主任的华人更少。"哦，原来还算有些来头呢。这样看来，为长沙工学院请命之举说不准还真起些作用？

不过这个经历又令我大为不解。大学需要自己开工厂、寻经费、求生存，科教工作者生活那般艰难，而国家官员请客时却气派如此之大。在广州看到的现象若是节省，在长沙看到的又是什么？假如国家贫穷，那么首都里当官的怎么又不见节省，不见与民同甘共苦？社会主义国家里会有这么大的级别之差？

再下一站是武汉。平生第一次来这辛亥革命的老家、共和中国的发源地。这次只去了武汉大学。记得东湖多么秀丽，却不知道东湖区是高等教育的聚集地，也不知道华中工学院就是后来的华中科技大学：朱九思校长领导下早期高等教育改革的胜地。

☑ 四十天里的片段和剪影

终于回到离开已近卅载的出生地：上海。毕竟出生只三个月就离开，之后在五至十岁间回来住过六年，总共也就这么几年，没有资格把上海称为老家或故乡。

亲人该说不少，可是要就是多年来不通音信的长辈，要就是幼时偶然见过或甚至没见过面的同辈。谁是谁、男的有哪些、女的有哪些、嫁到姓什么的家、生了多少个孩子、哪些是父亲那边的、哪些是母亲那边的、哪些是堂亲、哪些是表亲、谁近谁远……回国前夕，母亲给我讲得清清楚楚、仔仔细细。她怪我太像父亲了，亲戚的事听完就忘，简直是"六亲不认"。

伊芳家也有亲人，特别是两位看她长大的姨母。她家人数较少，说清楚了容易记得，一一都写下来。我说："伊芳家多简单，去探望比较容易。"母亲说："男人都是一样，有了老婆什么都听老婆的，比自己家还亲。"

在上海住了几乎整整一星期，虽说"六亲不认"，却每时每刻忙着探亲。事实上这样说话太没良心：父子俩住在中国旅行社安排的宾馆里，每天进出都有陪同照顾，忙的不是我们，而是让我们上门探望的亲戚们。几乎天天都有亲戚以大鱼大肉做地道的上海菜招待我们。当时不知道他们买这些鱼肉要花上多少功夫、求多少情、欠多少情。日后听说单花钱还不够，样样都须有票才买得到。

日常生活物资缺乏到这个程度？在国外看到有关国内的消息难道都是宣传？很难相信，更不愿意相信。亲戚们都不开口。一则还保留着那种不让远客为难的传统，一则很多事情不敢明言。"文革"早期谁都不敢认海外关系。"文革"后期，有海外关系的人能够得到经济和物资接济，国家又欢迎外汇，于是有所放松。虽则如此，亲人还是吞吞吐吐，不愿多说。"文革"刚结束，谁知道将来会不会再来一场运动？不该说的话说多了，到时会不会被架上里通外国的罪名？

父亲有一个弟弟、两个妹妹。几人的思想都很进步。小妹妹，也就是我的"好姑姑"，新中国成立后留在上海当教师。"四清"时被人冤枉，一时无法洗脱，气头上竟选择了自杀的路。作为党员，这条路是不该走的，因此死后还被十分严厉地批评。大妹妹，也就是我的"大姑姑"，从此患上忧郁症，无法继续工作；幸好多年来有位堂妹照顾她的生活起居。

父亲的弟弟是位留过学的总工程师。任职于民航局，全家从上海搬到北京居住。据说"文革"时期林彪急需一个总工程师的空缺，把我这"臭老九"叔父隔离审查，下放农村。那几年，他被幽禁牛棚，儿子被送去东北，女儿被送去内蒙古。夫人独自留居北京，暴毙在宿舍里，竟然好几天没人知道。

不是没人敢多说吗？那我怎么知道？原来伊芳的小姨母恰巧是叔父搬往北京前的邻居。有关我家亲人的悲痛遭遇，是那位生性天真的小姨母偷偷告诉我的。

有悲也有喜。我和伊芳都出生于上海。我从香港去美国念书，两年后伊芳从日本去美国念书。两人在圣路易相逢，一年后谈上恋爱，又两年后结成夫妻。婚后多年才发现彼此的近亲在上海是相识很久的邻居。这么大的上海市，她的小姨母与我的叔父竟住在同一个区、同一条街、同一条小弄堂里。更巧的是，她的大姨母与我的外祖父一家竟又是邻居，同住在另一个小区、另一条街、另一条弄堂里！难怪都说我俩命中有缘。

向亲戚们道谢告别，承诺两年后会全家回来探望。离开上海，乘火车经南京，直奔中原：郑州、洛阳、西安。都是历史名城。

不是在写游记，路上所见所闻就不多说了，却须提两三件留下深刻印象的事。

先说南京。那个时代到南京出差或旅游的，总会去看看长江大桥。我们也不例外。之后就去瞻仰中山陵。最深刻的印象是：碑亭里有块石碑，刻着"中国国民党葬总理孙先生于此"的金字，上面是国民党的党徽。在美国时听闻：在中国内地看不到国民党党徽，有关的字眼在"文革"时期完全被毁；来自内地的书刊则对此加以否认。现在亲眼看到佐证，对新中国的宣传一时恢复了信心。

来到郑州和洛阳，总得看龙门石窟，读书人还得瞻仰杜甫墓。景观之壮观和优美，不在话下。可惜给我们留下最深刻印象的却不是这些，而是作为陪同的那位干部趾高气扬，大声呼喝，把周围的旅游群众粗鲁赶开，让我们独占最佳的观景点。儿子没见过这种情景，问我："他在干什么？"我无以作答。心想：社会主义中国是个文明国家，这种态度的干部该是偶见的例外吧。

西安可看的地方很多。只待两三天，唯有选择几个不同时代的景观，给儿子上历史课。一是东郊的半坡博物馆，让儿子看6000多年前的母系氏族社会。二是华清池，让儿子看唐朝的杨贵妃怎么在兵荒马乱的日子里享受生活。三是半山腰的"捉蒋亭"（西安事变50周年时改称之为"兵谏亭"，据说是为了缓和两岸关系），让儿子学一点对日抗战史。美中不足的，一是华清池周围建筑尚未整修，所见只是地面上一个窟窿，说是贵妃出浴的池子；二是1979年才对外开放的秦始皇兵马俑博物馆，当时尚未建成。

☑ 1976年北京的震撼

1976年的中国，实在是天翻地覆。"天翻"是指三位建立新中国的带头人同一年里相继逝世，为中国政局带来极大变化。"地覆"是指我国自有详细记载以来死伤人数最多的唐山大地震。

1月初，我应邀去加州圣芭芭拉市参加高顿液晶研讨会议（Gordon Research Conference on Liquid Crystals）。7日下午会议结束，自行驾车前往洛杉矶机场赶回芝加哥。傍晚时分，边驾车边听音乐，欣赏滨海公路两旁的美景；突然间广播中断，报称北京时间8日上午周恩来总理于北京逝世。消息令我震惊得泪流满面，无法继续驾车，就在路边停车哭泣。此情此景，至今历历在目。

接着几天不断传来新闻，说9日清晨起北京市民络绎不绝捧着花圈走上长安街，自发到天安门广场致哀。我们不懂得国内政局变幻的内情，却知道江青一直与群众所敬爱的周总理作对。往后才听闻那时国家多难，周总理的逝世令人民对国家回归正道失去了信心。三个月后，群众为了悼念周总理，再次蜂拥到天安门广场，掀起"四五运动"，拥护邓小平复出。

7月6日，时任全国人大常委会委员长的朱老总朱德逝世。国外报道不多。

9月9日，毛泽东主席逝世的讯息震动全球。芝加哥有团体（不晓得是谁，只知不是华人）组织了一场追悼会，我们夫妇前往参加。这两个毫无地位的小人物被电视台摄入镜头，两张大脸出现于晚间新闻报道。碰巧组织追悼会的那个团体所租用的是西北大学市中心校区的大礼堂，次日乃有华人同事对我们指指点点，说我俩是左倾分子。作为中国人，悲悼一连串中国领导人的逝世，不该算大逆不道吧。不过当时台海两岸水火不容，我俩的立场在华人社会里很不吃香。

出席追悼会的华人极少，到场的几乎全是知识分子型的洋人。

会后我俩注意到一对又一对的老年美国夫妇，彼此牵扶离场，郁郁而行。我跟伊芳说：他们会不会是30年代支持过甚至参加过反法西斯佛朗哥西班牙内战的积极分子，一生对中国的革命事业保持着热情和期望？看来他们感到毛泽东的逝世反映社会主义革命的终结，自己的终身理想亦需加上句号，因而怀上岁不我与的忧郁心情？

10月6日，毛泽东逝世还不到一个月，"四人帮"被一举逮捕，历时十年的"文化大革命"终告结束。"文革"是人祸：一场人为的震撼。

就在朱老总与毛主席相继逝世之间，7月28日凌晨唐山爆发了里氏7.8级的地震，不幸震中太近城市，导致24万余人遇难，16万余人重伤，54万余人轻伤（数据来自中国地震出版社所出版的书籍）。北至东北、南至苏北都被摇撼。8月里还发生了西达四川的一连串7级余震。地震是天灾：一场非人为的震撼。

假如不是因为儿子要跟着来看祖国，我春季拿到签证后，暑假就会独自上路，很可能亲历这场大地震。"四人帮"这么快下台却是无人料及。

我们的旅程自南到北。政局变化为南方带来的影响一时远不如北京那么严重。大地震亦没波及南方。因此虽知政局和天灾为国家带来两大震撼，未到北京时却感受不深。原想在西安上火车，直抵北京；结果选择了很不方便的路程，绕道大寨。

当时思想境界还停留在"四人帮"当权时代，所深信的"学大寨"精神尚未从"文革"宣传里解脱出来。来到大寨，并没见到多少人，甚至不见人在劳动。父子俩却还是非常感动，看到一排排整齐的庄稼田地，就认为确实"人能胜天"，值得学习。

说实在的，困难时期人们确需自力更生，艰苦创业。即使是太平盛世，仍该不断求知创新，勇往直前。人在多方面确能胜天，否则我们搞科学干什么？只是"文革"后期的大寨"胜天"胜过了头，超越科学能达的极限。讲逻辑求实据的科学工作者听到不合情理的宣传，哪能照单全收？只是国内的人噤若寒蝉，不敢得罪权势；国外的人一厢情愿，不愿公开纠正。就这么回事。回顾当年，哭笑不得。

进入北京，住进中国旅行社安排的华侨饭店。虽在紫禁城畔、王府井旁、首都的市区中心，可是灰暗陈旧，甚至可说破落不堪。见过南方一些城市的陈旧情况，包括向来最为繁荣昌盛的大上海，至此理应见怪不怪；但是北京毕竟是首都，饱受宣传影响的两父子虽不明言，心头难免有点失落。

我们在维尔梅特的家，居住水平只属中等，大小家具都属二三手货，可是不至于床垫陷落到躺下就挺不直腰。12月的北京，气温已经很低，窗户无法关紧，几乎扇扇漏风。房里没有暖气可言，穿着棉袄棉裤还冷得发抖。没两天儿子就病了，还勉强撑着身子跟我四处去跑，领略明清两朝的京城文化。终于发上高烧，病倒在床，好些日子起不了身。

不该抱怨。唐山大地震后，北京大量多年失修的房屋都变成危楼，余震威胁之下不能住人。虽然已经好几个月，街上树下到处都搭着帐篷，里面的"居民"生活条件比我们不知差多少倍，严寒之下怎么过的日子？天津的情况当然比北京更差。想到这里，真不该抱怨；抬头为同胞们骄傲，低头为父子俩惭愧。

☑ 京城的迷惑

再是不通人情世故，被母亲说成"六亲不认"，叔父还是要见的；因为我就这么一位叔父，幼时在上海住得近，来往较多。再说，在北京就这一门亲戚，待上两个多星期，时间非常充裕，该能见上几次。不像上海我有亲戚，伊芳也有亲戚，人数实在太多；虽然也有好几天，看望了这个就漏了那个，得罪了不少。

前面说过，叔父无缘无故被隔离审查好些年，儿子放逐东北，女儿放逐内蒙古；婶母独自留京，暴毙在家，也没让亲人回家送殡。年前终于平反。女儿被恩准回京，照顾老父。

叔父早年毕业于交通大学，赴美留学；在康奈尔大学获得硕士学位后回国服务。学的是土木工程，于是进入国有的中国航空公司，专职设计机场。那时民航还是新鲜事物，让他有幸参与了几乎所有大机场的建设工作。平反时已是花甲之年，无法恢复总工岗位，就在民航局挂了个顾问职位，从事大量的文献翻译工作。

既然被隔离审查是因林彪的所作所为，为什么林彪出走、坠毙于蒙古，好几年后叔父仍未平反？这事令他迷惑不解。既然这样整他，却年复一年把极高的总工工资拨留账户，回京后一并发还？这事又令他迷惑不解。后来还让他当上全国政协委员，每年与团友外出两次，名为考察，实则旅游。一个几乎是从地底下挖掘出来的人，很快就一放冲天，更令他迷惑不解。

他的女儿，也就是我的堂妹，心直口快，这些话都从她口中听来。还说这番待遇，包括让她从内蒙古回京，很可能都是托了我的福。天啊，我只是个教授，车载斗量，何来可托之福？朋友则另有一番解析：我之所以许久拿不到回国签证，就是因为他还被困牛棚。直至给他平反复职，才能让我这个滞外多年的侄儿回国探望。这样说来，该是我托了他的福。唉，都令我迷惑不解。

反正过去和现在的种种事情，叔父一句不提，该是心有余悸。几次见面，他都不让我们父子上门，而是亲自跑来华侨饭店。没说理由，估计是不想让我们看到他的生活环境。改革开放之前回国探亲的人，都说有同样经验；看来还有"文革"遗留下来的规矩：内外必须保持距离。还有，叔父每次来饭店，一定带上内外衣服，顺便洗个澡。很多回国探亲的也说有这情况；都没想到亲戚自己家里洗不上热水澡，更没想到家里根本没有自用的卫生间或浴缸。唉，相比之下国内的生活条件实在太差，令回国探亲的人都迷惑不解。

原先安排在北京待这么久，除了因为那是京城和全国的文化中心，有太多不能不看的名胜古迹，还想与国内的物理界同仁见面切礁，特别是中国科学院物理所的学者。谁知中国旅行社说安排不了，不让我去上门拜访，只让副所长管惟炎和外办主任老王到华侨饭店来看我。奇怪，云游僧人过路，原该低着头入寺烧香礼拜，哪来反让方丈出门拜访过路和尚的规矩？迷惑之余，不敢多问。至少同行间谈得非常痛快，商定两年后再来，好好住上一段时间，一起工作。

新年即将到来，旅行社的陪同说华侨饭店客满，要我们改变原定计划，年底前离开北京。我不同意，说一定要住到1月9日，观察周总理逝世一周年北京群众的表现，看完才走。陪同暗示上面的意思就是不想我们看这情景。为什么呢？跟周总理作对的"四人帮"业已打倒，民心大快，大众上街表达对周总理的深切悼念是意料中事，难道旅行社的领导不理解或不赞成？迷惑之余，我们坚决留京不动。

旅行社终于不以为忤，还告知华侨饭店将在除夕举行盛大餐会，请我准备一篇稿子，到时代表所有旅客发言。我说无权代表别的旅客，发言则没问题。餐会前夕，陪同说领导需要预先看我的稿子。我不同意：既然要我发言，应该信得过我，何必预作审查？难道一定要我在稿子里加上天天听到的"华主席登上了天安门，救了国家救了党"那两句话？又是一番迷惑。

领导层没有坚持，没看稿就让我上台讲了。陪同说这真是个例外，领导们冒了个险。我倒挺乖，讲得大概得体，没给他们闯祸。我虽则越来越感迷惑，思想却还纯真积极。迷惑并不代表反对。

1月8日清早起床，与儿子赶到天安门附近，看长安街上一阵又一阵的市民捧着花圈严肃走来。有大团的，也有三三两两的。没列阵，没排队，分明没经组织。后来听说上面并不鼓励，反而这儿那儿出现过劝阻的迹象。想是浩劫过后未久，某些当官的感到情势未够明朗，担心变卦，受不了折腾。

次日按照原来安排，拎着行李登上火车，直奔广州，经深圳和香港出境。同车厢有位年过半百的干部，刚从劫后唐山出来，带着泪花跟我们描述亲历的惨景。地震后约一星期，他跟着部队进入唐山。开路进城十分困难，空气里满是血腥味。余震不断中，目睹好些解放军在抢险救难中牺牲。听完这些，想起幼时见到过各种灾后余生的大群难民，自问当年的政府有为灾民着想过吗？国家毕竟变了。假如没出现过那么多折腾，特别是这十年浩劫，迷惑大可一扫而空。

此次"追根"止于北京。虽然花了这么多天，到了这么多地方，科学界人只在北京见到两位。可就凭这一点联系，为日后生活带来极大转折，非但扩展了工作范围，竟还改变了人生的大方向。十来年后的"归根"，起始于此。

☑ 回美后的反思

从深圳到香港要在罗湖过桥，跨越一条不很宽的深圳河。踏上罗湖桥，回头看了看久别后重新认识的故国，感慨万千。

首先是不带丝毫理智的真情反应：祖国特有的泥土气息，转瞬间将被湮没于香港特有的另一种气味。到此竟不自觉地低下头看着土地流下眼泪。其实，深圳湾南岸的香港"新界"当年也是农村，也有渔村；都是同样的泥土，说起普通话来带同样的广东口音；深圳河两边应该没什么分别。可就是不同：故国就是故国，殖民就是殖民。想透一点，还不是心理作祟？

理智上感慨甚多：深圳河以北所看到的、听到的，都为我带来迷惑。没看到的、没听到的，眼角瞄到的、耳边飘过的，给我带来更多的迷惑。对我这种不断追寻祖国事物、不断接待祖国来宾的人，回国后所接触到的种种，即使不算耳熟能详，至少也属似曾相识，都该在意料之中，怎来这么多迷惑？迷惑的根源不就是事实与臆想间出现的差距，及诸多难以理解的矛盾？

回国之前，书报里、接待中，难道从来没有觉察过这些差距或矛盾？也曾想过，怎么那么多革命先烈和开国功臣一下子变成历史叛徒和牛鬼蛇神？既然那么彻底地"批林批孔"、毫无保留地攻击"周公"，怎么又继续让周恩来当总理？既然把"美帝"描写得那么糟，骂得体无完肤，怎么突然又以国宾身份隆重招待它的头头？怎么来自祖国的远客说到国家近况都那么沉默？都不流露真情？

来访的远客虽然与我同文同宗，甚至同一个科研专业，沟通时总有层难以捉摸的隔膜。问到他们的学校或科研单位情况，回答得吞吞吐吐。来客身边总有位"翻译"陪同，哪怕来客是英文十分流利的学者，哪怕是应邀"只身"来我家用餐的著名爱国科学家谢希德。那还是"文化大革命"时代，学者尚属"臭老九"；既然这么"臭"，又何必送他们出国交流？

遇到这些不解的迷惑，总觉得自己对新中国了解不足。想深一层，会自责甩不掉知识分子的落后包袱，思想和心态跟不上新时代。还真是哪，每看毛主席的著作，特别是他对知识分子的分析，会毛骨悚然，冒一身冷汗，觉得他就站在身边，把我骨子里的种种封建思想和落后心态说得一清二楚。这般说来，回国前、回国后，所有迷惑一定都来自我自身的毛病。唯一解脱方法是要好好学习。

我看见你在笑。请别笑，找你的老父老母爷爷奶奶谈谈，尤其是"出身不好"的上一两辈知识分子，问他们当年被批判时有没有过类似的自责。问他们有没有自发跳过"忠字舞"。我就问过好几位科学界前辈，他们都说有，并且都属自发。处身滚滚浪潮，理智被激情淹没，并不奇怪，并非偶然。

那代留学生里，好些人责怪回国访问后归来的教授，说被他们误导了。也就是说，看了教授们从国内带回来的一幅幅玫瑰画像（rosy pictures），信以为真；于是在他们的影响下花掉太多时间研究新中国、追随新中国，到头来发现原来是幻景假象。

由于杨振宁是留学生的偶像，又是一位回国最早、演说最多、报道得最乐观的科学家，往往有人把他当作责怪的对象。老实说，杨先生确实过分乐观了——这话相信他自己也会承认。不过作为大学生、研究生，把他当作责怪对象是不通道理的；难道自己完全没有独立观察和分析的能力？最多只能说杨先生捧着一颗爱国至深的赤子之心回祖国，让主观意志占了上风。

我能站在杨先生一边大胆说这样的话，是因为自己走过同样的心路历程，无意中犯过同样的毛病。不少较早回国访问的朋友们也曾有这番经历。部分朋友比我们更为主观，即使回国于最混乱的"文革"时期，所看到的都还属正面。有些选择了放弃学业回国服务，后来还吃过苦头。当然也有些头脑比较清醒，看得比较客观，甚至"眼睛雪亮"；他们回美后一般不多说话，没有误导别人，却也没诉说真相，甚至没有公开表达过迷惑之情。

多少年过去了。若要描写当年我们这群人的心情，"一厢情愿"四字即足。

跟我回国40天的儿子也深受影响。回美后第二天，他在我们俩前宣布：他要改名字了。其实不需大改，因为原来替他起的就是中文姓名。英文拼音用了"耶鲁汉字拼音制"，与国内的"汉语拼音"分别不大，只是沿用了我的"Woo"为姓，名字的两字间加上一杠（连字符），而第二个字以大写开端。他说：去掉那一杠，第二个字改成小写；姓则改为"Wu"。这样一来，就完全与国内正规拼写一致。

我不反对。做妈妈的比较实际，说："你现在还只12岁，正在上初中，不能随便改，否则要在学校里办一大堆手续，太麻烦了。中学毕业时再改吧！"他同意了，并没有忘记。四年后16岁，高中毕业，那天回到家里立刻宣布改名，果真改得与国内一致。从此之后，上大学、念博士、当博士后、担任教授，每一阶段所有论文都以汉语拼音姓名发表。虽然是个美国土生土长的ABC（American Born Chinese），看他论文的人都以为他是位来自中国内地的学者。

没忘根。当爸爸的为他骄傲。

第 21 章

举家回国访问物理所

　　既然说到"追根"，就得回溯"寻根"的起源。

　　对多年来在理论物理界里打滚的人，时间和空间是大自然给我们的框架，所有人为和非人为的事情都在这框架里进行，写书时理应把它们按逻辑排列，一一陈述。可是人生在世，太多事情都发生于同一时期、同一地点，并不按次轮序排列。不能有规有矩地写，很有点苦恼。读者看时，可能也有同感。

　　请容许我颠倒次序，重回1970年的厄巴纳，也就是"钓鱼台运动"开始的那年，谈谈参与美国华人运动的开端。啊，不对，那就还得倒数一载，回到1969年的埃文斯顿，也就是参与《科学月刊》创办的那年。

　　啊，这还不是开端呢。真要追寻参与华人运动的起源，还需让时光倒流到20世纪50年代和60年代的圣路易，回到在华盛顿大学念书的时期，也就是上章所说的与祖国大陆隔绝多年、故国只能追忆和怀念的年代。那，读者们就得请看另一本拙作《洋墨水》，在此恕不赘述。

　　☑　**全美华人协会**

　　1977年，美东一小群向往新中国的华人，在杨振宁的发起和领

❸ 当年的芝加哥唐人街

导下，于波士顿建立了"全美华人协会"。别的城市里，抱有同样倾向的华人纷纷响应，各自在当地成立分会。作为当时仅次于纽约的大城市，芝加哥自然不会落后，总会的副会长何炳棣是芝加哥大学的资深教授，聚集了一些在华人活动里认识的朋友，建议尽快建立分会，在中西部起个带头作用。

应该承认："全美华人协会"名不副实。一是当时被称为"爱国人士"者为数不多，会员几乎屈指可数，代表性不强。二是初期的会员大部分是教授和专家，加上少数"爱国商人"，职业种类和社会地位过于局限。三是创建者几乎完全集中于东海岸，区域性很强。以"全美华人"为名，所反映的该是志气和愿望。

我们在芝加哥组建的分会亦不例外。或许因为会员中"地位"较高的教授不多，而何炳棣自己已是总会的副会长，他提名让我担任芝加哥分会会长，而我跟着提名爱国侨领陈济明为分会副会长。陈济明在唐人街开设一家书店，在美国政府放宽禁运后专门出售来自新中国的书刊。由于历史原因和时势，唐人街里的势力一面倒倾向台湾的国民党。陈济明举办任何与新中国有关的活动，都会受到牵制，甚至打压，在明争暗斗中吃过不少亏。单是书店的玻璃橱窗被人掷石砸破，就不止一次。

芝加哥大学远在市中心之南，唐人街位处芝加哥的市中心边缘，西北大学远在市中心之北。华人协会的"领导人"分散于三区，组成由南至北的长轴。与长辈何炳棣、中年的陈济明相比，我勉强算是个青年；于是我们代表了老中青三代。何炳棣是著名的文史学家，陈济明是殷实商人，我则是个理科学者兼学术行政人员；三人也算来自不同行业。这样的组织好像较有代表性，有利于当地华人的团结和事业的推进。

与儿子从中国回来后，华人协会的朋友们当然要打听我们的见闻。已经回国访问过的，也想与我们交换心得。华人协会的宗旨正是如此：主持与祖国有关的庆典、举办介绍新中国的展览和座谈会、向美国朋友介绍中国的情况、与中美友好协会合办文化交流活动、推动中美间的学术交流和商业来往（那时还谈不上科研或经济合作）、接待来访或过境的中国代表团，甚至积极推动中美建交。

能说有贡献吗？不敢。该做的事实在太多，可是人手不够、经验不足，缺乏社会和舆论的支持，还要忍受不少华裔同胞的批评、台湾当局在美机构和亲台势力的围攻、反华人士有意无意的误解和曲解。幸好那时"文革"已告结束，邓小平终于第三次复出，改革开放的意愿呼之欲出，在美国推动上述的民间工作已非大逆不道。大家抱着能做多少就做多少的心情，走一步是一步。

1978年，国内改革开放政策正式出台。在政经重整、国家复兴、实现"四个现代化"的呼声中，心头的诸多迷惑和矛盾，不能说是一扫而空，但是至少不再阻挠那股"追根"的冲劲。甚至激情来时，还会兴起时现时隐的"归根"念头。

华人协会里的教授们，至此逐一回国访问。看来多属短期的试探；带上家小的极少，较长时间回国工作和生活的可说绝无仅有。

☑ 大学的学术休假制度

一般美国大学（至少我所知道的研究型大学）都遵守一个被称为"sabbatical"的规矩，让全职教授每六年休假一年。

这个规矩很有意思，"sabbatical"这个字眼更有意思，起源自拉丁文。拉丁文里这字则来自希腊文，而希腊文里这字来自希伯来文的"shabbat"：《圣经》里的"安息日"——说是上帝创造天地万物，辛苦了六天，第七天安息一日。那么，人类在田里辛勤工作六年，第七年亦该安息。后来演变为工作六天，休息一天，把那不允许工作的"安息日"奉献给上帝。

大学没说每六年让你休息一年，而是继续提供薪金福利，让你全时进行学术研究，暂免教课和行政任务。那年完全可以留在本校，不过教授们一般愿意趁机外出游学，访问一所（或多所）别的大学，在另一个环境里安静研究、写作、创作、交流、学习，或开拓新的研究方向。当地的大学只需提供办公室及后勤服务，一般没有道理不欢迎他们来访。中文把"sabbatical"译为"学术休假"，非常贴切。

为了大家方便，有些大学允许每三年取得半年的学术休假，或订立其他变通政策。有些则怕你捡完便宜一去不回，坚持休假后必须回校服务一年或更久，否则要你退还休假年的薪金。办法大同小异，原则却一致。教授们很珍惜这个机会。当然，不排除部分人蓄意误用良机，把这当作带薪假期，在家安息或到处旅游。

我的科研组里有不少博士生和博士后，实在丢不下手，于是多年来一直没有用过学术休假，乖乖地留校干我的教研。1976年那次回国访问，给我心理上带来很大转折；回美后不断与接触过的国内同事通信，打定主意回国一段时间，特别是到北京的中国科学院物理研究所和上海的复旦大学，尽我所能在科研方面做点贡献。

学术休假政策给了我这么个机会。身为物理及天文学系主任，在这岗位上坐了四年，总的来说系务已走上轨道，无须日夜监督；可是毕竟责任在身，不容自己走开一整年。折中办法是取得一个学期（也就是四个月）的学术休假。

1978年8月中旬，带着老婆儿女，整装打道，回国四个月，还了心愿。

☑ 回国前的各种准备

家里有老有小，不是说要走就能走的。

孩子们在念中学。一儿二女成绩都很不错，跑开一个学期不影响学业。我俩认为他们必须亲眼见到中国、直接体验生活，才能感受到祖国的文化、找到自己的根；哪怕只是短短四个月，总还聊胜于无。

学校的校长和老师们同意，认为去次中国会增加他们的见识；只要把一学期的课本和作业都带上，认真自习，不怕回来跟不上。美国式的教育本来就比较开放、比较多元，老师们愿意让学生做各种尝试。作为移民国家，老师们都是移民的后代，对"寻根"的观念和心情也较能理解。

我的幺妹已在厄巴纳与一位芝加哥出生的华裔同学结了婚，小两口刚搬回芝加哥，继续半工半读过日子。父亲和母亲有女儿女婿就近照顾，我们可以放心。

两大三小的五人家庭，打点完备，提着大包小包行李上路，经日本飞向远在地球另一面的北京。

这个"提"字有点古怪，行李不能托运吗？四个月不是短期；北京进入秋冬两季，天气将从凉转寒，衣服不能少带；需要托运一大堆箱子，不在话下。手提的却是不能交付给航空公司托运的宝贝：一大堆"可编程序计算器"（programmable calculators）。读者会问：带这么多计算器干吗？怕物理研究所没有吗？

就是没有。当年个人电脑尚未发明，德州仪器公司（Texas

Instrument）开发的"可编程序TI计算器"算是最先进的仪器。在与物理所所长管惟炎的通信中，得知科学院将为我全家提供吃住，此外还给我发外国专家的最高薪金。我说不能接受，他回信说这是国家规矩，不能不按规执行。薪金可以到时再说，吃住则绝不能收费。我们怎么办？于是想出个下策：买足大批TI计算器，塞进航空公司发给的手提包，每包一至两台；大人每人提三包，孩子每人提两包，总共好像是13台，带给物理所让同事们共用。

上路前先把孩子们教好：在国内见到长辈时怎么说话，吃饭的姿势，彼此间不准以英文交谈。其实这一切都是从小教到大的规矩，只需特别提醒。穿的衣服选择了一下：本来就很朴素，没什么新衣服，只是两年前与儿子回国时看到国内穿的不是蓝布就是灰布，于是颜色鲜艳的统统不带。儿子的头发剪短了，女儿则梳上两条小辫子。总之，尽可能不要招摇过市，让人看了刺眼。伊芳则不需作任何准备：她一向穿着朴素，从来不化妆。（说句肉麻的话：生来端庄秀丽，无须打扮。）

最容易准备的是我自己的行李。衣服不用说，男人穿的总是那个样。唯一需要决定的是要不要带上一套西装。略一考虑，决定不带。两年前回国时，在街边铺子里买了一套最普通的灰布中山装，这次回去再买一套替换也就行了。那个时代国内有谁穿西装？

科研资料也不用特别准备。这些年来经常外出参加学术会议，早已习惯；需要带上的不外是自己的笔记和最近的几篇论文。万一要找过去发表的论文，或重要的参考资料，到时上物理所的图书馆不就行了。可没想到这是个大错。所里图书馆竟没有多少种国际专业期刊，甚至连最普通的（美国）《物理评论》都不齐。低温和液晶方面的杂志更不用说了，即使有所订阅，也为了省邮费以海邮运来，都已过时。

那时国内的穷困情况，我看年轻的读者不很清楚，即使听父母讲了也未必相信。连最高的学府和科研单位都经费不足，更缺乏订购国际期刊所需的外汇。还有呢，进口国际刊物须经过海关；海关人员不熟悉专业书刊，不懂外文，甚至不清楚审查标准，经常不予通过。回想起来，是否可笑？可又不能怪那些关员：经历多年来的排外风浪，早已学乖，谁知道书刊里有没有"反动"内容，何必冒上政治风险？多一事不如少一事。

工作上还有一些准备，与即将升级得出乎意料的中美学术交流有关。

前一阵子，大道小道新闻报道方毅副总理向到访的美国科研人员提出，希望派送学生到美国留学。当时我是美国国家科学基金会几个委员会的成员，到华盛顿开会时听闻美国政府十分重视此事，在7月份派遣由多个科技机构领导人组成的最高代表团到北京商讨此事。商讨结果良好，美方邀请中国派遣代表团在8月份回访美国，起草正式协议。

美方准备工作做得周全。希望与中国政府商谈什么内容、达到什么结论，都已大致决定；这些讯息都很公开。可是锁国已达30年的中方，负责商谈的人懂得多少实在难说，亦不公开讨论。我所能做的是尽可能了解双方的意愿，提出该怎么商谈才能避免误解、达致双赢，把这件影响重大深远的事做好。

☑ 中国科学院的妥善安排

回国四个月，安排好在北京住三个月，在上海住一个月。

一到达北京，立刻受到科学院物理所的妥善接待。（现在一般把中国科学院简称为"中科院"；记忆往事，怀念深刻，我将沿用当时的简称："科学院"。物理研究所则一直被简称为"物理所"。）所里好几位同事在机场等候，还派了两辆小汽车来接。幸亏如此，否则我们主宾至少八人，加上驾驶员，车里坐不下。十来个手提包里全是计算器，放在行李箱里怕震坏，像是宝贝那样各自抱在怀里上车。

⊖ 在中国科学院物理研究所交往的部分俊杰：管惟炎、郝柏林、王鼎盛、赵忠贤、于渌

机场到城里以公路为主，两旁都是农田。路上汽车极少，却不时要绕过拖拉机和驴车，让人感觉路面很窄，路程很远。物理所和安排我们居住的友谊宾馆都在海淀区的中关村，那时不算市区，甚至不能算是近郊。虽然海淀区与机场都在北面，却需绕道市区，没有直接到达的公路。

不记得是日间还是晚上，不过好像一到宾馆就把家小和行李抛下，立刻去物理所报到。猜想一定是下班时刻之前。那时年轻，又素来是个工作狂，不分昼夜，也不在乎时差。

见过领导，被带去预先安排得整整齐齐的办公室。办公室很大，木制家具朴实干净。窗子虽只一扇，房间却挺明亮，很是舒服，远胜两年前住过的华侨饭店。

当时不以为意，过了一段时间，一位年轻的女同事告诉我，所里为了接待我这"贵客"，要她和另外两位同事一同搬出这间办公室。他们还以为来了一位什么样的洋老头子，没想到搬进来的是个不穿西装的"小伙子",难免纳闷。这话令我十分惭愧、十分抱歉。

坐定不久,就见到理论组的所有同事,包括几位日后经常见面和合作的凝聚态理论和统计力学的同事。印象最深的一位叫于渌,比我小一两岁,一见如故,打从第二天起就不断互相讨论工作。他1961年从苏联留学回来,一直在物理所工作,1979年转到新成立的理论物理研究所。

另一位本来就该一见如故,叫林磊,生长于香港。他在美国留学时参加了"钓鱼台运动",1973年于哥伦比亚大学获得物理学博士学位,立即要求回国服务。那是个多么困难的时期!国内要他等候,于是去了比利时和德国工作,直至1978年初才让他回国,进入物理所,成为"文革"后科学院第一位"海归"。他当时的研究工作是液晶理论,因此我们有共同语言,自然开始讨论和合作。

此外有几位略比我年轻的,包括李铁成和沈觉涟。他们的研究领域与我不同,不过对我的多粒子体系、低温、液晶、电子液工作感兴趣,于是很快就开始讨论合作的可能。还有几位前辈和同辈,特别是李荫远、郝柏林、蒲富恪、王鼎盛,及一些搞实验物理的同事;他们的研究方向与我不相重叠,除赵忠贤和杨国桢外,见面机会不多。

当时的所长是老前辈施汝为,年事已高,上门拜见后就没再见过。主管一切行政任务的是副所长管惟炎。他为我安排了一系列的讲座,让我按序介绍各方面的研究项目。为了积极推动和准备中美学术交流,我们还经常磋商,甚至并肩作战,来往十分频繁。

生活方面亦照料得非常妥善,令我们过意不去。

友谊宾馆在海淀村,人民大学之南、科学院多个研究所的西南。后来变成全面对外开放的国际宾馆。今天网上说是占地33.5公顷,建筑面积32万平方米,也就是说容积率不到1.0,难怪自夸为亚洲最大的花园式宾馆。设计思路出自我国建筑界泰斗梁思成,因而让"中国味道体现在园林式的建筑风格上，（拥有）浓郁的民族特色"。到处看到"绿色琉璃屋顶，飞檐流脊、雕梁画栋"，确实表现了我国的民族传统。可是当年一走进屋子，所见活像图片里的苏联式公寓；原来据说最初是特地为苏联专家们建造的。又据说苏联专家撤走后，柬埔寨的西哈努克亲王与他的家属和大批人员被安排居住在其中一个小区。

我们入住时，虽已改建成宾馆，可是并不对外开放，使用率很低。科学院安排了两个贴邻的单元给我们一家五口住。以美国的标准来看，单元都不大，但是对我们来说太过奢侈。领导说："上面定的规格，怎么规定就怎么做。"反正周围单位都空置无人，家具亦只适用而已，毫不豪华，我们也就不便婉拒。

交通方面，给我们派了两辆"上海牌"小车。这事不婉拒不行：那个年头除了高干，哪儿有人用小车的？况且众所周知，我国不盛产石油，哪能如此浪费汽油？领导说："上面为了保障'外宾'出入安全，绝对不允许搭公交车，更不允许骑自行车。"因而我上下班、家小外出，都必须用小车。幸好物理所在这事上有权妥协，只要同意不乘公交，小车可以减至一辆。自行车则不必担心，反正没给我们配备。

☑　友谊宾馆里的生活

房屋内部像苏联式公寓。整体来说，却更像我经历中的美国式校园。

不要看屋顶的飞檐流脊，不要看走廊的雕梁画栋，单就放眼四周：那些暗棕色的砖墙、壁上的爬藤、宽阔的车道、砖铺的人行道、路旁的大树、楼外的草坪……真像美国中西部的大学校园。每个小区都设有食堂、会议室。中央那座大楼设有医疗处、书店、邮局、小卖部。此外竟还有个室内篮球场，可惜去了几次，都没看到别人踪影，唯有独自投篮。

不该奇怪，原来就是给苏联专家们住的，想来苏联专家对住的要求与美国人有点相像。只是没有看到网球场、健身房，也没看到游泳池，与美国人的休闲条件相比总还有段距离。两位年纪较大的服务员说，原来有过游泳池，后来为了节省水电，给荒芜了。

　　说是不让我们搭公交车，我还是偷偷出去搭过两三次。记得沿中关村大街南北向的332路，南去经过民族学院（今称中央民族大学）、紫竹院公园、首都体育馆，左拐到西直门外大街上的动物园，然后右拐走向城里。为了中美学术交流事务常去做客的科学院，总部在三里河，就在那个方向，不过每次总被小车送到门口。北去经过人民大学，很快就右拐，进入科学院研究所聚集地段，包括每天去上班的物理所。可也总是小车送到门口，没打扰过公交。

　　三个孩子都得好好学习。带来的功课固然需做，还该趁此机会在当地上学。一方面多学点中文，一方面进入青少年的圈子，直接体验国内生活。可是中文水平太差，应付不了中学，只能让他们上小学。也真幸运，友谊宾馆一出后门就有所小学，校长和老师都非常欢迎他们"插班"。其实当然不是插班，只是坐在一、二年级的最后排，听老师讲课。

❸　北京友谊宾馆，建筑外貌中西合璧，规划像个校园

对同班的小同学来说，这三人高大无比，虽然穿着与他们的哥哥姐姐没太大分别（那时还没实行计划生育，孩子们常有哥哥姐姐），可是难免带些洋味儿，蛮有新鲜感。在老师的鼓励下，这些娃娃们非常照顾大哥哥大姐姐，每天下课后要牵着他们的手，送回友谊宾馆，"免得大哥哥大姐姐迷路"。多可爱！

　　在美国时，孩子们每天早晨需要叫醒，梳洗换衣、吃饱早饭，赶校车上学。来到友谊宾馆，完全不用叫醒，因为附近就是人民大学，每天清晨6时就开始广播体操，让你不醒也得醒，为我们一家创造了良好的生活习惯。不知道30多年后的今天还这样吗？小学早就没了，在三环路横冲直撞下被搬了家。人民大学当然健在，并且越办越强，只是还会在清晨6点叫醒学生吗？若是，这间早已变成超四星酒店的友谊宾馆怎么招徕客人？

　　孩子们的穿着和发型经受考验，倒真能过关，值得赞赏。有何为证？一天，为了购买一些国外惯用的日常食品，被送到长安街建国门外的友谊商店。儿子和大女儿跟着妈妈进去了，二女儿被认定是本地孩子，就不让进，陪同怎么解释都不管用。情急之下小女孩哭了，张开口说了一大通英文，还是不管用，因为门口的保安不懂英文，不认为叽里咕噜就能证明是外语。最后终于让她进去了，原来因为她所戴的那副眼镜不是国内买得到的。

　　内外有别！外宾就是外宾。极左时期犯嫌疑，须让外宾与群众隔离；"四人帮"倒台后需保护，又须让他们与群众隔离。友谊商店也真是一种保护，因为货品奇缺，样样都需凭票购买；稍微抢手的先为外宾保留。事实上，群众就算能进到专为外宾设立的商店，也买不成东西，因为手上没有外汇券，除非来自外宾或黑市。

　　不仅是购物，看西方电影亦是如此。友谊商店不让群众走进，对外的宾馆、饭店、会所等更不用说了。只有那么一次，科学院为我们发了些票，让我们去建国门外友谊宾馆隔邻的国际俱乐部看电影。我们要求多给几张，让我们的"陪同"一起入场。在这种情况下带了物理所的一对同事，连同他们那位"陪大哥哥大姐姐玩"的娃娃，一起看了一场蛮无聊的好莱坞老电影。

建国门外是领馆区，周围有些给外国人住的高级公寓；便利他们生活的设施都设立在那小圈子里。对面就是北京（甚至全国）唯一的立交，也是故宫和北京饭店之外最"体面"的景点。今天高速公路遍布全国，北京市里立交林立；原来除长安街没有一条像样的大路，摇身一变成了六环围绕的大都市！

二女儿还哭过一次。怎么着？物理所请我们一家在友谊宾馆的餐厅吃饭，让孩子们分开坐，各有所里的女同事在一边照顾。饭菜的口味不是问题，因为我们的家规不允许孩子拣这拣那，夹来什么就吃什么。大半小时过后，大伙正吃得兴高采烈，突然听到小女孩的呜咽之声。问二女儿怎么回事，她流着眼泪吞吞吐吐地说："我实在吃不下了。"原来因为我们还有个家规：食物不许浪费，夹到碗里必须吃完；她身边的"阿姨"看她吃得挺乖，夹到碗里立刻都吃掉，就不断替她加菜。

往事如烟。友谊宾馆今天是个高级宾馆，什么都刷新了，气派一流。前年深秋走将进去，仿佛飘来一阵焚烧落叶的萧瑟气味，又好像空气中夹着轻微的傍晚炊烟，不由得我不怀念当年。可是焚叶炊烟都只属想象。霓虹灯下、鲜花丛中，往日那清雅朴实的校园韵味，早已一扫而空。

☑ 物理研究所里的生活

每天到物理所上班，总的来说，工作方面与在美国分别不大。值得说的与科研没什么关系。拿几件小事为例。

那年代，物理所的环境难以恭维。从中关村大街拐进研究所的聚集地段，没有一条宽畅平坦的路，左拐右拐都像是小径。平常就不好走，下起雨来一路都会积水，遍地泥泞。我小心翼翼地提醒驾驶员：请开得慢些，免得溅起水花，弄脏行人和自行车上同志的衣服。说了没用，坐得小车的人地位高，习惯性地不替别人着想。

来到物理所大门，出现一件怪事：每所大学、每个研究所，门前都有一尊毛主席的大石像，只有物理所门前少了这个。怎会如此？同事们说：原来是有的，最近给砸了。啥？谁敢这么大胆！原来是书记和副所长干的好事。他们两人说："物理所常有外宾来访，石像站在中间，小车来到门前很难掉头，不如请开。反正毛主席自己说过：何必到处都把我放在那儿，让风吹雨打？"就有月黑风高的一晚，党委书记和副所长管惟炎带了一群工人，来到门前开工。工人群众都不敢动手，于是书记和老管拿起大锤就砸。第二天上午，门前就清了。

同事们有所不知，让我最自傲的工作是那一系列的学术报告。自傲的并非报告内容，而是从头到尾全用了中文。前后不少年里，来物理所作报告的海外学者，能不夹杂英文的大概只我一个。虽然我的科学教育接受于美国，最讨厌听人说话时故意混杂不同的语言，表示自己喝过洋墨水。（请注意"故意"两字。）在国外受教育的人，科学名词不会用中文毫不为奇，可是三言两语之间都要用上外语才能表达，则似乎不必。不过话得说回来，凭我这种登不了大雅之堂的中文水平还敢骂人，也真胆大包天。务请读者们包涵。

带来了国外学界的风气。首先是要求开放所里的图书馆。图书馆的功用是传播信息，还是收集资料？理该大幅度开架，还是尽可能封闭？今天早已无须提这个问题，可是当时还有人觉得我不懂规矩，提得不恰当。（其实连香港都还存在类似的问题。据说所有大学里，只有香港科技大学的图书馆对外开放。不知道是否还是那样。）

其次是要求设备和工具尽可能让大家运用。这点我确实提得不很恰当：物资极度缺乏的情况下，不能不限制运用，免得糟蹋。我们从美国带来的多台TI计算器都被封存，必须登记后才能借出运用。这并没错，可是听说事先还需办理申请手续，十分难蒙批准。

非常可惜：那是个电子科技飞跃猛进的年代，这些一时"先进"的TI没怎么运用就被日新月异的硬件淘汰。

有个建议被采用了。所里要给我发薪水，每月300块钱。那是很高的数额，我怎能拿！坚持不收，为领导层制造了困难。一是科学院定下的规矩，二是不收的话所里没地方放，三是令别的来访专家难堪。终于想到了个好办法：把钱捐赠出来购买饼干汽水，每天下午三四点钟搞个小息时刻，请同事们自由参加，聚在一起，上天下地讨论工作心得。据了解，我离开后还剩下不少钱，得以继续这项活动；只是不知道维持了多久。

我还故意闹了个笑话。到访后期，所里为了支持节育运动，墙壁上歪歪扭扭贴了多条标语，其中有条是"人口不能不控制"。我觉得既然国家在提倡改革开放，理应鼓励独立思考，发表意见，畅所欲言；科技界人更需起带头作用。于是笑着说："不是说人的嘴巴不能不控制吧？"虽属双关笑言，同事们并不觉得好笑；大概都是十年浩劫的过来人，什么该笑什么不该笑需要谨慎揣摩，不能乱搞幽默。

说说与物理科研有关的。

物理所的研究人员大概可以分成老中青三代。老的一代人数很少，就不说了。

中的一代，好几位是从苏联留学回来的，物理基础扎实，科研态度严谨。虽然生活于动乱和浩劫的年代，专业还是很有成就，取得国际学界认可。以于渌为例：改革开放之初就受聘于哈佛大学及美国国家科学基金会理论物理研究所。1986年受聘为联合国国际理论物理中心凝聚态理论部主任，留居意大利海畔城市的里雅斯特（Trieste），16年后才回国。相信是第一位在国际上出任重职的非外籍华人学者。

年轻的一代都在国内受教育，水平高低与天时地利结合在一起。所谓"地利"，是看哪里哪所大学所培养的；所谓"天时"，是看哪个时期念的大学。差别相当之大，很易分辨。有听完我讲课立刻可以投入课题研究的，也有只听到皮毛的。譬如说，一次一位年轻人高高兴兴地把他的计算拿给我看，第一页写上工工整整的方程，跟着就一步步进行推算。推算得不坏，就像考试时解难题那样。可是毛病出在第一页：那些方程没头没脑从天上掉下来，并不代表任何模型，没有物理内容或理论基础。很明显，他在大学里所学的只是解题的技术。

不能怪他。成长在政治挂帅浮夸成风的年代，教条主义下什么都不求真实内容、不讲知识基础，让勤奋好学的可造之材不事思考，无所适从。所幸，改革开放启动，那种时代终成过去。

第22章

北京、新疆、上海

　　十年浩劫，万事待兴。最关键的是国家的发展方向和定位及人才的培养。

　　海外华人回国访问，听到最多的口号是"四个现代化"。这个说法始自1954年，并不新鲜。1964年第三届全国人民代表大会上，周恩来总理明确指出：中国的建设必须实现农业、工业、国防、科学技术的现代化。可是海外华人在70年代才有机会接触祖国，首次关注到这个名词，是在1975年邓小平恢复工作之后。"四人帮"的粉碎结束了多年动乱，"四个现代化"之说，入耳特别亲切，特别令人心动。

　　美国学界和科技界的华人，理解民族复兴的当务之急是经济复苏，因而"四化"之中，农业自该当头，让人民无忧粮食，吃饱肚子。同时当然要发展工业，加强生产，应付日常生活所需。至于国防事业，则与政治和外交关系密切，海外华人避之为妙；反正也都是外行，沾不上手。"四化"中所能参与的仅是科学技术的现代化：若能推动中美两国的教研合作，帮助祖国学界和科技界提高学术水平、培养科研人才，势必为中美两国人民带来双赢互利。

　　说法可能不同，但是相信二十世纪七八十年代奔波于大洋两岸间的朋友们，所抱的心态大致如此，动机也相差不远。

不过对祖国的科学技术应该怎么发展，有很不一样的看法。最令我们注意的，也是日后讨论得最多的，该是基础研究与应用科研之争。缘由是杨振宁和李政道这两位最受全球华人尊重的科学家，也是最早期回国访问、在国内最有影响力的学者，在这个问题上似乎意见相左。杨振宁回国较早、亲友较多、看得较广，关注到国内人民的贫困状态，主张首先发展应用科技，不要大量投资于高能物理之类的基础研究。李政道则一直处身于学术界的最高殿堂，习惯先进国家的科研和生活水平，把现代化的观念定得深远，大力推动自己最熟悉的高能物理。

我们这些人的圈子里，杨振宁的影响力大。不过即使不受他的影响，大多数回去访问过的朋友都会同意他的看法，就是人民的生活确实太过困难，经济发展不容久待；基础研究固然重要，却暂非当务之急。

☑ 在北京启动"访问学者"的工作

写到七八十年代交接之际，物理所的老朋友说：请上网看看科学院物理所的《历史沿革》，那儿有几句饶有兴趣的话。于是上网查看，果然看到以下这段："一九七八年经中央批准，在美国吴家玮教授的促成下，我所钱永嘉等八人赴美国西北大学作访问学者，标志着中断多年之后我所与美国物理界大规模合作的开始。"

"开始"两字或需定义。1978年末曾有几位学者到美国斯坦福大学进修，被斯坦福定位为由中国政府为他们缴付学费的"非注册研究生"；而1979年初去西北大学的，才是名正言顺的"访问学者"，绝大部分由美方按国际惯例提供费用。后者不仅是中国的物理所与美国的物理界合作的开始，更是中美两国学术界"大规模合作"的开始。

"经中央批准"这几个字却在我意料之外。为了使用"访问学者"这个新名称，管惟炎陪我去见了时任国务院副总理和科学院院长的方毅，得以排除反对意见，获得他的同意。物理所的八位人员在我邀请下去西北大学进行科研一事，竟会搞得那么严重，需要经过"中央"批准，这确是我无法想象的——至今仍不知道所谓"中央"是邓小平，还是华国锋，还是集体领导。

今日"访问学者"已属惯用名词，没多少人关注它的来龙去脉。其实这儿蕴藏着好些小故事，容我在后文道来。

除这八位，物理所将有大批同事会被派送出国。大部分会去英语国家，包括美国、英国、加拿大、澳大利亚。连去非英语国家的，例如德国、法国、瑞士、瑞典等，都要依靠英语沟通。组织起来，大约有三四十位需要快速学习英语，这事就变成伊芳的责任。

伊芳这人，做什么事都全情投入、十分彻底。每天上午跟我同去物理所，8点钟开始上课，连上四小时，中午12点下课。马马虎虎吃点饭，然后端坐课室，回答个别"学员们"的问题。之后准备

⊖ 在方毅领导下，科学院和国家科委人员思想特别开放；十年浩劫过后为科教复兴和中外交流作出极大贡献。我们夫妇有幸不止一次与他见面细谈

方毅副总理会见美籍教授吴家玮

两位热情认真的英语教师

——记罗永清和马霍龄女士

本报记者 言蕴之

⊖ 伊芳为大群准备外访的科学院专家辅导英文，确实非常认真（啊，让她的真名上了报）。另一位就是没被她放过的临时老师

讲课的资料，包括写讲义和录音，整个下午和晚上忙个不停。也真是没办法，所里没有英语课本，更没有录音带。即使跑到王府井的外文书店，买到英语课本，也都是给中学生编的，不管用。至于英语录音带呢，根本就不存在；物理所里连录音机也只找到一台。

每天晚上伊芳睡得很迟，辛苦了整整一天，倒头就睡着。几乎同样辛苦的还有跟着妈妈一起去教课的儿子。原来儿子女儿三个组成助教队伍；妈妈按部就班给学员们上课，助教队伍的任务是与学员们分别练习口语，也就是不按题材地以英语交谈。

时年14岁的儿子知识面很广，真能与叔叔伯伯们上天下地攀谈。可是13岁和12岁的两个女儿，几次后就没了话题，谈不下去。这才知道原来教口语也需有较广的见闻。

两个多月下来，学员们的英语果然大有进步。不知道谁通过门路找来记者，报道了伊芳和儿子的"事迹"，竟还登载于知识分子阅读的《光明日报》。令伊芳既感慰又难堪的是，当年物理所的同事们，包括日后荣获科学院院士名衔的，多年来见到伊芳还称她为老师。

啊，也有人见到她就头痛。怎么回事？原来友谊宾馆是专家教

授来华访问的落脚点。虽则一般不带家属，万一有在饭厅里被我俩撞见的，伊芳就会上前自我介绍，邀请他们的家属来物理所参加英语教学。口语必须一对一分别练习，而三四十人的班实在太大，儿子顾到这位顾不到那位。特别是秋季开学后，儿子每天要上半天小学，到所里的时间更少。英语班急需找多几位助教，于是连只待三四天的过路客也不容轻易放过。

忙碌中感觉不到时间过去之快。确实如此，三个月的北京访问就像流水般过去了，下一站该是上海复旦大学。

不料"上面"来了消息，传达方毅副总理的话，说我们夫妇工作得太辛苦了，要让我们放一星期假，去什么地方旅游一次。给我们的选择是：东北、西藏、新疆。还说：去哪儿都行，真是旅游，陪同不要让我们工作。

科学院的领导们说："方副总理的话就是命令，也就是我们大家的任务，必须照做，还须做好。"连我俩也没有说话的余地。于是接受"任务"，收拾行李，准备上路。复旦大学那头，就请科学院打好招呼，说会晚三天才到，请他们原谅。

至于选择去处，倒没有问题。我从小喜欢历史和地理，对西域和丝路的兴趣十分浓厚。新疆自然是首选。突然想起，这么多年来，从东到西、从南到北，祖国大地只要有来找我的研究型大学，几乎全跑遍。可是1978年放弃机会的东北和西藏，至今尚未踏足。

☑ 新疆之行

一般人以为那时候去新疆很困难，结果发现并非如此。从北京飞至兰州，然后搭波音707直飞乌鲁木齐。

兰州是大西北的重镇、丝绸之路的东端、天然资源的基地、交通运输的枢纽，无论从哪个角度来看，都值得细细探察。不过兰州不是我们此行的目的地，当天从机场到宾馆，次日从宾馆到机场，连宾馆附近都没去溜达。唯一的印象是：从汽车里看出去，沿途到处都是硕大无比的卷心菜，在街头堆积如山。来机场接我们的陪同说："今年卷心菜大丰收，家家准备腌菜过冬。"突然想到，北京的叔父家里正在担心蔬菜供应不足，为冬季的营养操心。

平平安安到达乌鲁木齐。那时乘飞机还属奢侈，特别是这么长途的飞行。据说北京与乌鲁木齐间并不日日有航班；即使如此，机舱尚没坐满。乘客看来都是干部。（你问：难道没有商人吗？请记得：那时的企业全属国有，所谓"经商"的也都是干部。）机上的服务员同志空闲得很。（不称为"空中小姐"；哪能用"小姐"那样的封建名词？）

乌鲁木齐的机场面积很大，可是看不到飞机。舱门打开，挨着楼梯走下，一眼看到的是位穿着民航制服（挺括而不国际化的衣裤）的漂亮小姑娘；浅棕色头发、蓝眼睛、高鼻子，完全是个洋人。一开口，讲的却是地道的普通话。啊，原来是位少数民族姑娘。陪同说："她是位维吾尔族女同志。"奇怪的是，此后好几天里看到不晓得多少维吾尔族同胞，可没有一位比她更像西方人。

新疆有13个主要的少数民族，很大部分祖先来自中亚，样子比较像土耳其人、波斯人、阿拉伯人，但也有斯拉夫血统的俄罗斯族。或许这位姑娘根本就不属维吾尔族，陪同说错了。

来到宾馆，大吃一惊。整区就像北京的友谊宾馆，可是比后者更为空荡。像友谊宾馆并不奇怪，陪同说这群建筑原来也是苏联专家的宿舍区。空荡的程度却令人感到凄凉：一度亲密无间的两国民间关系，竟能变得如此冷落。

走进安排给我们住的大楼，灰暗得很是阴沉。陪同赶快让服务员开灯，把我们带到二楼，进入极大的套房。一路上，除服务员和清洁工外没有看到旁人。

陪同说："远途跋涉。请你们洗一洗，休息一下，然后去吃晚饭。"

伊芳照例给孩子们约法三章：除了睡房和洗手间，别的房间都不准用，免得弄脏了，给清洁人员添麻烦。这次我倒想说几句话："整栋大楼，客人好像只有我们一家。服务员和清洁工这么多，不至于太忙。假如工作量太小，说不定他们反而会被宾馆解雇呢！"前面几句没错，最后那两句却大错特错了：都是国营事业（那时还不说"企业"），无所谓盈亏，哪会有解雇这回事？

反正伊芳有她那套，说了也没用。她的习惯带来蛮好的家庭教育，不开口也罢。

洗完了，一点不累，就跟着陪同到餐厅吃饭。好大的餐厅，只有我家一桌五人。（那时国内的规矩：陪同不作兴与客人同桌，甚至同一餐厅。）满以为立刻可以尝到新疆风味，让孩子们见见世面。却不然：饭菜与在北京所吃到的相差不远。其后好几天里，一直没有吃到当地的食物。可见汉人跑到哪里，就把自己的生活习俗带到哪里，难怪未能与边区民族高度融合。

多年后看了王蒙的书，才知道并非人人如此。他在新疆16年，并不认为自己被"流放边陲"，反而全情融入当地民族的生活。这种情操难能可贵。

饭毕。陪同说："准备了点小节目，请你们欣赏。"我心想："好极了，至少节目一定是当地的，可让孩子们开开眼界。"这件事可真让孩子们开了眼界，也让我俩开了眼界！走进大礼堂，只见后面多排坐得满满，全是宾馆里的工作人员，包括很多穿着制服的服务员和清洁工。陪同把我们引到最前，一排五张沙发，前面五张小桌，放着茶水小吃。周围一看，完全没有旁人在座。原来节目完全是为我们安排的。连小孩都这般招待，令我们感到十分不安。

一场连一场维吾尔族歌舞，盛装出台，非常专业、非常出色。原以为正巧碰上宾馆员工们的业余演出，哪知道为我们五人表演的却是350多人的自治区歌舞团！这更令我们不安。唯一能自慰的是歌舞团平时缺乏表演机会，或许这次登台可以当作常规的彩排练习。至少也让宾馆的员工同志们饱了眼福。

在乌鲁木齐只待了一天多，没有看到什么市容，原因是我不肯听从方毅的指令，坚持要访问新疆大学，为教师们作了一次报告，讲美国学界和科技界的现况。我有一对堂兄嫂在新疆大学任教。他们是解放初期北大数学系毕业的高材生，在政府号召下自告奋勇来到边疆为祖国服务，一辈子跟后代就在新疆扎了根。20世纪50年代的新疆可说是不毛之地，那种精神和一生的事业令我们敬仰。

☑ 吐鲁番、火焰山、高昌古城

陪同知道我的兴趣不在城市，而在丝绸之路，故此很快就让我们离开乌鲁木齐，动身向东南的吐鲁番出发。不消多久，城市无影无踪，进入无边无际的戈壁滩。两辆车一前一后，在笔直的公路上奔驰。

我们一家五口与向导坐一辆车，另一辆车只坐了司机和陪同，作护航与补给之用。向导是陪同找来的本地汉人，沿途为我们讲解。他说吐鲁番是维吾尔语，意思既是有水之地，又是都会：大漠中罕有的大片绿洲。

话是这样说，可看不到什么水。他指着远处的一堆堆圆形土包，说：水都在地下呢！原来吐鲁番盆地北部的博格达山终年积雪，夏季融雪流进盆地，渗入地下，变成潜流。两千年来，人们打通潜流，沿途凿干无数深达数十米的"坎儿井"；这些圆形土包就是井口。上千条潜流被连接成网，形成无惧旱热蒸发、总长数千公里的灌溉系统。他说：坎儿井与长城和大运河并列为中国的三大工程奇迹。

一路说话，我和儿子不断提问，向导说得津津有味。那个年代新疆还不是旅游胜地，向导与今天的导游不同，是位蛮有学问的专业人士，因此连司机也听得津津有味。看来司机听入了神，越开越快，忘了看路；突然发现紧跟在后的第二辆车失去了踪影。"糟了！"他说，"刚才那三岔路口，不知道他们有没有注意到我们选了哪条路走。"赶紧刹车，就在路中央停下来等。各位不用怕，绝不会被别的车撞到，上路后还没看见过一辆车！

等了好久还不见第二辆车。司机急了，向导也急了。周围360度全是阳光普照的沙漠；万一耗尽了汽油，或是需要食水，或是汽车出些故障，叫天不理，求地不应。不是说笑：读者们别忘，手提电话是20年后的玩意儿，GPS（导航系统）尚属天方夜谭。这个当儿才了解为什么需要两车同行、什么叫做"护航"和"补给"。

遇到这种情景，才知道什么叫做"度日如年"。其实不过半小时，那辆车就赶来了。司机说："这半小时好比在火炉上煎熬。"对我们这些没在沙漠里挂过单、不知天高地厚的乘客来说，煎熬的不是心理，倒是生理：40℃，没有空调。（当时那辆车里根本没装空调，不过即使装了也不敢用，把汽油烧光了可不是玩的。）两位司机交头接耳咕咕哝哝不知讲了些什么，我们没敢问。过后陪同告诉我：他们担心，副总理的客人，出了事怎么交代？原来我们不算是等闲之辈呢。

吐鲁番的市民绝大部分是维吾尔族。我一直对少数民族极感兴趣，很希望比较深入了解维吾尔族同胞的生活。不过访问新疆的日期较短，路上又花去很多时间，这个心愿只好留到将来再求满足了。再说，客随主便，陪同为我们花了大量心血，把整个旅程安排得十分周到，不能为他添乱。

下一站是吐鲁番东北约10公里的火焰山。坐在车里逐渐感到无聊的孩子们一听到火焰山，立刻精神焕发。我给他们讲过《西游记》的故事：并非一章一回都讲，而是挑了一些特别有趣的，自然包括孙悟空怎么与铁扇公主和牛魔王斗法。孩子们说希望到火焰山走一遭，可是远远看到、停车下地，只遥望片刻，就说热得受不了，于是作罢。

向导说："火焰山虽热，山腹里有些蛮凉快的沟谷，包括著名的'葡萄沟'，很值得一游。"可是时间和旅程不容许我们到处跑，所以他在火焰山临近安排了两个好去处，让我们非但能亲眼看到新疆的著名水果产地，还能亲口尝到这些名产。这样一说，孩子们乐了，我们夫妇乐了，辛苦了很久的陪同和司机同志也都乐了。

两处之一盛产葡萄，非但看到听到种植葡萄的各种技巧和设备，包括怎么在冬季严寒中保护葡萄树、怎么风干葡萄、怎么生产运销全国的葡萄干。

两处之二盛产哈密瓜。完全没看到任何设备，只在公路旁边下车，走到树荫下席地而坐，摘下哈密瓜，劈开就吃。啊，各位读者以为自己吃过特甜的哈密瓜，是吗？错！特甜的哈密瓜一定要在当地摘下就吃；外地买到的，都是还没全熟就摘下运出，与就地所吃到的不能同日而语。最难忘的是，瓜汁流到手指尖上，厚厚腻腻，把手指粘在一块，使劲才能扒开。信不信由你。

终于来到了高昌古城——我从小向往的西域古国。高昌位于吐鲁番东南四五十公里，建于东汉，千余年后弃于战火。令我惊奇的是，很多建筑物历经多少世纪还矗立着，让人看到千年前的城市建设规格；这里简直从不下雨，唯有的破坏来自风蚀。令我伤感的是，载着我们的两辆车直驱而入，卷起阵阵尘沙，完全不考虑人为的破坏。幸好那时没有旅行团到此，向导说连个别的游客也十分罕见。

☑ 大漠南北

这个小题很响亮，不过不很切实。新疆维吾尔自治区有的是极度宏伟的沙漠和盆地，但主要在中部和南部。天山横贯新疆，把自治区一分为二。我们所到之处只是北疆的一小部分，包括乌鲁木齐、吐鲁番和两市的邻近地带，并没涉足大漠。

记起一件很有趣的事。为了给家人留念，更为了回美后向华侨们宣扬祖国的风采，我到处拍摄电影。那时候的电影机既重又大，还需腰系一尺见方的厚重电池，背负多卷8毫米的胶片。在高昌古城里拍摄电影时，瞄准镜头向后退了两步，猛然半身掉下深坑，左腿陷入坑里，泥沙几及腰部；幸好右腿没有跟进，半屁股坐在地面。只听到向导和陪同大吼一声，冲过来把我救起。

伊芳问："怎么搞的？"向导说："这原来是口井，大概一千年前就已干枯，不能再用，于是人们把它当作垃圾桶。近年来有考古学家来此挖掘，发现垃圾都已风化成灰。你的爱人踩到灰堆里去了。"我说："哼，敝人竟在千古垃圾堆里洗了个干澡！"

众人大笑不止。之后看我拿着电影机走到哪儿，向导和陪同至少有一位会赶紧抢到那儿，站我身后，防止这冒失鬼再次掉进垃圾堆。

游毕高昌古城，掉头回到吐鲁番，在城里过夜。陪同赶紧说："此市没有大学。"只怕我要求去作报告，让他难向领导交差。

次日继续西行，目的地是天池。

天池在乌鲁木齐正东，按地图看该是蛮顺路的；也就是说，回乌鲁木齐的路上，中途北上就是。其实并不如此，必须先回到乌鲁木齐，跟着走向东北的阜康，然后南下，兜上一个大圈子。理由很简单：天山群峰挡路，哪能让你说过就过。

蔚蓝的天空、高耸的雪山、挺拔的松树、清澈的大湖：在美国科罗拉多州，从东麓驾车进入落基山脉，登高途中不断会看到这样的美景。我们想象中的天池至少能够与它比美——毕竟是王母娘娘洗澡的瑶池嘛！可是真正来到天池，难免有点失望。风景确很秀美，却不宏伟。湖边有些木屋，却很荒凉。想透一些，并不奇怪：写书的人要就没来过，要就生活在几百年前，来一次多不方便！正如百多年前的落基山脉，你若爬山或骑骡进去，一眼所看到的湖绝对不如深山里面的美。再说，写书的人想象力丰富，自然把天池写得特别浪漫。

还有一个去处，不能算是名胜，伊芳和孩子未必会有兴趣。这就是石河子军垦区。我坚持要去，正如两年前带儿子去看大寨那样，为的是教育自己，理解和感受1950年起22兵团入疆后怎么开垦这片古老的游牧区，把几乎不毛之地发展成重要的棉花生产基地。

　　刚从戈壁滩里走出，远途来到比乌鲁木齐更西更北的石漠，突然看到的不是小小绿洲，而是不见边际的大片农地。我们一家五口虽则五谷不分，见到这样的奇迹，印象还是很深。

　　进入农场，立即被安排住进招待所。一间大房，里设双人床一张、单人床一张。隔邻一间小房，里设单人床两张。招待所不是宾馆，条件自然不能与乌鲁木齐相比，甚至不能与吐鲁番相比。家具都是——怎么说呢——土法炮制的吧：简洁而扎实。没想到的是卫生设备全缺：茅厕设在户外；洗刷用水由服务员捧来脸盆，安置支架，洗完脸就照农家规矩，泼水门外。

　　崇仰了一辈子的周总理，此时此刻在我们房里"出现"了。招待所的接待同志说：1965年周总理来石河子视察，并接见上海支边青年，与夫人住的就是这间房，睡的就是这张双人床。而他们的侍卫就睡在给我们儿子用的单人床上。我们借此感受到他们的"余温"，多么幸福！

　　写到这儿，越想越不妥。周总理真是与夫人邓大姐一起来的吗？不可能。当时他与陈毅副总理一起出国、回国时经过新疆。带同夫人出国不是周总理的习惯，报道也没这般说过。国家领导出国带同夫人是改革开放以后接受了外交礼仪才开始的，早年没这种做法。我们一定是给招待所的同志唬了？

　　本来不想追查，就当是真，骗自己，乐一乐。可是念物理的人不习惯马马虎虎，于是上网查询。找遍了有关报道和照片，就是没看到邓大姐。邓颖超诚然访问过石河子军垦区，可那是1980年6月的事，比我们晚了一年半。看来招待所的同志真是记错了，除非他们有预测的本领。当年石河子没有别的招待所，而招待所里没有更大的房间，因此我们还是相信那张床给周总理睡过。那也就够幸福了。

新疆之旅到此完成。美中不足的是缺乏机会接触少数民族，因而没有直接体验他们的固有文化和生活方式，更没有从他们的角度来了解西域的历史和地理，进一步认识我国边疆的种种问题。倒是儿子，多年后念研究生时，背着背囊以最原始的方式重游新疆，并在火车的硬座车厢里结识了两位维吾尔族青年，被邀去他们家里住过。还到过以少数民族为主的城市，包括喀什和阿克苏，令我这当老子的羡慕。

☑ 上海和复旦大学

横贯全国，从国土的最西端回到最东端：上海。

儿子特别兴奋，因为两年前他来过这个城市，父母双方的亲戚都待他十分亲切。当然，最兴奋的该是伊芳。这个祖籍浙江宁海、生长在上海的姑娘，离老家已27年，终于重返故乡，难免带有回娘家的深情。

Ꙩ 一辈子孜孜不休，为国效劳、领导复旦大学中兴、推动中美学术合作的物理学家谢希德

而我呢，两年前来上海就想为复旦大学做点事。当时我完全不知道外祖父曾经当过复旦大学的校长，更不知道伊芳的母亲和大姨母都是复旦的毕业生。只是从许多来美访问的朋友那里知晓复旦是国内最重要的物理学教研中心，并有幸结识了时任校长谢希德和前任校长苏步青，因而在回国之前

就与谢希德定下访问复旦的安排。

一到上海就有人照顾。不同之处是复旦大学属于高教部，因此负责照顾我们的不是科学院，而是高教部。没几天后就发现，国内不同政府部门间门禁森严：谁的客人属于谁，非但照顾上如此，工作上也分得清清楚楚。陪同告诉我：在北京时我是科学院的人，若去一所大学讲学，必须预先经高教部与科学院商量，向科学院借人。到了上海，我变成高教部的人了，若去隶属科学院的研究所拜访，必须经过高教部同意。今天回想，真是不可思议，可是直至20世纪80年代初期还是那样。

正如在北京那样，到宾馆放下家小就直奔复旦。陪同说："洗一洗，休息一下，明天再去不迟。"我天生急性子，没有休息的习惯，说走就走，不肯多等。可是还是等了。没想到，当年一切事情都有整套规矩，预先安排得详详细细，不是你说要走就能走的。其实完全可以对客人解释几句。总之，外来的我不明事理，颠倒了客随主便的道理，往往无意中为主人制造了不必要的麻烦。

两年前与儿子来时，住在淮海中路旁的锦江饭店。这次又住那里，一家五口两间房。淮海中路是我俩幼时的霞飞路——"法租界"最高贵的地段；而锦江饭店是20世纪70年代上海最高贵的宾馆。可是马路上没什么灯光，沿街店铺名字都是"第几第几商店"。店里货品不多，店员无精打采，光景暗淡。饭店里面也一色灰暗，房间里还发现老鼠屎和蟑螂。想到一般人过的生活更差，自觉既幸福又惭愧。

为了不想孩子们对祖国失望，我俩给他们诉说从前的上海：租界的洋人怎么趾高气扬、日据时怎么恐怖和耻辱；富人怎么花天酒地，而寒风之下路有冻死骨……又说与那时相比，生活进步多了。虽是这样说，心里难免纳闷：解放30年，怎么还会弄成这个样子？当父母的比孩子更失望。

复旦大学是华东第一名校，校园光景比北京中关村的物理所好

⊖　伊芳与我一样，放下行李就找事干。与儿子被安排到生化所为准备出国的科学院专家辅导英语。这事又上了报。难怪今天还有这么多科学家称她"老师"

不了多少，只是一进校门就看见巨大威武的毛主席石像。校园里的大楼30年没整修，陈旧不堪。当时物理系有三处建筑，其中之一略比其他大楼整洁，里面还有一间体面的会客室；据说是因为来复旦的外宾较多，多半又是物理学教授，总得有个像样的接待场所。出国多次的谢希德，清楚外国情况，对国内的穷困表示歉意。我说：不打紧，重要的是人才，不是物质。

复旦的物理系里确实有些强者。几近一个月的访问里，来往最多的除谢希德外，是两位正巧与我同龄的孙鑫和陶瑞宝。两位都是十分优秀的物理学家，又都是文雅朴实的谦谦君子。后来两位都到美国当访问学者。孙鑫来得较早，先后与我在西北大学和圣迭戈加州大学合作，联名发表过多篇论文。今为中国科学院院士的陶瑞宝则访问了当时任职于埃克森研究所、后来在香港科技大学领导物理系多年的沈平。

此外，有幸相识而由于科研兴趣不同没有机会合作的，还有华中一和杨福家；两位先后都当过复旦大学的校长。

除讲课外，最有趣味、也是最难忘怀的，是提倡教师与学生以体育同乐。在我建议下，教师与学生进行了两次友谊赛。教师赢了篮球，学生赢了排球。同事们说"文革"之前复旦有这类活动，可是十年动乱开始后，教师们害怕被红卫兵说成故意以亲和来腐化学生，不敢继续如此来往。很高兴见到师生间重新恢复友善关系。可是后来见到复旦同事，说就那么一次活动，之后又停顿了。

近年来我经常去复旦，发现师生间关系良好，唯不知还有没有那样的体育比赛。

☑　介绍美国情况的长篇报告

在上海的这个月里，作了多次学术和非学术性的报告。在复旦只讲过两堂物理，此外分别在不同的大学和科研单位讲美国的教育和科研情况。次次需凭票入座，报告厅挤得水泄不通。一方面是因为毕竟与美国隔绝了整整一代光阴，师生们对美国学术界感到好奇；另一方面是同行们听说中美交流即将大幅度展开，不少学者想要了解国外环境，预先为出国做好心理准备。

说是讲美国的教育和科研，其实内容很广，因为听众与美国疏离太久，不先勾画宏观背景，必然听得没头没脑。

于是以历史和地理为开端，尽我所能地深入浅出，讲美国建国以来200年的历史，及由东至西划时代拓展的美国地理。跟着谈到政治经济：多党政府的体制和结构，及渗入社会主义色彩的现代化资本主义社会。

然后在以上的框架里，讨论美国的教育体制；从中小学基础教育讲到不同类型的高等教育机构，并在这个不授学位的国家里讲解美国的学位制度。继而延伸到科技单位的组织和现况，从种类和结构讲到知识产权的保护和研发经费的来源。经费方面，令听众难以理解的是科研资助的公开申请方式和严密同行评议。更难理解的是竟有那么多种同时存在的政府资助机构，及资助机构之间在"市场经济原则"下所产生的互补和竞争。

最后讲到"访问学者"的意义，和学者们出国后将会面对的学习和生活环境。

这篇综合性的报告，可长可短，让主持单位决定要我讲多久。短则半个多小时，长则两个半小时，竟也有几次超过三个小时。

前三个月已在北京讲过多次——不仅在北京的大学和科研单位，也到附近城市里去讲过；这个月来又是如此，并不限于上海市内，甚至远至南京。反正上面安排我去哪儿就去哪儿。后来有位科学院的同事替我数过，说回国四个月里，前后讲过47次，包括在同一个单位里针对不同的听众。这个数字似乎略嫌夸张。

第 23 章

西北大学迎来首批访问学者

　　四个月的访问，说短不短，说长不长。

　　以科研来说，除了讲课，没有什么成绩。不过可以有这么一段时间只讲不做，亦非坏事。过去几年总是不停地做课题，甚至不停地换新课题、新方向。虽然每有进展就获得一些新学问，增加科研工作者所特有的兴奋，但是逐渐有散漫之感。这几个月索性放下课题，不造体系模型，不做理论计算，只把几年来每方面的科研进展讲给新交的朋友们听，等于分门别类为自己做了一次大总结。散漫之情消失之余，竟还出现不少新启发。

　　难怪物理系的同事们学术休假后回到学校，带回的每每不仅是新知识，还有新思维。最初建立学术休假制度的人，也真有一番远见。

　　四个月来令我最有成就感的，也是最有迫切感的，是怎么能尽我的微力协助中美两国学术交流的启动。

　　20世纪70年代初，尼克松访华之行为中美两国关系结束了僵局。即便当时中国学术界尚陷于"文革"的泥潭中，两国间大门一开，还就有科学工作者陆陆续续来美访问，进行考察。不能不说的是，他们身边总有人陪同，很难做到自由发挥，无所不谈。美方负责接待的科学工作者虽则十分兴奋和热情，可是心里难免抱着几丝怀疑。这样的来往舒畅不了，有违学术界的传统和作风。

再说，除一些留美华裔学者外，虽然走访中国的美国学者不是没有，可是人数毕竟有限。这样的来往说不上双向交流，更谈不到合作。

长久之计该是：以政府派送长期来美的学者、学生开头，走向个人自行申请的互访、留学和进修。"文革"结束、改革开放开始，大好时机终于来临。发动和带头的自然是双方政府，可是学术交流毕竟是高等教育界的大事，当教授的必须积极配合、支持和推动，责无旁贷。

☑ 中美两国为交换科技人员准备谈判

1978年举家回国前不久，传闻当时兼任科学院院长的方毅副总理有意派送3000名大学生到美国学习。海外学界的华人对此感到十分兴奋，不过都认为派送大学生不合时需，建议派送比较成熟的科研和教学人员。后来国内接受了这个观点，美国政府也愿意予以考虑。

我是美国国家科学基金会几个委员会的成员，进出基金会时听到各种意见和讨论，知悉美国总统吉米·卡特（Jimmy Carter）接受了中国政府的建议，于7月里派遣代表团到北京为此事进行磋商。这个异常高级的科技领导小组，组长原是总统科学顾问法兰克·普雷斯（Frank Press）；不过中方认为两国政府之间尚未建立关系，要求改由"非政府"单位出面，因此主持与中方会谈的变成基金会的主任理查德·埃特金森（Richard Atkinson）。

按埃特金森的回忆，中方坚持谈判后只可缔结非政府协议，而美方则要求签署政府之间的正式备忘录。中方的观点很合理，因为两国间并无正式外交关系；而美方则在卡特总统领导下正在打算与新中国建立正式关系；科技合作的谈判乃为中美建交铺了路。（埃特金森于1980年离开国家科学基金会，出任圣迭戈加州大学校长。

那时恰巧我已在该校担任院长，乃从他在基金会的无数顾问之一，变成他在圣迭戈加大的行政下属。香港科技大学创建后，我请业已升任加州大学总校校长的他参加了香港科大的国际顾问委员会。多年来，包括两人退休后，不时有些电话或书信交往。上述情况来自他所说的记忆。）

⊖ 于1978年7月率领美国代表团访华的埃特金森（大多记载误导当时率团的是普雷斯）

双方会谈进展良好，美方邀请中方在8月下旬派遣高层科技代表团到华盛顿继续谈判，并签署备忘录。我到达北京后没几天，就被告知代表团团长将是时任北京大学校长的物理学家周培源。我从美国国家科学基金会听闻美方把那即将举办的中美科技合作会谈看得十分重要，准备得极为周全，就随便问了一下中方是否也在积极准备。答案是：没有听说在作什么准备，而周老正带团去了日本开会，将在好几天后才回来。那么，代表团的副团长呢？答案是：高教部的一位李姓副部长，正在别处养病。（当时称为高等教育部，后属教委，今属教育部。）

天啊！就这样去谈判这么重要的协议？

既然交换项目里很大部分的中方科技人员将来自大学，而美国的主要科技人员基本上都任职于大学；那么，中方的代表团成员对美国大学的情况熟不熟悉呢？答案是：周老是留学美国的，应该熟悉。又让我惊叹："天啊！"周老确实在美国住过好几次，但都是几十年前的事了；这几十年来，美国的高等教育和科技研发已经完全改观，中方代表团里有人在为他准备资料吗？答案是：没有。

与高教部和科学院的有关人员见了面，才知道真是没有人准备资料，也没有人了解美国的高等教育。虽然几年来陆陆续续有科技界名人和华裔教授回国访问，谈话中带来些信息，可都是零零星星有关个人学校和专业的内容，既无系统可言，又未必正确。在这种情况下跟美方会谈，怎能保证谈得妥善？万一什么细节谈僵了、谈歪了，导致不必要的误会，来日操作不顺，对双方都不利。

想到这儿，一身冷汗。赶紧放下物理，战战兢兢一口气凭记忆写下36所美国大学的大致情况。虽则不可能详尽，不完全正确，总远胜一片空白。

经物理所递交上去，据说到了高教部，被铅印了到处派发。（两年后有朋友回国访问，看到这份铅印资料，说要给我带回一份留作纪念，但是不蒙允许。对方说这是"内部资料"，连我这个作者都不能拥有。当年的怪事，现在说起没人能信。）

高教部把李姓副部长从养病的地方请回来，与我见面。谈得不坏，可他不是代表团团长，不管用。终于等到周老从日本回来，高教部立刻安排我到北大校长公馆去与他见面。

周老是受全国人民尊重的科学家，也是我们这些年轻的物理界人所崇敬的偶像。我们谈话的最大收获，也是最关键的，就是他同意代表团的准备远远不足、不能8月下旬就去美国进行双边会谈，而须把出国日期延至9月，还需进一步了解美国学界的情况。

☑ "访问学者"一词的起源和余波

第一批公派到美国去深造者，去处是斯坦福大学，身份是"非注册的研究生"（non-matriculated graduate students）。这件事令我失望，甚至气愤。去的都是理科或工科的研究员或室主任（当时不称为系主任）。为斯坦福大学与中国商谈的算是中国通的教授，却不属理科或工科。我跟周老说："怎么能让他们作出这样的安排？给我国资深人员这样的身份，简直是侮辱。"

周老说："你不知道，经过这些年来的耽误，我们的人实在不行，只能算是学生。"我不同意，说："我在物理所工作，见到的人有行的、有不行的；不行的不必送出去。"还举例证明物理所里就有好些水平很高的，只是周老没有与他们来往。他说："不叫学生或研究生，能用别的称呼吗？"

这些年来的"文革"动乱破坏了高等教育制度。将被送去美国的人，多数没有教授职称，美国大学不能称他们为"客座教授"。没有博士学位，因此又不能称为"博士后"。我说："那么就称他们为'visiting scholars'（客座学者、访问学者）吧！这是个广泛的称呼，资深的年轻的都适用。"周老不作声，看来不以为然。

回到物理所，与管惟炎谈这件事，他点点头。不记得当时我们说了些什么，只知道"学者"两字可能犯忌，不合时宜。毕竟邓小平还没掌大权。虽则"华主席登上了天安门，救了国家救了党"，在一般人眼里，"学者"还属"臭老九"，哪能随便使用？讨论良久，显然没有更适当的名词可用，于是胆大包天的老管陪我去方毅副总理那儿叩门，直陈我们的意见。没多久后，方毅拍板，"访问学者"成为官方正式许可的名称。有人说，方毅拍不了板，看来还更上了一层楼。

令我同样失望的是：政府需为每位去斯坦福的"非注册研究生"缴纳5500美元"学费"。我说："去实习、去进修，同时也为他们提供科研服务，从别的国家去的人都有适当的酬金可拿，我们凭什么要交学费？若来我担任物理系主任的西北大学，不用花国家的钱。事实上，经努力争取后，我已获得校方承诺动用10万美元邀请中国科研人员到西北大学进行科研合作。"周老说："我了解美国的大学，每所大学各有自己的政策，不受他人影响。"我说："不然。大学之间会彼此比较。第一步棋走错，变了成规，很难补救。"他不信。

果真如此：斯坦福大学的消息很快传到西北大学，文理学院院长给我来了电话，说是撤消以前给我的承诺。他说："对不起。很无奈。斯坦福向中国学者收费，我们不收也就罢了，怎能倒贴？自认比斯坦福低两个级别吗？传出去将会是学界的天大笑话。"在斯坦福这件事上所犯的错误，顿时让我一番努力的成果化成灰烬。

周老还问我："我们该向斯坦福缴纳多少设备和仪器费用？"我说："为什么要替他们购买仪器？"他说："用了人家的仪器，当然应该付钱。"年轻的我终于忍不住气，说了冲撞他的话："那么，从宿舍走到实验室，用了他们铺的路，还得付造路费吗？国内现在这么穷，哪能这样花钱？"他也火了，站起身来，说："吴家玮，你这人就是讲钱，我们国家有的是钱！"

唉，怎么会这样说呢？也有他的道理。当时国内盛传南海发现了油，国家发了。当然南海石油之说毫无科学根据，不久后烟消云散。

我觉得不能不多加几句："周老，请您下去看看物理所的同志们住的是什么样的条件。有这么一家，连一间房都没有，就住在楼梯下的空间，拉条布帘当门。同志们上下班骑破旧不堪的自行车，下雨时淋得一身是水，还踩到两脚泥泞。再说，请去所里看看同志们吃些什么。"

能这样说，是因为天天有直接体验：物理所要安排每天中午用小车送我回友谊宾馆吃饭，我坚决不同意，买了一套碗筷，在食堂与同事们一起排队领饭。堂堂科学院的研究所，食堂里灯火不明。饭里有沙，嚼到就向水泥地上吐。午餐难得有肉，也就那么细细两条肥肉，排长队才吃得到。

我差点没说出来："周老，您住的是公馆，进出有小车，吃饭不用排队。什么事都有服务员伺候。真该下去看看了。"我当然没资格说这话，"文革"期间周老一定吃过不少苦头，不像我们在海外过的尽是逍遥生活。惭愧惭愧。

斯坦福大学这件事改变了西北大学高层领导的初衷，对我来说是个晴天霹雳。幸好我没放弃，立即打电话找到物理系的同事们，转告他们这个意料不到的变化。不知道为什么好几位同事对中国有说不出的好感，非常支持我，愿意动用各自的科研经费，邀请物理所的同事来西北大学当访问学者。

西北大学物理系的同事们非但帮了我一个大忙，还扭转了局面，为中美学术交流创造了持久不衰的模式。"访问学者"在美国学界原是个偶见的、不成文的称呼，在我国则是为了适应一时所需而创造的涉外职称。30多年后的今天却还在使用，甚至变成全球学界通用的名词。

☑　有关访问学者事宜与周培源的辩论

埃特金森记忆里，周培源领导的中国代表团到达美国后，首先在旧金山访问了伯克利加州大学和斯坦福大学，继而到洛杉矶访问了洛杉矶加州大学和加州理工学院，然后才飞抵华盛顿。一下飞机，周培源就说：他所见的美国大学校长都表示欢迎中国派送留学生，并不需要华盛顿同意。在机场等候的普雷斯立刻回答："我们知道你在加州与大学校长们的讨论，不过我能保证：若无政府同意，他们不会与你交换学生。"

后来埃特金森写道："普雷斯和我自己都不清楚周培源的加州旅程，更不知道周培源与大学校长们谈了些什么。不过周培源显然相信了普雷斯所说的一切，因为中国的大学校长们绝对不敢违反自己政府的决定。"虽然美国崇尚大学自主，校长们无须遵守政府的意志，可是留学生入境签证的签发权握在政府手中，单凭大学欢迎解决不了问题。普雷斯并没说错。

周老回国后，似乎对部分问题不甚了了。我们继续见面，积极讨论有关派送人员的安排细则。讨论中既有收获，也有话不投机的一面。与我讨论的周老是高高在上的北大校长。我竟斗胆在几件事上与他争辩。

争辩内容之一是有关派送人员的优先领域，特别是基础研究与应用科研应该孰先孰后。

周老出身于相对论——纯而又纯的基础理论，抗战时期为了"科学救国"转向流体力学——较趋向应用的科研专业，直至晚年才回复到相对论。那么，看来他的观点应该与杨振宁和我一致，就是处于当前国家经济十分落后的客观环境，科技发展应该暂先偏重应用科研。可是谈到中美学术交流以何为主时，我没能觉察他的取向，总觉得他偏向自己较为熟悉的基础理论。这事令我担忧。

这项争议上，我得承认自己有点极端，也很自相矛盾。自己所干的都属基础研究，邀请物理所同事们去西北大学做的亦属基础研究。毕竟大学不是工业研究所，脱离不了基础研究。以物理系来说，"应用"的属意只是攻取某些不过于抽象的专业领域，早晚或许能与应用和产业开发搭上关系。其实这个想法与周老在抗战时期改攻流体力学的用意有相似之处。

与周老争辩的内容亦有特别实际的。可以两项为例。

其一又有关钱，应了他说我"就是讲钱"的批评。可是这次周老不是过分大方，而是不够大方。他说："公派的访问学者，国家每人每月发给200美元。"须知在那"做也三十六，不做也三十六"的日子，200美元比一般薪酬高上几十倍，在群众眼里几乎是天文数字。可是我说："每月200美元没法过日子。"他说："我在美国住过，知道美国的生活费用高。我刚去过美国，也知道这些年来通货膨胀很厉害。"

我答道："周老，您住在美国是几十年前的事了，通货膨胀远比您所想象的高。200美元交完房租就两手空空，饭都吃不成了。"心想而没说的是："您最近的确带代表团去了次美国，但是按我在国内所见，身为领导的人自己不提行李，不带钱，不付款。对了解通常人的生活来说，等于没去。"

建议每月不能少于400美元。事后我担心他听不进去，必须通过别的渠道把信息往上传递。不知道是谁做的主，反正最后国家发给公派访问学者的生活费确是每月400美元。话传出去，竟有访问学者向我致谢。

可也有让访问学者恨我的事，引另一实例来说。这事有关签证的种类。美国的驻华办事处（后来的大使馆）所发的签证，最普通的有两种：给学生发的是F签证（包括研究生），给交换人员发的是J签证（包括访问学者）。周老与美方商谈后，不知怎么搞的，派送出去的科研人员被发F签证。

我说这不行，会搞出事来。手持J签证的人，期满必须出境回国；手持F签证的人，则有权申请转为永久居民（绿卡）。中国方面当然不愿意访问学者一去不归，流失当年十分缺乏的人才。美国方面亦不欢迎申请来美交流合作的人转为变相移民。目前处事马虎糊涂，到时若有人拖着不走，双方会互相责怪，闹出外交纠纷。

也不知道周老听进去没有。我再次通过别的渠道把信息往上传递。很快听说两国政府都发现了这个错误，立即予以纠正。

那个时代国内人民生活艰苦、政治气候又未见稳定，不少出国的人愿意千方百计滞外不归，包括部分访问学者。我这捅出签证政策出错者，绝非众望所归，可想而知。

☑ 首批访问学者赴美前的准备

物理所效率很高，很快拟定八位出国人员的名单。数月后就能成行。

1978年是很忙碌的一年，万物复苏。物理所的网上载有《大事记》，其中有这么一条："经中央批准，在美国吴家玮教授的促成

⊖　当年的物理所

⊖ 首批来美的访问学者在芝加哥菲尔德自然博物馆（Field Museum of Natural History）前留影。从左至右：吴家玮、沈觉涟、林磊、郑家祺、顾世杰、钱永嘉、程丙英、李铁成、王鼎盛。1979年2月15日参观菲尔德博物馆的旅程由西北大学安排，那时刚到芝加哥不久，这次参观活动在哥伦比亚广播公司（CBS）1979年3月18日（周日）晚的《60分钟》周播焦点节目中播出（引自林磊《回忆中国首批赴美"民间"访问学者团》）

下，我所钱永嘉等八人赴美国西北大学做访问学者，标志着中断多年之后我所与美国物理界大规模合作的开始。"

30年后，林磊为了纪此事，发表了一篇报告，叫做《回忆中国首批赴美"民间"访问学者团》[①]。作为八人之一，他的记忆比我好，内情也比我知道得清楚，不如从他的报告里摘录如下：

1979年2月，来自中国科学院物理所的八位科学家组成的代表团到达埃文斯顿（Evanston），成为自1949年以来首批踏足美国的"民间"访问学者。

代表团成员有钱永嘉、李铁成、郑家祺、沈觉涟、王鼎盛、程丙英、顾世杰以及林磊。美国西北大学的吴家玮于8月中旬作为客

①原文见《科学沙龙》（*Science & Culture Review*）. 2010，7（2）.

座教授来到我们所，停留了大约三个月。其间，他邀请物理所派出一支物理学家代表团作为访问学者去他们系工作；到那里以后，由美方大学支付一切费用。这一提议非常慷慨，得到了中央的批准，可能是华国锋亲自批示的。

后来决定，这些学者中的六人由西北大学资助；而李铁成与程丙英（至少第一年）由中科院资助。据吴家玮说（2009年3月24日，采访于香港），他以西北大学尚未使用的资金，邀请了两位复旦大学的访问学者。

几点值得注解。

一是科学院决定公派两人，一位是李铁成，另一位是工农兵出身的程丙英。有人说：那还是姓"资"还是姓"社"的时代，若第一批到美国的访问学者全属李铁成那样的知识分子，或许政治上讲不过去；因此至少得有一位"出身较好"的程丙英。

二是费用出自西北大学美国同事们自己的科研经费，因此必须搭配得合情合理。也就是说，访问学者多多少少需为导师的研究项目做出贡献，才能让导师安然面对为项目提供科研经费的美国政府机构。于是我参与了人员和导师的挑选。

三是分头照顾八位访问学者。我自己的理论组照顾三位，弗里曼的理论组照顾一位，科特森的低温实验组照顾三位，王克伦的激光实验组照顾一位。

照理来说，每位访问学者的薪酬不该低于博士后。可是当时国内的制度和环境没让他们得到博士学位，也没给他们多少发表论文的机会，因此他们没有经受国际公认的考验和评核。此外，美国同事们没有按照惯例自行挑选人员。考虑再三，决定把待遇定为每月600美元。这数额低于博士后薪酬，但是比原来为公派人员所定的200美元高出3倍，亦比后来改定的400美元高出不少。（李铁成和程丙英两位是公派人员，只需每人每月200美元的补助。林磊回国还没多久，这次只想来三个月。所省下的经费，从复旦大学邀请了另外两位访问学者。）

这每月600美元的待遇往后成了不成文的标准。别的大学的教授们不了解访问学者的专业水平，不敢凭空提供相当于博士后的薪酬。我为访问学者们安排去处时，又不愿意让他们生活得过于拮据。这个折中数额还算合适。

帮助物理所的访问学者准备出国，主要的困难不在物理，而在英文和签证。英文方面，林磊当然毫无问题。另外七位多少能够看些，特别是比较资深的研究人员，例如毕业于北京大学的王鼎盛、毕业于复旦大学的钱永嘉（担任八人代表团的团长）；他们的外文能力来自阅读西方的物理期刊。不过能看并不表示能听，更不表示能讲。这方面，伊芳在物理所那三个月的努力看来起了作用。

签证方面，竟出乎意料地顺利。过去访美的中国学者都是很短期的，而这群需要为期两年的签证，照想谈何容易？今时回顾，一定是中美双方已经谈妥建交事宜，而美国政府已给在京的驻华办事处打好招呼。

我联络上美国驻华办事处，约定时间上门拜访，准备以三寸不烂之舌说服办理签证的官员。自我介绍之后，寒暄许久，聊得轻松高兴。最后谈到正题，那位官员表示一点问题都没有，只需申请手续办妥，就能放行。

我把申请程序问得一清二楚，细心听着，写下笔记；告辞前给他作了个总结。

这是一位被派去过台湾工作、学会了中文的外交官员，很清楚中国的政情。他一路点头，把我送到门口，笑着说："你办事，我放心。"（年轻的读者或许不知道，这是毛泽东病危时对华国锋所说的短句。）

美国人就是这样。不管事情多严肃，只要碰到点机会，就得幽它一默。

☑ 西北大学物理系迎来首批访问学者

读者上《国际在线》（北京）可以看到下列纪实：

1979年1月28日至2月4日，应美国总统吉米·卡特的邀请，中国副总理邓小平对美国进行正式友好访问，这是中华人民共和国成立后中国领导人第一次访美。

在此次访问期间，邓小平同卡特就中美关系，尤其是台湾问题以及国际形势交换了看法。中美双方签署了科技合作协定、文化协定及建立领事关系和互设总领事馆的协议。双方还同意不久后签订航空和海运协定，互派留学生，互派常驻记者等。

接着请看上节所说林磊30年后所写的报告。邓小平回国后只短短几天，科学院物理所的八位学者就自北京起程，前往美国西北大学，"成为自1949年以来首批踏足美国的'民间'访问学者"。我们没有机会看到邓小平与卡特签署的一系列协定，协定里的条文却顿时应验！

林磊的报告写得非常生动。我有幸获得他的许可，抄录数段：

邓小平访美后不久，代表团于1979年2月9日离开北京。我们乘坐中国民航飞机（当时唯一的政府航空公司，现为中国国际航空公司）从北京飞往巴黎，在郊区的一家旅馆度过一晚。到达后，我打电话给我的法国朋友，巴黎第十一大学（Université Paris Sud）的罗兰·里博塔（Roland Ribotta），他带我们中的几个人简短地游览了巴黎。次日，我们乘坐环球航空公司的飞机，从巴黎飞往纽约。快着陆的时候，机长向乘客们表示了对代表团的欢迎。

我于2月11日到达纽约时，突然有了一个好主意。经过许可，我在纽约呆了几天，并拜访了那里唐人街的朋友，其余代表则前往华盛顿。他们在华盛顿呆了四天，从大使馆的人那里获得了简报，也做了游览。当地的爱国报纸《华侨日报》采访了我。而后我飞往芝加哥，在埃文斯顿与同行代表会合。

2月15日，我们抵达校园，吴家玮教授做的第一件事就是带我们参加了大学为当地报纸和电视记者所举行的新闻发布会。当然，这包括了西北大学学生报纸的记者。招待会是非常热诚的。所有美国人都愿意帮助我们，因我们来自刚刚经历"文化大革命"的中国，需要帮助来重建国家。吴家玮教授做的第二件事是带我们去了餐厅的一个房间，关上门，教我们如何使用刀叉和汤匙吃美国饭。这是非常重要而有帮助的一课。

林磊又写他们"留在美国的时光"：

我们住在校园里，步行到物理系大楼只需几分钟时间。周末我们有时会去芝加哥做一番游览。

我在西北大学呆了三个月，与吴家玮一起工作，他是专门搞多体问题的理论物理学家。沈觉涟和李铁成也与他一起工作。我回国之后，沈觉涟、吴家玮、于渌和我最终联合发表了一篇文章。王鼎盛与弗里曼一起做能带结构计算的研究。其余代表与王克伦、科特森等教授一起做实验研究。在我回国之前的几周，我到许多大学开了物理学讨论班，或一般性地讲了讲我在中国的经历（由那里的中国学生邀请）。我受到了非常热情的接待。

而后，1979年夏，吴家玮去了圣迭戈的加利福尼亚大学去做学院院长。他将沈觉涟和李铁成也一起带了过去。除我之外的所有成员在美国都呆了两年。

最后两行透露了我不久后工作上的变动。既然如此，索性多抄几段，把那八位同志的来日发展也一并透露吧！

于渌是1978年与我同组的同事。1979年他转到新成立的中科院理论物理所，现在是中科院院士。

留在圣迭戈加州大学四年之后，吴家玮于1983年成为旧金山州立大学的校长，后来于1988年成为香港科技大学的创校校长。

王鼎盛之妻陈冠冕，也在物理所从事物理工作，在1980年9月来到西北大学与丈夫会合，并与施瓦兹（L. H. Schwartz）在材料研究中心（Materials Research Center）一起工作一年。吴家玮离开西北大学后，七名物理所学者中的一些人多次回到西北大学做短期访问。

在1981年回国之后，多年来其他成员继续从事

⊖　西北大学以新闻发布会迎接首批来美的"访问学者"。致欢迎词的是大学副校长，继而由我讲述邀请访问学者们的前因后果，并向芝加哥社会介绍他们和他们的指导教授

物理工作。程丙英成了物理所的博士生导师；1996年，他因肝癌去世。李铁成后来离开物理所，留在了加拿大。顾世杰带着家人移民美国。钱永嘉回国不久就去了复旦大学。他与郑家祺后来工作于香港科技大学，现在都已退休。沈觉涟留在物理所，直到65岁退休。王鼎盛继续在北京组建活跃的研究小组；他和他的学生与弗里曼保

持了长期密切的合作关系，并联合发表了很多文章。他2005年成了中科院院士，现仍在物理所工作。

☑ 实验室外的物理学者

写到这儿突然想到，世上很多事情往往出自搞物理的人。好像历来如此。

且不谈坚持地球是圆的、因而与天主教教皇冲突的那个。且不谈被苹果击中脑瓜子、继而开创了经典力学的那个。且不谈当文员当得无聊，拿业余时间推出相对论的那个。就拿过去一世纪全球的经济发展来说，半导体、晶体管、集成电路、万维网等等，无一不来自物理学者的科研经历。这些与他们的专业有关，影响力之大有目共睹。

很有意思的是，这世界上，搞物理的人往往插手跟他们专业关系不大的事情，甚至在政治上首先发难。有些方面不以为奇：物理学家发现了核能；还没做出正面贡献就制造了原子弹，这个罪过无法卸脱。于是因闯了弥天大祸而自咎的人，带头推动停止核试验、减低核军备、禁止核扩散，竟甚有成效。有些方面则完全出于理想主义：二十世纪六七十年代美国的言论自由运动和反越战示威的发动者是伯克利加州大学的物理学生；"钓鱼台运动"的中坚人物很大部分是来自台港的物理学留学生。

一群访问学者来到西北大学，立刻投入工作。水平实力过关，工作勤奋过人，为人温和友善。这一切都令邀请他们来访的教授们喜出望外。

不谈他们在科研上的成绩和贡献，而说两个与物理专业无关的生活点滴：一个严肃，一个轻松。

首先说严肃的。那时候的访问学者不谈政治，但是很关心祖国的科研走向。

改革开放初期，国内科学界的老前辈们积极响应和呼吁"四化"。他们认为"科学技术现代化"所必须进攻的阵地该是物质的结构、宇宙的起源、生命的根源。物质的结构指高能物理，宇宙的起源指天文物理，生命的根源指基因科学：三大基础领域。这三样正是西方学术界里最时髦的科研前沿，也正是投资需求最高而回收周期最长的科研领域。我说：天啊，我们这么个第三世界国家养得起它们吗？群众等得及回收吗？访问学者们也有同感。

某些脱离了实际的老前辈以为南海油田里有大量宝藏，因而总认为"我们国家有的是钱！"他们没把南海油田放在口中，可是心里大概是这样想的，看来没把现实条件考虑周到。

在这争论上，物理界访问学者所崇敬的海外前辈杨振宁和李政道持有不同意见。至少让人得到的印象是：杨先生注重应用科技，而李先生偏向基础研究。对他们两人政治思维的分别，也有较普遍的理解。一般认为杨振宁民族意识比较强，思想比较"左"；而李政道则比较美国化，思想比较接近西方人。连我这样与两位前辈接触略比别人为多的，都有这种感觉。他们年龄之差只是三年，可是说不定就这三年和出国早晚的分别影响了他们思维的形成。

很可能根本不是这回事。只是我初次见到他们，自己还是研究生。与杨先生说中文，他以一口流利的"国语"作答，不讲英文。与李先生说中文，他以一口流利的英文作答，不讲中文。这给我留下深刻的印象。不过只有20岁的我，思想不成熟，反应浅稚。与访问学者们谈及此事，却发现他们也有这样的印象，似乎都感到杨先生比较亲近。这个，加上他们自己干的工作比较接近应用，都令他们担心"四化"的取向。

我说：不用过分担心，改革开放开始之后，敢说话的人越来越多，"四化"基于国家的实际需要，不会好高骛远。果然没多久后，国家的研发投资大量进入应用科技。这时，大伙又开始担心基础研究被忽视。凡事矫枉过正，难以取得平衡。

接着请让我来个180度的大转弯，说个与学术完全无关的趣事：那就是郑家祺的"厨艺"。各位没有听错，我说的确是厨艺。

"文革"时期不少知识分子被下放。只身在外，又没专业工作可做，于是闲来无事者自学"厨艺"（不论有没有可"厨"的材料和佐料）。练出一些烹饪手艺的，大有人在，并非偶然。可是郑家祺真就身手非凡：他把物理系里的有关教授和访问学者一并请到，总共约20人。买菜、切割、蒸煮、炒烤，一手包办，只花了一个下午，竟上了12道菜，吃得一众捧着肚子，人仰马翻。这不叫"厨艺"该叫什么？

郑家祺是上海人。有说上海男人是特别着家的好丈夫，不让妻子动手，烧饭洗衣、打扫卫生、管教孩子……家事一手包办。我们笑说郑家祺就是个标准的上海丈夫。那么，钱永嘉好像也是上海人，应该也能做菜。不过没有机会尝到他的手艺。

科特森和王克伦总说他们在物理实验和器材设置方面手艺不凡，确实货真价实。

多年后钱永嘉和郑家祺来到香港科技大学，一直干到退休，为香港科大做了很大贡献。应该说明：这是王克伦的功劳。王克伦在西北大学时看上了两位的才干，于是自己来到香港科大后就把他们请来。我这当校长的尊重教授治校原则，一旦各个学系里有了资深教授，就不再自作主张招兵买马。聘来钱、郑两位一事上，不敢窃功。

第 24 章

香港、芝加哥、圣迭戈

四个月里，学得最多的与科研无关，是比较深入地见识和了解祖国学术界的实际情况。干得最多的也与科研无直接关系，是竭一己之力协助祖国学界和科学界打开重建中美学术交流之路。当时完全没有想到"访问学者"这招会为整代人的教研生涯带来如此重大的改变，更没敢想象这代人将来会对祖国的发展带来多大的影响。

12月15日，一家五口在科学院同志的陪同下，从上海到达广州，准备过夜后继续南下，经深圳出境到香港。

次日上午在宾馆的餐厅里吃早餐。这是这次回国的最后一次早餐，心情有点异样。突然见到陪同慌慌张张奔进餐厅，对准我们冲过来。这是从来没有发生过的事情：一则陪同不与"外宾"一起用餐，二则更不会在用餐时走来打断。难道出了什么大事？

果然是件大事。她一脸笑容，大声叫道："中美建交了，中美建交了！"

全餐厅的人表情愕然。

☑ 回美途中再访香港

尼克松访华、中美两国签署《上海公报》，似乎即将重建邦交，而七年来未见动静。这与两国的内政有关。

中国历经"四人帮"的折腾、开国巨人的相继去世、唐山大地震，以至"四人帮"的粉碎、改革开放的启动，往往自顾不暇，与美国的关系时冷时热，直至1978年才稳定了时局及外交政策。美国则尼克松因水门事件被迫下台，由福特（Gerald Ford）继任总统；他虽来过中国，而在职任期很短，无所作为；国内政争之余，与中国的关系也是时冷时热，直至卡特（Jimmy Carter）被选任总统后才痛下决心。

12月16日，两国正式发表建交公报。陪同传来消息，一众喜出望外，把我们在高潮中"欢送"出境。

这次出境，没有像上次那样的特别激动和失落的感觉。一是因为那次回国之前离乡太久，这次却不久前才回过"娘家"。二是因为这次住了四个月，知道以后还会常来，心情相对平静。三是因为毕竟这次有小家庭围绕身旁，显然家国两者得以并存，克服了得此失彼的潜意识。最重要的却是看到了改革开放的情势，看到了群众的心理变化，知道"娘家"从此将给留居国外的人提供贡献一己所能的机会。

物理所遣派八位访问学者到西北大学进修一事，办理得顺利妥当。当即赶回埃文斯顿，以"地主"身份迎接他们。但在离开北京之前，已经知道他们还须略等一段时日，不会在过年前出发。是否两国之间已经打定算盘，要让邓小平在访美期间与卡特签署协定，才能让访问学者成行，则我们这种等闲之辈是无从知晓的了。

⊕ 走过漫长道路，1978年12月16日中美建交

30多年后的今天，仍然不知。

两国之间务须妥善处理外交诸事，我们着急也没用。反正12月中旬美国学校都已开始放寒假（圣诞和新年假期），于是也不急于赶回。乃离开广州，借道深圳，进入尚在英国殖民统治下的香港。决定索性在香港住上几天，为物理所办些事，也让孩子们看看当年我在香港的出没之处。

一位培正中学的老同学替我们善为安排，让我们住在九龙尖沙咀的酒店里，说是到哪儿都方便。果真如此。

首先必须办妥与工作有关的大事，就是购买大量录音机和录音带，经中国旅行社托运给物理所。伊芳和儿子在物理所里教英文的那段时期，最难办的是所里只有一台录音机和几卷录音带。每天下午伊芳用来做讲义和录音时，学员们就不能自听自学。跑遍了城里的百货商店和书店，到处缺货，总买不到。

一到香港，酒店旁边全是电子用具商店，录音机和录音

❸ 记忆犹新：幼时的湾仔——街市、石水渠街、市容、邮局

⊕ 20世纪50年代的香港、湾仔、尖沙咀、培正中学

带林林总总，要多少有多少，问题应能立马解决。却不然。把这么一大批电子货品运送内地，手续很不简单。中国旅行社说是需要向上级请示，当天一定办不成。获得上级许可后，还需预先付足关税——虽然都是赠送给国家机构属下科研单位的学习工具。

☑ 带着老婆孩子重游旧地

办完正事，一身轻松。带孩子们展开为时三天的旅游。先是搭"天星小轮"过海，经"中环"，爬"半山"，乘"缆车"登上"山顶"，俯瞰"维多利亚港"两岸的城市全景。这些都是来香港的旅游客必到之地，几十年后仍然如此，只是今天洋人较少，绝大多数是以"自由行"身份来港的内地游客。

山上看到的全景犹如立体地图，先给孩子们上课。接着回到山下，爬上狭窄的古老电车，在叮叮当当的铃声中来到"湾仔"，带孩子们观看"湾仔街市"，描述目睹英国警察"帮办"追打菜市小贩的往事。然后直上笔陡的"石水渠街"，告诉他们当年怎么骑着租来的自行车，每每为了赶着还车，从半山冲下。说到这儿不禁冒出一身冷汗：突然想起一次刹车失灵，冲下来时看到山脚挤满人群，不得不尽快跳下；高速与地面摩擦，遍体鳞伤，哭丧着脸回家，还挨了母亲一顿臭骂。

另一件突然出现在眼前的往事，是爬到路中间的"石水渠"里去捡球。那时候非常向往打篮球，可是家贫，买不起篮球，只拥有一只排球那么大的轻皮球。偷偷走进隔邻的中学篮球场去射球，一不小心，轻皮球丢得太高，越过篱笆掉进那条被称为"石水渠"的阳沟，被沟水冲走。赶紧沿着那一米半深的阳沟奔走，寻找机会救回心爱的皮球。阳沟半途有道栅栏，把皮球挡住了。于是不顾一切，爬下去捡球。幸好这时的水既不深又不急，没闯下大祸。至于后来怎么爬上岸，必该有番惊险，可是对此记忆全失，没留下丝毫印象——或许应验了专家所说的"心理自卫本能"。

当年住过的房子，已经拆得干干净净。那三层楼的旧屋里，五人住一间房，所谓"卫生间"是放在衣柜背后的一只马桶。隔邻的中学也早被拆走，换来重建的鸽笼式高楼。过海回到九龙，发现一度在尖沙咀住过的房子也被拆除，重建高楼。这就是香港：拆拆造造，无止无休。当然20世纪70年代的"高楼"一般还只是六七层，不像今天市区里那样，排满了四五十层、密不透风的"屏风楼"。

带孩子们参观了母校培正中学，拜见了两三位当年的老师；其他的老师要就已经退休，要就离开香港移民他去，也有已经过身的。毕竟一眨眼20多年，岁月不饶人。可惜的是，在香港待过半年、之后全家移居日本的伊芳，竟完全找不到那时住过的家、上过的学校，令孩子们和我无法感受她当年的环境。

这次旅游香港，给我们机会购买了一大堆永存的纪念品。不是小玩意儿，不是什么珍品，而是足以布置几间房的红木家具。

我不能算个文化人，毫无艺术眼光，对家居装置一无所识。不过伊芳和我都喜欢简单雅洁的中国式家具，只是多年来没能购置。近年来收入上升，又搬进了很大的新屋子，于是起了配置新家具的念头。家里部分家具还是自己"制造"的，部分算是丹麦式的；听说丹麦家具设计深受我国明代影响，线条简洁高雅，于是决定在香港购买一些红木家具，放在客厅和餐厅里，让自己和来宾略感故国风情。

老同学久居香港，与一位家具制造商素有来往，介绍给我们。在他的专业指导下，很快就排除了一般人尊为高贵而我俩则认为笨重的紫檀木仿清设计，选择了浅色的花梨木仿明家具。他又仔细解释生产工序，说在潮湿的香港为干燥的加州定制木器，必须翻来覆去进行多番烤制，否则一两年里就会爆裂。由于工序繁复，远程海运又需时良久，安排在四个月后送到芝加哥。

☑ 风雪交加下回到芝加哥

波音747巨型客机虽则先进，航程有限。今日能够从香港直飞芝加哥，当年却须在中途着陆，进行检验，并添加燃料。其实连直飞洛杉矶都还是20世纪90年代才出现的事。反正这样，我俩决定先飞到旧金山，转程南下拉霍亚，让三个孩子重温十年前的幼儿生活。虽然行李很多，行动不便，至少回国那时各人手提的一批TI可编程序计算器已经留下给物理所，所剩物件还能应付。

路过圣迭戈北郊原来住过的两个小镇，除公路两旁略见繁荣外，变化不大。指给孩子们看当年跟着妈妈上街买菜的超市、玩耍的绿地、散步的沙滩，他们一点都不记得——毕竟那时还不到4岁。来到圣迭戈加州大学，校园已完全变样，周围亦建起不少居民小区和相当热闹的商业配套，俨然形成大群人才聚集的"知识型社区"（knowledge community）。十年不见，"学院镇"（college town）拔地而起，令人刮目相看。

依然那么风和日暖，依然那么绿荫如画，依然那么鸟语花香。伊芳与我相对无言，静思当年东去是否适当。

圣迭戈到芝加哥的航程略低于四小时。在机位上坐定，跟孩子们说："想家吗？想朋友吗？几小时后就会回到家里，看到久别的爷爷奶奶。高兴吗？"一众点头，不消片刻就闭眼沉睡。孩子毕竟是孩子。我俩可开始紧张了：我想的是物理系是否凡事安宁、下学期的教学和各式委员会任务如何分配、博士生的科研有无进展、访问学者的经济资助是否全已到位；伊芳想的是恢复日常生活的细节、孩子们下学期的课程、屋里的清洁打扫，甚至明后两天的三餐菜单。

人算不如天算。客机越过圣路易上空，到达芝加哥还有20分钟，突然传来机长的广播："芝加哥正笼罩于雪暴中，飞机不能按时着陆，需在空中兜圈，静候机场的安控指挥。"芝加哥的冬天就是那样，等就等吧！

30分钟过去了，1小时过去了，多次听到机长叫我们耐心等候。最后一次变了腔调："各位乘客，很对不起。芝加哥气候未见进步，机场不允许试行着陆。机上所载燃料消耗很快，不能继续在空中兜圈。决定回航南下，在圣路易着陆。"当天肯定回不了家，需在圣路易过夜。也好，很久没有看到圣路易的老朋友们，借这机会见个面也不错。

啊，又是人算不如天算。客机在圣路易着陆后，机长说："我们就在这儿加油，请大家不要离开座位。说不定芝加哥的雪暴暂停，几小时后能让我们起飞，今晚还能到达原定目的地。"客机上，机长是总指挥，乘客必须服从。而航空公司里，调排班机的经理是总指挥，机长必须服从。一旦乘客走下飞机，就需安排车辆接送酒店，照顾全部食宿，另外调派次日的航机、机长、空中小姐，花费大量的额外成本。经济主导下，可以不干的别干。

这是一场航空公司与老天爷的博弈。这次航空公司赌赢了：一个多小时后传来佳音，客机重上征途。在略显颠簸的情况下，安全着陆于芝加哥机场。包括我们一家五口的全机乘客不胜疲惫地走入候机厅，领到行李，继而排起长龙，等候雪暴季节供不应求的出租汽车。折腾整天后，终于回到郊外北溪，相扶走进家门。狼狈之情可想而知。

忆起一天前刚离开、依然那么风和日暖、依然那么绿荫如画、依然那么鸟语花香的拉霍亚，伊芳与我再次相对无言。

做梦也没想到竟然不到一年后会举家重归仙境。

☑ 自创的"留美学人服务社"

回到美国以后，最高兴的是系里一切正常，连那位以往经常学期末了就借故飞去日内瓦的老同事都没有故态复萌。反映物理系已经走上轨道。几个博士生和博士后工作上也都有进展——虽然多少由于我不能每天督促，放松了些。用句上海人的老话：现在要"收骨头"了。

寒假还没放完，正好让我有时间为科学院和高教部做些必须抓紧来办的两件事——虽然科学院和高教部还没认识到这些事的重要性。

一是尽快让国内的重点大学和研究所取得美国科教单位的有关资料，否则怎么决定大批访问学者该去哪儿、学习哪些专业、跟哪些教授进修？在国内那几个月里，我到处请准备出国的学者们多看国外的专业杂志和教授资料、了解国外情况，免得去错地方、学不到东西。可是不消多久就发现："文革"锁国十年，大学和研究所里根本没有多少国外的杂志或资料；加上领导层的管理习惯还没改变，即使有点杂志或资料，也封存严密，令学者们很难看到。

幸好在方毅的指导下，科学院和高教部对我相当信任（至少有这感觉），在回美前把70多个院属研究所和70多所重点大学的名称和地址交到我手上。（嗨，这事很不简单，没多久前还可能被诬为里通外国呢！）回到西北大学，立刻上图书馆细心搜查，抄下300多所美国大学和研究所的联络地址。（这事亦不简单，当年未有电脑网络，什么都得依靠眼睛和双手。）跟着到处发信，要求中美双方互寄资料。

一个人几天里哪干得了这么多工作？必须向儿子致谢：他幸好还未开学，也很愿意为祖国尽点力。还得感谢西北大学：允许我用自创的西北大学"留美学人服务社"名义向美国单位发信。（这很重要，否则以个人名义发出，多半不会受到重视。你想：谁愿意为了一个他校教授的来信，把大包大包资料邮寄去140多个远在中国从未听闻过的单位？）

你问：140多乘上300多，不是替两国邮局增加了大量工作？不错，应该如此。事实却是单向：绝大多数美国大学和研究所果真按照要求发送了资料；不少还给我来信，感谢我为他们与中国的同行取得联系。我国的大学和研究所却极少给回音。一方面是因为单位领导们还心有余悸，没有上面指示，哪敢自行"泄露内部资料"？一方面（读者们一定无法相信）是因为绝大部分手上根本没有可以印发的资料！

当年回国访问的朋友们一定还记得：拜访大学或研究所时，主宾在会客室坐下用茶，然后由主方领导替他的单位作口头介绍，客人赶紧忙着写笔记。一般的介绍都很不完整，有些大学领导对自己学校的发展历史和现况，甚至连有些什么院系都讲不清楚。科学院的研究所也好不了多少。故此我强烈要求科学院立即收集所有研究所的资料，写一本简介，并尽快译成英文。（两三年后，终于给我寄来中国科学院简介的英文译稿。有些研究所只有一页，有些只有半页。我花了许久逐页逐行修改，并尽可能定下规格，使简介略具系统。有趣的是，其后面世的英文版没有按照行规提到我的些微贡献；看来编辑部把我看作外人，害怕提了会被诬里通外国。）

另一件事是为准备申请出国的访问学者规定适当的履历格式。

与其说是"适当"，不如说是"最低限度"。从英文姓名到性别、出生年月日、出生地点，到教育背景、服务简史、工作单位和职称、专业领域和著作等，总共13项。寄给科学院和高教部，说是学者若要申请外访，特别是若要我代为联系，这13项里一项也不能缺少。不久后，科学院和高教部加多了一项：汉字姓名。据说这个被称为"十四点"的履历格式被沿用了好几年。

科学院和高教部开始向我寄送一批批履历，让我为学者们联系去处。两年多里，前后让我联系过整整100位。据说这两个部门最早派送到美国的理科和工科访问学者，足足三分之一是经我联系成的。绝大多数学者们没有学位，没有教授职称，没有专业著作，联系全靠个人脸面，其困难可想而知。这些经历中的实事和趣事，留到另一本书《玻璃天花板》里再说。当时最令我困扰的，一是英文姓名，一是专业著作。

英文姓名该是最简单的事，唯一需要注意的是：姓氏该按我国传统放在最前，还是按西方习惯放在最后。这事我在国内已先想到，并向有关方面交代清楚。没想到的是，竟然连姓名的汉语拼音都会出错。第一批发现了这个毛病，赶快去信告知。第二批还有人出错，甚至第三批还是如此。我发毛了，第三次后，去信说："除非是藏族、维吾尔族，中文姓名最多四个字；汉语拼音怎么写，学者们自己查查字典不就行了？否则将来学校联系成了，姓名却与护照不符，申请时怎能取得签证？"

十年浩劫真把知识分子的思路都弄得这般闭塞、这般缺乏常识了吗？今天想来，实是匪夷所思。幸好当年已经有了复印机，每每收到这样的履历，找儿子帮忙剪贴修改，免得邮寄回去，需经多层关卡才能重新向我发送。

至于专业著作，是没法改动的事实：年纪稍大的学者写过论文，但是多数以中文发表于国内的专业杂志，或是国外一般不予订阅的刊物，因而国外的教授无法阅读，更无法作出公平合理的判断。再者，"文革"开始以后，学者们较少甚至停止发表论文，让不明情况的外国教授把他们视为过了气的"dead wood"（声色俱备的直译："死木"）。年轻学者更不用说了，即使有过篇把论文，名单上作者成群——在反个人英雄主义的思潮影响下，科研项目的功绩人人有份。

唯有的处理方法是：为个别学者开展推介之际，把"文革"前后中国科教界所出现的怪现象逐一向美国教授作出解释。信不信由他。

☑ 在芝加哥的最后一年

八位访问学者适应能力都很强。虽然人地生疏，很快就在学校附近的公寓里住定。言语不通——至少不太通（莫怪伊芳没有教好），却能完全自己照料衣食住行和日常生活。他们笑说：都是"文革"年代孤身寡人下放农村，被训练出来的。

工作能力也都很强。对干实验的来说，"文革"时代的风气产生过意想不到的作用：研究所里人人平等，再是高级专业研究人员，也得自己动手，不依靠助手或技工。因此钱永嘉、郑家祺、顾世杰一走进实验室，就粗工细艺一手包办。科特森和王克伦身边从来没有过这样能干的帮手，不亦乐乎。而几位访问学者看到这么多先进设备和仪器，如鱼得水，大显身手。

最令访问学者们高兴的是，终于能够全神贯注投入科研——连星期六上午都能免掉那几小时的政治学习。工农兵出身的程丙英资历较浅，国家派送来美，主要是为了学习。在另外几位的帮助下，进步得很快。按照林磊所说，后来在物理所当上博士生导师，很不简单。

理论方面，王鼎盛很快就成为弗里曼的主将之一，之后多年与他合作无间。另外三位在我的科研组里，不久又从复旦来了能手孙鑫。上面说过，在美国读完博士学位的林磊回国未久，无须"访

⊖　与访问学者们野餐——坐在我妻女中间的是前后到香港参加科技大学阵营
的西北大学教授王克伦（左二）和访问学者郑家祺（左三）。正如前文所
说，郑家祺此人科研强劲之余，厨艺出众，堪称文武双全

美"，因此在西北大学逗留的时间很短，只与我合作了一篇论文。
李铁城经验老到，与我合作了两个不同领域的课题，继而与孙鑫进
入相关基函数理论的金属表面计算——最新开辟的项目，也是当时
我最感兴趣的项目。沈觉涟与我合作了两个液晶理论课题：一个引
进了各向异性的分子拒力，一个考虑了外场在液晶相变中的影响。

除科研和行政任务，以及为科学院和高教部派遣学者诸事，所
余时间投入了被人诬称及谑称为"统战"的工作。

当务之急是把祖国的见闻向朋友们宣扬。这句话里大有文章，
逐步为各位分解。

对中美关系来说，1978年是个好年头。"四人帮"下台已有两
年，虽然"文革"遗留下的阴影尚未尽散，但大气候已见转变，特
别是邓小平再次出山执政。外国回来的人无须再担心为亲人带来灾
害，反而到处受到欢迎；故国重新以"祖国"面目出现于眼前。

我们回国四个月，时间远比别人长，理应大有见闻。可是无论
如何，所见所闻只限于沿海的几个大城市及千年未变的西域边疆。

那么，可"宣扬"的只是祖国的极小部分。

我的宣扬手段限于把一卷卷的影片展示在观众面前，略加旁白，让他们自己体会。一辈子还是第一次拍电影，第一次剪接配音。50分钟的业余作品以远镜头的长城和《歌唱祖国》开头，又以宏伟的天安门广场和《歌唱祖国》结尾，居然有色有声。有兴趣来听我宣扬的，当然都是对故乡念念不忘、对祖国一厢情愿的朋友。过后竟有人激动得泪流满面。

同样的一套影片在不同场合展示多次，包括多年来为促进中美友好关系的"美中人民友好协会"。美国友人去中国访问的机会比我们还少，看了也很激动，深感这些年来的努力没有白费。当时我还在担任全美华人协会芝加哥分会会长，除了展示影片，还参加了好几次讨论会。现在回头想，心里还有点激动，只是也带有歉意：去过的地方太少，拍摄的镜头太不周全，难免片面和误导。

更该感到歉意的是：即使在大城市里，还是看到不少负面情景；就算不把它们拍摄下来，还是可以用语言向观众们表达和解述的。此外，与一些"官场"人物接触——甚至学界领导，也感受到很多不解之处和作风上的欠缺。为了保持"厚道"，为了避免打击朋友们对祖国的热情，这些都没说。杨振宁被人指责对国内的情况说好不说坏、报喜不报忧；虽说是出自"赤子之心"，他所犯的毛病我也都犯了，能无歉意？

幸好改革开放很快就在祖国大地展开，邓小平访美后美国人对中国的敌意又迅速降温，回国访问的人日增，对祖国实况的了解日深；那么，即使我们的"宣扬"过分片面，甚至可说成蓄意偏袒，被误导到放弃了自己事业回国服务的毕竟是少数，没让我们欠下大债。

全美华人协会在杨振宁的倡导下成立，并由他担任总会会长。虽说是个为全美华人所建立的组织，成员却倾向新中国，被说成"左派"华人。其实我所认识的会员没有政治信仰，只是一心希望

⊖　全美华人协会在杨振宁领导下成立。这是一个小组会议，在座有总会会长杨先生（右一）、副会长何炳棣（右二）、负责芝加哥分会的我（左一）等

祖国进步繁荣，并与美国建立良好关系——至少能走出冷战，和平共存。会员的主流是大学教授，也有部分商人和唐人街的华侨。

那时全美国还只有几个分会，凭信件交往。与芝加哥分会来往较多的是波士顿、休斯敦和西雅图的分会。唯有一次，分会会长全到华盛顿聚集，在一家大酒店里举行欢迎邓小平的盛会。邓小平访美是轰动全球的大事，美国政府把安保看得十分严重，特别是华人举办的大型活动——因为美国华人明显分为亲大陆和亲台湾的两派，有时在语言上冲突得水火难容。

酒店里戒备森严，每个到场的人都需显示驾驶证（美国法律不允许政府颁发个人身份证）和出席证，在手背上盖妥隐形证章，站在大厅里安静等候。直至邓小平莅临前15分钟，才允许进入宴会厅。厅门前端设有紫光灯，人人要把手背放在灯下接受安检，打出证章原形，然后才准进门。

这是规矩。哪知一听说邓小平到了酒店的地下通道，大伙就冲向厅门。安保人员急急忙忙开上紫光灯，已经挡不住一拥而上的人群，只检查到十几二十人。大家坐定后有说有笑，当是趣事来谈。

会后想想，美国近代好几位政治和社群领袖死于暗杀；1970年蒋经国还在纽约遇刺，几乎死在"台独"分子手里。这样马虎的安检也太不像话了。有说：历史往往由一连串意外造成，可不是？

☑ 竟还能重回爱丽丝的仙境？

父亲说："你们不在的这几个月里，家里一切平静安好，只是正如去年，雪来早了，出门不方便。"别的不打紧，菜总得去买。幸好幺妹和妹夫住在芝加哥，每星期驾车来探望，并带双亲上一次超市。日常生活方面，母亲反正不出门，下不下雪没甚分别。难为的是喜欢外出走路的父亲。

告诉双亲：回芝加哥途中去了一次圣迭戈，重新尝到那风和日暖的滋味，质疑当年决定东迁是否是个好主意。父亲说："美国中西部的春季和秋季都很舒服；芝加哥的夏季又不像圣路易那么炎热，也还过得去；只是冬季太冷，雪下得太早、太多。这两年来秋季又特别短。"至于最后选择芝加哥的因素之一是为了让父母亲接近住惯了的大城市；这可确实是个错误判断。住在大城市近郊，没有公交进城，自己不会开车，无异被困乡村。他说："十年过去了，还是经常想念圣迭戈。"

无巧不成书：憧憬未了，不知从哪儿传来的消息，说圣迭戈加州大学正在为热菲尔学院公开招聘院长。啊，那不就是当年我辞别而去、至今念念不忘的爱丽丝仙境吗？难道老天大发慈悲，再给我们一次机会？

不知道哪位朋友向圣迭戈加州大学推荐了我，只记得院长遴选委员会主席来了封信，问我愿不愿意被列入候选名单。我拨了个电话给该校物理系的老同事，打听这轮遴选是否当真，还只是例行公事。他说："确实当真，可是你的机会不大。院长必须兼任教授，而加州大学的经济情况不佳，教职名额允减不允加，因此绝大多数只能聘一位在校的教授当院长。再说，你也知道，热菲尔学院素来大力推行通识教育，非常重视理工科学生的人文课程。这几年来，一位人文系的S教授致力院务，极受师生欢迎；照想遴选委员会已属意于他。虽非内定，变数不大。"

内情如此，决定还是试它一试。不成无妨，也算尽了人事。

3月初，那头来了电话，说我上了最后名单（所谓"shortlist"），要我飞去面谈（interview，国内一般称之为"面试"，美国的说法却要尊重得多）。我没再打听，明白遴选委员会总得按惯例和程序，找上几位候选人面谈，免得被人批评为内定。反正跑这么一次，看看学界怎么遴选高级行政领导，增加见识，没有坏处。

这次去了两天，会见的人包括遴选委员们（当然都是教授）、大学最高层领导、一些物理系的资深教授、热菲尔学院的全部职员、一群学生代表。不同的人关心不同的事务，问不同的问题。我毫无心理负担，想到什么就说什么，轻松自然。

最有趣的事发生在全套程序的最后一节：除了校长和副校长，几乎所有会见过的人都被邀参加非正式茶会，与我在社交环境里作次接触。

茶会就在院长办公楼露台举行。这座办公楼其实不是"楼"，而是富有南加州特色的平房，四周围绕着玻璃墙和玻璃门，户内户外景色相通。露台以高大的桉树遮阴，特别适合站立式的社交活动。

茶会开始前，所有玻璃门被擦得干净利落，光鲜透明。我从一道玻璃门走进户内，为自己倒杯果汁，准备从另外一道玻璃门走回露台。或许读者已经猜到，第二道玻璃门没有打开。哗啦一声，玻璃碎片四散纷飞，让我带着鲜血淋漓的右手走入人群。只听到女职员失声大叫："不好了，不好了，快去医院！"我轻轻一笑："No need. Wasn't I supposed to make a splash?"语带双关和自嘲："不必了。我不就是该破门而入的吗？"也就是说：你们不就是要我露一手瞧瞧？

看到热菲尔学院校友会所保存的"古迹",才知道这项任命有多少关卡——遴选委员会里的成员说了些什么好话、大学领导层怎么作出决定的,及还需获得加州大学总校系统校董会同意才能通过

　　回到西北大学,一星期后遴选委员会主席再次来了电话,说委员们一致通过,聘请我就任热菲尔学院院长。难道就是那句出其不意的调皮话让我当选?

　　或许不无道理。美国人特别喜欢出其不意的幽默,认为反映说话的人思想灵活,不拘一格。读者们在电视上看到:美国的政界人物在竞选火热时刻还不忘幽默,除了幽对方之默,还得加上自嘲,幽自己一默。(我国高层人物也该学会自嘲,就是说,不要把自己看得太重。民主社会里,决策者为群众服务,并非不可侵犯的神圣。群众对决策者的尊重理应出自内心,建立于他的作为和贡献,而不在他的地位。)

　　遴选委员会主席说:"我们的选择还不属最终决定,当选者还须过一道学术关卡。"什么意思?不是说院长必须是教授吗?那么,还得把当选者向有关专业的学系提名,让该系的评估委员会按已定标准审核,决定愿不愿意聘他为教授。

　　过这一关很不容易,因为圣迭戈加州大学的物理系对教授的学术水平要求极高。读者还记得吗?12年前我去面试博士后一职时,所见到的尽是物理界的高手——所谓"满天神佛"。12年后有过之而无不及。我虽在西北大学物理系很快建立了学术地位,但在这群神佛眼里，毕竟只是条"小池塘里的大鱼"（Big fish in a small pond. 英文谚语）。虽则院长的编制来自大学高层，无须物理系为他腾出职位，总还得像从外界增聘一位正教授那般，按部就班征求系里教授们的意见、去信外校要求领军人物对我作出严格的书面评价。

这就是"教授治校"的真义。程序需时几近两个月，我惟有安心等候。

短短十三年里，时局出现不少波动。人们的工作和生活都受其牵引。

前面24章所说的，不外是我个人的教研工作和家庭生活。这十三年里，我全神贯注教研，实在没有顾家。当了两年博士后进修、两年助理教授、一年访问副教授、两年副教授、一年正教授、五年兼系主任；以职位论，可说事业进展快速，远超学界常例。自己确很努力，可是还须归功于几位名师的赏识和提挈；也就是说，合时的机遇。这些方面，时局的影响不算显著。

学术生涯并不概括一切。时局的波动对人们的思维和意念往往产生很大影响，相信读者们亦有所感受。写到这儿，值得回顾和总结一下部分留美人员在这大时代里的意志和走向。我是其中一人。

☑ 越南战争与保守派的崛起

1960年起，美国向南越派送军事顾问。1964年起遣送大批军队直接进入战事，几年里地面部队增达五十余万。美国国内对此意见分歧，支持以战争"遏制共产主义蔓延"的保守派得势。共和党右翼的里根获选为加州州长。他素来不满教授和学生们的反战思潮和活动，乃对加州大学进行经济制裁，并紧缩教职编制。

在拉霍亚当博士后的我，在编制紧缩下失去取得正式教职的机会，只好向这学术仙境告辞。塞翁失马，焉知非福：前往就职的西北大学物理系里没有操纵凡人命运的神佛，让我这个不愿接受约束者得以自由发挥，建立自己的学派。更重要的是回到中西部——多事之秋的心脏地带之一。

☑ 平权运动与反战运动

美国的大型黑人平权运动起始于20世纪50年代。进入60年代，劲头非但没有休止，更与反战运动配合。两股民间力量结合，在许多大城市里示威游行。持久的越南战争令军民伤亡剧增；电视报道不断传来战地的惨情和暴行，撼人良知。美国政府在国内广为强制征兵，令大学校园里人心惶惶，反战活动日益激烈。

进入60年代后期，我们这些来自中国的留学人员虽则全神投身教研，没有卷入活动，却深受启发。美国新一代人对固有治国理念和道德观念的信心动摇，令我们亦感到大时代正在变迁，自然而然地加强了对时局的关注，开始结群讨论社会问题，分析国际关系，逐步走出象牙塔。

☑ 钓鱼台运动

20世纪60～70年代的中国留美人员，极大部分来自台湾。那是台湾厉行军事管治的时代，亦是对新中国进行长期反面宣传的时代；一般留学生避谈政治，对中国大陆的情况亦不闻不问。经受平权运动与反战运动的感染，他们心理上渐生变化。美国把钓鱼台诸岛交给日本之举点燃了火头，激发了前所未有的留学生爱国运动。

拙作《洋墨水》里说我在学生时期经常与朋友们参与和举办各种中国同学会的活动；这些活动所反映的只是对故乡的怀念，可称为"忆根"。来到"钓运"时期，大多参与者都已步入教职，思想有了深度，开始积极追问大洋彼岸的情况，试行了解故国，乃从

"忆根"走向"寻根"。

☑ 乒乓外交与尼克松访华

美国乒乓球队访华，表面上只是民间的体育交往，事后才知道所启示的是中美两国关系的解冻。没人料到"文革"期间的中国会邀请美国球队访华，没人料到解冻这事会发生于中南半岛战争方兴未艾的时刻，更没人料到向中国伸出手来的是以反共起家的美国政界鹰派人物尼克松。那短短一个星期改变了人类的历史。

电视上出现的镜头为我们这些留学人员带来莫大震撼，特别是不久之前才在"钓鱼台运动"中接受过政治洗礼的一群。眼见美国即将放松对中国的封锁，我们的"寻根"愿望理应就快能够落实。身在学界，首先想到的当然是怎么与新中国的学者们交流，甚至早日启动科研合作。

☑ "文化大革命"与闭关自守

没多久后，祖国的科研人员开始出现于美国，来到相应的教研机构进行访问。初始都是国家正式派出的代表团，组织严密。其后零零星星也有个别老科学家来访，可是言语谨慎，行动规范，身边总有个非科学界的人员陪同。"文革"期间这群"臭老九"蒙受过无情的压制和亏待，甚至迫害，至此虽能出国，仍有牢笼在身。

我们留美多年，对祖国一厢情愿，十分热情地接待来访学者。其间屡见陪同在侧，难免感到莫名的隔膜。与来客讨论科研时，又发现部分访客在专业上相形落后。我们虽对祖国情况几乎一无所知，却已触及三十年闭关自守和十年"文革"动乱的轮廓，更希望回国追寻真相。

☑ 领导人的逝世与"四人帮"的粉碎

20世纪70年代后期的中国，自然和人为的大事层出不穷。周恩来的逝世、朱德的逝世、唐山大地震、毛泽东的逝世、"四人帮"的粉碎、华国锋的短期执政……为祖国的发展前景带来前所未见的震荡。共和国短短三十年历史，"三反五反""反右""大跃进""四清""文化大革命"……政治运动占了大半篇幅，终以浩劫收场。

回国短访的留学人员渐增。回美后，有人赞扬，有人沉默，有人批评；竟以赞扬的为多，特别是一些学界名人。我抱着学习心情回国四十日。看到不顺眼的，要就认是偶发事件，要就以知识分子的偏见自责。大凡赤子之心，一厢情愿，戴上有色眼镜，失去了学者应有的观察力。

☑ 邓小平复出、中美建交、改革开放

1977～1979年短短两年多里，国内出现了连串的正面震荡。这些震荡起始于邓小平的复出。一系列的务实政策，包括重启四个现代化、恢复高考、号召人口限制、推动改革开放……反映无休无止的政治运动终告结束，国家内政走回正轨。继而中美建交反映锁国政策的全面结束，国际关系亦走上正轨。

对我们部分留美人员来说，中美建交无疑是另类生涯的开端。离乡别井的游子终于可以经常回国"追根"，推动两国学术界的交流合作。我取得学术度假带家人回国四个月，在物理所和复旦大学进行科研合作，并协助科学院和高教部建立新政，邀请了第一批"访问学者"到西北大学深造。

请看，时局的变化让中国留学人员从"忆根"走向"寻根"，部分继而"追根"，更有部分最后"归根"。人生大概如此，免不了在大时代所勾画的框框里兜圈，似乎所走的路由不得自行选择。

到美国的前十一年里，我从香港到美国中部（南部和中西部）读书。本书所述的十三年里，在西部略晃一晃，就回到中部教书。之后留美的最后九年，在美国西部当院长和校长。留居美国三十三

年之后回到香港，与志同道合的朋友们协力创办香港科技大学。请看，我的的确确在这大时代的框框里兜了个大圈！

消极的说法是：怎么翻天覆地，始终跳不出如来佛的手掌。可我不是个宿命论者。时局的变迁除了给我们机遇、为我们指路外，确实影响我们的思维和心情，可是到头来人人有自己的意志，所选择的前程终归属于自己。

读者如不同意，请看《洋墨水》《玻璃天花板》和《同创》。

吴家玮教授

美国大学首位华人校长
香港科技大学创校校长

现任：百贤亚洲研究院院长
　　　珠江大学联盟荣誉主席
　　　汉林院教育园区首席海外顾问

> 1937年在上海出生，1954年毕业于香港培正中学。1955年
> 赴美留学，在乔治镇学院攻读物理与数学，获理学士学
> 位。其后到华盛顿大学深造，先后取得物理学硕士及博
> 士学位。

> 1966年至1968年，在加州大学（圣迭戈）博士后进修。

> 1968年到西北大学担任物理学助理教授。

> 1970年在伊利诺伊大学任客座副教授。

> 1971年返回西北大学升任副教授，1973年晋升为正教
> 授，1974年开始担任物理及天文学系主任。

> 1979年，出任加州大学（圣迭戈）热菲尔学院院长，兼
> 任物理学教授。

> 1983年，受聘出任旧金山州立大学校长，成为美国有史
> 以来第一位华裔大学校长。

> 1988年至2001年，担任香港科技大学的创校校长，现为荣
> 休校长及荣休科大讲座教授。

> 1964年以来，在物理研究方面发表了120篇论文及著作；
> 在量子多体理论、统计力学、液晶、低温物理及表面物

理上，都作了不少贡献。在他指导下研究结业的博士生及博士后研究员达25人。

> 曾获颁多种荣誉及奖状，反映他在学术上的成就及公职上的贡献。其中包括Alfred P. Sloan Research Fellow，美国物理学会会士，加州科学院荣誉院士，中国科学院物理研究所、复旦大学、深圳大学和北京大学的名誉教授，联合国协会的罗斯福夫人人道奖，旧金山市的金钥匙，及由旧金山市长命名的"吴家玮日"。

> 1984至1986年，担任全美华人协会总会会长。

> 1991年，获得华盛顿大学颁发的杰出校友奖。

> 1995年，乔治镇学院向他颁发了文学博士的荣誉学位；同年被深圳市政府命名为深圳市荣誉市民。

> 1996年，获得明尼苏达大学颁发的国际杰出服务奖、华盛顿大学的理学博士荣誉学位及英国女皇颁授的CBE荣衔。

> 2000年，获香港特别行政区政府颁授金紫荆星章。

> 2001年，获法国总统颁授骑士勋章"Chevalier de la Légion d'Honneur"。

> 2008年，香港浸会大学向他颁发了人文学博士荣誉学位。同年，香港科技大学向他颁发了工商管理学博士荣誉学位。

> 2010至2011年，澳门科技大学与澳门大学相继向他颁发了理学及社会学博士荣誉学位。

> 1988年9月出任香港科技大学创校校长后，担任过香港政府工业及科技发展局和生物科技研究院监管委员会的成

员，并被深圳市政府委任为高级顾问。他为多个香港、内地、国外文教科技组织担任或担任过理事或咨询工作，包括香港工商专业联会、长江开发沪港促进会、国家自然科学基金委员会、复旦大学、华侨大学、中关村科技园区顾问委员会、中欧国际工商学院、澳门大学，巴基斯坦的Ghulam Ishaq Khan工程科学与技术大学，新加坡的世界科学出版社、美国的大学理事会、加州大学、华盛顿大学等。曾任或现任数间上市公司的独立非执行董事，包括联想集团、上海实业、第一上海。

➤ 1993年至1996年，中国政府先后委任吴家玮为港事顾问、香港特别行政区预备工作委员会和筹备委员会委员。1996年，被选为香港特别行政区推选委员会委员。1998年，被委任为香港特别行政区策略发展委员会委员，及中国人民政治协商会议全国委员会委员。2000年，被委任为香港特别行政区创新科技顾问委员会委员及香港与内地科技合作委员会主席。

➤ 与深圳市关系密切，担任过市政府高级顾问、高等教育跨越式发展课题组总顾问；现正担任深圳市决策咨询委员会委员、科技专家委员会高级顾问、深港发展研究院院长、南山区决策咨询委员会顾问、深圳大学咨询委员会副主席、南方科技大学理事会理事等。

➤ 吴家玮的简历，登载于《美国名人录》及《世界名人录》。